中华文化立场·全球传播视野

Huaxia
Communication
Studies

华夏传播研究

第四辑

谢清果／主编

九州出版社 JIUZHOUPRESS ｜ 全国百佳图书出版单位

图书在版编目（CIP）数据

华夏传播研究. 第四辑 / 谢清果主编. -- 北京：
九州出版社，2020.8
ISBN 978-7-5108-9364-3

Ⅰ. ①华… Ⅱ. ①谢… Ⅲ. ①新闻学－传播学－中国
－文集 Ⅳ. ①G219.2-53

中国版本图书馆CIP数据核字(2020)第140665号

华夏传播研究（第四辑）

作　　者	谢清果　主编
出版发行	九州出版社
地　　址	北京市西城区阜外大街甲 35 号 (100037)
发行电话	(010)68992190/3/5/6
网　　址	www.jiuzhoupress.com
电子信箱	jiuzhou@jiuzhoupress.com
印　　刷	北京九州迅驰传媒文化有限公司
开　　本	720 毫米 × 1020 毫米　16 开
印　　张	20.75
字　　数	330 千字
版　　次	2020 年 8 月第 1 版
印　　次	2020 年 8 月第 1 次印刷
书　　号	ISBN 978-7-5108-9364-3
定　　价	56.00 元

学术委员会

编辑委员会

主办单位：厦门大学新闻传播学院

协办单位：

厦门大学传播研究所

国际中华传播学会（CCA）

中华传播学会（ACCS）

华夏传播研究会

中国新闻史学会新闻传播思想史研究委员会

中国新闻史学会台湾与东南亚华文新闻传播史研究委员会

全球修辞学会·视听传播学会

中国传媒大学媒体创意研究中心

中盐金坛盐化有限责任公司

两岸关系和平发展协同创新中心

厦门大学国学研究院

四川大学老子研究院

厦门大学道学与传统文化研究中心

国家社科基金资助项目:"华夏文明传播的观念基础、理论体系与当代实践研究"(项目编号:19BXW056)

福建省高校人文社会科学研究基地"中华文化传播研究中心"建设成果

福建省学位办研究生导师团队"华夏文明传播研究团队"建设成果

福建省本科高校教育教学改革研究项目"华夏文明传播新理论体系、教学模式与实践探索综合改革研究"成果

厦门大学研究生课程思政"中国传播理论研究"课题立项建设成果

厦门大学一流本科课程"华夏传播概论"建设成果

刊首语

当代的社会已经是媒介化社会了，而媒介化社会相伴随的一个特征是人自身也媒介化了，即时下所热议的"具身传播"。换言之，即"我传故我在"。媒介是因人而起，因人存在的，也只有在社会传播中，媒介也才成其为媒介，或被意识为媒介，因为人作为社会行动者，他的传播活动总是以身为媒，扩而言之，以物为媒来与外界交流。

值得我们深思的是，媒介化社会虽然为人的交往提供了巨大便利，然而便利化的交往并非就能深进人们的理解，加深人们的情感。现实世界中，人与人的冲突越发频繁，国与国的矛盾也有激化之势，试看今日中美之间的争端，我们就不难明白，媒介化社会消弥了距离，而"互联网民主时代"却未能如人们期待的那样到来。这就好比前互联网时代，人们在寄信与收信之间的漫长等待中浓郁了亲情与乡愁，而当下的即时通讯技术却让人们彼此成为最熟悉的陌生人，就连在一起吃饭时，也需要发微信来沟通。以至于人们似乎越来越不会说话，越来越不会共处了。或许正因为失去，我们才懂得珍惜。

中华文明在五千年的岁月积淀中涵养了"共生交往"智慧。这种智慧大多源于"道法自然"的信念，那就是万物生长都有"道"，都有其内在的规则，都服从于所在生态位的运作法则。地球乃至宇宙本就是一个共生的空间。不同的物种、不同的生命在不同的山川河流间以某种近乎完美的方式共生在一起。有时候会以某种温情的方式相互受益；有时候却会以某种激烈的方式彼此伤害。"物或益之而损，或损之而益"，《道德经》的这句话道出了共生的辩证法，那就是事物之间没有永恒的益，也没有永恒的损，事物总在损益之间保持着某种均势，亦即"必要的张力"。人作为宇宙的精灵，其最大的灵能便在于能够自觉主动地以自然为师，学习最大限度地与他人，与自然和谐共生。这一点尤其体现在中国先民的经验中，那就是"和而不同"。这种不同且和的理念，本质上就是"共生"。也就是共处的法则是兼容并包，阴阳冲和，而并非是要"同一"，消除差异与个性；而是要求"统一"，即不同的个性或组织能够共处于一个"共同体"之中，这就是中国共产党的十九大以来，我国政府一直倡导的"人类命运共同体"理念。这一理论的合理性正是根源于中华文明"和则两利，斗而俱伤"的基本精神，中华民族坚信，只要秉持交流互鉴的原则，人类的道路才会越走越宽广。

华夏传播研究的学术追求正是要挖掘中华文化的沟通智慧，形成具有中国风格、中国气派和中国精神的传播学，以此奉献给世界，期盼能够促进人类不同文明开展交流互鉴，进而一方面对内能够诠释华夏文明可持续发展的传播学原则，增进中华民族的文化认同感，提升中华文化软实力；另一方面对外能够提出与以美国为首的西方"文明冲突论"相对应的中华"文明共生论"，倡导平等对话、合作共赢的"中华新文明主义"，从而提升中华文化国际传播的话语权。

目　录

华夏传播研究札记

华夏传播学术史钩沉

华夏传播研究动态

华夏文明与传播学

媒介学视阈下中国礼的传播思想及其当代价值

The Communication Philosophy of Li and Its Contemporary Value in the Perspective of Media Studies

张兵娟　王　闯 *

Zhang Bingjuan　Wang Chuang

摘　要: 礼是中国文化的重要组成部分和文明表征，在媒介学视阈下，礼可视为一个"媒介域"。礼既是一种观念、思想、传播准则和工具，也是一种社会控制方式，更是一种复合型媒介，包含礼器、建筑、经典、身体和仪式等媒介，承载、传递着各种宗教的、政治的、伦理的、情感的、制度的等信息。礼的传播思想有仁义礼智信的交往规范、止于至善的人文理想、文明和谐的社会秩序、天下大同的永恒追求。在当代社会，礼依然具有重要的文化自律、社会教化和秩序维系等价值，只有坚持创造性地转化、发展和继承礼文化，才能为当代中国提供文化底蕴，为世界文明作出独特贡献，实现天下大同的历史梦想和人类命运共同体的伟大宏愿。

Abstract: Li is an important part of Chinese culture and a symbol of civilization. Li can be regarded as a "media sphere" in the Perspective of Media Studies. Li is a concept, idea, communication criterion and tool, and it is also a social control method, and a composite medium which contains ceremonial, architectural, classic, body and ritual media, carrying and communicating religious, political, ethical, emotional, and institutional information. The communication philosophy of Li includes the norms of the communication of benevolence, rites and wisdom, the ideals of humanity, the civilized and harmonious social order, and the eternal pursuit of unity.

---

　　* 张兵娟，郑州大学新闻与传播学院特聘教授，博士生导师；王闯，郑州大学新闻与传播学院2016级硕士。

　　基金项目：国家社会科学基金项目"中国礼文化传播与认同建构研究"（16BXW044）阶段性成果。

In contemporary society, Li still has important values of cultural self-discipline, social education and order maintenance. Only by insisting on creatively transforming, developing and inheriting ritual culture, can we provide cultural heritage for contemporary China, and make a unique contribution to world civilization, eventually realize the historical dream of Datong in the world and the great aspirations of the community of human destiny.

关键词：礼文化；媒介域；文化功能；传播思想；当代价值

Key Words: Li; Ritual Culture; Media Sphere; Cultural Function; Communication Philosophy; Contemporary Value

引　言

媒介是什么？麦克卢汉（Marshall McLuhan）说"媒介即讯息"，哈罗德·伊尼斯（Harold Innis）认为，"一种新媒介的长处，将导致一种新文明的产生"，[①]而在法国媒介学家雷吉斯·德布雷（Régis Debray）看来，媒介具有"双重身份"，不仅包括物质层面的技术工具，还包括组织层面的个人和集体的行为。[②]在这种媒介观的指引下，德布雷认为媒介学研究是"关系"的研究，是对物质材料与文化精神连接互动关系的研究。[③]"教堂里的讲道台""一个图书馆的阅览室"，那些在传统意义上不被称为"媒介"的物体，也由于其"作为散播的场地和关键因素，作为感觉的介质和社交性的模具而进入媒介学的领域"。[④]在空间上，这些媒介传递信息的行为构成传播，连接这里和那里，形成社会网络；在时间上，它们传递信息的行为构成传承，连接以前和现在，形成文化延续性。[⑤]

德布雷以基督教的传教经验为例，归纳出一条"4M"的传播或传承轨迹，这四个"M"分别对应着"信息"（message），"媒介"（medium）、"领域"（milieu）、"调解"（mediation）。基督教的福音圣言，以《圣经》、传教士和教堂作为媒介，这些媒介接受福音圣言，并臣服于"一个或几个领域"所规定的条件，进而对原

[①] 哈罗德·伊尼斯：《传播的偏向》，何道宽译，北京：中国传媒大学出版社，2015年，第71页。
[②] 雷吉斯·德布雷：《媒介学引论》，刘文玲译，北京：中国传媒大学出版社，2013年，第129页。
[③] 同上，第73页。
[④] 雷吉斯·德布雷：《普通媒介学教程》，陈卫星、王杨译，北京：清华大学出版社，2014年，第4页。
[⑤] 雷吉斯·德布雷：《媒介学引论》，刘文玲译，北京：中国传媒大学出版社，2013年，第5页。

始的福音圣言进行媒介化的传播。① 这里的"领域"即是"媒介域"（mediasphere），按照德布雷的解释，"媒介域"指的是"一个信息和人的传递和运输环境，包括与其相对应的知识加工方法和扩散方法"，② 是"一个特定时期和一个特定的文明区域内，兼有一种传递技术、一个象征功能和一种统治方式的标准的相互依存的集合"，"每个媒介域中都有一个占统治地位的媒介与之对应；每个占统治地位的媒介都同时有某种精神阶层的组织方式和某种行政阶层的运行方式与之对应"。③

德布雷将"媒介域"分为由文字发明产生的"逻各斯域"，由印刷术开启的"书写域"，以及由电子技术打开的"图像域"。这三个媒介域是"过渡"的，但新的并不会消除旧的，它们可以相互交错，互相融合。④ 显然，这种"媒介域"的划分是技术史观下的历时性分类，有学者分析中国青铜器的媒介属性，并试图将其纳入"媒介域"的范畴，也依然遵循着这种技术史观。⑤ 然而，"媒介域"并不必然依此划分。按照弗里德里奇·克罗兹（Friedrich Krotz）和安德烈亚斯·海普（Andreas Hepp）的观点，媒介具有四重属性：特定的技术、围绕该技术所形成的社会制度和规范、对人类传播起框架作用进而影响现实建构的舞台设置，对身份建构和日常生活至关重要的经验空间。⑥

受此启发，"媒介域"可以暂时离开德布雷的技术史观分类，在"技术 - 制度 - 社会"的文化层面形成，这虽是一种共时性的"媒介域"，但同样依照媒介学对物质和文化的"关系"的研究。在德布雷那里，媒介是塑造和扩散一种精神文化的手段，不同的技术改变着传播方式，也改变着精神文化的表现形式。而从文化观来看，"媒介域"是多种媒介并置的集合形态，是思想观念的存在场域，是精神文化的传播传承空间。精神文化渗入在媒介之中，媒介成为文化的表征，两者彼此连接、互相建构。也正是在这个意义上，我们可以将中国的"礼"视为一个"媒介域"，它既包括一系列的载体、工具、手段，也寓含一整套的观念、思想、传播准则，更是一种社会生活及文化建构的组织方式。它吸纳了礼器、建筑、经典、

① 雷吉斯·德布雷：《媒介学引论》，刘文玲译，北京：中国传媒大学出版社，2013 年，第 139 页。

② 雷吉斯·德布雷：《普通媒介学教程》，陈卫星、王杨译，北京：清华大学出版社，2014 年，第 26 页。

③ 同上，第 352 页。

④ 雷吉斯·德布雷：《媒介学引论》，刘文玲译，北京：中国传媒大学出版社，2013 年，第 48 页。

⑤ 潘祥辉：《传播史上的青铜时代：殷周青铜器的文化与政治传播功能考》，《新闻与传播研究》2015 年第 2 期，第 53—70 页。

⑥ Friedrich Krotz, Andreas Hepp: A concretization of mediatization: How mediatization works and why 'mediatized worlds' are a helpful concept for empirical mediatization research. In: Empedocles. European Journal for the Philosophy of Communication, 3 (2), pp. 119-134.

身体和仪式等多种媒介，综合着语言媒介和非语言媒介，并依照特定的制度规范，承载、传递着各种宗教的、政治的、伦理的、情感的、制度的等信息。

礼携带着这些信息在空间上传播、在时间上传承，一方面把自我与他人、此地与彼处联系形成社会网络，另一方面又把现在与过去、历史与未来连接形成文化传统。更为重要的是，礼形成的社会网络和文化传统，影响着人们的传播与交往活动，也建构着身份认同和社会秩序，乃至成为传统中国公共秩序与日常生活的根基，塑造了中华民族性格和精神的文化原型。本文以媒介学为研究视阈，以"礼"为研究对象，兼顾礼的内在精神和外在显现，分析礼的"象征符号如何变成物质力量"。[①]不仅从媒介技术层面考察礼的传播，回答"礼"这个媒介域包含着哪些媒介，又是如何借其表征和发挥功能；也从文化精神层面思索礼的传承，回答"礼"的文化表征背后，蕴含着什么传播思想和传播价值，这对中国礼文化的当代传播和认同建构具有重要意义。

一、中国礼的内涵与发展

礼大致起源于公元前 3500 年至公元前 2000 年，[②]关于礼的起源，主要有"风俗"说（"上古之时，礼源于俗"）、[③]"人情说"（《史记·礼书》："缘人情而制礼，依人性而作仪"）、"饮食说"（《礼记·礼运》："夫礼之初，始诸饮食"）和"交往"说（《礼记·曲礼上》："礼尚往来"）等，在《说文解字·示部》说，"礼，履也，所以事神致福也"，礼与"事神致福"相联系。这些起源说法各有合理性，可见礼遍布在风俗、崇拜、祭祀、礼仪和社会交往等多个维度。

李泽厚先生提出"由巫到礼"的观点，他认为远古的巫术祭祀活动是"礼"形成的直接来源，其中包含的图腾崇拜和禁忌法则逐渐演变成为仪式制度，支配着人们的日常生活。[④]陈来先生在《古代宗教与伦理》一书中提出礼的演变进程："它是由夏以来的巫觋文化发展为祭祀文化，又有祭祀文化的殷商高峰而发展为周代的礼乐文化，才最终产生形成。"[⑤]经过周公"制礼作乐"、孔子"释礼归仁"，礼的制度与内核得以理性化。中国礼文化排斥巫术，"敬鬼神而远之"（《论语·雍也》），主张克制情感、保持礼仪、举止合宜，用道德伦理超越野蛮蒙昧。"礼"的

---

① 雷吉斯·德布雷：《媒介学宣言》，黄春柳译，南京：南京大学出版社，2016 年，第 8 页。

② 杨志刚：《中国礼仪制度研究》，上海：华东师范大学出版社，2000 年，第 13 页。

③ 刘师培：《古政原始论》之十《礼俗原始论》，《刘师培全集》第 2 册，北京：中共中央党校出版社，1997 年，第 54 页。

④ 李泽厚：《新版中国古代思想史论》，天津：天津社会科学院出版社，2008 年，第 336 页。

⑤ 陈来：《古代宗教与伦理：儒家思想的根源》，北京：生活·读书·新知三联书店，2009 年，第 12 页。

理性化、礼乐制度的形成，实际上是中国文化"祛魅"的过程，也是轴心时代中国文化的独特表现。

礼并非出自儒家，但在礼的发展过程中，儒家已然成为礼的继承者和代言人。在汉代，董仲舒建议汉武帝推行"罢黜百家、独尊儒术"的政策，礼作为伦理规范和社会制度，其重要性提高至前所未有的高度。到了唐代，中国社会出现了儒、释、道三种势力的角逐，但儒家仁礼思想仍旧长期作为中国文化的支配力量，其影响小至个人待人接物，大至国家制度法纪。两宋时期，礼出现了崇古维新现象，不仅官方修订礼典，还发展出"礼下庶人"、士庶通礼，儒家仁礼思想也得到进一步的阐释。明清时期，皇帝都重视礼乐教化，尤其是清康熙皇帝，认为重整礼制有利于维护统治，更有利于文化融合。

礼在历史中不断发展，但其精神内核并未改变。《礼记·冠义》有云：凡人之所以为人者，礼义也。可见，人之所以为人，正在于礼义。礼义，是礼的精神内核，也是人之所以为人的根本。李泽厚先生认为，礼义所对应的内在状态是"畏、敬、忠、诚的情感、信仰"，这种内在状态被孔子阐释为"仁"。①在礼的内涵中，礼义并非是一个孤立的概念，它既指向孔子"释礼归仁"的"仁"，也是多层次的意群，既包括"仁"本身，也包括与仁相关的礼、智、信、忠、孝、节、义、廉等。这使得在"礼义"外化为"礼仪"时，呈现出诸多面向，这些面向体现在具体实践中，就是礼在公共生活中的规范，上至国家，下达日常，包罗万象，无处不在。

纵观两千多年的中国历史，礼扮演着核心角色，可以"定亲疏、决嫌疑、别同异、明是非"（《礼记·曲礼上》），对传统社会的政治、经济和文化等产生了不可替代的作用。杨志刚先生将"礼"视为一个以礼治为核心，由礼仪、礼制、礼器、礼乐、礼教、礼学等诸方面的内容融汇而成的文化丛体。②陈来先生则认为"礼"是以"敬让他人"为其精神，以"温良恭俭让"为其态度，以对行为举止的全面礼仪化修饰与约束为其节目的文明体系。③彭林先生认为"礼是人类自别于禽兽的标志"，是"文明与野蛮的区别"，"礼是自然法则在人类社会的体现"，礼是"统治秩序""国家典制"，是"社会一切活动的准则"以及"人际交往的方式"。④更为重要的是，礼具有仁礼同构、协和互通、敬诚互补等精神内核和人文特色，既具有神圣性，即梁漱溟所言的"以道德代宗教"，又具有凡俗性，即李泽厚提出

① 李泽厚：《说巫史传统》，上海：上海译文出版社，2012年，第37页。
② 杨志刚：《中国礼仪制度研究》，上海：华东师范大学出版社，2000年，第21页。
③ 陈来：《中华文明的价值观与世界观》，《中华文化论坛》2013年第3期，第5—15页。
④ 彭林：《中国古代礼仪文明》，北京：中华书局，2014年，第3—8页。

的"实用理性"。

中国礼制不仅是一种社会制度，还是一种文化制度，这也是中国礼文化区别于西方文化的关键之处。邹昌林先生认为，"其他民族之'礼'，一般不出礼俗、礼仪、礼貌的范围。而中国之'礼'，则与政治、法律、宗教、思想、哲学、习俗、文学、艺术，乃至于经济、军事，无不结为一个整体，为中国物质文化和精神文化之总名。"① 中国礼制"从形式上说，这是通过行为规范来明确等级秩序；从本质上讲，这是通过行为来传递一种社会共享的价值。而'礼'的最终作用是建构一种共同的文化，从而实现社会的整合。"② 这种制度化的礼的规范，加强了礼文化在空间上的对外扩散，以及对"他者"文化的同化和融合，同时，也保证了礼文化在时间上的传承和维系，为人们带来文化记忆和文化认同。

中国经常被称为"礼仪之邦"或"礼义之邦"，"礼"是中华文明的核心，其本质上是一种对和谐秩序的追求，而"邦"则代表着因礼而凝聚在一起的文化共同体，这一共同体传播着礼乐精神，共享着道德价值，也传承着文化记忆。从人类传播的角度来看，礼是一种沟通交流和日常交往的媒介。从婚丧嫁娶到待人接物，从个人培育到社会教化，无不遵循礼的规范，也都离不开礼的影响。礼不仅塑造了关系网络，还塑造了传统中国的"意义之网"，既起到了连接人与人、人与群体、人与社会的作用，更进一步来说，也起到了"人性教化、道德提升、灵魂净化与疏解人文焦虑、重建社会秩序的作用"。③

二、作为"媒介域"的礼

礼是一种"媒介域"，以多种媒介复合并置而形成，既包含着语言媒介，也包含着非语言媒介，承载、传递着各种宗教的、政治的、伦理的、情感的、制度的等信息。礼既微观又宏观，既抽象又实在，具体而言，礼作为"媒介域"所传递的核心观念即是"礼义"。礼义无形，需要具象的媒介来表达，这些媒介联结着神圣与凡俗，涉及从饮食、服饰、车马，到制度、祭祀、宫殿等的方方面面，既有实用功能，又有价值意义。同时，在具体实践中，就像媒介及"媒介域"离不开技术的基础作用，礼也离不开权力关系和社会环境的影响，这些媒介虽被设定为传播礼的精神观念，但又不得不成为社会现实的表征工具，当然，它们还有着重

---

① 邹昌林：《中国礼文化》，北京：社会科学文献出版社，2000 年，第 14 页。
② 邵培仁、姚锦云：《传播模式论：〈论语〉的核心传播模式与儒家传播维》，《浙江大学学报（人文社会科学版）》2014 年第 44 期。
③ 杨玉圣：《礼、礼治及其现代价值——对既有学术研究文献的检讨》，《社会科学论坛》2017 年第 1 期。

塑社会现实的力量。正如德布雷所言，"一个文化环境对于当时身处其中的人来说是自然而然的"，① 礼对于身处其中的人而言，也是日用而不知的。在下文中，笔者从"自然而然"的礼的"媒介域"中，选取礼器、建筑、经典、身体和仪式等媒介，它们中的一些虽不是为了传递信息而打造的，但都可以作为礼的精神观念形成的模式或载体，承担其基本功能之外的中介功能，表征和重塑着礼、媒介以及社会之间的关系。

（一）器以藏礼：礼器媒介沟通天地人神

礼，古体为"禮"，左侧偏旁从示，右边"豊"即器皿。礼器即行礼的器物，从字源来看，也暗示着礼必须借助媒介才能进行。《左传·成公二年》有言："信以守器，器以藏礼。"《周易·系辞上》也指出："形而上者谓之道，形而下者谓之器。"可见，礼义是形而上的原则，礼器是形而下的实物，礼器寓含礼义，典章礼法、仁义忠信的内涵在礼器中都有所体现，使用何种礼器行礼，以及如何组合礼器，都传达着礼义的信息。礼器也成为礼的一种物质载体，是传统伦理及礼制的投射，具有重要的传播功能。

礼器的范围很广，主要有食器、乐器、玉器等，其主要媒介特征在于它服务于非生产性目的。有学者认为，当某种实用器物在社会交往中被赋予超出其直接使用价值以上的意义时，就会形成符号象征物的礼器。② 最早超出使用价值的器物，是人们饮食中使用的食器和酒器。礼器依照材质分类，主要包括青铜器、玉器和陶器。其中，青铜礼器是最为明确有力的象征物："它们象征着财富，因为它们自身就是财富，并显示了财富的荣耀；它们象征着盛大的仪式，让其所有者能与祖先沟通；它们象征着对金属资源的控制，这意味着对与祖先沟通的独占和对政治权力的独占。"③

礼器是一种社会地位的象征和尊卑等级的标志物，礼通常由礼器的大小、多少或繁简等来表示礼数的高低。周礼规定：礼祭天子九鼎，诸侯七、大夫五、元士三也。《礼记·礼器》说："宗庙之祭，贵者献以爵，贱者献以散。尊者举觯，卑者举角。"学者巫鸿的观点和张光直不谋而合，认为这些礼器具有纪念碑性，而在这纪念碑性背后是其所有者拥有"浪费"这些人工的能力，他写道："中国古代的

---

① 法雷吉斯·德布雷：《普通媒介学教程》，陈卫星、王杨译，北京：清华大学出版社，2014年，第263页。

② 张晓虎：《礼乐文化——制度与思想的双重建构》，《深圳大学学报（人文社会科学版）》2009年第26期。

③ 张光直：《美术、神话与祭祀》，郭净译，沈阳：辽宁教育出版社，2002年，第81页。

青铜礼器，包括珍贵的礼仪性玉、陶器，实际上就是在'浪费'和'吞并'生产力。而正是因为这些人造的器物能够如此'浪费'和'吞并'生产力，它们才得以具有权力，才能够获得它们的纪念碑性。"①

更为重要的是，礼器是礼文化传播的器物媒介。以玉器为例，汉代许慎在《说文解字》中解释："玉，石之美者，有五德。润泽以温，仁之方也；解理自外，可以知中，义之方也；其声悠扬，尊以远闻，智之方也；不挠不折，勇之方也；锐廉而不技，洁之方也。"玉器通常与"德"相联系，象征仁、义、智、勇、洁五种君子品德，因此，"君子比德于玉焉。温润而泽，仁也。"（《礼记·聘义》）中国诗词中的"化干戈为玉帛""宁为玉碎不为瓦全"等观念也都反映出礼文化推崇的处世之道。

此外，礼器还通常被看作是一种沟通天地的媒介，尤其在祭祀活动中，礼器充当着连接生死人神的中介，获得上天的启示以指导人事。因此，礼器强烈的象征性，与普通器物的实用性，构成了神圣与凡俗的对比关系。从媒介学来看，礼器从一地传往另一地，凝聚和反映在礼器中的文化内涵，也会伴随着传播出去。而在时间层面，"器物也是一种媒介，尤其是'古董'，往往是历史记忆的携带者，连接着一个政治的、象征的、情感的或者文化遗产的网络，并跨越历史长河"。②礼器作为一种传播媒介，它也是一个"记忆的携带者"，连接着过去与现在，既是礼文化的具体表达形式，也是礼文化的历时性传承载体。

（二）依礼而居：建筑媒介生成礼教空间

美国传播学家威尔伯·施拉姆（Wilbur Schramm）把包括石雕、纪念碑、泰姬陵、金字塔和教堂等在内的建筑物统称为"无声的媒介"，认为这些建筑"不仅召唤人群、传播生活方式，而且传递民族的历史、讲述其对未来的希望"。③中国古代礼制建筑同样属于"无声的媒介"，它连接着礼的文与质、名与实，在实用功能之外，还体现出丰富的礼教内涵。

《礼记·曲礼》有云："夫礼者，所以定亲疏，决嫌疑，别同异，明是非也。"中国礼强调秩序，长幼尊卑、父子君臣等关系通常依礼而定，礼也能反映出社会关系的高低远近。建筑是形体较大、与日常生活联系密切的物质产品，"以建筑

① 巫鸿：《中国古代艺术与建筑中的"纪念碑性"》，李清泉、郑岩等译，上海：上海人民出版社，2009年，第87页。
② 潘祥辉：《传播史上的青铜时代：殷周青铜器的文化与政治传播功能考》，《新闻与传播研究》2015年第2期。
③ 威尔伯·施拉姆、威廉·波特：《传播学概论》，何道宽译，北京：中国人民大学出版社，2010年，第134—135页。

形制明辨居者之身份等级是最为简单易行之法"。①《礼记·王制》规定"天子七庙""诸侯五庙""大夫三庙""士一庙","庶人祭于寝",可见中国古代礼制建筑也深受礼文化影响,礼的观念和差序思想起到了极大的规范作用。

中国古代礼制建筑通常分为五个类别:一是坛、庙、宗祠,二是明堂,三是陵墓,四是朝、堂,五是阙、华表、牌坊。② 这五种建筑类别形制不同,各有用途,但都与儒家思想的"序""正""和""中庸"等观念密切相关,建筑的功能分区、空间形态、建筑造型等在满足基本的实用功能之外,都满足礼仪规范的要求,体现出礼的精神。同时,建筑的营造装饰、空间方位,乃至祭祀陵墓,都与权力地位和身份象征息息相关,是传统"生活政治"的重要内容。③

以孔庙为例,孔庙是奉祀孔子庙宇的通称,也是列入国家祀典的礼制庙宇。德布雷将图书馆形容为"载体的载体"和"隐形的传承者",④ 孔庙也是如此。在古代,孔庙是综合了祭祀、教育、传播、交流等多重属性和功能的建筑群体,孔庙建筑的每一部分都有其文化意蕴,可谓是中国礼文化在建筑中体现及传承的典范。孔庙采用"庙学合一"的建筑布局,因此,孔庙不仅祭奠先师孔子的仪式空间,还是传道授业的教育机构,更是法国历史学家皮埃尔·诺拉所言的"记忆之场"。这个凝聚着神圣与世俗的空间传播着礼文化,同时,记忆也被共享,成为社会记忆,印刻在人们的日常生活之中。

建筑作为实体空间,是一种无声的媒介,具有持久的媒介特征。"物质化或者是建立成纪念性建筑物,实际上多多少少是要使事物形成群体,产生某个地方,使其得以延续。"⑤ 依照传播偏向论,建筑是思想的物化象征,传播和传承着人类的思想和文明。中国古代礼制建筑具有强烈的时间偏向,可以穿越历史时空,见证和传承文明的兴衰起伏。"由于偏倚时间的媒介能与具体地方的物质在场非常紧密地联系在一起,它们相对来说是稳定的社会现象,能将过去、现在和将来联结在一起。"⑥ 礼的建筑媒介,将无形的礼的传播得以空间化和时间化,如同为礼建构出存在的场域,既在空间层面具体地展现出政治权力和社会秩序,又在时间层面实现着礼的观念的传承和流变。

---

① 谷建辉、董睿:《"礼"对中国传统建筑之影响》,《东岳论丛》2013 年第 34 期。
② 李炳南:《儒家学说对中国古代建筑的影响》,《云南社会科学》1999 年第 3 期。
③ 朱承:《宫室居住与生活政治——以〈礼记〉为中心的考察》,《思想与文化》2016 年第 1 期。
④ 雷吉斯·德布雷:《媒介学引论》,刘文玲译,北京:中国传媒大学出版社,2013 年,第 9 页。
⑤ 同上,第 24 页。
⑥ 尼克·史蒂文森:《认识媒介文化:社会理论与大众传播》,王文斌译,北京:商务印书馆,2013 年,第 182 页。

（三）礼有五经：文本媒介提供知行依据

礼的思想、精神保留在各种文献及经典中。《仪礼》《周礼》《礼记》，并称"三礼"，"三礼"的出现标志着中国礼制的发展步入文本化时期。礼被文字凝固下来，一方面构成行礼之人的文本依据。另一方面也为礼的传承跨越时空的限制。[①]这三册经典分别从仪式、制度和内涵等方面对礼进行了记载和阐释，是古代礼文化的理论形态，对历代礼制的影响最为深远。《仪礼》记述有关冠、婚、丧、祭、乡、射、朝、聘等礼仪。《礼记》既记述礼仪制度，又阐释礼的理论及其伦理道德和思想内涵，其中有很多篇内容是对《仪礼》的直接解释。《周礼》文本出现晚于《仪礼》《礼记》，《周礼》以记载典章制度为主，其记载十分详密，大到朝廷制度，中到分邦建国，小至基层治理，有着复杂有序的制度体系。[②]

除了"三礼"，经典文本还有十三经、先秦诸子及历代典籍等。《礼记·经解》中说："其为人也温柔敦厚，《诗》教也；疏通知远，《书》教也；广博易良，《乐》教也；洁静精微，《易》教也；恭俭庄敬，《礼》教也；属辞比事，《春秋》教也。"儒家典籍通常被称为"四书五经"，"四书"指《大学》《中庸》《论语》《孟子》，"五经"指《诗经》《尚书》《礼记》《周易》《春秋》五部。

经典具有稳定性，其内容通常无法与时俱进而显得落后，尽管有"以周官治天下"的说法，但各朝各代还是会根据实际国情对三礼进行转化。正如德国文化记忆奠基人扬·阿斯曼（Jan Assmann）所言："文字是固定的，不能有丝毫的变更，而人的世界不停地发生变化，一成不变的文本和不断变更的现实之间不可避免地存在距离，这种差距只能借助解释来加以弥补。……解释变成了保持文化一致性和文化身份的核心原则。"[③]儒家典籍同样如此，因为其内容已经固定，历朝历代的儒士往往会对其进行新的解释，以适应自身的时代环境。

在中国古代，儒家经典通常被当作教书育人的工具，为实现人才培养和社会教化提供文本基础。同时，儒家经典对礼文化的传播效果也是被"制度化"的，这体现在科举制度中，这些儒家经典被认定为主要教材，成为儒生成圣成贤所必备的知识素养。艺术作品、碑刻楹联、姓名字号，都可见对儒家经典的引据或化用，这实际上已经成为一种浅层的文化意识。

"文字为后世保存大事或商定的事情，使人能够储存那些经验，而不用费力去

---

① 杨志刚：《中国礼仪制度研究》，上海：华东师范大学出版社，2000年，第109页。

② 朱偲：《〈周礼〉的典章制度价值》，《中国纪检监察报》2017年7月10日，第8版。

③ 扬·阿斯曼：《文化记忆：早期高级文化中的文字、回忆和政治身份》，金寿福、黄晓晨译，北京：北京大学出版社，2015年，第96页。

记忆。"① 这些经典,让中国礼文化有字可据、有文可考,并且一以贯之地传承着礼的内在精神,既保证了礼文化传播的生命力,又实现了礼文化的推陈出新。当然,儒家经典的社会普及也使其成为一种"行动和思想的文本",为社会现实提供精神层面的阐释和依据。

（四）行胜于言：身体媒介连结社会关系

麦克卢汉有言：媒介是人的延伸。他认为任何媒介都是对人体感官的延伸,但反过来讲,身体则可以看作是最为基础的媒介。在古代社会,媒介技术尚处于印刷阶段,礼文化的传播除了依靠珍贵的儒家典籍,还依靠人的身体实践。相对于固定的礼器、建筑和书写内容,身体是一种非常关键的"非语言媒介",既是人之自我理解的起点,又是人在与社会、自然的联系网络中沟通、交往的存在支点甚至价值支点。② 正如威尔伯·施拉姆所言"大部分传播不需要借助语词",③ 身体媒介具有灵活的流动性,儒生的言传身教、社会交往和建构活动,都成为礼文化传播的重要方式。

中国礼文化要求个人通过"克己修身",以身作则,推己及人,来达到天下复礼归仁。《论语·学而》说："巧言令色,鲜矣仁",花言巧语,虚情假意,是缺乏"仁"的表现,传播应该注重真情实感。孔子还提出"不学礼,无以立"（《论语·卫灵公》),要求"非礼勿视,非礼勿听,非礼勿言,非礼勿动"（《论语·颜渊》),认为"其身正,不令而行;其身不正,虽令不从"（《论语·子路》)。一个人的行为正当,不发命令也办的通,否则发命令也无人听从。

《礼记·杂记下》说"颜色称其情,戚容称其服",除了行礼者的容貌体态,与身体紧密联系的服饰,也是一种重要的装饰媒介。《论语·乡党》说："君子不以绀緅饰。红紫不以为亵服。"《礼记·玉藻》说："玄冠朱组缨,天子之冠也。缁布冠缋緌,诸侯之冠也。玄冠丹组缨,诸侯之齐冠也。"服饰是个人修养的基本,是群体身份的标志,更是社会地位的象征。再如冠礼,"已冠而字之,成人之道也"（《礼记·冠义》),男子及冠就标志着成人,就要担负起成年人的责任。

"身体"在传播教化中具有十分突出的作用,其特点是渗透式的"行胜于言",以示范、模仿、感染、暗示等方式为主,体现出中国礼文化区别于西方文化的特

---

① 威尔伯·施拉姆、威廉·波特:《传播学概论》,何道宽译,北京:中国人民大学出版社,2010年,第12页。

② 周与沉:《身体:思想与修行——以中国经典为中心的跨文化观照》,北京:中国社会科学出版社,2005年,第2页。

③ 施拉姆:《传播学概论》,何道宽译,北京:中国人民大学出版社,2010年,第4页。

别之处。这种差异实际上源自两种不同的"身体观"，美国哲学家安乐哲（Roger T. Ames）认为西方主张人的灵魂和肉体相互分离、二元对立，而中国则强调人是一种身心交融的过程，借助"活着的身体"，礼成为一种表现方式。①中国推崇"桃李不言，下自成蹊"的身体媒介，而西方则推崇雄辩与修辞的口语媒介，中国推崇"润物细无声"的教化传播，而西方则推崇魔弹论的强效果传播，这都表明身教实践对于一个人"身心交融"、成圣成贤的意义，以及身体媒介在中国礼文化中的重要性。

（五）礼乐协作：仪式媒介奠定文化结构

在《周礼·春官·大宗伯》中，礼被分为吉礼、凶礼、军礼、宾礼和嘉礼，分别对应着祭祀、丧葬、军旅、宾客和冠婚等事宜，每一种礼都有着不同的功能。如"以吉礼事邦国之鬼神示"，"以嘉礼亲万民"，"以宾礼亲邦国"，"以军礼同邦国"，"以凶礼哀邦国之忧"等。这些礼仪通常以礼器为仪式工具，以建筑为仪式场所，以经典为仪式根据，以身体为仪式主体，可以说是媒介的综合体。

《礼记·昏义》云："夫礼始于冠，本于昏，重于丧祭，尊于朝聘，和于乡射。"中国古代礼仪还可分为：人生礼仪、社会礼仪和国家礼仪。人生礼仪通常指婚丧嫁娶，是一个人在人生中关键节点的过渡性礼仪。昏礼即婚礼，"昏礼者，将合二姓之好，上以事宗庙，而下以继后世也，故君子重之"（《礼记·昏义》），是两个人及家庭乃至家族的联姻。丧礼即丧葬之礼，在德布雷看来，葬礼是"人类最早的记忆方法，它将现在同过去以及未来结合起来"。②孔子也重视葬礼，将"民、食、丧、葬"（《论语·尧曰》）并重，认为这是重要的礼仪。祭礼是祭祀之礼，《礼记·祭义》有云："祭者，教之本也已。"儒家主张"祭之以礼"（《论语·为政》），"祭思敬"（《论语·子张》），因为"慎终追远，民德归厚矣"（《论语·学而》）。

社会礼俗包括各种节日庆典，如春节、清明节、端午节、中秋节等，是一个社会在每年定期举行的重复性礼仪，还包括社会交往的特定礼仪，如乡饮酒礼是乡人宴会饮酒之礼。"礼仪作为交往的仪式，其功能在于交往双方通过交流达到感情的理解与沟通，交往的愉快既是各自情感与心理的满足，又是双方继续交往的动力。"③国家礼仪通常涉及国家领导和政治活动，如祭天之礼、祭孔之礼、邦交之礼（聘礼），是权力的集中展示和文化的官方肯定，更有利于确认政治事实和国家

①　安乐哲、陈霞、刘燕等：《古典中国哲学中身体的意义》，《世界哲学》2006年第5期。
②　雷吉斯·德布雷：《媒介学引论》，刘文玲译，北京：中国传媒大学出版社，2013年，第24页。
③　张自慧：《礼文化的人文精神与价值研究》，博士学位论文，郑州大学，2006年，第89页。

秩序，实现国家的安定团结。

礼是人际交往或者沟通人神的仪式。仪式与典籍具有明显不同，"因为仪式具有很难用文字记录下来的多媒介的复杂性，不断重复的仪式便构成了保证文化一致性的基础和中坚力量"。① 同时，"节日和仪式定期重复，保证了巩固认同的知识的传达和传承，并由此保证了文化意义上的认同的再生产"。② 礼乐仪式作为礼文化的传播媒介，要求集体成员的共同表演和参与，有利于实现文化认同的强化和文化记忆的共享。通过这些礼乐仪式，个人情感得以表达，社会秩序得以维护，礼文化也得以确认和传播，进而"渗透在广大人们的生活、关系、习惯、风俗、行为方式和思维方式中，通过传播、熏陶和教育，在时空中蔓延开来"，③ 最终成为中国人民的文化——心理结构。

三、中国礼的传播思想

"每一种伟大的文明在开始阶段所选择的方向，对型铸后世的价值取向都会有关键性的作用。"④ 德国哲学家雅斯贝斯（Karl Jaspers）在《历史的起源与目标》一书中，提出了轴心时代的理论，认为人类历史曾出现过超越性的突破，而中华文明的轴心起点就源于孔子。⑤ 孔子是中华文明的关键人物，上承夏商周文明之精华，下启中国千年思想之正统，中华文明的超越突破在于孔子"重人事，远鬼神"，借助"仁"对"礼"进行理性阐释，为中华文明发展指引出方向，更奠定了人类交往的原则、秩序、规范和理想。

"礼"是伟大礼仪的明确而细致的模式，那种伟大的礼仪就是社会交往，就是人类生活。⑥ 如同前文所言的基督教的福音圣言的传播，礼也是传统中国的一套"福音圣言"，它包含着社会交往行为准则、文化模式、价值体系以及传播理念。其中蕴含着丰富的传播思想和传播价值，是中国传播思想及理论中最重要、最具特色的组成部分。在上文中，笔者从礼的"媒介域"中，着重选择了五种媒介，并考察其特征及功能。在下文，我们将深入透视礼文化表征背后的思想价值。"修

---

① 扬·阿斯曼：《文化记忆：早期高级文化中的文字、回忆和政治身份》，金寿福、黄晓晨译，北京：北京大学出版社，2015 年，第 90 页。
② 同上，第 52 页。
③ 李泽厚：《孔子再评价》，《中国社会科学》1980 年第 2 期。
④ 鲁鹏一、杜维明：《论轴心时代孔子的存在选择》，《上海交通大学学报（哲学社会科学版）》2013 年第 21 期。
⑤ 卡尔·雅斯贝斯：《历史的起源与目标》，魏楚雄、俞新天译，北京：华夏出版社，1989 年，第 8 页。
⑥ 赫伯特·芬格莱特：《孔子：即圣而凡》，彭国翔、张华译，南京：江苏人民出版社，2002 年，第 17 页。

身齐家治国平天下"，是中国礼所推崇的人生之道，分别对应着个人、家庭、国家和天下。礼既是社会交往的手段和工具，也是人类文明的价值和追求，从自我推及到天下，具有不可忽视的价值理性。

（一）仁义礼智信的交往规范

"仁义礼智信"被称为儒家的"五常"，是一个人成人立业应该拥有的五种基本德性。在《论语》中，"仁"是出现频次最高的字词，其意义涉及礼乐、伦理、道德、政治等诸多方面，包括孝悌、忠信、礼义、廉耻等内容。美国学者赫伯特·芬格莱特（Herbert Fingarette）认为，"仁"是一个心理学意义的概念，强调个体、主观、特性、情感和态度。[①] 在《论语·颜渊》中，仁被描述为"克己复礼为仁"和"仁者爱人"。"克己复礼"是"仁"的向内探索，"爱人"是"仁"的向外推展，两者看似相背但实则统一。"仁"的意义涉及礼乐、伦理、道德、政治等诸多方面，包括孝悌、忠信、礼义、廉耻等内容。仁是五常之中，最为核心的德性。如冯友兰先生所言，仁是四德之一，是一种道德伦理概念，仁还是全德之名，是一种最高的精神境界。[②]

义者，道也，即义是人之为人之道。[③] "君子义以为质，礼以行之，孙以出之，信以成之。"（《论语·卫灵公》）孔子认为，君子应当以正义为本质，通过礼制实行它，用谦逊的语言表达它，守住信任完成它。"君子喻于义，小人喻于利。"（《论语·里仁》）"君子义以为上。君子有勇而无义为乱，小人有勇而无义为盗。"（论语·阳货》）孔子将义看作是个人行为的评判标准，义是一种人生观和价值观，既反映出礼在践行中所遵循的规律，也是人际交往的必备原则。

《论语·季氏》有言，"不学礼，无以立"，"礼"是人在社会交往中的基础德性，具有灵活的动态性。在"礼仪"的层面，礼是一个人在社会生活中具体的交往规范，正如前文所言，从婚丧嫁娶到待人接物，从人际往来到国家外交，都遵循着礼仪规定；在"礼义"的层面，礼是一种内在情感和精神追求。礼义为体，礼仪为用，礼义是礼仪的根本依据，礼仪则是礼义的表达方式，两者合而为"礼"。

智既是"五常"之一，子曰："仁者安仁，知者利仁。"（《论语·里仁》）孔子认为，真正的智者，是有利于践行仁德的。智也是"三达德"（仁、智、勇）之一，《论语·宪问》："君子道者三，我无能焉；仁者不忧，知者不惑，勇者不惧。"因

---

①　赫伯特·芬格莱特：《孔子：即圣而凡》，彭国翔、张华译，南京：江苏人民出版社，2002年，第33页。

②　冯友兰：《对于孔子所讲的仁的进一步理解和体会》，《孔子研究》1989年第3期。

③　张自慧：《礼文化的人文精神与价值研究》，博士学位论文，郑州大学，2006年，第62页。

此，智不仅涉及对事物的认知，处理问题的能力和对知识的运用，还属于道德实践范畴，是处理五伦关系不可缺少的德性。

在《论语·述而》中，"子以四教：文、行、忠、信"，孔子将"信"视为四种德行教育之一，更认为"人而无信，不知其可也"（《论语·为政》），可见"信"的重要性。同时，信，诚也，古人以信与诚互训，可见两者的紧密联系。诚信是言行一致、行必求果的交往规范，保证了礼仪的真实性，也是一个人怀着真诚之心处事交往的原则。

中国礼文化中详细周全的礼仪规范背后，是仁义礼智信的德性品质和交往规范，"在儒家看来，道德是在人与人交往的具体行为中实现的，这些行为的共同模式则为礼。礼是相互尊重的表达，也是人际关系的人性化形式。"① 因此，礼的传播思想不仅关乎个人道德，还是社会价值，其本质不是功利化的工具理性，而是人类交往的价值理性。这种传播思想既约束着人的行为，又提升着人的修养，更帮助个人连接他人、参与社会，培养和维持社会交往关系，共同影响着人们的道德思想和生活。

（二）止于至善的人文理想

《礼记·大学》："大学之道，在明明德，在亲民，在止于至善。"大学的宗旨，在于彰明人们光明的德性，在于教育人们亲爱人民，在于使人们达到至善的目标。在中国礼文化中，"止于至善"是一种德性品质的目标，代表着一个人在道德层面所能达到的境界，也是礼的传播思想中具有重要价值的人文理想。

《礼记·冠义》说："凡人之所以为人者，礼仪也。"《礼记·曲礼》更是说："是故圣人作，为礼以教人，知自别于禽兽。"孔子认为，礼是人类与禽兽的根本区别，更是人之所以为人的标志。对个人而言，礼是规定品德修养和行为举止的原则，对社会而言，礼是规范人际关系和社会秩序的要求。而德性，则是一个人的道德自主性，它让礼更具有现实意义，使得礼从抽象的精神和规范，落实为具体的实践和行动。

对德性的无尽追求是儒家极具连续性的人生态度。"择其善者从之，其不善者而改之"（《论语·述而》），"见贤思齐焉，见不贤而内自省也"（《论语·里仁》），散见于《论语》各处的关乎德行心性的箴言，既提供了个人修身的建议，也带来了良好的社会风气，更树立了一种高尚的人格目标，如"贤者""君子""圣人"等。这些教化承诺和人格目标，与西方信仰所提供的精神依托具有明显不同，它

---

① 陈来：《中华文明的价值观与世界观》，《中华文化论坛》2013 年第 3 期。

们是此在的、现世的，成圣成贤更是一种可以抵达的境界，指引着人们向"德"和"至善"迈进。

礼所蕴含的止于至善的人文理想，是注重情感和德性的，既是对传受双方各自的修养规范，也是对两者关系的理想追求。它兼顾"克己修身"和"爱人"，既包括心性的锤炼，又包括言行举止的规范。同时，"爱人"也具有层次，小则"己所不欲，勿施于人"（《论语·颜渊》），大则"博施于民而能济众"（《论语·雍也》）。因此，止于至善的人文理想，既"以人为本"，又"以和为贵"，突出个体的能动性和创造性，还强调关系在社会交往中的调试作用，体现出礼的传播思想和人文精神。

（三）文明和谐的社会秩序

《论语·学而》有言：礼之用，和为贵。《礼记·曲礼》说："道德仁义，非礼不成；教训正俗，非礼不备；分争辩讼，非礼不决；君臣上下，父子兄弟，非礼不定；宦学事师，非礼不亲；班朝治军，在官行法，非礼威严不行；祷祠祭祀，供给鬼神，非礼不诚不庄。"可见，中国礼文化推崇和合精神，"和"借礼实现，社会因礼而达到一种和谐、和睦、和善、和美的秩序。

孔子追求平等公正的社会生活，"不患寡而患不均，不患贫而患不安"（《论语·季氏》），认为平等比财富重要，安定比混乱重要，所以不患贫、不患寡，而是患不均、患不安。当今中国社会对公平公正的追求，"脱贫攻坚战"的实施，都有着这种思想渊源。孔子还论述了义与利、名与实、惠与不费、劳与不怨、泰与不骄等，主张中庸和合之道，反对极端化的思想和行为，在社会交往中强调"过犹不及"（《论语·先进》），"和而不同"（《论语·子路》），"致中和，天地位焉，万物育焉"（《礼记·中庸》）。

孔子主张的文明和谐的社会秩序，不仅依靠基本的法律维持，还主要依靠礼制和礼治，来达到以礼教民、以德化民的效果。《论语·为政》里说，"道之以政，齐之义刑，民免而无耻。道之以德，齐之以礼，有耻且格"。孔子认为，用政令和刑法来治理百姓，只会使它们求能免于罪罚，而无廉耻之心；用道德引导百姓，用礼制教化他们，则会让民心归服。"远人不服，则修文德以来之。既来之，则安之。"（《论语·季氏》）用道德感化他人，并加以安抚，方可维持和谐稳定，实现大同社会。

追求和谐是中国礼文化的重要特征，《礼记·乐记》说："乐者，天地之和也；礼者，天地之序也。和故百物皆化，序故群物皆别"。孔子的理想是通过礼仪与礼俗培育自我与他人，以及不同等级之间的关系意识和伦理观念，形成一种文明和谐的社会秩序。"己所不欲，勿施于人"（《论语·颜渊》），这是社会关系中最为基本的规范，由此推演出的推己及人、以礼待人，"己欲立而立人，己欲达而达人"（《论语·雍也》），都彰显着孔子提倡的敬让之道，以及和合的价值追求。

（四）天下大同的永恒追求

中国礼文化强调连续、动态、关系和整体的观点，"每一事物都是在与他者的关系中显现自己的存在和价值，故人与自然、人与人、文化与文化应当建立共生和谐的关系"。[①] 作为人际交往的中心，个人始终是礼文化的焦点，他"不是作为孤立的个体，而是作为活生生的群体——家庭、乡里、国家和世界——的积极参与者而出现的"。[②] 在儒家思想中，个人和天下具有同构性，个人只有在家庭、社会、国家和世界中，才能通情达理、安身立命，乃至成圣成贤。

礼不仅对个人修身有其意义，对社会更有提升社会精神文明的移风易俗的作用。在国与国的关系上，"好礼"则体现了尊重其他国家和人民的行为方式。[③] 而在"世界"或"天下"层面上，礼更是儒家执着不懈的永恒追求，《礼记·礼运》说"以天下为一家，以中国为一人"，这体现出来礼的传播理想是，和平大于纷争，天下高于国家，对世界大同的理想充满憧憬。

《礼记·中庸》说："凡为天下国家有九经，曰：修身也。尊贤也，亲亲也，敬大臣也，体群臣也。子庶民也，来百工也，柔远人也，怀诸侯也。修身则道立，尊贤则不惑，亲亲则诸父昆弟不怨，敬大臣则不眩，体群臣则士之报礼重，子庶民则百姓劝，来百工则财用足，柔远人则四方归之，怀诸侯则天下畏之。……送往迎来，嘉善而矜不能，所以柔远人也；继绝世，举废国，治乱持危。朝聘以时，厚往而薄来，所以怀诸侯也。"

从自我修身到礼教天下，儒家提倡"宣德化以柔远人"，用德教的方式来提升自身、善待远人，吸引他们归服。《论语·颜渊》里说："君子敬而无失，与人恭而有礼，四海之内，皆兄弟也。"中国礼文化崇尚富而不骄，强而好礼的德性，即使国力强大，也不去威胁和侵犯弱者，而是用礼去感化人心。天下大同既是中国对世界结构的想象，也是礼文化的永恒追求。这种天下观指导下的中国对外政策，不主张对外扩张，而是以安边为本，和睦邻为贵，推崇礼尚往来、厚往薄来。

① 陈来：《中华文明的价值观与世界观》，《中华文化论坛》2013年第3期。
② 杜维明：《儒家思想：以创造转化为自我认同》，曹幼华、单丁译，北京：生活·读书·新知三联书店，2013年，第127页。
③ 陈来：《中华文明的价值观与世界观》，《中华文化论坛》2013年第3期。

四、中国礼的当代价值

礼是一套文化表意系统和沟通模式，是中国人日常沟通的主导形式。纵观中国历史，汉代董仲舒"罢黜百家、独尊儒术"，奠定了礼的基础，宋代又对礼推陈出新，重新阐释礼学。但是，由于礼的烦琐与束缚，在近代新文化的浪潮中，中国礼文化遭到抨击与批判，甚至被贬为毫无价值的末流。在传播学本土化的过程中，有学者为了重新挖掘礼文化，提出了"礼的游戏性质"，认为礼充满着游戏的愉悦和刺激，人们用"礼"实现"自我表演"和人际互动。认为"'克己'、'约我'等否定性字眼不再适用于说明礼的功能"，相反地，"'游戏'、'建构'、'创造性'、'动力'、'韵律'、'愉悦'等肯定性字眼，才足以展示礼的能动作用。"[①]

然而，礼绝非游戏，礼的"游戏性"更多是现代学者的片面阐释，而非其本身的属性。借助礼的"表演"，也绝非礼之本义，而是孔子所反对的没有"礼义"的空洞"礼仪"。"文化是一种由主体间性产生、公众所信奉的现象。它有益于提供同一性的源泉、社会交往的途径和共同体的意识。"[②]在中国古代，礼维系着人伦关系和社会秩序，既有世俗狂欢的一面，也有神圣庄重的一面，塑造出"天下"体系内的文化共同体，发挥着"以礼化民、以礼造族"的重要作用。在当今中国，优秀传统文化的价值被重新肯定，习近平总书记更是表示"儒家思想在内的中国优秀传统文化中蕴藏着解决当代人类面临的难题的重要启示"[③]，中国礼具有穿越时空的当代价值。

（一）文化自律

《礼记·大学》有云：心正而后身修，身修而后家齐，家齐而后国治，国治而后天下平。这句话被后世转述为：修身、齐家、治国、平天下，成为儒家的处世之道的精髓。在这一处世之道中，终极目标是"平天下"，但其最初的要求是个人的"修身"，即个人的"克己"和"慎独"。中国礼的当代价值就体现在一个人的"克己复礼"和文化自律。

文化自律体现在个人身上，实际就是道德约束，是对自身修养的要求和提升。用杜维明先生的话讲，就是"学做人"，意味着"审美上的精致化、道德上的完善

---

① 陈国明：《中华传播的理论与原则》，台北：五南图书出版公司，2004 年，第 381—385 页。

② 尼克·史蒂文森：《认识媒介文化：社会理论与大众传播》，王文斌译，北京：商务印书馆，2013 年，第 78 页。

③ 习近平：《从延续民族文化血脉中开拓前进——在纪念孔子诞辰 2565 周年国际学术研讨会暨国际儒联第五届会员大会开幕会上的讲话》，《孔子研究》2014 年第 5 期。

化和宗教信仰上的深化"。①自我约束一方面来自文化环境的内部性建构，另一方面则来自儒家道统的召引。在儒家思想中，自我约束包含着自觉禁欲的成分，"为己之学"需要高度强大的自律。这种自律表现在头悬梁、锥刺股，表现在闻鸡起舞、凿壁偷光，可以看作是一种儒家的"苦行"。

同时，安乐哲认为"礼"使人处于有意义的、交互的角色之中，并处于和他们的家庭及群体之间的关系中。②区别于道家和佛家的个人主义的避世，儒家的"自我"，指的是"各种关系的中心，一种具有群体性的品质，它从来没有被看成是一种被孤立的或可孤立的实体"。③在"克己"修身的过程中，修身是核心，入世是为了修身，修身又是为了更好承担社会赋予自己的角色，这正体现出了"修身齐家治国平天下"的文化逻辑。通过修身式的文化自律，"一日克己复礼，天下归仁"，每个人的修养都得以提升，整个社会的文明也就走向进步。

当前社会存在着的诸多只关心个人得失、缺乏公共意识的个人主义现象，还出现了不同程度的危机：拜金主义、信任缺失、道德滑坡。而儒家主张积极入世，参与政治生活，这是因为礼作为一种中国特有的道德体系，具有人文教化、道德提升，以及疏解焦虑、重建秩序的作用。中国礼具有重要的当代价值，从自我推及他人，从个人走向公共，当前提倡的社会主义核心价值观，与"仁""善""谦让""诚信""忠孝""和谐"等礼的观念一脉相承。中国当代知识分子和古代的儒生一样，都不应仅是局限在自我之中，而应参与社会、关心天下。

（二）社会教化

"礼，像语言一样，是交流和自我表达的一种形式。一个人若不逐渐知晓礼的'语言'，就不能成为社会的全面参与者。人的成熟，依赖于创造性地获得群体共同规定的价值。"④在当今社会，礼仍然承担着社会教化的重要功能。《周易·贲卦》说："观乎人文，以化成天下。"教化可以被理解为向社会推行道德教育的重要手段。礼以"仁"为核心，以"礼"为外化，通过社会教化，对个人进行道德培育和人格养成。

中国向来推崇身教实践，重视榜样的力量，君子可以说是其中最具代表性的教化者。"古之君子，进人以礼，退人以礼。"（《礼记·檀弓》）如果说圣人是礼的

---

① 杜维明：《儒家思想：以创造转化为自我认同》，曹幼华、单丁译，北京：生活·读书·新知三联书店，2013年，第45页。
② 安乐哲：《儒家的角色伦理与人格认同》，《社会科学报》2010年1月26日，第6版。
③ 杜维明：《儒家思想：以创造转化为自我认同》，曹幼华、单丁译，北京：生活·读书·新知三联书店，2013年，第47页。
④ 同上，第66页。

终极目标，那么君子就是礼的具体实践者，其人格特质在《论语》中表现为"坦荡荡""求诸己""泰而不骄""欲讷于言而敏于行"等。君子是每个人通过教化培育都可以达到的人格境界，在当代中国，君子已经被创造性地转化为"最美孝心少年""最美教师""感动中国人物"等具有高尚品质的社会楷模，但它仍然是最为生动的礼的传播者，为社会树立崇高的标杆，发挥着垂范作用。

礼的社会教化功能，是一种多层次的体系，因为"人从落地伊始就被理解为受独特的、相互作用的关系模式影响和培育，而不是孤立的存在"。①在君子作为道德模范之外，家庭通常承担着初级的教化职责。父母长辈是教化过程中的启蒙者和引领人，是被后代晚辈模仿学习的对象。学校是重要的社会教化机构，在中国古代，孔庙和书院都承担着传道授业的职责。个人通过学习儒家经典，传承儒家道统，而成为一个"儒生"，这也是个人进入政治领域的必需途径。在当代社会，教师成了知识的传播者和人格的培育者，推动着个人的成长成才。

乡里是又一层次的教化者，"一方水土养一方人"，自然地理和文化风俗都是"地域性"的教化者，乡俗民约对维系礼文化有着重要作用。而在互联网蓬勃发展的当下，地域已经不再是限制个人发展的关键因素。社会教化通常是"潜""默"的，它可以使得个人长时间地沉浸其中，将伦理道德自然而然地内化于心，践诸日常；使"自我"由身向家、由家向国、由国向天下层层推展，转变成一个胸怀天下的"大我"。

现代社会是一种经济社会，讲求得失、权衡利弊，充满着功利气味，但凡事不能只以经济标准作为尺度考量。有学者认为，"'礼'为中国社会提供了一种难得的'道德资本'。一旦这种资本被人为摧毁或自行流失之后，就不可能重建道德与法律秩序。"②对于一个民族、一个国家来说，礼是一套社会生活的规范体系和理想社会的实践方式，在功利价值之上，发挥着伦理价值功能。"现代人仍需要终极关怀、价值理想、人生意义、社会交往，儒家文化价值体系的承继与转化，至少对中国文化主导的社会就仍有十分重要的意义"③，礼也将源源不断地为中华儿女的社会生活、文化自信的树立，以及中华民族的伟大复兴提供精神养料。

（三）文明重塑

"礼"在中国文化中占据着核心位置，发挥着治国安邦的重大作用，为人们提

① 安乐哲：《儒家的角色伦理与人格认同》，《社会科学报》2010年1月26日，第6版。
② 张千帆：《为了人的尊严——中国古典政治哲学批判与重构》，北京：中国民主法制出版社，2012年，第182页。
③ 陈来：《孔夫子与现代世界》，北京：北京大学出版社，2011年，第137页。

供了最广泛的认同。"礼是道德的标准、教化的手段、是非的准则，是政治关系和人伦关系的分位体系，具有法规的功能，也有亲合的作用。"[①] 在中国，礼与法发挥着同等作用。法国汉学家汪德迈（Leon Vandermeersch）曾说，"礼治是治理社会的一种很特别的方法。除了中国以外，从来没有其他的国家使用过类似礼治的办法来调整社会关系，从而维持社会秩序。"[②]

以礼治国是中国文化最突出的特色，礼的行为规范有利于社会秩序的维持，也有助于"新天下主义"的实践。传统中国的"天下"是以中原为中心对世界空间的想象，也是一套关乎真善美之道的文明价值体系。随着地理大发现和科技革命，世界正在浓缩成为"地球村"，国际交往更为密切，地理层面的天下想象已被消解，但文明层面的天下价值体系还发挥着作用。礼就是天下价值体系的核心部分，礼所包含的尊重、关爱、美好、友善等具有公共性的观念，不仅仅是中国独有的，也是世界共享的，更是全人类普遍人性的核心价值。这种价值不仅会为中华民族提供文化认同，还会超越出民族文化上的你和我、我们与他者，与普世文明产生联系，成为一种放之四海而皆准的"人类价值"。[③]

当代中国重返世界舞台，努力构建人类命运共同体。但诸多文明的相遇，势必会带来塞缪尔·亨廷顿所言的"文明的冲突"：在这个新的世界里，最普遍的、重要的和危险的冲突是属于不同文化实体的人民之间的冲突。[④] 如何调适不同国家、人群和文化，是个关键的问题。事实已经明证，礼绝不过时，虽然"礼是古代诸侯国关系调节的法则"，但"礼的精神与帝国主义、霸权主义是对立的。礼重'理'，而不崇尚'力'，礼是王道，不是霸道"。[⑤] 其精华可以为当今时代所用，甚至可以起到文明重塑的作用。

从中国礼的传播思想中，我们也可以获得解答，"和而不同"的交往观提倡的是"文明对话"：这种对话不是说服和压制对方，而是在自我反思之时了解对方，也利用对话的机会让对方倾听和了解我们的文化。[⑥] 文明对话中的新天下主义有"对普世伦理秩序的理解和追求，它不需要敌人，其现实目标是化敌为友，将对抗性的敌我关系转变为平等对待、互通有无的互市关系，而最高理想是怀柔天下，

---

① 陈来：《儒家"礼"的观念与现代世界》，《孔子研究》2001 年第 1 期。
② 汪德迈：《礼治与法治：中国传统的礼仪制度与西方传统的 JUS（法权）制度之比较研究》，转引自杨志刚：《中国礼仪制度研究》，上海：华东师范大学出版社，2000 年，第 2 页。
③ 许纪霖：《家国天下——现代中国的个人、国家与世界认同》，上海：上海人民出版社，2016 年，第 439 页。
④ 塞缪尔·亨廷顿：《文明的冲突与世界秩序的重建》，周琪、刘绯、张立平、王圆译，北京：新华出版社，1998 年，第 7 页。
⑤ 陈来：《儒家"礼"的观念与现代世界》，《孔子研究》2001 年第 1 期。
⑥ 杜维明：《文明对话中的儒家：21 世纪访谈》，北京：北京大学出版社，2016 年，第 118 页。

建立普世性的世界伦理共同体",①进而寻求和扩大彼此共有的价值观、制度和实践，减少冲突、和平共处，让人类向更加美好的世界前行。

结 语

"直至今日，人类一直靠轴心期所产生、思考和创造的一切而生存。每一次新的飞跃都回顾这一时期，并被它重燃火焰。……轴心期潜力的苏醒和对轴心期潜力的回忆，或曰复兴，总是提供了精神动力。"②礼一次又一次被复兴，也一次又一次生发出新的生命力，这是因为礼的功能和作用可以维系社会生活的有序性。礼作为中国独特的文化传统和人类追求的永恒价值，已经成为一种隐性的文化基因，内化于心、外化于行，具有穿越时空、历久弥新的力量。当前，我们正为建设文明中国，重塑礼仪之邦，实现中华民族伟大复兴而努力，礼文化腐朽落后的糟粕自然应当舍弃，而其中弘扬真善美的美好价值，与社会主义核心价值观相呼应，更与普世性的人类价值共享，这也应该被肯定和弘扬。

正如在本文引言部分所论述的那样，"媒介域"不能只是技术史观下的历时性分类，还可以遵从文化观，将多种媒介并置复合成为一种思想观念的存在场域，和精神文化的传播传承空间。礼作为一种媒介域，也是兼收并蓄的、多元共融的。当代中国，新媒介技术正在对礼文化进行新表征，如文化类影视节目中"礼的展演"，祭孔仪式的网络同步直播，国家公祭网的在线祭奠等。礼是中华民族发展壮大的丰富养料，也是文化自觉和文化自信的必备条件。在与西方文化的交流碰撞中，只有理解中国礼的传播与传承模式，发挥"媒介域"的多重功能，并坚持创造性地转化、发展和继承中国礼的思想价值，才能为当代中国固实文化底蕴，增强文化软实力，为世界文明作出独特贡献，实现天下大同的历史梦想和人类命运共同体的伟大宏愿。

---

① 许纪霖：《家国天下——现代中国的个人、国家与世界认同》，上海：上海人民出版社，2016年，第453页。

② 卡尔·雅斯贝斯：《历史的起源与目标》，魏楚雄、俞新天译，北京：华夏出版社，1989年，第14页。

从形式直观到社群真知

From Formal Intuition to Community Truth:Semiotics Interpretation of the Folk Qingming Sacrifice

——民间清明祭祖的符号学阐释

张 兢 *

Zhang Jing

摘 要： 清明祭祖是中华民族延续数千年的文化传统和符号实践，对其深层意义进行掘发的专门研究尚不多见。本文主要运用符号学意义理论，结合人类学仪式理论、社会学场域理论和传播学相关理论，以民间清明祭祖为对象，对其符号机制和深层意义展开尝试性阐释。清明祭祖首先是具有组合链接性、合一性、诗性等特征的"超文本"。对这一超文本的感知与理解，经过了形式直观、重复与无限衍义、个体能力元语言提升的过程。在此过程中，个体意义不断累积叠加，不断逼近"真知"。清明祭祖内蕴的"社群真知"主要表现在深邃的生命意识、道德规约、身份认同三个方面，"标出性"发挥着重要功能。社群真知以一种文化力量对个体产生影响，公认的信念价值、道德标准、社会规范——落到实处，和谐有序的社会秩序藉此建立。

Abstract： The Qingming Sacrifice is the cultural tradition and symbol practice of the Chinese nation for thousands of years, and the special research on its deep significance is rare. This paper mainly uses the semiotic meaning theory, combines the anthropological ritual theory, the sociological field theory and the communication theory, and takes the folk Qingming sacrifice as the object, and tries to explain its symbolic mechanism and deep meaning. First of all, the folk Qingming sacrifice is

---

* 张兢，男，西北民族大学新闻传播学院副教授、副院长，四川大学文学与新闻学院博士研究生。

a "super-text" with the characteristics of combination, unity and poetry. With the symbolic mechanism of form intuition, repetition and infinite semiosis,meta-language promotion, individual meanings accumulate and overlap, constantly approaching the truth. The "community truth" implied in the Qingming sacrifice is mainly manifested in three aspects: profound life consciousness, moral regulations and identity, and "markedness" plays an important role. Communities truth influences individuals with a kind of cultural power. The recognized values of belief, moral standards and social norms are implemented one by one, and a harmonious and orderly social order is established accordingly.

关键词：清明祭祖；超文本；形式直观；无限衍义；社群真知

Key words：The folk Qingming sacrifice; super-text; form intuition; infinite semiosis; "community truth".

引　言

按照伽达默尔的说法，当面对一个历史文本之时，我们"倾听着过去的倾诉（ansprechen）"，我们总是归属于某种特定的"传统"，它不仅仅是单纯的遗物或者遗迹，而是从过去传承到现在的东西。唯有倾听倾诉的声音，方能与过去相遇。[①] 清明祭祖就是这样的传统。然而，关于这一历久弥新的文化传统，专文探讨的并不多见。笔者分别以"清明祭祖""清明节"进行关键词、篇名、内容在中国知网搜索，结果为 300 余条记录。在这些记录中，多数文章是对于清明节这一节气以及民俗风情的介绍，还有一些属于新闻报道，对清明祭祖的深层文化意蕴的阐释只有不足 20 篇，且分散于人类学、民俗学、社会学、新闻传播学等各领域。专门研究薄弱不足，这不能不说是个遗憾。

在许多人的意识里，清明祭祖是天经地义的，其理由是不言自明的。人们似乎更多被动默从、匆匆践行，而不去倾听和追问，比如祖先是一种怎样的存在？对我们意味着什么？当面对一字排开的祖先坟茔和牌位，我们有着怎样的情感诉求和心灵体验？我们为什么要用丰盛的实物祭祀祖先？这些实物仅仅是一种物的存在吗？应该祭祀而未能祭祀，想要祭祀而不得祭祀，会受到他人的非议吗？……这样的问题可以一直罗列下去。本文试图运用意义理论对以下问题进行尝试性阐释：其一，作为一种符号文本，清明祭祖有何特征？其二、清明祭祖包含着怎样丰盈的意义？通过怎样的方式进入个体心灵，又如何累积叠加不断充盈个体经验

---

① 丸山高司：《伽达默尔：视野融合》，刘文柱等译，石家庄：河北教育出版社，2002 年，第98 页。

中的意义认知？其三，如何阐释清明祭祖实践中形成的"社群真知"的意义内涵？

一、"诗性"的"超文本"

德国哲学家恩斯特·卡西尔将具有精神活动的人定义为"符号的动物"（animal symbolism），认为符号是人类认识世界最主要的中介物，人们是"如此地使自己包围在语言的形式、艺术的想象、神话的符号以及宗教的仪式之中，以致除非凭借这些人为媒介物的中介，他就不可能看见或者认识任何东西。"[1] 清明祭祖就是这样的中介物，它将各种异质符号串接在一起书写成为一个"超文本"。值得说明的是，任何利用"体外化媒介"（书刊、广播、电视、录像、手机等）对清明祭祖进行的"转写"，虽然可以视为其"后文本"，但是均不在本文讨论之列。

"文本"（text）多指"文字文本"，符号学将其扩大化为人类社会出现的"任何文化产品"。赵毅衡教授认为："任何携带意义等待解释的都是文本"，"只要满足以下两个条件，就是符号文本：1. 一些符号被组织进一个符号组合中；2. 此符号组合可以被接收者理解为具有合一的时间和意义向度。"[2] 据此，清明祭祖具备"文本"的所有条件：它是符号的组合，亦指向同一的意义向度。但是，借由各种符号组合而成的清明祭祖文本具有"非线性"的特征，而且它将其他符号诸如声音、场景等链接在一起，构成了一个超越的文本。仅仅将清明祭祖视为一般文本，则可能无法凸显其所呈现的"直接现实"和深邃意义，也框限了人们的认知与理解。基于此，本文将清明祭祖界定为"超文本"。以下从组合与链接、合一性、诗性三个方面展开论述。

（一）组合与链接

清明祭祖是各种异质符号的组合与链接。一般认为，符号分为语言符号和非语言符号。皮尔斯将符号划分为像似符号、指示符号和规约符号。清明祭祖则将各种异质符号——实物符号、情态符号、时空符号、语言符号等链接在一起，形成了超越任何一类符号表意能力的"整体性"。

首先是实物符号。明代《帝京景物略》卷二《春场》中写道："三月清明日，男女扫墓，担提尊榼，轿马后挂楮锭，粲粲然满道也。拜者、酹者、哭者、为墓除草添土者，焚楮锭次，以纸钱置坟头。望中无纸钱者，则孤坟矣。哭罢，不归也，趋芳树，择园圃，列坐尽醉。"[3] 这是对当时北京地区清明墓祭的描写。"尊

---

[1] 卡西尔：《人论》（1944 年德文版），甘阳译，上海：上海译文出版社，1985 年，第 33 页。
[2] 赵毅衡：《符号学：原理与推演》（第二版），南京：南京大学出版社，2016 年，第 42 页。
[3] （明）刘侗、于奕正：《帝京景物略》，北京：北京古籍出版社，1983 年，第 67 页。

楮""楮锭""纸钱"，加上香烛、祭品（主要是肉食、鲜果之类），大抵是清明墓地祭祖的基本物品。祠堂祭祀要复杂一些，除了这些实物之外，还要悬挂先祖画像、陈设香案等。这些实物是"本来不介入意指作用"的"日常用品"，但是由于它们被置于特定的场景之中，因而跳脱了单纯的物的功能，而成为表意符号。进一步追溯就会发现，这些实物符号具有古老的根源。按照《礼记·礼运》的说法，祭祖仪式可上溯至神农时代。为了表达对天地先祖赐予食物与水的恩德，人们以隆重的仪式祀天裸地，"燔黍捭豚"、"污尊抔饮"、"蒉桴而土鼓"、且舞且号，昭告于天地神明、四方物魅。[①]虽然符号形式因时迁移，但它们所表达的意义始终未变。

其次是情态符号。清明祭祖是一种超常态的符号实践。所谓超常态，就是对日常生活状态的超越。在仪式符号场域，人们的表情动作便具有丰富的意义内涵。以墓祭为例，祭祀之时，点燃香烛焚烧纸钱，它所散发的袅袅青烟直通先祖的在天之灵；抛洒清水美酒于地，让其渗入九泉之下以告慰先祖的躯体；供奉的肉食鲜果是希望先祖永久享用。在青烟缭绕、细雨纷飞之中，人们跪坐于地，静默追思，默默祈祷，集体跪拜，暗自叹息。

再次是空间符号。民间清明祭祖有庙祭和墓祭之分。宗庙祭祖和祠堂祭祖的仪式空间在室内，坟墓祭祀的仪式空间则在户外。无论室内还是户外，通过自然物和实物符号的陈设组合，构成了庄重肃穆的仪式空间：户外，在苍松劲柏柳树古槐庇荫下，一个个祖先坟茔有序排列；室内，在楹联画像香案陪衬中，一个个祖先牌位赫然在目。与此空间相适配的是时间的设定，即于每年清明节举行。此时，天清地明，万物萌生，阳气上升，阴气下沉，阴阳相遇交合，所以多有"疾风甚雨"，天气沉郁清凉。于是便有了杜牧的"清明时节雨纷纷，路上行人欲断魂"的写状。

（二）合一性

时空情境以及串接的实物符号临时性地构建起一个清明祭祖的符号场域：天空烟雨缭绕，大地沉郁清凉，人们默然追思，祖宗神灵被唤醒，天、地、人、鬼均以"在场"的姿态参与这场展演，指向合一的意义向度。但是，在这个符号场域中，祭祀参与者的情感和心理是真实的。按照《礼记》的说法，祭祀前要通过斋戒做充分的心理准备，以七天的"散斋"对日常生活进行严格检束，以三天的"致斋"使心神专一。于是，在之后的祭祀之日便会产生一种"入室，僾然必有

---

① （唐）孔颖达疏：《礼记正义·祭义》，北京：北京大学出版社，1999年，第1325页。

见乎其位；周还出户，肃然必有闻乎其容声；出户而听，忾然必有闻乎其叹息之声""于是渝其志意，以其恍惚以与神明交"①的神奇体验。虽然当下的祭祖活动已经没有了斋戒十日的要求，但是相对独立的符号场域传递出庄严肃穆的信息，使每一个置身这一场域的参与者受到强烈触动，于是人们的情绪、情感、姿态、行为都会瞬间调适到一种超常规的状态，与所处情境相谐适。在人们把全部心智和情感都投入到仪式体验中时，一种与天地祖先神明融为一体的神圣感得以产生。正如格尔兹所说："在仪式中，生存世界与想象世界借助单独一组象征符号形式得以融合，变成同一个世界。"②

（三）诗性

西方学者常常将仪式与宗教联系在一起。受此影响，国内一些学者在论及清明祭祖时也有意无意地着眼于其宗教内涵。如果说，殷商之时的祭祖仪式还存有比较明显的宗教色彩的话，那么西周之时尤其是春秋以后，祭祖仪式不再是宗教意味的行动，而成为"诗意"的了。在这种"诗意"中，人们"得到了感情的满足，并不阻碍智性的发展和追求"。③

站在符号学角度，清明祭祖表现出鲜明的"诗性"特征。所谓诗性，就是在符号文本中，信息成为主导因素，它要求解释者将其注意力投向符号本身，这时文本自身的"品质"成为主导，因而具有了诗性的特征。④清明祭祖借助符号外在形式吸引解释者的注意力，要求解释者跳脱其形式而得其意蕴。在特定的时空情境中，人们借助诸多富有象征意味的符号和仪程，以庄重恭敬的态度跪拜天地神灵，对亡者像生前一样对待，从而使内心的情感需求得到满足。然而在做这些的时候，人们清醒地知道，除了内心真实的情感，其他的一切——宗庙、祠堂、坟茔、美酒、纸钱、乐舞等——都是虚幻不实的，都不能以其表面实相去理解，它们不过是用来满足情感需求的象征性符号而已。

二、清明祭祖意义的个体印迹

海德格尔说："意义就其本质而言是相交共生的，是主客体的契合。"⑤虽然清明祭祖"诗性的"超文本形式及其意义"无可遮蔽"地呈现在主体面前，但只有

---

① 分见《礼记正义·祭义》，第 678、682 页。

② 格尔兹：《文化的解释》，纳日碧力戈等译，上海：上海人民出版社，1999 年，第 129 页。

③ 冯友兰：《中国哲学简史》，北京：生活·读书·新知三联书店，2009 年，第 164—165 页。

④ 罗曼·雅各布森：《语言学与诗学》，赵毅衡编：《符号学文学论文集》，天津：百花文艺出版社，2004 年，第 169—184 页。

⑤ 转引自赵毅衡：《哲学符号学：意义世界的形成》，成都：四川大学出版社，2017 年，第 2 页。

与主体相"契合"方能被感知和理解。在个体意义产生和不断深化的过程中，形式直观是开端，重复是意义经验充盈的方式，元语言是理解的关键。

（一）形式直观与"悬搁"

形式直观是个体获义的初始阶段。所谓"形式"，就是"任何事物如其所是的状态"，[1]即事物"无可遮蔽"的"原初"状态。"直观"就是："在直观中原初给予我们的东西，只应如其被给予的那样，而且也只在它在此被给予的限度内被理解。"[2]

关于形式直观，主要包含以下几层意涵：第一，意义是符号文本固有的、内在的，它以某种组合的形式显现于外，等待人们的理解。皮尔斯用符号"三性"对符号意义活动进行说明，即"第一性"（firstness）的显现阶段，"第二性"（secondness）的理解阶段，"第三性"（thirdness）的判断阶段。[3]站在解释者角度，这一过程可以描述为以下三个阶段，第一阶段：看到或者感觉到了什么存在？即符号文本进入解释者视野；第二阶段：这是什么？即解释者对符号文本进行解读；第三阶段：这种存在的合理性或者价值何在？即价值判断。这是一个经由视听到解释再到判断的过程。经此三个阶段，符号文本的意义逐渐进入解释者的心灵。第二，形式直观是对于初始获义过程的指称，其特征是"片面化"的、未经反思的甚至是本能性的。这也就是米德所谓的"姿态对话"，尚未进入"有意味的符号"的深层解释层面。[4]"片面化"表现在两个方面，即感知（对符号文本外在形式）的片面化和解释（对符号文本意义）的片面化，二者是同时迸发的，形式感知的片面化，同时意味着意义解释的片面化。第三，"片面化"与悬搁（epoche）相伴相生——因为片面化，所以有悬搁；反之亦然。片面化程度与悬搁内容多少恰好成反比，悬搁内容越多，片面化程度越高。意义深化的过程，就是不断"激活"被悬搁的内容，使其加入意义理解之中，从而消除理解的片面化，趋向"完整化"。

在清明祭祖的初始获义活动中，首先被悬搁的是实物符号。罗兰·巴尔特认为，多数符号系统（物品、姿势、形象）都具有一种本来不介入意指作用的表达实质，而社会往往把一些日常用品用于意指目的。[5]在清明祭祖中，存在着大量的

① 转引自赵毅衡：《哲学符号学：意义世界的形成》，成都：四川大学出版社，2017年，第29页。
② 埃德蒙德·胡塞尔：《纯粹现象学通论》，李幼蒸译，北京：商务印书馆1992年，第84页。
③ 科尼利斯·瓦尔：《皮尔士》，郝长墀译，北京：中华书局，2003年，第25—27页。
④ 参阅H·布鲁默在《论符号互动》中对米德观点的引述与解释。载谢立中编：《西方社会学经典读本》（上），北京：北京大学出版社，2008年，第486页。
⑤ 罗兰·巴尔特：《符号学原理》，李幼蒸译，北京：中国人民大学出版社，2008年，第41页。

"本来不介入意指作用"的"日常用品",诸如香烛纸钱、食物果蔬祭品等。"任何物都是一个'物－符号'双联体。它可以向纯然之物一端靠拢,完全成为物;也可以向纯然符号载体一端靠拢,纯为表达意义。⋯⋯任何物－符号都在这两个极端之间移动。"① 这些物品因其实用性使用功能,往往被等同于日常用品,其外在观相和意义内涵被"悬搁"起来。至于清明祭祖的时间设定以及祖先坟茔的空间排列等符号,也因其复杂深奥而被悬搁。正是因为被悬搁的外在观相过多,进入解释者视野的观相便极其有限,因此其片面化程度就较高,导致形式直观过程中解释者对于清明祭祖意义的理解表现出碎片化和肤浅性的特征。

应当指明的是,初始获义指的不是第一次面对特定符号文本的意义理解,而是对意义理解的初始状态的指称。对于有些人而言,虽然每年都参与清明祭祀,但是对于清明祭祀意义理解依然停留在形式直观层面。在笔者进行的田野调查中,当问及清明祭祖意义的相关问题时,无论年长者还是年幼者,"大家都如此""说不清楚"是听到的最多的回答。这说明,许多人只是遵循着某种既定的"惯习"行事,对清明祭祖的深层意义缺乏充分的理解。

(二)重复与无限衍义

作为一种文学叙事理论,"重复"(repetition)也被称为"反复叙事",指的是小说中的某一事件、某一细节在小说的不同章节中被一次次地重复叙述②。重复理论集大成者 J. 希里斯·米勒 (J.Hillis Miller) 指出:"不管是什么样的读者,对小说这样的长篇作品的理解,在某种程度上是通过对重复以及因重复而产生意义的识别来理解的。"重复主要有三种类型:一是符号形式的重复,比如词语、修辞格等;二是事件和场景重复;三是解释重复,即"互文性"。③ 因此,只有细读文本内重复和文本间重复(互文性)方能理解文本的深层意义。米勒对于重复类型的划分拓展了符号学研究的理论空间。但是,文学重复理论是对文本(准确地说是小说文本)表达结构的揭橥,符号学的重复概念更多关注个体意义的累积深化过程。这是两种不同的理论取径。从符号学角度而言,重复是个体意义印迹的叠加,是意义累积深化并趋向"真知"的基本方式。正如皮尔斯所说,重复就是符号与符号的叠加,意义的积累"把自己与其他符号相连接,竭尽所能,使解释项能够

---

① 赵毅衡:《符号学:原理与推演》(第二版),南京:南京大学出版社,2016年,第27—28页。

② 吴晓东:《从卡夫卡到昆德拉——20世纪小说和小说家》,北京:生活·读书·新知三联书店,2003年。

③ J.Hillis Miller.*Fiction and Repetition:Seven English Novels*,Massachusetts:Harvard University Press,1982,pp.1-2.

接近真知"。①

在清明祭祖中，重复沿着两个方向同时展开：一是文本重复，二是理解重复。作为一种超文本，清明祭祖活动每一年都在相同的时间、相同的地点重复呈现。符号形式年年重复，场景和事件年年重复，清明祭祖与春节祭祖、丧葬仪式等构成了"互文性"，演绎着文本间重复。文本的重复性客观上对于个体产生了一种解释压力，促使其"对重复以及因重复而产生的意义"进行"识别"和理解，并由此构成了理解的重复。理解的重复，是个体意义印迹累积叠加的过程，其间，"无限衍义"不可或缺。

"无限衍义"（infinite semiosis, 艾柯称之为 unlimited semiosis）是皮尔斯在其天才概念"解释项"基础上推演而来的。所谓解释项是"指涉同一对象的另一种表现形式"，这种新的表现形式（新的符号）又会产生新的解释项，如此绵延以至无穷。② 关于无限衍义，皮尔斯充满诗意地写道："人指向（denote）此刻他注意力所在的对象；人却意味（connote）他对此对象的知识和感觉，他本人正是这种形式或指示类别的肉体化身（incarnation）；他的解释项即此认知的未来记忆，他本人的未来，他表达意义的另一个人，或者他写下的句子，或是他生下的孩子。"③

无限衍义不会自动生成。推动"无限衍义"的，是个体的社会性成长。伴随着一年一度重复呈现的清明祭祀，个体也在不断成长：生命体验愈加丰足深刻，知识积累愈加厚实广博……对清明祭祖这一同一"对象"会不断形成新的意义解读。同时，此前在形式直观阶段被悬搁的符号形式被激活，加入意义理解之中。这是一个意义印迹不断积累叠加的过程，也是个体认知不断趋向"真知"的过程。以下结合清明祭祖的典型符号对此过程进行说明。

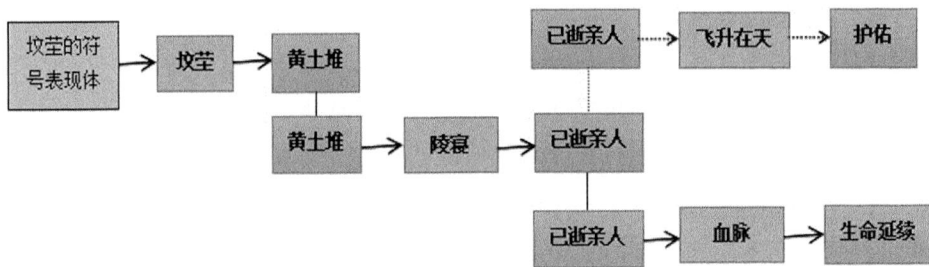

"坟茔"的无限衍义过程

---

① C.S. 皮尔斯：《皮尔斯：论符号》，赵星植译，成都：四川大学出版社，2014年，第15页。
② 赵毅衡：《符号学：原理与推演》（第二版），南京：南京大学出版社，2016年，第101页。
③ Charles Sanders Peirce,Collected Papers,Cambridge Mass,Harvard University Press,1931-1958,Vol 7,p.591. 转引自赵毅衡：《符号学：原理与推演》（第二版），南京：南京大学出版社，2016年，第103页。

上图呈现了"坟茔"这一符号意义"无限衍义"的过程，也显示了无限衍义过程中出现的分叉衍义的情形（虚线显示的部分）。事实上，"护佑""生命延续"等是"社群真知"的有机构成部分，尤其是祈求祖先庇佑，在其他符号形式诸如纸钱、跪拜、祈祷等都有表现。

（三）元语言

个体在"重复性"地面对清明祭祖符号文本时，每一次都会临时性地组成释义元语言集合，将意义理解不断推向深化。在意义理解过程中，许多因素都参与构筑文本需要的元语言集合之中。元语言因素主要有三类：一是社会文化等外部条件构成的语境元语言，二是解释者自身具有的能力元语言，三是符号文本本身的自携元语言。[①] 这里只讨论能力元语言在意义深化过程中的作用。

能力元语言是推动无限衍义的重要因素。所谓能力元语言，就是个体的社会性成长经历。凡是与个体成长相关的种种因素——诸如天赋能力、文化修养、生命体验、解释经验、文本记忆，以及惯习（habitus）、感情、信仰等——都参与构成能力元语言。[②] 可见，影响个体能力元语言的因素很多。在清明祭祖符号实践中，个体生命事件尤为重要。生命历程（life course）理论将个体生命历程理解为一个由多个生命事件构成的序列，生命事件发生的先后次序（亦即生命事件轨迹）不同，对个体人生的影响大不相同。[③] 亲人去世无疑是一个重大的生命事件。当其发生，陡然使人陷入巨大的悲痛和无尽的思念之中。在对祖先的无尽的追思中，祖先的形象逐渐幻化成一种道德楷模和人格典范，生命价值被唤醒。对于个体而言，生命的价值就在于：在活着的当下，不会遭到"辱没祖先"的唾骂；当在另一个世界中与祖先相见时，可以无愧于祖先。这是一种"超常态"的生命体验，也以"超常态"的方式使人重新理解清明祭祖中各种符号的意义，重新发现此前被悬搁的符号形式及其意义，这种重新理解借由"重复性"叠加强化，不断拓展能力元语言的广度与深度。除了亲人去世之外，结婚生子、为人父母也是重大的生命事件。这一生命事件指向生命延续这一事实。这种生命体验使个体在面对排列整饬的露天坟茔和祠堂牌位时，生发出一种深邃的生命意识：它将个体和祖先连接在一起，使祭祀者融入生命和血缘的链条之中，这意味着生命是不断扩展的过程：生命是祖先的延续，仿佛源自一个幽深的时光隧道；生命要靠子嗣延续，

① 赵毅衡：《符号学：原理与推演》（第二版），南京：南京大学出版社，2016年，第227—228页。

② 同上，第228页。

③ 郑杭生主编：《社会学概论新修》（第三版），北京：中国人民大学出版社，2003年，第95页。

一直向未来延伸。延续生命链条不致使其中断，是个体的一种毋庸置疑的责任。

三、清明祭祖内蕴的社群真知

个体对于清明祭祖深层意义的累积深化并非符号活动的终极目的，任何符号活动的目的在于不断逼近"真知"（perfect truth）或者"绝对真知"（absolute truth）。[①] 赵毅衡认为，皮尔斯所关注的"truth"，并非"真理"（即客观事物的规律在人脑中的反映），也非"真相"（即事物本来的或真实的面目），更不是"真实"（即那种将"真"等同于客观实在的观点），而应是"真知"（即"真的认识"，用于描述意识获得的认知的品格），真知是"社群一致同意"的结果。[②] 蒋晓丽、李玮将"社群真知"的意涵概括为四个方面：第一，"真"的标准，在于所谓"解释项"的"信念"或"意见"的认定；第二，"真"的获得并非个体行为，而是探究社群对话、协商的产物；第三，"真"的获得具有历史性；第四，"真"自身具有的严谨性品质[③]。基于此，清明祭祖这一"实在"（real）内涵的"社群真知"是一个双向互动的过程："社群真知"是探究社群在交流沟通中历时性的融合的结果；当其形成，则以一种"结构性"力量对个体产生制约和影响。

那么，在清明祭祖中蕴含着怎样的社群真知呢？作为超符号文本，清明祭祖将生命意识、生命价值、道德规约等"社群一致同意"的"信念"自然而然地嵌入各种符号及其组合之中，形成了关于清明祭祖这一"实在"的"真知"。撮其要者，主要有三个方面：一是生命意识，二是道德规约，三是身份认同。

（一）深邃的生命意识

清明祭祖是指向生命的。就其表象而言，清明祭祖是对于已逝生命的追思，但是它通过实物符号的串接，在生命之间建立起了内在的关联性。这种关联性不仅存在于已逝生命和当下生命之间，甚至与宇宙生命连接在一起。细雨霏霏的时间节点，似乎是对人类生命与宇宙生命之间存在的某种感应的暗示，否则，在清明祭祖这样哀伤的日子，何以苍天与大地也表现出沉郁与悲凉呢？因为这种生命之间的关联性，一种深邃的生命意识被唤醒，自我存在乃至人类存在具有了切实立足点。由于这种关联性植根于血缘亲情的基础上，具有自然合理性，生命依据、精神归属等问题以最易接受的方式得到回答。

---

① C.S. 皮尔斯：《皮尔斯：论符号》，赵星植译，成都：四川大学出版社，2014年，第15页。

② 赵毅衡：《哲学符号学：意义世界的形成》，成都：四川大学出版社，2017年，第237—238页。

③ 蒋晓丽、李玮：《从"符合事实"到"社群真知"：后真相时代对新闻何以为"真"的符号哲学省思》，《现代传播》2018年第12期。

　　清明祭祖不仅是对生命延续的体认，更是一种对生命价值的昭示。对一个中国人而言，生命的价值和意义就是"光宗耀祖"，这是人们在社会人群中建功立业的最基本的驱动力。具体而言，主要表现在两个方面：一是德佩先宗，二是业耀祖宗。鲁襄公二十四年，鲁国大夫叔孙豹访问晋国时，提出了影响深远的"三不朽"论。① "三不朽"就是立德、立功、立言，是人被后世永久纪念得以"不朽"的途径。在现实生活中，人们祭祀祖先，不仅因为他死后的威名，更主要的是他生前的德性。人们以祭文、铭文、口耳相传等方式，传诵祖先的美德，使抽象的道德律条生动化为真实可感的事迹，祖先成为完美人格的象征。当人们努力效仿祖先的美德，追随祖先的足迹，实现祖先的遗志，就可以无愧于祖先，无论是生时的祭祀还是死后的再会，都可以坦然面对列祖列宗。同时，当一个人努力地立德爱人、建功立业时，自身也会成为祭祀对象，被后世子孙永久纪念，成为"不朽"。如果一个人生时道德有损，非但辱没祖先，也让子孙蒙羞。这大概是一个中国人最不愿意看到的人生结局。因此，从深层的心理动机而言，对祖先的信仰，也是对自己的信仰。这是一种至高的道德自觉。除了德佩祖宗，业耀祖宗同样重要。前文叙及，在祭祖仪式中，人们获得了一种对于生命价值的体认，这种价值体现在"光祖耀祖"之中，它是人们安身立命的根本。当一个人功成名就时，往往将这种功名归因于祖先的护佑和赐福，因此以各种方式告慰祖先之灵：或仰望天空，默默告慰；或焚香跪拜，心中祷念；或大张旗鼓，公开宣示。因此，在清明公祭人文始祖轩辕黄帝的祭文中，便看到这样的文字："壮哉中华，乾坤朗朗；自信在胸，正道康庄。国力宏勃兮光灿寰宇，民心齐荟兮奋发图强。盛会十九大，砥砺前行初心不忘；开启新时代，思想引领伟业恒昌。宪法修立兮万众尊崇，纲纪整饬兮政风和畅。一带一路连五洲命运，精准脱贫惠华夏山乡。翱空潜海创新加速，扩绿治污沃野新妆。一国两制，紫荆白莲繁花并蒂；两岸一家，四海宇内祈合共襄。万山磅礴，主峰雄踞；千帆竞发，舵手领航。励精图治，奋楫劈波斩浪；伟大复兴，圆梦百年沧桑。"② 这是对人文始祖的郑重昭告：华夏子孙并未忘记"自强不息"、刚健有为、"厚德载物"的祖先遗训，因此才有了沧海桑田的巨大变化。同时，清明祭祀中陈列的牺牲供奉，也传达着一种丰衣足食的生活状态，

---

　　① （清）洪亮吉：《春秋左传诂》，原文为：二十四年春，穆叔如晋。范宣子逆之，问焉，曰："古人有言曰，'死而不朽'，何谓也？"穆叔未对。宣子曰："昔匄之祖，自虞以上，为陶唐氏，在夏为御龙氏，在商为豕韦氏，在周为唐杜氏，晋主夏盟为范氏，其是之谓乎？"穆叔曰："以豹所闻，此之谓世禄，非不朽也。鲁有先大夫曰臧文仲，既没，其言立。其是之谓乎！豹闻之，大上有立德，其次有立功，其次有立言，虽久不废，此之谓不朽。若夫保姓受氏，以守宗祊，世不绝祀，无国无之，禄之大者，不可谓不朽。"北京：中华书局，第567页。

　　② 人民网：《戊戌（2018）年清明公祭轩辕黄帝典礼祭文》，2018年4月5日11点45分。

其意也是对于祖先的告慰。

（二）道德规约与标出性

清明祭祖是对人伦社会秩序的宣示。在清明祭祖仪程中，墓祭时坟茔的布局走向、排列次序，庙祭时祖先牌位的陈放、画像的悬挂位置等，祭祀参与者的站列位置、祭祀次序以及谁主祭、谁辅祭、谁执什么样的礼器等，祭祀的等级、规模等，都无声地表达着一种不容混乱的秩序。这种秩序首先是对自然秩序的效仿。人们通过"仰观天文""俯察地理"发现，天地间存在着某种自然法则，在这种自然法则的支配下，形成了尊卑有序的格局，自然运行，寒暑推移，生殖繁衍，生生不息。因此人们希望人间秩序也能像自然秩序那样，尊卑有序，自然和谐。祭祀中种种秩序的安排就是对自然秩序的效仿，其实质则是以祖先之名，为确立人间秩序寻求合法性依据。其次，这种秩序植根于人心人情。家族、社会、国家的一切秩序都基于个体的"情"与"知"，是出自与生俱来的亲情使得家族内的长幼亲疏自有和睦与秩序，同样，是子对父祖、弟对兄长、后辈对前辈的感情的不同与深浅使得追念和哀悼的仪式显示出差别与等级。[1] 最后，人皆有美恶之情。对一个和美社会而言，抑恶扬善是一个重要标尺。然而人心深貌厚，内外乖违，包藏欲恶之心，既无形迹，也难以测度，因此要让人弃欲恶向美善，必先使人知晓何为欲恶何为美善，然后制定礼仪加以节制。当美善的观念深达内化于人心之时，人们表之于外的言谈举止便合乎礼仪，便是美善的；反之，七情违辟，十义亏损，其言谈举止便不合乎礼仪，便可能趋向于欲恶。因此，《礼运》说圣人"以人情为田"，即是说圣人将人心人情的耕耘作为头等大事。祭祀便是对源自内心的等级秩序的宣示，是对何为美善何为欲恶的宣示。通过周期性的、无远弗届的祭祀仪式，使民众在一种庄严肃穆的氛围中，对人伦社会秩序产生一种毋庸置疑的认同。

为了强化这种道德规约，在清明祭祖中往往以"标出性"的方式对其加以宣示。标出性是文化的特性，文化用标出性画出边界外的异项，从而维护自身的正项地位。[2] 一个人在祭祖仪程实行过程中，如果有忤逆先祖的言行，便会被视为"不肖子孙"。"不肖子孙"就是异项标出，被标为"不肖子孙"者便会在宗族之中被边缘化。如果一个人做下违背道德规约之事，甚至有触犯国法的行为，便会从族谱中被除名，死后不得进入宗族陵墓，这种标出对于一个中国人而言，是最大的惩罚。

---

[1]　参阅葛兆光：《中国思想史》（第一卷），上海：复旦大学出版社 2000 年，第 55 页。
[2]　赵毅衡：《文化符号学中的"标出性"》，《文艺理论研究》2008 年第 3 期。

（三）身份认同与社群交流

清明祭祖是同一家族成员的集合，它在同一时间将不同地域的家族成员聚集在同一个仪式空间，以"同体性"（consubstantiality）①方式共享仪程。在这样一个符号场域中，家族成员自然而然地生发出血缘上的亲近之感，从而产生一种"我们感"。空间"区隔"强化了这种"我们感"。宗庙、祠堂通过建筑物将室内与室外区隔开来，构成了一个相对封闭的空间；墓地的选择和排列也构成了一个相对独立的空间。这种空间"区隔"一方面是对祭祖仪式的庄严性的强调，另一方面是对同族人的接纳，对异族人的排斥。两个不同家族的仪式空间，即使相互毗邻，其成员也不敢越雷池半步，否则就是对自己祖先以及他人祖先的亵渎。《左传》云，"神不歆非类，民不祀非族"，②孔子说："非其鬼而祭之，谄也。"③身份认同在社会互动中得以强化。在祭祖仪式活动中和日常生活中，同一家族的人们总是以"我们"相称，也会以"我们的"指示特定的物质对象或者精神性存在（比如祖先），尤其是在家族冲突中，这种"我们"和"我们的"、"他们"和"他们的"的界限就更为清晰明确。对于"我们"或者"我们的"的强调，既是一种自我肯认，也是身份认同的自觉化。

空间"同体性"和空间"区隔"是身份认同的主要手段。小至数十人的家族，大到亿万数的民族，都以同样的手段对个体身份和家族身份进行标识。当然，身份认同不可能通过对于仪式形式的"共享"一次性完成，而是在人的一生之中，通过反复的"展演"，在"无限衍义"中得以实现。

荣格认为，人类在精神上存在着一种"返祖现象"："每个文明人，不管他的意思的进展如何，在他的心灵深处仍然保持着古代人的特性。"④在清明祭祖仪式中，人们以祭文、铭文、祷告等方式传诵祖先的美名，是对祖先的敬仰。人们以纸钱、美酒、食物、瓜果祭奠祖先，把逝者当生者一样对待，是为了表达对祖先的爱慕与思念之情，而且血缘关系越近，思念之情就越浓厚。同时，祈求祖先护佑依然是一种普遍的心理状态，而且祭祀态度越是恭敬虔诚，愿望越有实现的可能。关于此，戊戌（2018）年清明公祭轩辕黄帝典礼祭文也可作为注脚。祭文先歌颂轩辕黄帝的伟大功绩，再昭告轩辕黄帝中华民族当下的巨大变化，文末写道："桥山

---

① ［美］斯蒂芬·李特约翰，凯伦·福斯：《人类传播理论》（第九版），北京：清华大学出版社，2009年，第132—133页。

② 《左传·僖公十年》，（清）洪亮吉：《春秋左传诂》，北京：中华书局，2004年，第542页。

③ 朱熹：《四书章句集注》，北京：中华书局，1983年，第143页。

④ 荣格：《探索心灵奥秘的现代人》，黄奇铭译，北京：社会科学文献出版社，1987年，第118—119页。

巍巍，古柏苍苍，人文初祖，勋耀洪荒。冀佑中华祥瑞，福泽天下安康。"①

总结与讨论

诚如格尔兹所说："文化是一种通过符号在历史上代代相传的意义模式，它将传承的观念表现于象征形式之中。通过文化的符号体系，人与人得以相互沟通，绵延传续，并发展出对人生的知识及生命的态度。"②经过长久的绵延传续，清明祭祖已经深深植根于中华文化之中，流淌在华夏子孙的血液里，成为中华民族的精神信仰和文化象征。本文的主要工作是运用符号学意义理论，深入挖掘清明祭祖中蕴含的生命意识、信念价值、道德规约、人伦秩序等价值观念，对清明祭祖仪式的符号机制进行分析，以期对理性认识当下流行的文化现象提供思路。同时我们也注意到，随着时代的发展，家庭结构和社会结构发生了巨大的变化，支撑传统社会的联合家庭分崩离析，现代社会中的个体成为孤独的原子式的存在；加之个体意识的觉醒、自由民主观念的深入人心，使人们不再甘愿屈服于家庭权威的影响，清明祭祖是否能成为凝聚人心民心、重建社会秩序的有效途径？是否还能唤起深邃的生命意识？是否还能成为人们奉献社会人群的精神动力？虽然每年一度的清明祭祖声势越来越大，也出现了诸如网上祭祖、思亲法会等新的形式，然而清明祭祖会不会退化为缺乏信仰内核的仪式表演呢？这都是需要进一步观察和思考的重要问题。

① 人民网：《戊戌（2018）年清明公祭轩辕黄帝典礼祭文》，2018年4月5日11点45分。
② 格尔兹：《文化的解释》，纳日碧力戈等译，上海：上海人民出版社，1999年，第89页。

清代民间报房的兴起与京报的传播

The rise of the Qing dynasty folk news houses and the spread of Peking Gazette

孔正毅　刘梦石 *

Kong Zhengyi　Liu Mengshi

内容提要：清代是我国古代新闻事业的收官阶段，也是古代新闻传播业的辉煌时期。究其原因，除了新闻业自身发展的逻辑使然外，民间报房的兴起与蓬勃发展起到至关重要的作用。据现有史料可知，民间报房肇始于明代，清初时期，民间报房在与清廷的争斗以及与提塘公报房的融合中发展起来。民间报房的勃兴带来了京报的快速传播。清代京报的栏目基本固定，主要有宫门抄、谕旨、奏折和选单等几种常见的栏目类型。京报的发行体系完整，包括公会发行、"文贫"发行、报局订阅、沿街叫卖等多种形式，逐渐形成自身特有的传播模式。

Abstract: In the qing dynasty the finale of ancient Chinese news career,it is also a glorious period of ancient news communications. Investigate its reason, in addition to the result of the logic of the development in journalism, the rise of the folk at room and development play a crucial role. Folk news houses Originated in the Ming dynasty, qing dynasty is the fight with the government and t'i-t'ang news houses of development. Folk contribute to room with Peking Gazette spread quickly. In qing dynasty Peking Gazette section of the basic fixed, the content is the including several common types of Gongmenchao ,Yuzhi,Zouzhe, and Menu. The issuc of Peking Gazette gradually formed its own models.

---

　　* 孔正毅，男，安徽合肥人，安徽大学新闻传播学院教授，博士生导师，主要从事中国新闻传播史研究。刘梦石，女，安徽合肥人，安徽大学新闻传播学院博士生。

　　项目基金：国家社科基金项目"我国古代媒介制度研究"（项目号：19BXW007）。

关键词：清代；民间报房；京报；传播

Key words: Qing dynasty；The folk news houses ；Peking Gazette；
Communication

清代前中期，古代中国的新闻传播事业走向了最后的辉煌。出现这一盛况的原因是多方面的，除了新闻传播事业自身的发展逻辑之外，民间报房的崛起是其中至为重要的原因。清代的民间报房是在明代报房的基础上发展起来的，又与清代的提塘报房有着千丝万缕的联系，京报的生产主要来自于民间的报房，京报的内容、栏目和形式基本固定，京报的发行自成体系。

一、民间报房肇始于明代

一般认为，我国古代的民间报房起源于明代。[①] 现存的明代文献中有关于民间报房的记载。明人赵志皋在其奏议《乞振朝纲疏》中就曾详细记述明代报房之事："万历二十四年。……官邪既以不正，则颇风波及下贱，彼不得用之小人，因而哄然蜂起，幸边疆之多事，得以负戈从戎，于其间流言道路，惑乱听闻。而好事者，又从而乐道之，以遂其攻人害成之谋。又有一番罢闲官吏、举监生儒，如乐新炉之类，藏匿京师，投入势宦衙内，作文写书，四布投递，旋即送入报房，令人抄报，传示四方。夫报房即古之置邮，传命令以达之远近者也。非奉命者，不敢抄。今则朝奉疏而夕发抄，不待命下，而已传之四方矣。"[②]

赵志皋（公元 1521—1601 年）是万历时期的重臣，先后在万历二十年（公元1592 年）、二十九年（公元 1601 年），两度出任当朝首辅一职。在这份《乞振朝纲疏》中，他历数朝廷弊政，请求皇帝重振朝纲。文中他特别提到，当朝众多弊政中，第四条弊政就是报房私下抄报、传示四方、谣言惑众之事。这则材料非常有价值的是，他描绘了民间报房抄报的基本过程：

第一，制作人员。是一批"罢闲官吏"和"举监生儒"。基本上是一些失势的官僚和落魄文人。

第二，信息获得的途径。它们往往"藏匿京师，投入势宦衙门，作文写书，

---

① 关于宋代有无民间报房的问题，值得探讨，因为，至少在南宋时期就有"消息子"、"卖朝报"的行业，那么，从事这种新闻生产的机构，可能就是民间报房的雏形，具体状况如何，还有待更多的证据来证实。见尹韵公，《南宋都城临安的"卖朝报"与"消息子"》，《新闻与传播研究》1998 年第 4期；孔正毅：《明代"京报"考论》，《国际新闻界》2012 年第 2 期。

② 《四库全书》，史部，诏令奏议类，奏议之属，御选明臣奏议，卷三十二。本文所引《四库全书》内容，没有特别说明的均见：上海人民出版社、迪志文化出版有限公司的文渊阁《四库全书》电子版，1999 年。

四布投递。"

第三，制作的关键是报房抄报。"送入报房，令人抄报，传示四方。"此封奏疏中，还特别提到民间"报房"的作用，如"古之置邮，传命令以达之远近者也"。像古代驿站一样，可以将文报信息传递至远近不等之地方。

明万历年间，礼部尚书、大学士于慎行（公元 1545—1608 年）在其《谷山笔麈》中也有关于报房的记载："近日都下邸报有留中未下先已发钞者，边塞机宜有未经奏闻先有传者，……报房贾儿博锱铢之利，不顾缓急。当事大臣，利害所关，何不力禁。"①

文中提到，当时的报房贾儿，为了锱铢之利，经常将未经发抄的邸报内容、边机军情要闻，先期从报房传播出去。从报房营利的角度看，显然，此类报房带有民间私营性质，属民间报房。

明末清初，孙承泽在《春明梦余录》中有关于明清之际民间报房的记载："崇祯元年上谕：各衙门章奏，未经御览批红，不许报房抄发，泄漏机密一概私揭，不许擅行抄传，违者治罪。"②

同样的文字在《天府广记》中也有记述："崇祯元年上谕：各衙门章奏，未经御览批红，不许报房抄发，泄漏机密一概私揭，不许擅行抄传，违者治罪。"③

孙承泽是在谈到臣僚的奏疏写作时，言及报房之事的。既然，崇祯皇帝明谕未经批红的章奏不许报房擅自抄传，可见，当时的报房业务还是较为活跃的，以致影响到朝廷的舆论安全，因此，崇祯皇帝被迫做出禁止生产和传播的决定。

二、清代民间报房的衍生

清代的民间报房与明代的报房基本上是一脉相承的。清初有关于民间报房的记载。清代文献中，目前能见到的关于民间报房的明确记录是顺治十三年（公元1656 年）。顺治年间，吏科书办茅万懋因冯应京伪造御批案，受到牵连，在受审时，他声称："我是刻报营生之人。"④

"刻报营生"，当然就是以刻印售卖报纸为谋生手段的意思。所刻印的报纸是什么性质？京报还是邸报抑或小报，在何处刻报？现不得而知，但不管怎样，所刻为报纸，应没有什么问题，刻之所，自然让人们联想到报房，而且从"营生"

① 见方汉奇：《中国新闻事业通史》第一卷，北京：中国人民大学出版社，1992 年，第 151 页。
② 《四库全书》，子部，杂家类，杂说之属，春明梦余录，卷四十九。
③ 孙承泽：《天府广记》上，北京：北京古籍出版社，1982 年，第 332 页。
④ 转自方汉奇：《中国新闻事业通史》第一卷，北京：中国人民大学出版社，1992 年，第 203页。

等字来看，该报房应该是属于以营利为目的的民间报房。

戈公振也认为报房清初即存在："据北京报房中人言，清初有南纸铺名荣禄堂者，因与内府有关系，得印《缙绅录》及《京报》发售。时有山东登属之人，负贩于西北各省，携之而往，销行颇易。此辈见有利可图，乃在正阳门外设立报房，发行《京报》，其性质犹南方之信局也。"①戈公振的"清初说"，只是听报房中人所言，也并无实据，所以值得商榷。

雍正时期，关于民间报房的记载更多起来。据《钦定大清会典则例》载：

雍正元年覆准：书吏、提塘、京报人等，除红本上谕外，如有讹造无影之辞者，该司坊官严行察拿。二年议准：吏、兵部科衙役及各省报房，探听事件，捏造言语者，该司坊官严行察拿。②

上文的这些规定虽然主要是针对提塘报房的，但是，"则例"中将"书吏、提塘、京报人"三者并提，就很有意味。"提塘"自然是管理"提塘报房"的，而"书吏"、"京报人"则显然是指从事民间报房工作的报人。这是清政府法律条文中首次出现的民间报房信息。

雍正四年（公元1726年）五月谕旨中又谈到民间报房事宜：

今又见报房小抄内云：初五日，王大臣等赴圆明园叩节毕，皇上出宫登龙舟，命王大臣等登身共数十只俱作乐，上赐蒲酒，由东海至西海，驾于申时回宫等语。夫人君玉食万方，偶于令节宴集群臣，即御龙舟奏乐赐饮，亦蓼萧湛露之意，在古之圣帝明王亦所不废，何不可者。但朕于初四日即降旨，令在城诸臣不必赴圆明园叩节，初五日仅召在圆明园居住之王大臣等十余人，至勤政殿侧之四宜堂赐馔食角黍，逾时而散，并未登身作乐游宴也。且先期内务府总管等奏请，今岁照例修备龙舟。朕实止之，此非有意屏却燕游，盖厌其喧杂耳。而报房竟捏造小抄，刊刻散播，以无为有，甚有关系。着兵、刑二部详悉审讯，务究根源，以戒将来，以惩邪党。③

这道谕旨中所提的专门刻印小抄的报房，显然不可能指提塘报房，因为，提塘报房深知关于皇帝活动报道的慎重性，是不敢如此轻率发抄传播的。从报道的

① 戈公振：《中国报学史》，北京：中国新闻出版社，1985年，第29—30页。
② 《四库全书》，史部，政书类，通制之属，钦定大清会典则例，卷一百五十。
③ 《四库全书》，史部，诏令奏议类，诏令之属，世宗宪皇帝上谕内阁，卷四十四。

内容上看，是关于"皇帝与诸大臣，端午节乘龙舟在颐和园游燕"之事，显然，属于自己采访获得的，也不符合提塘报房发抄需经"六科审查的御批奏折"的规定。因此，可以断定是民间报房的报纸所为。

就因为这份所谓的"捏造"报道，小报的策划报道者：何遇恩、邵两山两人被处决：

> 雍正四年（公元1726年）五月十九日，刑部等衙门议奏：捏造小抄之何遇恩等依律斩决。奉上谕，何遇恩、邵两山①俱改为应斩，着监候秋后处决，余依议。报房小抄捏写端午龙舟游燕之事，以无为有，甚属可恶。②

乾隆以后，民间报房迅速发展起来。据称乾嘉时期最有名的民间报房叫"公慎堂"。在合肥东方润泽老报馆收藏的乾隆二十六年的"乾隆京报"以及日本国会图书馆收藏的乾隆三十六年、三十八年、四十年、四十四年和嘉庆六年的邸报，均出自该家报房之手。在长达数十年的办报时间里，"公慎堂"几乎成了乾嘉时期民间报业的代表。

有人做过统计，清代北京民间报房数量的流变："嘉道年间有报房1-3家；咸同年间发展到6家；光绪年间达15家之多，分别为聚兴、聚升、聚恒、合成、信义、杜记、集文、同顺、同文、天华、公兴、永兴、洪兴、连升、天辅等，以聚兴、聚恒、聚升、报房影响最大。③乾隆以前的报房数尚缺少准确的史料支撑。这个数字也未必准确，如，咸同年间的报房数，阿礼国就有不同的回忆，阿礼国于1865-1871年间任驻北京总领事，他曾专门访问过北京城南的报房，称"约十余家报房"。④就大于上文所说的6家。甚至有学者认为，清代民间报房最高峰时有21家之多。⑤这也难怪，清代不同时期，报房也是"时开时闭"，难有定数。

由此可见，清代北京的民间报房清初即已出现，经乾、嘉、道、咸的发展，至光绪朝达到了鼎盛时期，之后随着西方近代报业的引入，传统的民间报房开始日渐式微，逐步为近代新型的报馆所取代，只有极个别的民间报房延续至民国时期。

---

① 关于"邵两山"的姓名，目前，多称之为"邵南山"。不知何故。笔者猜测：可能是因为方汉奇先生在《中国新闻事业通史》上首先使用这个名字，后来研究者，一直沿用。但据《四库全书》载，称之为"邵两山"，本文从《四库全书》说法。

② 《四库全书》，史部，诏令奏议类，诏令之属，世宗宪皇帝上谕内阁，卷四十四。

③ 李润波：《北京报业的奠基石——〈京报〉》，《北京档案》2007年第6期。

④ 白瑞华：《中国报纸（1800-1912）》，广州：暨南大学出版社，2011年，第11页。

⑤ 方汉奇：《〈清史·报刊表〉中有关古代报纸的几个问题》，《国际新闻界》2006年第6期。

三、清代提塘报房与民间报房的关系

在清代，北京城里的报房有两类：即民间报房与提塘报房。民间报房即由民间私人主事的报房，属于典型的私营性质。提塘报房是各省提塘根据邸报的发行需要，在京师自行设立的，虽没有经过清廷政府的议准，然隶属于各省提塘，应该具有公办性质。但是，自从乾隆十六年（公元 1751 年）出现"伪邸抄案"之后，乾隆二十一年（公元 1756 年）议准："嗣后提塘公设报房，其应行发抄事件，亲赴六科抄录。刷印转发各省。所有在京衙门抄报，总由公报房抄发。"① 可见，清代的提塘报房经历了提塘自设到乾隆时期议准的设公报房两个阶段。

上文所述似乎给人的感觉是：提塘报房或提塘公报房就是国营的；而民间报房就是私营的。事实上，就笔者研究发现，清代的提塘报房或公报房与民间报房从来就没有真正划清过界限。提塘报房与民间报房常常是相互支撑、相互合作、相互利用的，最后共同完成了清代的报刊发行事业。两种报房，相互依存的关系可以从下面的案例得到印证。

乾隆二十年（公元 1755 年），直隶驻京提塘穆尧年因为擅自刊印未经呈验的抄报，被兵、吏二科参奏，御史杨开鼎上了一折："请除开设小报房之弊"：

> 窃查会典开载，各省提塘除传递公文及进呈御前本章奉旨科抄外，一概小抄，永行严禁等语。是提塘一官，抄录科抄发递各省，其专责也。此外，向来有等无职之人，措设资本，计觅蝇头，遂赴六科具呈，求准开设小报房，科臣仍取具各省提塘保结，准其开设。此等小报房只是居奇射利，时开时闭，忽多忽少，俱属无常。即科臣之准开，亦非奏明定例，永远遵行者也。近闻各省提塘类皆省费惜劳，并不自办抄报，俱向小报房中转买抄报，递发各省，议给报资，以致纷争滋事，弊窦无穷。闻现在直隶提塘穆尧年因欠小报房报资，小报房揞不发报。直隶提塘恐误该省抄报，遂自行赴科抄录科抄等件，摆版刷印递发，经吏、兵二科以该提塘擅行摆版，未经呈验参奏，奉旨交部在案。
>
> 臣查，该提塘原系应行办报之人，但其摆版未送科臣查验，自应参处。惟是现在各省提塘俱是于小报房内买抄递发，此等小报房大都无业游手，罔知顾忌，因直隶一省拖欠报资，不发报，而提塘自行刷报，即干参处，恐各省提塘皆以办报为非己责而小报房可以任意勒掯。是小报房之得开设原凭提塘之保结，而提塘之得报不得报，转操纵于小报房之手，不独国家大公无我通行传宣之抄转得为市井居奇之具，且将来有讹传、私抄、泄漏等弊，各省提塘仅借此谢责而莫所警惕矣，殊非所以重

---

① 《（光绪朝）清会典事例》卷 703，《邮政·塘务》，北京：中华书局，1999 影印本。

责成而崇体制。

臣愚以为，各省提塘俱是职官效力，伊等自顾考成，或尚有所忌惮。与其听伊等转买抄报递发，致生事端，自应责令亲身敬谨承办，以称职守。臣请开设小报房一项，概行禁止。所有应行抄发事宜，交与各省提塘照例亲赴六科抄录刷印，送科查验，转发各省，科臣严加稽查。并令各省提塘汇总公办抄报房，呈明六科查核。所有在京各衙门抄报，总于提塘公报房抄发。嗣后如有讹传、私抄、泄漏等弊，或被科道纠参，或被五城御史访拿，即将该提塘治罪，庶名实相称，责有攸归，而公务胥无遗误矣。①

这份奏折详细阐述清代两种报房关系之原委，透出如下几点信息：

第一，民间"小报房"源于提塘报房。他们之所以能够开设小报房，必须得到六科"科臣"的批准，而"科臣"能否批准取决于各省提塘是否"保结，准其开设。"换言之，只要提塘同意，六科就可以批准。这类小报房就在此环境下，纷纷开设起来的。第二，这类"小报房"，属于典型的民间报房，多为"无职之人"所办，以"射利"为目的，而且"时开时闭，忽多忽少"。第三，两种报房之间相互利用。各省提塘出于"省费惜老"的原因，"并不自办抄报"，而是将业务转给"小报房"经营，又从"小报房"处购买抄报，再付给"小报房"一定的资费。后来，由于提塘"拖欠报资"，导致"小报房"拒绝为提塘发抄。最后形成提塘抄报"操纵于小报房之手"的局面。概言之，清代提塘公报房与民间报房之间，由于信源、利益、经济方面的原因，它们之间彼此互相利用，各取所需，共同负责清代京报的生产和传播事业。

关于提塘报房与民间报房的关系，美国学者乔纳森·奥克库（Jonathan ocko）也有一段描述："Theoretically the official gazette was prepared in Peking by each province's resident Superintendent of Post(t'i-t'ang 提塘) By law he was required to attend the Six Sections daily in person, copy the posted documents, print them at his own publishing house (pao-fang 报房), and then send the gazette out by official post. In practice, however, the t'i-t'ang exercised at best only nominal supervision over these procedures. Actual control of the pao-fang lay in the hands of private bookshop owners, who also assumed the responsibility of daily attendance at the Six Section. Some of the t'i-t'ang simply contracted out their work to book dealers rather than

---

① 第一历史档案馆藏：军机处录副奏折"福建道监察御史杨开鼎乾隆二十年十二月初四日为请除开小报房之弊折。"

maintain their own pao-fang, and by late T'ung-chin all the official gazettes were probably printed by a single private publisher. These same book dealers and publishers also issued their own non-official gazettes." ①

足见，清代提塘报房与民间报房之间有着千丝万缕的联系，终清一代，彼此也不曾泾渭分明过。即便后来，乾隆皇帝接受了杨开鼎的建议，开设了提塘公报房，但也没有真正实现提塘报房完全控制京报运营的态势，更没有做到提塘报房取代民间报房的局面。两种报房相互利用、相互依赖的关系，没有改变。可以说在具体的报纸业务方面，两类报房就是同一套运作体系，最终两种报房合二为一，公报房被民间报房所取代。清代报房私有化最早始于何时？还有待进一步考察，但至少在咸同年间，报房就已经完全私有化了。"报房都是私人所有，以售卖京报偿还债务或者争取利润。" ② 这是阿礼国在咸同时期亲自探访北京的报房而得出的结论。

因此，要判定哪些是提塘报房印发的报纸，哪些是民间报房刊印的报纸，对于每一个从事清代新闻史研究者来说，都是非常困惑的事。换言之，今天如果我们过分地强调两种报房的性质差异是没有多大意义的。所以，才有报房"京报"与提塘"邸钞"实质上属于"同物异名"的新闻媒体之说。③

四、清代"京报"的兴盛

据现有文献资料看，清代的"京报"记录始见于顺治年间。"清顺治五年二月初六日，臣舟次扬州，接正月十五日京报，内封工部揭帖一件，系正月十四日检发，内开：总督洪承畴题前事等因，顺治四年七月十六日奉圣旨该部知道，钦此。" ④

明代降清重臣洪承畴在一份揭帖中提到京报事宜，顺治五年为公元 1648 年，这是目前能见到的清代京报的最早记录。

雍正时期，京报事业进一步发展，如上文雍正元年（公元 1723 年）提到的"京报人"，就是从事京报工作的专业人士。雍正六年（公元 1728 年）二月，雍正帝发一道谕旨："朕思提塘管理京报，设立已久。若禁革不用，似属难行。" ⑤ 是就提塘管理京报的相关事宜所做的规定。清代的京报是由提塘发行和抄传的，这是惯

---

① Jonathan ocko. the British museum's Peking Gazette , The Johns Hopkings University Press , Ching Shih Wen-Ti , 1973：Jan.（《清史问题》1973 年第 2 卷第 9 期）。

② 白瑞华：《中国报纸（1800-1912）》，广州：暨南大学出版社，2011 年，第 11 页。

③ 方汉奇、黄卓明先生，均持此说。分见《中国新闻事业通史》第一卷，北京：中国人民大学出版社，1992 年，第 190 页；《中国古代报纸探源》，北京：人民日报出版社，1983 年，第 150 页。

④ 见史媛媛：《清代前中期新闻传播史》，福州：福建人民出版社，2008 年，第 52 页。

⑤ 《四库全书》史部，诏令奏议类，诏令之属，世宗宪皇帝上谕内阁，卷六十六。

例和制度，若禁革不用，将会打破既定制度，引起混乱。

乾嘉以后，民间报房数量大增，京报的生产量也与日俱增。报房出版的报纸均为"京报"。乾嘉时期，"京报"普遍没有报头，没有封面。一般每日一期，每期 4 至 10 页，间有两日一期的。在每册京报的第一页和最后一页均印有报房的堂号和出版日期。此大约就是长白山人所说的"白本（京）报"。

清代中期，学者俞正燮（公元 1775—1840 年）在其《癸巳存稿》中，就曾多次记录《京报》的信息。如，《癸巳存稿》卷十一《麟》载：

> 雍正十一年（公元 1733 年）五月初八，四川潼川府盐田县民杨士荣家牛产麟，见《京报》，川督黄廷桂、川抚宁（笔者注：疑应为'宪'）德奏。[①]

《癸巳存稿》卷六《书西域见闻录后》也载："前见乾隆三十六年（公元 1771 年）《京报》，舒文襄公等奏，六月三日，土尔扈特车伯多尔济入卡伦见将军，言土尔扈特各爱满，较俄罗斯所习经典具异，早有来归圣主之意。"[②]

《癸巳存稿》卷六《俄罗斯长编稿跋》称："《书生常谈》云：物莫聚不于所好。斯言不诬也。嘉庆十年（公元 1805 年）十月，读《京报》，库伦办事大臣蕴端多尔济奏俄罗斯国遣使来学，侣微说故事知俄罗斯有撒纳特衙门。检乾隆二十二年（1757 年）九月二十七日《京报》，录出之。"[③]

《癸巳存稿》卷六《阿拉善》也有：

> 《京报》嘉庆五年（公元 1800 年）三月，陕甘带兵总管长龄奏称：遵旨传谕阿拉善王旺亲班穆巴尔率领原兵，仍回游牧。谨案：时剿教匪。
>
> 《京报》（嘉庆）九年（公元 1804 年）十月，谕：新袭阿拉善亲王玛哈巴拉，着加恩承袭扎隆克亲王，即办理扎萨克。或於次年年班，或於木兰召见，再赏差使。
>
> 《京报》（嘉庆）十年（公元 1805 年）五月，谕：阿拉善盐应减运四百万斤。谨案：阿拉善盐额运千四百万斤，船料於甘肃采回时减木料三千根，故亦减盐斤。
>
> 《京报》（嘉庆）十一年（公元 1806 年）五月：阿拉善王玛哈巴拉，以其地吉兰泰盐池归充公用。谨案：是年议复河东官商。
>
> 《京报》（嘉庆十一年，即公元 1806 年）十二月：阿拉善王玛哈巴拉以磴口旧置住房充公，作为吉兰泰盐务磴口运判衙署。

---

① 俞正燮撰、于石等校点：《俞正燮全集》，合肥：黄山书社，2005 年，第 430 页。
② 同上，第 228 页。
③ 同上，第 219—220 页。

《京报》（嘉庆）十三年（公元 1808 年）三月：议吉兰泰事，谕加恩即照从前八千两之数，按岁赏给，以示奖励。

《京报》（嘉庆）十五年（公元 1810 年）九月：甘督奏吉兰泰盐池归官，属宁夏道兼管，其坐商由甘肃招充，运商由山西招充，所有恩赏阿拉善王银八千两，亦由盐政另领。[①]

此为一组完整的嘉庆年间的《京报》资料。集中刊载关于阿拉善地区的军事、外交、盐政、皇帝恩遇等信息。当然，这是俞正燮围绕"阿拉善"这一议题，自己从当时的《京报》中整理出来的。原版的《京报》内容肯定要丰富得多，可惜已不得见矣。

道光以后各朝，京报的文本样式上发生了变化。首先，"京报"均增加了封面，多为黄色连史纸。此大约就是所谓的"黄皮京报"。其次，增加了统一的报头——"京报"。封面报头多是用红色木戳加盖上去的，并且印盖有报房堂号名称和报纸的出版日期。某些"京报"也有用白纸封面的，上面印有"一品当朝"、"加官晋禄"等图案。极少数报房的报纸，封面采取临时性贴字形式，即将"京报"二字贴在封面上作报头，这一状况，可能是为了争取时间，或来不及封面设计的缘故。

京报的定期发行以及京报的影响力可以从官员受众的阅读期待方面得到体现。如，道光元年（公元 1821 年）七月，琦善出任山东巡抚，因日久没有收到部文京报，当即向兵部咨查。兵部回复道："已于六月二十五日发交值日提塘石殿卿收领，该提塘封入七十八号京报内，于二十九日发递。"琦善要求省塘张守训进行追查，"该提塘禀复，查得上年七月初二日接到京塘发递七十八号抄报"。琦善经过比对发现："向来京塘发递京报，系巡抚两司各衙门通告通行抄送，如果前项公文系将臣衙门遗失，则藩臬两司衙门此号京报必已递到，吊查两司收文号簿，亦未载有七十八号京报，其为提塘未经投递，已属显然。"[②]

这份奏折有几点值得注意：第一，道光时期，《京报》基本上是定期、准时的，如果较长时间不到，会引起督抚官员的注意。同时也反映出当时督抚、藩臬两司官员对于京报阅读的期待。第二，京塘与省塘的合作情况。京塘将京报和公文发递给省塘，省塘接受京报公文，然后再转递给各省督抚藩臬各衙门。第三，上述内容表明，至少在道光年间，清代的"京报"与"邸报"已经合流。换言之，民间报房的京报已经取代了提塘邸报的称谓，统称为"京报"。

---

① 俞正燮撰、于石等校点：《俞正燮全集》，合肥：黄山书社，2005 年，第 218—219 页。

② 中国第一历史档案馆，军机处录副奏折"山东巡抚琦善道光二年三月十一日省塘递送公文遗失请旨敕部补发折"。

  台北学人陈圣士则认为合流的时间应该在雍正时期："清代北京报房发行之报纸，均曰'京报'，'京报'发行之时期，可推断大约为清雍正年间（即公元1723—1735年）。……雍正之后，'京报'代替了'邸报'。"[①]也就是说，在清代前期，还存在邸报与京报的分野，邸报主要是指政府官方发行的报纸，类似于今天的党报，而京报是指民间发行的报纸，类似于今天的商业性报刊。但到了雍正时期，邸报与京报开始合流，统统称之为"京报"，均由民间报房来经营。

  官报与私报的合流在中国古代新闻发展史上具有重要意义，也是报业的社会价值、商业价值、传播价值、舆论价值得以实现的真正开始，它标志着古代新闻业试图摆脱官府羁绊，成为一个独立的行业步入国家、社会和市民的日常生活，同时，也是新闻行业独立性在中国的最初萌芽。

  关于京报的社会舆论价值，有一例足可证明。清末，发生在"京报"中的一件很有影响的事件是"杨翠喜与京报"案。杨翠喜是当时天津的"坤伶"，"色艺双绝"。时任大清农商部尚书贝子载振到天津考察，袁世凯的部下段芝贵想去黑龙江任巡抚一职，为巴结载振，他请来杨翠喜为载振唱戏，杨氏的色艺，撼动了载振，段芝贵投其所好，将杨翠喜送给了载振。不久段氏出任黑龙江巡抚。这起典型的色权交易案，当时的军机大臣瞿鸿机对此事非常不满，将此事披露给了《京报》。一纸风行，京津各大报纸竞相报道，杨翠喜的"香巢"，西城撒子胡同，也被登报披露。一时间，街谈巷议，成为官场一大丑闻。慈禧太后大为恼怒，立下严旨，饬派大员严查。钦差大臣既不敢掩盖事实，又不肯得罪庆王和袁世凯，只好向慈禧回复：事出有因，查无实据。于是庆王也不敢抗拒新闻舆论，以家教不严，自请处分。贝子载振被开除农商部尚书一职，段芝贵黑龙江巡抚也被撤，杨翠喜也不知所终。

  当然，京报的作用有多大，其压力就有多大。《京报》因此得罪了载振，载振通过内阁学士恽某，弹劾瞿鸿机，认为瞿和《京报》社长汪康年有亲，当年汪康年创办《京报》时，瞿氏还出资相助，作为军机大臣，私通报馆，捏造舆论，中伤亲贵大臣，请旨纠办。结果瞿以"唆使言官、私通报馆"的罪名，"休秩去职"。《京报》也连带被查封。从"杨翠喜与京报"事件，足见，《京报》在当时社会的巨大影响。[②]当然，此时的"京报"已经跨越古典报刊形式进入近代报刊的样态了。

  咸丰至宣统时期，"京报业"步入鼎盛时期，提塘的主要工作就是传递京报。如，光绪初年入翰林院、后任贵州学政的严范孙在其《蟫香馆日记》中记载：

  ① 曾虚白主编：《中国新闻史》，台北：政治大学新闻研究所，1981年，第95页。

  ② 管翼贤：《北京报纸小史》，见杨光辉等：《中国近代报刊发展概况》，北京：新华出版社，1986年，第418—419页。

收提塘寄京报六封（八月十七日至九月初一，）附吏部咨文一角。"同书卷三称："提塘于年前寄来京报，余以为报已过时，竟不拆阅，开而视之，则公文三件在焉，已经十余日矣。"同书八卷又载："京报向由提塘寄送，各部科文，往往附焉。今年正月起，止接京报三、四本，亦无公文。①

阅读这些日记，有两点值得注意。首先，京报的发行已成为提塘的主要职责，公文往往只是附件，"各部科文，往往附矣"。京报的功能和作用日显，京报是每一位官员日常阅读的必读之物。其次，京报讲究时效。严范孙从八月十七至九月初一，总共十三天时间，就收到《京报》六封。平均每两天就有一份京报寄到，由此可见京报的传播还是很快的。要知道，贵州此等偏远之地，京报都能如此快速传递，说明中间的传递环节相当紧凑。

关于京报的发行时效，时人也有过批评。我们从《申报》1882年3月4日的一篇社论《论京报贵速不贵迟》，可以略见一斑：京报本有专司，各省大宪衙门，文自督抚至于道，武则将军都统至于镇，皆由驻京提塘刊发，排日专递。自京至省设有塘兵沿途接替，其立法不为不善。惟是历久弊生，各省所设塘兵饷额无多，不能自赡。或一人兼充数名，或同在一途而此省兼带彼省，虽京省皆有提塘司之，然不能沿途稽查也，因而塘递之报过于程限。如苏浙皆止四、五十日者，往往迟至三四个月。②

民国以后，京报活动仍在继续，《京报》采取数十年不变的一贯模式，刊载新的内容，如民国时期大总统令等，模仿宫门抄、谕旨之类。据方汉奇先生研究，聚兴报房这样历史悠久的老报房，从咸丰年间开张，一直坚持到民国后的1921年，长达半个多世纪。③

五、清代京报的主要内容

雍正朝以后，京报与邸报呈现合流的局面，因此，京报的内容总体上与邸报内容较为相近。京报的主体包括宫门抄、谕旨、奏折等三个部分。正如美国学者乔纳森·奥克库所述：On any day a gazette consisted of three parts: first, the Nei-wu fu prepared Kung-men ch'ao（宫门抄）or courts news, listing audiences,

① 见史媛媛，《清代前中期新闻传播史》，福州：福建人民出版社，2008年，第53页。
② 戈公振也有类似的评价：《京报》出版后，本由塘兵排日传递，然久弊生。塘兵饷额，不足以自赡，……盖成虚设矣。见《中国报学史》，中国新闻出版社，1985年，第35页。
③ 方汉奇：《中国新闻事业通史》第一卷，北京：中国人民大学出版社，1992年，第206页。

officials and banner guards on duty, and imperial verbal mandates; second, copies of decrees and rescripts; third, copies of memorials for which the relevant rescript had already been printed.[①] 不过他的分类与我们习惯的分类有些区别而已。偶尔也有文武"选单"之类的内容，但并不常见。

（一）宫门抄

宫门抄的主要内容一般多为当日或前日朝廷的一些重大政事活动。包括宣布值日八旗名录；皇帝召见军机大臣、王公、大臣、贝勒、贝子、尚书、侍郎等；某人引见某些官员；某衙门引领官员觐见；某人预备召见；王公、大臣、贝勒、贝子、尚书、侍郎等高级官员请安、请假、销假；臣僚的请安、谢恩；某衙门宣称官员补进；某衙门奏奖、奏惩。皇帝参加的各项典礼、祭祀、出巡、驻跸等活动。基本上是围绕皇帝活动展开的。"宫门抄"的行文简洁，逐条列出，不作细述，有点类似今天报纸上的"要闻简报"。

如，光绪九年（公元 1883 年）七月初五日《京报》的"目录、宫门抄"。内容如下：

七月初五日，刑部都察院大理寺镶红旗值日。无引见。梁耀枢谢授侍讲恩，吉林协领福尔丹谢恩，帛公大额驸。尚书宗瑞情凯崇礼，各请假十日。内阁奏派验放之大臣，派出灵中堂延煦、张之万童□，召见军机，富尔丹。[②]

这份"宫门抄"似为木刻活字印刷，四边为双栏，右半为京报的日期、目录；左半为"宫门抄"。版心为时间，上鱼尾上有"京报"字样，下鱼尾下有"驻京塘务"字样。

宫门抄的行文格式上似乎较为随意，没有完全按照清代的公文格式来制作。如召见应该"顶格"等。其内容基本上如上文所述，包括：值日、引见、谢恩、大臣请假、大臣对外简放、召见军机等。

又如，光绪二十二年（公元 1896 年）四月二十五日《京报》的"宫门抄"。内容如下：

四月二十五日理藩院銮仪卫光禄寺镶白旗值日，无引见。庆王等得赏谢恩。

① Jonathan ocko. the British museum's Peking Gazette , The Johns Hopkings University Press , Ching Shih Wen-Ti , 1973：Jan.（《清史问题》，第 2 卷第 9 期，1973 年 1 月）。
② 《京报》，北京：全国图书馆文献缩微复制中心，2003 年，第 373 页。

广西臬司桂中行到京请安。义州城守慰义秀请训。召见军机，桂中行义秀。①

样式、内容与上例基本一致。从版心为"驻京塘务"来看，该《京报》应为某驻京提塘所发。在清初，驻京提塘主要抄传"邸报"，而此提塘所发的称"京报"，这也从一个侧面印证，清代"京报"与"邸报"的趋同性。

（二）谕旨部分

又称上谕。邸报中的谕旨是指朱批谕旨中皇帝明确可以公开发抄的上谕部分。既不包括"留在宫中"不宜发布的题本章奏的御批，也不包括直接由兵部驿站驰递相关官员的"廷寄"谕旨。根据昭梿的说法："后付刻者，只十之三四，未发者，贮藏保和殿东西庑中，积若山岳焉。"② 即是说，邸报传播的内容仅占全部朱批谕旨的小部分，大部分朱批留中不发。谕旨的内容可以说是无所不包的，有重大典礼祭祀所发的诏谕、官员的任免、嘉奖惩办、皇帝赏赐等。主要是根据臣僚的章奏题本的内容而定。臣僚的章奏五花八门，因此皇帝的谕旨内容也纷繁复杂，不拘一类。

主要分为两大类：其一，是皇帝主动发布的诏谕。主要源于重大典礼、祭祀、出巡、典章制度等而发的。其二，是被动的批示性谕旨。主要是针对臣僚奏章内容的批复意见。这类谕旨占整个谕旨的主体部分，内容也较为复杂多样。如，光绪九年（公元 1883 年）五月初一日的"谕旨"。内容如下：

旨：叶大焯转补翰林院侍读学士；李端棻补授翰林院侍讲学士。钦此。太常寺题：五月十三日祭关帝庙。奉旨：遣晋祺行礼后殿，文兴行礼。钦此。又题：五月十八日夏至大祀地於方泽。奉旨：遣本格恭代。四从坛遣全佑、恩庆、瑞兴、立瑞各分献。钦此。③

又如，光绪二十二年四月二十五日《京报》"谕旨"。内容如下：

奉上谕：麟书着管理户部事务，崑冈着管理工部事务。钦此。上谕：礼部尚书着怀塔布调补，刚毅着补授工部尚书，溥良着调补户部右侍郎兼管钱法堂事务，绵

---

① 《京报》，北京：全国图书馆文献缩微复制中心，2003 年，第 526 页。

② 昭梿：《啸亭杂录卷之一·朱批谕旨》，《清代笔记小说大观》（五），上海：上海古籍出版社，2007 年，第 4377 页。

③ 《京报》，北京：全国图书馆文献缩微复制中心，2003 年，第 341 页。

宜着补授理藩院左侍郎。钦此。①

此日谕旨内容主要是关于大臣麟书、崑冈、怀塔布、刚毅、绵宜等官员的职务调动。

（三）奏折部分

奏折是整个《京报》的主体部分。内容是指经过皇帝御批、可以公开发抄的京内外大小臣僚的题本章奏。其容量最大，情形亦最为复杂。奏折的新闻价值、文献价值也最大，蕴含丰富的信息，具有很强的可读性。当然，各报房刊登的也只是臣僚奏折的节选，不可能刊登所有臣僚的章奏内容，因为臣僚奏章，有时洋洋洒洒上万言，而京报的版面有限，所以只能进行选择然后编辑。或选择臣僚奏章的目录、或选择短小而有价值的奏章全文。这就要看京报房编辑们的新闻价值审判力了。

过去有些学者认为，清代的邸报或京报没有什么编辑活动，完全是照本抄录，笔者并不这么认为。事实上，当提塘官在六科廊房誊抄时，或京报房的编辑们在选择臣僚奏章文本时，编辑工作就已经开始了，面对众多可以发抄的题本章奏，提塘官们或京报人选择什么、不选择什么，完全由他们自己掌握。这难道不是编辑活动吗！按照今天的新闻职业术语，就是典型的"新闻选择"过程。这一判断，也为京报的文本事实所证实：就是同一天的邸报或京报，为什么内容会不一样。主要原因是由于各提塘官和京报人不同选择的结果。

提塘官新闻选抄的一个重要原则是：新闻事实的接近性。具体而言，就是16个提塘官会根据每日京报中与本省或相近地区密切相关的内容加以抄录，与本省或地区关系不大的内容或不予抄传、或简抄一个目录。所以各省提塘所抄传的京报内容就会不尽相同。当然，不否认相关代理提塘之间京报内容的相同性。

京报人的新闻选择也有自己的原则：可读性、新颖性。由于《京报》的内容针对的不仅是某一个省份、地方，或某一些臣僚、百姓，而是针对所有的阅读对象，同时，民间报房又以营利为目的，因此，京报人在选择臣僚章奏时肯定会选择最具可读性的内容，按照今天的话语就是最具"新闻价值"的内容进行刻印传播，这样会提高阅读率，扩大报纸的发行量，增加办报的利润。这也是清代中叶以后，京报取代邸报成为官民合一、官民皆宜报纸的根本原因。

京报的奏折部分，内容十分丰富，这里仅举几例加以说明。如，光绪九年（公

---

① 《京报》，北京：全国图书馆文献缩微复制中心，2003年，第529页。

元 1883 年）七月初五日"奏折"。

内容如下：

其一、"太子太保大学士两江总督二等恪靖侯加一等轻车都尉臣左宗棠跪　奏为拣员递补陆路副将、参将要缺，……皇上圣鉴，训示谨奏军机大臣。奉旨：兵部议奏。钦此。"

其二、"清安片。再查前任大臣保英随带委员副都统衔头等侍卫志山，前经奴才到任后，因该员熟悉地方情形，奏留科城当差……谨奏军机大臣。奉旨：知道了。"

其三、"奴才清安跪奏为循例派员会查铅砂矿厂情形恭摺奏闻……知道了。钦此。"

其四、"清安片。再查科布多仓廒内历年存贮三色粮食石，除各项官兵每年应需开放外，剩若千以备来年接续新粮开放……奉旨：着照所请，户部知道了。钦此。"

其五、"奴才清安跪奏为循例恭摺具陈仰祈圣鉴事。窃查科布多屯田每年均系春雪消化时耕种……军机大臣。奉旨：知道了。钦此。"

其六、"庆裕片。再本届江北米船十起挽出泇河汛境，首□已过济宁天井闸……奉旨：知道了。钦此。"

其七、"清安片。据众安庙胡毕勤罕拉什绷楚克呈报，因病恳祈转行，饬调胡图克图来科换班，并祈赏假……奉旨：知道了。钦此。"[1]

此日京报的"奏折"包括大臣的七份奏章。分别是左宗棠关于递补陆路副将参将事宜；清安关于提请留用志山科城当差、会查铅矿厂、再查科布多仓廒粮食存储、窃查科布多屯田；庆裕关于江北米船过汛情形、罕拉什绷楚克因病恳请转行等事宜等。

又如光绪三十三年（公元 1907 年）六月初八日《京报》"奏折"。

内容如下：

其一、"头品顶戴云贵总督兼管云南巡抚事奴才锡良跪奏为叩谢天恩恭报到滇接篆日期仰祈圣鉴事。窃奴才於光绪三十三年正月十九日钦奉 恩命调补云贵总督，当交卸四川督篆及起程赴滇日期……奉硃批：知道了。钦此。"

其二、"卸任云贵总督兼管云南巡抚事开缺闽浙总督臣丁振铎跪奏为恭报微臣交卸督篆及起程回籍日期……奉硃批：知道了。钦此。"

① 《京报》，北京：全国图书馆文献缩微复制中心，2003 年，第 374—384 页。

其三、"赵尔丰片。再案查前督臣锡良任内准都察院，咨据已革四川纳谿县知县许时中以被参冤抑等情，赴院具呈，查阅呈词……奉硃批：该部议奏。钦此。"

其四、"赵尔丰片。再查四川茶课税银，历经按年题销……奉硃批：度支部知道了。钦此。"

其五、"赵尔丰片。再驻防成都八旗满洲营兵丁，光绪丙午年操演鸟枪劈山炮位……奉硃批：该部知道了。钦此。"

其六、"赵尔丰片。再查驻防成都八旗满洲营，光绪乙巳年制造，操演枪炮火药铅弹，用过工料……奉硃批：该部知道了。钦此。"

其七、"头品顶戴尚书衔闽浙总督奴才松涛跪奏为福建汀州府属粤盐入境，援照江西口捐成案，抽厘设局试办，恭摺仰祈……奉硃批：度支部知道了。钦此。"[1] 此日《京报》"奏折"共有六份奏章。分别为：云贵总督兼云南巡抚锡良上任奏折；卸任云贵总督开缺浙闽总督丁振铎的奏折；大臣赵尔丰关于四川纳谿县知县冤狱、四川茶课税银、成都八旗营兵操演制造工料等事宜；闽浙总督松涛关于福建汀州府粤盐入境抽厘设局的奏折。

另外，这份光绪三十三年六月初八日（公元 1907 年 7 月 17 日）的《京报》是笔者所见到的首次出现的铅活字版报纸。反映在光绪末年，铅活字版印刷技术已经在《京报》制作中开始使用。

据这本《京报》汇编来看，每日的京报"奏折"，写法上有一些相对同一的格式。

首先，开头格式有两种。其一，是"某……官跪奏为……"。多为各地方大员就本地事宜要向皇帝禀报，请求解决问题的，多采用此格式。其二，是"某官片"。多为在京官员就臣僚章奏、或自己所了解到的情形，要向皇帝参奏的，多用此格式。其次，奏折的结尾一般为："奉旨：知道了。钦此。"；"该部知道了。钦此。"；"奉硃批：该部议奏。钦此。"；"奉硃批：该部知道了。钦此。"等等。显示出清代《京报》在写作上的"公文化""模式化"的特点。

（四）选单

即刊登某月份京内外各地官员的选任榜单。在一期《京报》中的位置，一般位于宫门抄之后，谕旨和奏折之前。当然，并非每期《京报》，都有选单，出现选单的期号并不多见。如光绪二十二年（公元 1896 年）四月二十五日的一期《京

---

① 《京报》，北京：全国图书馆文献缩微复制中心，2003 年，第 2—5 页。

报》，其"选单"位于"宫门抄"之前，"谕旨"之后。

光绪二十二年四月份选单：小京官刑部司务蔡思荣福建附贡知府，浙江严州刘笃康山西举知州，云南霑益王垣临江西监通判，湖南衡州陈祖贻江苏监知县，贵州安南杨宗瀛江苏举安徽，建德梁怀颜……安徽太平张鼎作山东监凤台，燕庆恩顺天吏员。①

这份选单所列举的委派官员，从知府、知州到一般的典吏都有。反映清代官员委任大权完全集中于皇帝一人之手。

六、清代京报的发行

清代，京报的发行有一个演变的过程，清初京报的发行主要是围绕民间报房为中心进行组织的，以报房雇佣的形式送递报纸。由于政府的管控严格，加之这一时期京报的新闻价值尚未得到充分发挥，新闻的受众多为少数的政府官员，京报的发行量比较有限。清代中后期，随着发行量的增大，京报的新闻价值、影响力、经济价值，日益彰显，京报的发行模式逐渐形成。

（一）清代民间公会的京报发行

清代京报发行过程中，山东人起着举足轻重的作用。"经营黄皮报房者，均为山东人，所谓京报房是也。"②戈公振也说："清初……《缙绅录》及《京报》发售。时有山东登属之人。③ 可见，早在清初山东人就涉足京报的发行行业。这些号称山东人的京报发行者，不仅在京师递送报纸，甚至远销到西北各省，足见其业务区域之广，职业化程度之高。

在诸多关于清代京报发行的史料中，都曾出现过公会发行的情形，也是由山东人组织形成的。京报的公会发行，近人齐如山有过详尽叙述：

北京城内，所有送报的人，都是山东人，都是背着一个用蓝色布做成，五尺多长，五寸多宽，两头有兜的报囊，囊上钉有白布写黑字的'京报'二字。这种送报人，从前还有由报房雇妥，直接送报的，后来就不多见了。因为他们替报馆送报，不肯大卖力气，不能张罗招揽生意或至不正经送，所以后来都是归他们自己买喽（了）报自己送，各人有各人的道路，同一报馆之送报人，不许越界送报，例如卖聚

① 《京报》，北京：全国图书馆文献缩微复制中心，2003年，第527—528页。
② 管翼贤：《北京报纸小史》，见杨光辉等，《中国近代报刊发展概况》，北京：新华出版社，1986年，第400页。
③ 戈公振：《中国报学史》，北京：中国新闻出版社，1985年，第30页。

兴报房的人，在此胡同送报，则其他卖此报之人，便不许再送。然若卖洪兴报房之送报人尚可，但也常打架，重者聚殴。他们都是穿一长稍过膝的蓝布大褂，外系一条布褡包（腰带），因为从前若穿小衣服裤褂，或散着腰（不系褡包）进人家，是不大规矩的事情。他们送报，必须进门，所以都穿长褂，系褡包。……他们送报的道路非常重要。自己老了，可以传给儿子，若外人想接送，则须出钱买这条道，亦曰倒道。……这种送报人都有公会，人心极齐，本会中人，如越界送报等事，是不易见到的。①

当时北京的送报人是有公会组织的，有自己的规矩。而且这种规矩是不断发展而来的。负责京报发行的基本都是山东人，开始这些山东人多是受雇于报房，帮助各报房送报，后来觉得利益不大，"不肯大卖力气"，甚至不正经送报，最后发展到自己从报房进报，自己销售，买多买少，全凭自己的努力，因此，动力更大。当然，随着竞争的加剧，就会形成了报业公会，制定各送报人送报的范围，不可越雷池一步。

如果有人破坏规矩，代售"京报"，一旦被发现，就会遭到报复：光绪朝，"一年，各摊子上，添了许多送报人，虽然是兔儿像，但肩上都背着报囊，上书京报字样，被送报人见到，回去报告公会，于是约定，把全城兔儿摊子，进行砸毁。"②

为开展业务，这些送报人不仅垄断京城的送报发行，还谋求向京外送报。"京外送报，与京内完全不同，近州县如通州、良乡等县，则可以两天送一次。再远如天津等处，则五天一次。如保定府等处，则大约需十天一次，最远的每月一次。辽远的边省，就更不同了"③像上文提到的贵州等省，京报递送可能就要3-4个月才能到达。

（二）"文贫"发行京报

清代，除了山东公会送报人之外，还有一些无业文人也参与京报递送，这类无业文人被称之为"文贫"，他们经常被报房雇佣，走送京报。据《北京报纸小史》载：

（清代）当年东华门外，设有白本报房一所，该所雇用数十名文贫，由内阁领到宫门钞，众文贫分写数百本，派人送投各衙门、各大员邸第。④

---

① 齐如山：《齐如山随笔·清末京报琐谈》，沈阳：辽宁教育出版社，2007年，第53—54页。
② 同上，第54页。
③ 同上，第56页。
④ 杨光辉等：《中国近代报刊发展概况》，北京：新华出版社，1986年，第400页。

"文贫"为各报房的雇佣人员。"文贫"送报与山东人送报的最大区别在于："文贫"有一定的文化程度，可以自己先抄写京报数份，然后再派人分头送递。而山东人则仅仅是单纯的送报经营业务，或许一部分山东人就是帮助文贫送报的。换言之，"文贫"不仅发行京报，还参与京报的编辑、校对等业务。

（三）报局订阅发行

清代中叶以后，民间报局开始出现。民间报局显然是与民间报房有一定的关联，专门从事邮递业务，当然包括送报业务。据《六部成语注解》载：

报局规例。凡开设报局者，每日必遣人至内阁，抄录本日一切事件，归后即用活字板（木字也）摆就，亦有抄成小本者。刷印订本，发结送报之人，分路送往各看报之处。其送报之人，系山东居多，其所送之报，亦似向报局主人买之，如趸货转售者。……看报之人，亦有向报局买取，而不假手送报之人，然此等甚少。[1]

可见，清代报局的京报发行采用多渠道经营。其一，是送报人的发行。京报"刷印订本"后，分路送给各看报之人。而且送报者也是山东人居多。就如前文所述，山东人占据了当时京报民间发行的主要市场。其二，报局直接发行，即订阅发行。是指阅报人"不假手送报之人"，而直接向报局订阅。当然这种直接订阅的现象是不多见的，属于少数。其三，批发销售。上文中的"趸货转售"，就是大宗报纸批发之意。联系到上文提到的京外京报发行事业，批发京报是必然的途径，仅靠零售或订阅要完成京报的全国抄传与发行是不可想象的。

民间报局又称"信局"。"在19世纪初，信局通常走水路把报纸运送到广州，比官方邮政系统——驿道的速度快得多。"[2]可见由民间报房发展而来的民间报局具有明显的发行优势。

（四）沿街叫卖发行

清代的京报发行，除了上述几种形式之外，还有一种沿街兜售的零售方式，虽然此种方式，发行量有限，也只是京报发行的辅助形式，但毕竟能够方便临时性读者的阅报需求。所谓沿街兜售，就是利用报童沿街叫卖的发行方式。据《上海闲话》载："而卖《朝报》者大都是驿站杂役之类的专业。他们从邸宅抄录《朝

---

① 内藤乾吉校：《六部成语注解》，杭州：浙江古籍出版社，1987年，第1页。
② 白瑞华：《中国报纸（1800-1912）》，广州：暨南大学出版社，2011年，第11页。

报》后，另行印出，再出售与人，以牟取微利。卖《朝报》时，必以锣随行。其举动在一般人看来，颇觉猥鄙。"① 兜售京报者，鸣锣开道，沿街叫卖，即近代所谓的报童之类的人物。

当然，官方的京塘、省塘仍是承担地方官员收受京报的主要渠道。不过，由于民间报业的迅猛发展，其劲头大有超过提塘发行的趋势，而且其传递速度也大大超越"提塘"的发行速度，两相比较，甚至引起了督抚大员对提塘发行的严重不满。这能从道光年间浙江巡抚刘韵珂的奏折中略见一斑：

> 臣等每日所阅《京报》，系由坐京提塘抄寄坐省提塘转送，惟闻此外尚有'良乡报'、'涿州报'名目，其所载事件，较详于提塘之报，递送亦较为迅速，闻良乡、涿州等处，专有经理此事之人，官绅人等多有以重资购阅此报。故各省之事，有臣等尚未知而他人先知之者，亦有臣等所不知而他人竟知之者。伏查为逆夷递送《京报》，固系外省奸民之所为，而代为传抄《京报》之人，恐亦不止一处。②

清代中叶以后，良乡、涿州等地发行的京报，无论内容还是传播速度都全面超越了提塘的京报发行。由此可见清代民间京报发行业之盛况。

综上所述，清代的京报发行渠道是多样的：清初，提塘发行应该是主流渠道，占据主导地位。从内阁六科到十六省京塘再到省塘最后到各州县提塘，层层抄传，完成清政府各级官僚阶层的报刊阅读需求。而民间的非官方发行只是辅助性渠道。但是随着社会的演进，新闻事业的发展，非官方的京报业务迅速扩张，到清代中叶，民间报房或报局不仅完全占领一般市民的阅报市场，而且已经部分占有了原来官方报业的发行范围，使得部分政府官员也开始争相"重资购阅"民间发行的京报，显示出京报的民间发行与官方发行分庭抗礼的态势。

（五）京报的发行数量

关于清代京报的发行数量，现已无法缺考，但是，根据京报阅读对象，大致也能估算个概况。京报的主要阅读对象是各级官员和一般市民。省级以上高级别官员读者相对固定，基本上人手一份；省级以下官员则较难统计："一个府城，城中看报的不过几十份，稍避远之府城，尚无此数，若县城则每县不过几份。"③ 但据

---

① 徐载平、徐瑞芳：《清末四十年申报史料》，北京：新华出版社，1988年。第14页。
② 《中国近代史资料汇编》，《道光咸丰两朝筹办夷务始末补遗》，台北："中央研究院"近代史研究所编，1967年，第17—18页。
③ 齐如山：《齐如山随笔·清末京报琐谈》，沈阳：辽宁教育出版社，2007年，56页。

卫三畏说，省府以下的京报发行不止这些，可能更多："在各省府，数千人被雇佣来誊写和编辑京报，供那些买不起京报的读者阅读。"[①] 一般低级官员和市民是买不起京报的，只能通过转抄来满足阅读需求，这是京报更广大的受众市场。以上看似矛盾的观点，正好反映出清代前、中、后期阅报受众人数的变化以及报纸发行量的变动趋势。

那么，京报的发行量最大时达到多少？说法也不一致。上文可知，京报的受众有几部分组成：省级以上高级别官吏可以直接由提塘送递京报；府州县级以下官员是通过省塘的转抄等手段阅读京报；广大的市民则通过省城"文贫"的翻刻传抄购买借阅等措施阅读京报。这大约就是清代京报的总发行量，估算起来每期应该在万份左右："京报的总发行数字，在白本报房时期，只有数百本。实行刻印以后，销量激增，最多的时候估计在 1 万份左右。"[②] 而白瑞华则认为不止于此："整个帝国的报纸发行量，包括各省重印的和所有的手抄报，肯定有数万份。"[③]

总之，清代京报的阅读受众有一个不断变化的过程，清代前期与后期的差别是相当大的。清前期，京报编辑制作技术以手抄为主，发行量自然有限，而到后期，随着刻印特别是铅活字技术的推广使用，京报印刷成本下降，刷印速度加快，而且市民阅读逐渐成为京报的主流市场，因此，数万份的最大发行量不是没有可能的。

（六）京报的阅报费用

我们知道，清代各省驻京提塘都有专门负责"京报"编辑、发行、管理的经费，称之为"阅报银"[④]。这是提塘生产管理京报的官方费用指标。对于京报的受众来说，其购买阅读费用也因情势而变化。京报的发行费与发行成本有直接的关系。"廉价的京报每份价格大约 10 个铜钱，每月订阅费 25 文钱。手抄报的价格可能高达每月 5 美元，而且由于手抄本字迹清晰，服务便捷，可能要添加额外的费用。最高价格的报纸直接在内阁报房印制出来。"[⑤] 报纸的制作方式不同，费用差别较大，手抄报纸因字迹清晰费用较高，最贵的要算是内阁报房制作的报纸。

另外，京报的文本质量、内容选择、发行距离不同，收费自然会有区别，据称：白本京报报费每月一两二钱，黄皮报每月报价约二钱，宫门钞收价仅两吊。

① 白瑞华：《中国报纸（1800-1912）》，广州：暨南大学出版社，2011 年，第 12 页。

② 方汉奇：《清代北京的民间报房与京报》，《方汉奇文集》，汕头：汕头大学出版社，2003 年，第 147 页。

③ 白瑞华：《中国报纸（1800-1912）》，广州：暨南大学出版社，2011 年，第 11—12 页。

④ 孔正毅等：《试论清代邸报的发行体系》，《南昌大学学报》，2015 年 1 期，第 138—139 页。

⑤ 白瑞华：《中国报纸（1800-1912）》，广州：暨南大学出版社，2011 年，第 11 页。

这是在京城的发行费，外省发行费自然会增加一些。但是，京报的发行费还是比较低廉的，以致送报人往往不能仅靠送报维持生计，还必须兼营其他副业，如，代人寄信；代人寄包裹；代人购买物件；代人捎送银两等。①

当然，京报房之间的发行竞争是在所难免的，恶意压低报价也会时常出现，为了报业的有序发展，避免恶性竞争，经过报房之间的协商讨论，最后达成统一的阅报价格公议，这是行业发展的必然结果。如，光绪年间就有一份"京报房公启"：

启者：本行承办《京报》，历有年所，按月取资，价目原未划一。从前酌盈济虚，尚可敷衍，近今百物曾昂，于报资多有萧索者，以致刻下赔累不堪。兹由甲辰二月初一日起，将报资酌定一律价目：大本八页、小本十页，每报每月取钱叁吊；大本四页、小本五页，每月钱贰吊；按日送阅宫门抄、上谕条，每月钱壹吊。此后旨依定价送阅，庶阅者概不多费，于送者亦可借免赔累矣。②

清代的京报房首次出现了统一的报纸订阅价格，这一价格一直延续至清代的结束。如此则避免恶意竞争，有利于京报行业的健康有序发展。

---

① 齐如山：《齐如山随笔·清末京报琐谈》，沈阳：辽宁教育出版社，2007年，56页。
② 黄卓明，《中国古代报纸探源》，北京：人民日报出版社，1983年，第167页。

中华文化与媒介呈现

讲好中国故事并不容易：
从《舌尖3》的表意机制看其传播效果

Its Not Easy to Tell Story About China:
The Ideographic Mechanism of A Bite of China 3 and its Communication Effect

李卫华 *

Li Weihua

摘　要:《舌尖3》意在讲述中国故事，但无论是诗学表征中的以人为主体的叙事策略、视觉人类学的影像记录、诗意模式的类型表达，还是话语表征中的对中国传统文化的坚定自信、对创新发展战略的自觉践行，制作者的"编码"和接受者的"解码"之间都存在着较大的反差，显然讲好中国故事并不容易。莫言的创作值得纪录片制作者加以借鉴。

Abstract: The documentary A Bite of China 3 aims to tell story about China. However, whether the narrative strategy of taking man as major body, the visual recording of anthropology, the types of poetic expression in it's poetic representation, or the firm confidence in Chinese traditional culture, the consciously practice of innovation and development strategy in the discourse representation, there is a big contrast between maker's coding and receiver's decoding. Apparently it's not a easy thing to tell story well about China. The famous writer Mo yan's creation is worthy of reference for documentary makers.

关键词:《舌尖3》；表意机制；诗学表征；话语表征

Keywords: A Bite of China 3; ideographic mechanism; poetic representation;

---

* 李卫华 (1977—)，男，湖南邵阳人，文学博士，湖南科技大学人文学院，讲师，研究方向：文化研究。

discourse presentation

意义是被表征的实践和"运作"产生出来的，它是经由意指实践而得以建构的。换言之，表征是某一文化内各成员间意义产生与交换过程中的一种必要组成部分，正是通过我们对事物的使用，通过我们就它们所说、所想和所感受的，即通过我们表征它们的方法，我们才给予事物以意义。斯图尔特·霍尔认为文化、意义与表征的运作方式之间存在着两种途径：一种是符号学的，一种是话语方式的："符号学途径关心表征如何运作，语言如何产生意义——这就是人们所说的'诗学'；而话语途径更关心表征的后果和影响——即它的'政治学'。"① 《舌尖上的中国》第三季在 2018 年春节期间登陆央视纪录片频道，相比较第一季、第二季高达 9.3 和 8.4 的评分，第三季的豆瓣评分只有 3.8。是什么因素导致了这种口碑崩塌，本文拟从《舌尖上的中国》第三季（下文简称《舌尖 3》）的表意机制的分析中探讨个中原因，并反思当下中国纪录片如何讲好中国故事。

一、《舌尖 3》的诗学表征

结构主义符号学认为，影视中的图像与声音被技术手段综合成一个如语言一样错综复杂却又受到限制的表征体系，正是这种体系使得各种分散但又相互关联的影像与声音符号相互配合并形成内部秩序，进而产生出意义。对于《舌尖 3》的诗学表征，我们主要应该关注以下几点：

（一）以人为主体的叙事策略

相比较前两季以美食为线索，讲述中国不同地域人们和食物之间的故事，第三季通过完善故事，强化人物，强化食物背后的文化，将人物作为主体进行讲述。第三季的总导演刘鸿彦曾经谈到，《舌尖 3》最核心的三个点是"食物、人物和文化"，食物是"载体"，人物是"讲述的故事"，"人物与食物背后的文化传承是我们每个人的来处"。总策划周塬也表示，《舌尖 3》的主题是"品味中国、品尝人生"，"品尝"和"品味"既可指食物，也可指人生，每个食物不可能跟人脱离开来，而人背后是历史和文化。于是我们看到了云南腾冲卖稀豆粉的木翠和祥元老两口，他们不善言辞，也不会写字，却用自己勤劳的双手传承着云南腾冲地区最传统最朴实的美食。我们也看到了章丘铁匠王立芳和他儿子王玉海秉承传统手艺，用 12 道工艺 36000 锤锻打出一口铁锅的工匠精神。

---

① 斯图尔特·霍尔：《表征：文化表象与意指实践》，徐亮、陆兴华译，北京：商务印书馆，2003 年，第 6 页。

虽然周塬也曾谈道：节目在选择人物时，有一个硬性的标准，就是选择人物一定要跟食物密不可分。人物和食物平衡的分寸是将食物和人物浑然一体地呈现给大家。[①] 但观众对此似乎并不接受，而是极力吐槽于占据一集四分之一的篇幅却与美食并无多大关系的武术家的故事以及"爱，是最好的调味品"的过度煽情。有网友就认为："舌尖上的中国，原本定位是美食类纪录片……核心是美食，而我看到的，这季想表现出的主题……是人，不是美食。美食似乎成为衬托出那些制作者技艺精湛的绿叶。"[②] 还有网友直言《舌尖上的中国》前两季"以食物为窗口，看人情，看风景，看中国。而《舌尖3》正好将这个窗口封死"。[③]

在网络时代，越来越多的观众普遍具有一种摒弃浮躁、厌恶虚假、探寻真实、渴望真诚的心理需求。《舌尖3》采用以人为主体的叙事策略，也更多聚焦于普通百姓身上的美食故事，却并没有采用一种贴近群众、贴近生活实际的平民视角。叶放的文会宴就颇有几分阳春白雪，曲高和寡之嫌，在讲述木翠老人走街串巷卖稀豆粉的故事时，也不合时宜地运用了俯瞰视角，透射的可能是创作人员的某种精英意识，这种精英意识对观众的自我判断和辩证思考能力并不看好，缺乏以平等的态度与观众进行深层次交流的欲望，因而疏远了观众与传播内容之间的心理距离，降低了观众对影片的认可程度。

（二）视觉人类学的影像记录

《舌尖3》将目光转向人物及其背后的历史和文化，重点关注美食后面的文化传统、风俗习惯、历史地理、经济结构乃至宗教意识，文化人类学成为必然的借鉴。视觉人类学是文化人类学的视觉表达方式，即通过影视手段记录、表达民族志或人类文化内容及观念。更广泛而言，视觉人类学也包括对人类自远古到新媒体时代的所有群体性图像信息，对通过视觉造型和视觉符号表达、记录、储存、传播信息的传统方法和新方法，以及对社会性文化性的视觉认知、视觉行为和视觉群体等的研究。[④] 可见，视觉人类学既是工具但同时又承载着更多的认知功能，它也可以启发思维。

① 央视网：《最难忘的滋味永远在家乡——〈舌尖上的中国〉第三季主创团队访谈之二》，2018年2月20日，http://jishi.cctv.com/2018/02/20/ARTIb2A2O9BwCdFO6Vscfo55180220.shtml，2019年5月10日。
② Holy Grail：《个人对第六集的拙见》，2018年3月22日，https://movie.douban.com/subject/25875034/discussion/615309941/，2019年5月11日。
③ 巴塞电影：《一滴口水都没流，弃之可惜，食之又无味》，2018年2月21日，https://movie.douban.com/review/9170903/，2019年5月11日。
④ 邓启耀：《视觉人类学导论》，广州：中山大学出版社,2013年。

中国丰富的自然资源带来了多样独特的小吃品类，这些食物往往就地取材，最亲和最贴切地体现了地域特色。小吃浓缩一地风土人情，成为别致的民俗符号，体现着当地物质及社会生活风貌。第二集《香》以小吃为主题的拍摄，就极富文化人类学的意味。平江"十大碗"族宴不仅体现在大碗的气势上，也体现在菜品以外的文化礼节上，一招一式既要有传统又得体面，这种深厚的民俗和文化底蕴据说源于朱熹的几位得意门生在平江传扬朱子礼教。第三集《宴》对其的讲述，可以视为一种很好的文化人类学的视觉留存。

视觉人类学遵循的核心理念是"人类文化是通过可视性的系列符号来展现的"，视觉人类学的中心目的就是展示文化的可视性，从而通过对这些可视的视觉材料的分析、研究和阐释来揭示人类文明的秘密，同时把文化研究的目的引向深入和广远。[1]中华饮食向来讲究色香味俱全，对食物的视觉性有着极高的要求。第三集所展示的宝应全藕宴的数十道菜品，全用莲藕这一食材做成，并将视觉艺术与味觉艺术巧妙地融为一体，这考验的不只是厨师的烹饪技巧，也是对于生活美的极致追求。摄影师安同庆也谈道："把食物拍得垂涎欲滴，是总导演给我们下的死命令。"[2]但网友却认为《舌尖3》粗糙的摄影、剪切，致使食物美感全无，灵性全无。并与前两季进行了对比：上两季中，大量的浅景深镜头，从微观角度完美展现美食精髓，特别勾人。而这一季，镜头拉得贼近，近到让你无法呼吸，自觉弹开。食物的雾气遮挡镜头、镜头虚焦再转清晰的瑕疵，随处可见。[3]美食首先带给大家的是视觉冲击，只有把美食拍得异常精美，才会让人有吃的欲望，有了解的欲望，《舌尖3》的视觉传达的确应该做得更好。

（三）诗意模式的类型表达

比尔·尼科尔斯认为诗意模式舍弃了电影的连续性剪辑传统和先后场景之间明晰的时空感觉，转而探索综合时间节奏和空间布置的关联与形态。[4]《舌尖3》大量采用了片段组合、主观印象、非连贯动作和松散的关联结构等形式。第三季的八集分别以《器》《香》《宴》《养》《食》《酥》《生》《合》为名，在立意和编排上

---

[1]　王海龙：《视觉人类学新编》，上海：上海文艺出版社，2016年。

[2]　央视网：《人生时间长廊中郑重的记号——宴——〈舌尖上的中国〉第三季主创团队访谈侧记之三》，2018年2月21日，http://jishi.cctv.com/2018/02/21/ARTIy6mwYZvChxvSdpQRIfdA180221.shtml，2019年6月1日。

[3]　巴塞电影：《一滴口水都没流，弃之可惜，食之又无味》，2018年2月21日，https://movie.douban.com/review/9170903/，2019年5月11日。

[4]　比尔·尼科尔斯：《纪录片导论》（第二版），陈犀禾、刘宇清译，北京：中国电影出版社，2015年，第161页。

主要是围绕着人和食物的关系在不同角度不同层面的分门别类，但总体上八集之间不过是某种片段的组合，结构关联颇为松散。在第二集《香》中，分集导演黄鹤从所调研及拍摄的 20 个城市的 120 种小吃中精挑细选出了云南的稀豆粉，四川的麻辣烫、凉糕，河南的胡辣汤，天津的煎饼果子，泉州的石花膏、面线糊，以及陕西的水盘羊肉等地方特色小吃呈现在大家面前，力图通过镜头的遴选与排列，传达关于美食的一种诗意印象：那就是美食不仅具有色彩之美、形状之美、味觉之美，更具有人情之美和文化之美。将这些看似没多少联系的小吃（第二集）、点心（第六集）、宴席（第三集）糅合在一集中，需要在镜头的转切、语言的衔接上做到自然流畅，但这也成为网友的槽点之一，"怎么一下子就从贵妃饼转到了萨其玛"，网友迷惑甚至愤怒于画面的突兀变化和语言的生硬衔接上。[①]

诗意模式还注重表达情绪、营造气氛和抒发情感，而不只是展现认知的方式或说明的行为。[②]第一集有这样一个场景，四川名厨兰明路平时忙于工作，甚少给家里做饭，有一次难得抽出时间在儿子生日时为家人做上几个菜，家人非常感动。这让兰明路体会到"爱是最好的调味品"。伴随着兰明路语带哽咽双目含泪的镜头，一种温热与温情扑面而来。通过这些镜头中所传达的感觉或情感，让我们以某种诗意的、特定的角度去看待和体验以及感受并理解这个世界。

当然这种类型划分并非精准的客观行为，很多纪录片都会采用混合模式，借助不同的样式和模式来获得独特效果。《舌尖 3》除了采用了"诗意"模式外，还采用"述行"模式，"那些熟悉先前的工作并意识到不同样式和模式之间基本特征的拍摄者们，在运用广泛的传统和技术时，会具有代表性地表现出一种流动性和魅力感，去创建出一种属于他们自己的独一无二的风格和声音"。[③]

二、《舌尖 3》的话语表征

如果说意义的诗学表征源于受到索绪尔极大影响的符号学方法，那么意义的政治学表征更多地与福柯的话语理论联系在一起。在话语途径中，强调的重点是表象的一种特定形式或其秩序的历史具体性，它着重考察一种特有的话语所生产的知识如何与权力联结，如何规范行为，产生或构造各种认同和主体性，并确定

---

① Whit：《第 6 集逻辑混乱，语无伦次，还能算水准之上……》，2018 年 2 月 25 日，https://movie.douban.com/subject/25875034/discussion/615269933/，2019 年 6 月 5 日。

② 比尔·尼科尔斯：《纪录片导论》（第二版），陈犀禾、刘宇清译，北京：中国电影出版社，2015 年，第 162 页。

③ 同上，第 155 页。

表征、思考、实践和研究各种特定事物的方法。[①]换言之，我们当下的话语体系和意识形态规约着意义的生产、传达以及理解。《舌尖3》的总导演刘鸿彦曾表示：从纪录片的创作来说，我们有这样一种责任，时代在变，每个人生活在变，一定要把握时代的脉搏和气息。时代精神与具体历史语境下的主流话语、意识形态密切相关，我们今天的时代精神包含了工匠精神，包含了人与自然的和谐共生的理念等等，这在《舌尖3》中得到了很好的体现，如章丘铁匠王立芳和他儿子王玉海，如"依时而食，不时不食"的"养"和"生"的理念等等。除此以外，《舌尖3》的政治学表征还可以从以下方面进行探讨：

（一）对中国传统文化的坚定自信

文化自信是对自身文化价值的充分肯定，对自身文化生命力的坚定信念。[②]党的十八大以来，习近平总书记在多个场合论及文化自信，文化自信构成了习近平总书记文化理论和文化观的重要组成部分。饮食文化本身是中国传统文化的重要组成部分，通过美食文化，我们也可观照中国的人情之美、礼仪之美、德性之美和智慧之美。《舌尖3》强调人物故事，强化食物背后的文化内涵，其目的（观点）就是弘扬中国优秀传统文化。[③]"食养"观念最早在《黄帝内经》中就有记载，与中国独特的植物学、医学和营养学密切相关，在"养"这一集的背后，事实上倡导的是一种健康的饮食习惯和健康的生活方式，体现了中国人的哲学观和价值观。陕菜"金边白菜"运用了独特的"花打四门"的技艺，但这种技艺今天濒临失传，陕西名厨杜西峰家里家外日夜苦练，终于找回了这门绝学，让绝技得以传承，让陕菜再现荣光。同杜西峰对传统文化的钟情一样，第三集《宴》中的人物叶放，在古籍中搜寻优秀的餐饮文化，并将其复原、创新、保留，不仅带给我们一些超出美食之外的趣味，更是做到了从美食到精神的升华。更让我们感兴趣的是年轻的苏州人林囿，他放弃了德国公司电气工程师的优越工作，决定继承家业，成为家里饭店的新任掌门人，他谈道："当决定肩负这个担子的时候，其实是代表着一种苏州文化的传承。食文化是所有传统文化的母文化，味道其实也是文化的一种元素。我要把这个味道传承起来，把这个味道守护下去。"没有对于传统文化的坚定自信，很难做出这样的决定。但哪些才是优秀的中国传统文化，哪些才是需要

① 斯图尔特·霍尔：《表征：文化表象与意指实践》，徐亮、陆兴华译，北京：商务印书馆，2003年，第6页。

② 云杉：《文化自觉 文化自信 文化自强——对繁荣发展中国特色社会主义文化的思考（中）》，《红旗文稿》2010年第16期。

③ 央视网：《人生"食"字聪明始——大竹导演手记》，2018年2月23日，http://jishi.cctv.com/2018/02/23/ARTIV1FJ7hzXT3HAmWgKJIpF180223.shtml，2019年6月10日。

传承的文化，观众和制作方有不同的理解，有网友就认为平江"十大碗"中关于礼仪的讲述并不合适，程朱理学已经失去了生存的土壤，"十大碗"礼仪规范也与今天的生活格格不入，[①]甚至在片中也有即便老人与少年遵循古礼来行为的时候，其他桌上的宾客并没有像他们一样起立的尴尬。

（二）对创新发展战略的自觉践行

创新是引领发展的第一动力，中华优秀传统文化也需要在新的时代进行创造性转化和创新性发展。习近平总书记在十九大报告中也指出，要深入挖掘中华优秀传统文化蕴含的思想观念、人文精神、道德规范，结合时代要求继承创新，让中华文化展现出永久魅力和时代风采。《舌尖3》第一集中讲述了一个陶瓷设计师的故事，在瓷路上漂泊，一头心系故乡，另一头面朝世界的段镇民，希望在自己的作品里传递出家乡的味道，徽派建筑的青砖、粉墙、黛瓦是段镇民难以忘怀的家的记忆，那分开天际的一抹马头墙也触动了他的心怀，于是我们看到了将马头墙落在瓷碗上的巧思，也看到了彰显东方器物之美的用心。传统川菜味型丰富，但现在却是麻辣的天下，麻辣对于味觉的强烈刺激恰好迎合了当下快节奏高压力的现代社会，川菜大厨陈伯明的女儿也迷上了重口味的火锅，陈伯明却认为："川菜如果都是辣，叫什么川菜？"川菜擅用麻辣巧用麻辣，这是其他菜系没有的特点，这也是三百多年前，辣椒传入四川和当地的花椒融合后产生的改变。陈伯明和他的老兄弟们，打算用自己毕生的烹饪绝技，改造麻辣，这可以说是一种回归，也无异于一种创新。创新不能忘却传统，当然也要符合时代语境，陈伯明谈道："作为老的传统川菜，现在我的思想就是，老的要去适应新的，就是所谓的江湖菜，包括我们看不惯的东西，我们都不要去排斥它，我们去面对它，去接受它，然后我们用我们的方法，去改造它。传统的东西来讲，也要接受大时代的冲击。"

《舌尖3》的制作团队也自觉践行着这种创新的理念，在传承前两季节目格调、气质的同时，以创新开拓的精神，开发出了"器具""食养""宴席""融合"等新的创作主题方向，并且通过强化人物故事，挖掘文化内涵来表达文化诉求。但这种创新之举并没有得到观众的认可，《舌尖3》创作团队想要突破前两季的意愿是好的，但正如《中国电视》杂志执行主编李跃森所指出的：《舌尖3》最大的问题是创新的方向选错了。"《舌尖1》的定位清晰，通过美食讲人和自然的关系，《舌尖2》基本还是承袭了这一主题。《舌尖3》的导演换一个方式来讲美食背后的故事，把关系扩展到人跟社会的关系。但是观众期待的是看一个关于美食的片子。"①

三、讲好中国故事的困难及其借鉴

意义是被表征的系统建构出来的。在影视文本中，制作者将意义"编码"进视觉与听觉符号中，观众再将其"解码"，但"编码"与"解码"并不经常保持一致，观众由于自己的期待视野不同，对意义的接受也不一样，因而意义只是一种不平等的交换，只是一种对话，永远只能部分地被理解、被接受。从以上对《舌尖3》表意机制的分析中，我们可以看到制作者与接受者之间对意义的理解存在着较大的反差，甚至可以说几乎没有一处不存在着"编码"与"解码"的冲突、对立。《舌尖3》的制作团队通过强化人物形象挖掘文化内涵，以讲述中国故事为思想主题的意图是正确的，而观众对《舌尖3》"下饭"的期许也是可以理解并且应当予以尊重的。从现代汉语语法进行分析，"舌尖上的中国"一词中"舌尖"是修饰语，"中国"是中心词，在这种意义上，《舌尖3》的主创团队将主题放在讲述中国故事，增加人物形象和文化内涵是有道理的，但是，如果不是以美食作为窗口、作为主线，那么"舌尖上的中国"与"感动中国""文化中国""地理中国"的讲述何异？换言之，"舌尖上的中国"不仅可以而且应该讲述中国故事，但前提是要以美食为主线，再引出人的故事。美食不能只是"起兴"，只是引子，而应该是界定，是区分。

习近平总书记指出，讲述中国故事是时代命题，讲好中国故事是时代使命。《舌尖3》的传播效果——口碑崩塌——说明讲好中国故事并不是一件容易的事。《中国电视》杂志执行主编李跃森指出，《舌尖3》的问题在于总想去"引领"，把自己站得高高的，以为自己大旗一挥，观众就跟着来了，其实不是。②《舌尖3》的总导演刘鸿彦曾表示：应该在食物的基础上，给观众一些更提升的东西。正是这种提升，使得《舌尖3》越来越像央视制作的其他影视作品，这部分作品大都政治正确，思想突出，主题鲜明，认为自己有责任去教育观众，去引领、去启迪、去灌输观众某种宏大叙事理念。如果说前两季的导演陈晓卿做到了真正的平视观众以及剧中人物，尊重观众作为生命个体的平等性，以一种平民视角来拍摄《舌尖上的中国》的话，《舌尖3》的制作者具有强烈的精英意识，有居高临下地看待观众及剧中人物之嫌。观众更接受前两季亲切随和的风格，在娓娓道来中讲述美食以及背后的科学、人情、文化与历史，而不是第三季的"做"与"装"。当然，观众也有一些非理性的情绪，对《舌尖3》的花式吐槽已经成为一场网络狂欢，不

---

① 陈茜：《〈舌尖3〉的口碑崩塌，"中国纪录片之春"何时到来？》，《商学院》2018年第4期。
② 同上。

能完全一味地去迎合观众的要求。现在的问题是，怎样在大众期许和意义引领之间找到契合点，怎样的表意机制更容易让多数人接受？北京师范大学纪录片中心主任张同道谈到，纪录片品牌作为一个商业概念有四大指标：稳定的价值观、叙事模式、美学特征和技术品质，从商业品牌的 IP 延展来看，当创意打破了固有表达，产业链条上是否能够有延续性，受众是否接受，都需要磨合。当然，这个问题不是一季两季节目能够解决的，需要媒体人为之付出长期的努力。

莫言作为中国第一个获得诺贝尔文学奖的作家，他对于中国故事的讲述值得我们借鉴。在内容上，莫言的创作包含有三种话语体系：主流话语、人性话语和乡土话语。莫言创作中的主流话语是指他的创作与主流意识形态保持着谐振关系，使得创作不至于与主流意识形态发生冲突；人性话语是指强调人的价值，维护人的尊严以及权利的人文主义、人道主义思想；乡土话语对于莫言的创作具有重要意义，这毕竟是产生过蒲松龄和《聊斋志异》的土地，莫言的作品"见证了民间叙事传统，有神话传说、历史和现实的多重对话。……他作品中博杂的叙事传统，不是移植过来的，而是他从民间土壤中自然生长出来的。"①这三重话语在莫言的创作中呈现出一种复杂的纠葛，相互依存，此消彼长，共同决定了作品的深刻内涵。莫言是将这三种话语结合得最好的中国作家，而这也成为莫言获得诺贝尔文学奖的重要缘由：主流话语确保了莫言创作的政治正确性，人性话语具有某种普世性，使得异域的人们能够产生认同感，而乡土话语是莫言富于独创性的个性化表达。我们今天的中国故事讲述应当从这种政治性、普世性与独创性的结合中有所借鉴。在形式上，莫言受到了福克纳、马尔克斯、川端康成等外国作家的影响，但莫言经由自己自觉的、特有的、生动的创造性转化，并植根于当下社会与民间传统，最终确定了自身"虚幻现实主义"的独特风格。②莫言认为要以一种世界性的眼光和胸怀接受外来的东西，并且把外来文学当作养料和肥料，去种植、去培育自己特有的树木，最终结出的自己的果实，是运用"西方"文艺理论、文艺形式书写"中国"题材的作品，③在《檀香刑》后记里，莫言提出了"大踏步撤退"的说法。"所谓'大踏步的撤退'，我的本意是要离西方文学远一点，离翻译腔调远一点，离时尚远一点，向我们的民间文化靠拢，向我们自己的人生感悟贴近，向我们的文学传统进军。"④这看起来是撤退，实际上是前进，是向创作出具有中国特

① 新京报：《作家、评论家共话莫言获奖》，2012 年 10 月 12 日 C05 版。
② 李卫华：《论莫言创作中的外国文学因素》，《湖南城市学院学报》2014 第 1 期。
③ 莫言、李比英雄：《文学·民族·世界：莫言、李比英雄对话录》，小园晃司译，《博览群书》2006 年第 7 期。
④ 莫言：《当代文学创作中的十大关系——2006 年 11 月在第七届深圳读书论坛上的讲演》，莫言：《莫言讲演新篇》，北京：文化艺术出版社，2009 年，第 258 页。

色的、具有个性特征的文学作品大踏步地前进。莫言将西方现代主义的文学经验
与本土的文化传统相结合，进而进行创造性转化，确立自身独特风格的方法亦可
成为我们讲好中国故事的借鉴。

结语

《舌尖3》意在讲述中国故事，但从上述表意机制的分析中，显然讲好中国故
事并不容易：无论是诗学表征中的以人为主体的叙事策略、视觉人类学的影像记
录、诗意模式的类型表达，还是话语表征中的对中国传统文化的坚定自信、对创
新发展战略的自觉践行，制作者的"编码"和接受者的"解码"之间都存在着较
大的反差。莫言创作中融合主流话语、普世话语与个人话语的内容表达，以及通
过创造性的借鉴、吸收和转化外国作家的技巧，形成自身"虚幻现实主义"的独
特风格的形式表达都值得我们借鉴。

泛娱乐化时代下中华传统文化言说的实践与思考

Practice and Thinking of Chinese Traditional Culture Speech in the Era of Pan-entertainment

吉　峰 *

Ji Feng

摘　要：阐明了中华传统文化在当今世界的传播意义，认识当今中华传统文化传播多元化信仰世界的存在问题。其次，提出娱乐作为中华传统文化传播的一种意识形态或者说是传播方式，作用于媒介化时代尤其是新媒体语境中的言说体系。最后，对中华传统文化娱乐化现状进行了再思考，并从理论和实践角度指出应当规避的一些问题。从当前中华传统文化在大众传媒的传播现状出发进行深入研究和思考，试图寻求一条既能愉悦大众，又能保持中华传统文化本真的一条可行之路。让中华传统文化在娱乐时代下，以最亲和、得体的方式被大众接受和传承。以新媒体语境为言说背景，依托现代传播视角考察中华传统文化在娱乐化时代下的传播。

Abstract: This paper expounds the significance of the spread of Chinese traditional culture in today's world, and recognizes the problems existing in the world of diversified beliefs in the spread of Chinese traditional culture. Secondly, it puts forward that entertainment, as an ideology or means of communication of traditional Chinese culture, ACTS on the speech system in the media age, especially in the context of new media. In the end, this paper reconsiders the current situation of entertainment of traditional Chinese culture and points out some problems that should be avoided from the perspective of theory and practice. From the current situation

---

　* 吉峰（1980—），男，汉族，吉林人，博士，莆田学院文化与传播学院副教授，硕导。研究方向：中国传统文化与文学传播研究、媒介与文化产业研究。

　基金项目：2018 年度福建省社科研究基地重大项目研究成果（FJ2018JDZ043）。

of the spread of traditional Chinese culture in the mass media, this paper makes an in-depth study and reflection, trying to find a feasible way to not only delight the public, but also keep the essence of traditional Chinese culture. Let the traditional Chinese culture in the age of entertainment, in the most friendly, appropriate way to be accepted and inherited by the public. In the context of new media, this paper studies the spread of traditional Chinese culture in the age of entertainment from the perspective of modern communication.

关键词：娱乐；中华传统文化；价值；方式

Key words: entertainment; Chinese traditional culture; Value; way

一、传统文化在当代的言说价值

余秋雨在《北大授课：中华文化四十七讲》这本书中提到过"枯燥文本"和"戏谑文本"这两个词。他指出："'戏谑文本'的最重要成果，是幽默地进行了一种'解构'，让中国当代话语的官场化、模式化、骈文化趋向，受到了冲击。由此，也就启发大家可以把一切枯燥、艰涩的话题讲得轻松一点，有趣一点。"这里的所谓的"戏谑"，其实更应该换成"娱乐"二字更贴切。娱乐作为观念的集合，源自社会存在，已经逐渐成为一种现代传播的意识形态，在 20 世纪末期至今仍发挥着强大的文化吸引力。

在纸质媒体的传播视域之内，中华传统文化文本自身在中国大陆的传播呈现小众的状态。张其成曾统计了台湾和大陆在中学课本里出现的传统文化的含量，分别是 70%、40%。台湾的高中生必读书目中有一本《中华文化基本教材》，2013年，这本书被在大陆的武汉市四所高中进行试行推广，效果并不理想，其内容的深度超出了大陆学生的文学功底。高校的情况也不乐观，除了中文专业的学生以外，完整读过一遍"四书""五经"的学生凤毛麟角，主动选修中华传统文化方面的公选课者寥寥。笔者和学生们谈及传统文化，发现不少人对中国传统文化大致包含哪些东西浑然不知，国内曾有哪些著名的国学大师更不清楚。对钱穆、梁启超、胡适等人的熟悉程度远远比不上对金秀贤、李敏镐演过那部戏、哪位明星整过容、谁和谁又传出什么绯闻更有印象。如何在这个极具娱乐精神的大众传媒时代去传播中华传统文化，前人并未留下可供参考的范本。传统书籍、课堂讲授式的中华传统文化传播"阐释时代"，已经顺其自然地向大众传媒所开创的"娱乐时代"让渡。"不苟言笑"的中华传统文化传播势必要在今后保持一个让观者看着舒服的"笑脸"。

2009 年 7 月 25 日，央视《开心辞典》推出暑期特别节目《开心学国学》。节目组从武汉、重庆、西安、杭州、北京、港澳台及海外等六大赛区选拔选手，聘请季羡林为该节目的学术顾问，主题曲是一首颇具中国风的《龙文》。节目组承诺：最后胜出的前九名，可在北京大学国学班免试免费入学两年，考试合格后能被授予学位；总冠军直接作为中国文化中心的代言人，亲赴世界各地传播中国文化。可谓娱乐精神十足，对观众产生巨大诱惑。2012 年 12 月 9 日，武汉电视台的《问津国学》开播，每期节目时长 30 分钟，总体上和央视 2001 年 7 月 9 日开播的《百家讲坛》并无二致。节目以专家讲授以及与现场观众交流互动为主，运用图画、影视资料、动画模拟等方式，努力提升节目的趣味性。娱乐重新赋予严肃的中华传统文化以市场价值，大众传媒重新给中华传统文化找到了一个和现代人对接的平台，降低了学习中华传统文化的"门坎"。

葛兆光曾经在《古代中国文化讲义》中谈到古代中国宗教文化的两个信仰世界，他认为任何信仰都有学术和民间两个世界维度，抑或是可以用上层观念世界和下层观念世界来概括。这个提法与美国人类学家罗伯特·芮德菲尔德（Robert Redfield）提出的"大传统和小传统"的观点存在着某种程度的暗合。他在《农民社会与文化：人类学对文明的一种诠释》这本书里谈到这个著名的理论概念，他说："在某一种文明里面，总会存在着两个传统；其一是一个由为数很少的一些善于思考的人们创造出的一种大传统，其二是一个由为数很大的、但基本上是不会思考的人们创造出的一种小传统。大传统是在学堂或庙堂之内培育出来的，而小传统则是自发地萌发出来的，然后它就在它诞生的那些乡村社区的无知的群众的生活里摸爬滚打挣扎着持续下去。"[①] 那么，中华传统文化作为一种带有类宗教性质的精神文明，是否也具有葛兆光所言的两个信仰世界呢？或许说法没有统一。以中华传统文化的国际传播状况为例，并不是所有的外国人都能如美国的吉尔伯特 - 罗慈曼（Gilbert Rozman）、日本的中江藤树、林罗山、冈田武彦、佐藤一斋、贝原益轩、山崎暗斋，韩国的郑夏谷、李退溪、李栗谷等学者那样对中华传统文化有着深度的关注和独到的学术见解。然而，儒家的精神元素毕竟在官方以及民间的推动之下，已经融入了国内外很多人的血脉之中。他们的中华传统文化不是从研读经典得来的，而是在周围文化环境或是各类传播媒介的推广中潜移默化地吸收而得，宛如余英时讲的儒家"游魂"。恰如陈来所言："中华民族精神的历史发展，并不是学术研究层面独立发生作用，在相当程度上是靠人民群众通过各种媒介普及渠道所获得的文化信念与价值，在实践中坚持、信守、付诸行为……"[②] 日

① 罗伯特·芮德菲尔德：《农民社会与文化：人类学对文明的一种诠释》，王莹译，北京：中国社会科学出版社，2013 年，第 95 页。
② 陈来著，瞿奎凤选编：《陈来儒学思想录：时代的回应和思考》，上海：华东师范大学出版社，2014 年，第 204 页。

本人对工作有着一丝不苟的态度，连出租车司机在工作中都会戴着白色手套，如军人般正襟危坐。在纪录片《寿司之神》中，全世界年纪最大的三星主厨日本小野二郎，终其半个多世纪的生命专注在制作寿司上面。他说："你必须要爱你的工作，你必须要和你的工作坠入爱河……即使到了我这个年纪，工作也还没有达到完美的程度……我会继续攀爬，试图爬到顶峰，但没人知道顶峰在哪里……"从这些日本人身上所体现的敬业精神，无非就是中国儒家传统"主敬"的文化内涵。

精英通过新媒体的平台传播中华经典和资讯，譬如专门针对中华传统文化传承的网页资源较为成型的如：中国儒学网、中国当代儒学网、国际儒学网、中华孔子学会网等。这些网站都有很大的信息储备资源，设置众多板块。经典作品、学术观点、专题热点等应有尽有，使得人们对中华传统文化知识的检索十分便利。不少中华传统文化网站设置了微信平台，用手机扫描二维码，受众便可快速便捷地关注网页信息。在新媒体语境中，这些传播路径和形式都迎合了当今大众对碎片化信息的接收习惯。让中华传统文化的传播脱离了厚重、单一的纸质文本，变得更加便捷和灵活。

二、传统文化的娱乐化言说方式

中华传统文化是国学的核心，更值得将其放置在现代传媒时代的视野中去传承和发扬。对于中国传统文化的传播，余秋雨曾提出过"枯燥文本"和"戏谑文本"的概念。所谓"戏谑文本"即："是幽默地进行了一种'解构'，让中国当代话语的官场化、模式化、骈文化趋向，受到了冲击。由此，也就启发大家可以把一切枯燥、艰涩的话题讲得轻松一点，有趣一点。"[①] 此处的"戏谑"其实就是"娱乐"。虽然，余秋雨也注意到了这种娱乐形态下的文化文本可能会滋生着潜藏的学术问题。不过，他同时也承认了大众对这种文化传播方式的偏爱程度。因为比起故纸堆里的"枯燥文本"，添加了娱乐元素之后的文化信息，的确会以喜闻乐见的形态吸引着民间受众的关注。恰如《娱乐至死》的作者尼尔·波兹曼所说："娱乐确实是一种思想体系，因为它带给我们一种新的生活方式以及一系列新的关系和观点。对于这一切我们没有表示同意，也没有表示反对，我们没有进行任何讨论，我们只能顺从。"[②] 尼尔·波兹曼对娱乐化信息隐约担忧，不过作为一种现代传播的意识形态，娱乐元素显然已经在当今文化传播的过程中发挥了强大的作用。无论是在传统的大众传媒抑或是形态各异的新媒体之中，娱乐化信息自然而然地找到

---

① 余秋雨：《北大授课：中华文化四十七讲》，北京：北京联合出版公司。2012 年，第 13 页。

② 尼尔·波兹曼：《娱乐至死》，转引自刘畅：《传播：故事与思维》，广州：暨南大学出版社，2012 年，第 122、123 页。

了最大的魅力展示空间。各种新媒体技术的出现，"不仅使娱乐的传播方式得以超身体、超自然、超时空，而且把先前各种地域性的、民俗性、季节性的娱乐内容普遍化、类同化、标准化……"①经典文化不再是需要人们皓首穷经才能体会的精英产品，而是以欢愉的传播形式，带给受众轻松的学习体验。意识形态是哲学概念，是源于社会存在而产生的一些观念、观点、价值观、思想等的有机整体。每一个社会历史阶段，都有着其特定的意识形态，作为一种形成共识或是产生大众某些想法的基础。当今的中华传统文化面向大众的传播所面临的环境，是新媒体技术高速发展以及大众对娱乐元素的兴趣日益浓厚。于是，将中华传统文化的娱乐化传播作为基于现实出发的指向性意识形态，是符合现阶段诸多实际情况的。

2003 年，台湾导演蔡志忠开始陆续拍摄了一系列含有中华传统文化元素的动画作品，算是不错的尝试。如：2003 年的《六朝怪谈》《水浒传》《白蛇传》《孟子说》《鬼狐仙怪》《孙子兵法》《史记》《六祖坛经》《封神榜》《大学》《龙女》《心经》《孔子说》《中庸》《禅说》《菜根谭》《世说新语》《三国志》；2006 年的《中国诸子百家》2008 年的《星猫文化大讲堂民间传奇之龙女》《星猫文化大讲堂民间传奇之白蛇传》《星猫文化大讲堂之名著故事》《星猫文化大讲堂之文化故事》；2010 年的《快乐星猫水浒传》《星猫文化大讲堂民间传奇之封神榜》《五子说》。

在数字电视的平台上，中华传统文化娱乐化传播也是不断地被开发。2007 年 9 月 22 日，由山东电视台打造的大型文化栏目《新杏坛》开播，邀请台湾大学的傅佩荣教授、美国的杜维明教授、山东大学颜炳罡、张金光、丁冠之教授、孔子研究院副院长孔祥林等以"孔子九讲"作为开篇，围绕为官、为师、交友、情趣、修养、贫富、孝情等多个角度，对孔子思想进行梳理和阐发，汇集中华传统文化思想精粹。2015 年 5 月 31 日，学者蒙曼从诗的角度来漫谈中国人的衣食住行，节目中蒙曼教授和主持人魏新以闲话家常的状态去畅谈中国文化。6 月 7 日，蒙曼谈酒与中国文化的关联。在 6 月 14 日节目中，她再次从茶的角度作为切入点，开篇从文字的"茶"讲起。她认为其实"如火如荼"中的"荼"字，最早就是指"茶"，而且连读音都是读"cha"。她开玩笑说，如果今天有人把"茶"字读成了"荼"，其实按照古音也是正确的，顶多说明他是从古代穿越过来的。再如"茗""蔎""槚"都表示"茶"的意思，据说贾宝玉当年喝茶就可以叫做"喝槚"。2010 年 9 月 11 号，推出系列节目《纪连海趣话节日》，该节目用娱乐化的语言对中国传统文化知识进行包装，点评中华传统文化中的趣谈。节目组还在线下创办了一个观众俱乐部，俱乐部会员两万余人，大家分属 78 个分支俱乐部。聘请赵启正、吴建民、傅

---

① 蓝爱国：《好莱坞制造：娱乐艺术的力量》，银川：宁夏人民出版社，2007 年，第 11 页。

佩荣、刘灿梁、于丹、韩毓海、钱文忠、易中天、马瑞芳、纪连海、张望朝、李里等专家，用娱乐化方式将中华传统文化带到民众的生活之中。

还有 2001 年 7 月 9 日中央电视台开播的《百家讲坛》、2007 年 11 月 17 日黄河电视台民生频道的《黄河讲堂》、2014 年 1 月开播的甘肃卫视的《大国文化》、2014 年 7 月 20 日开播的江西卫视的中华传统文化知识竞答类节目《挑战文化名人》、2012 年 4 月 21 日河北电视台科学教育频道的《燕赵大讲堂》、湖北电视台的《荆楚讲堂》等。马克斯·韦伯曾讲过一个词叫作"祛魅"，就是消解知识和文化上的神秘性。在新媒体语境之下，中华传统文化娱乐化正是做到了中华传统文化面向大众传播的"祛魅"效应，娱乐元素使得中华传统文化信息变得更加有趣，面容亲切。此外，山东卫视 2004 年 7 月开播的《天下父母》、中央电视台 2002 年开播的《感动中国》等节目，从孝道层面展示了儒家文化。还有 2012 年 12 月 9 日，武汉电视台开播的《问津国学》；2014 年 1 月，甘肃卫视一档综艺益智类中华传统文化节目《大国文化》。2015 年 5 月 15 日，河南卫视的《文学英雄》开播，该节目以"向经典文学作品致敬"为主旨，内容涉及诗经、唐诗、宋词、四大名著、神话传说及爱情小说等十三部文学经典。邀请演艺界和文化、文学界名人（张晓龙、蔡崇达、柯蓝、张晓晗、蒋方舟、李乃文、吴樾等）参与，嘉宾亲临这些文学经典相关的地方去体验，之后根据一天的感受，嘉宾现场阐述对经典的理解、作家即时地进行创作、由搭档的明星演说发布、再进行表演等。

娱乐化时代下，人们找到了如何将以中华传统文化为代表的中国传统文化向大众普及的渠道和方式，新媒体的出现更是为中华传统文化和现代人之间搭起了一道对接的平台，使中华传统文化的门槛大大降低。譬如在微信公众号搜索传统文化中的"儒学"字样，就会查到相关的微信公众平台：腾讯儒学、志仁儒学、国际儒学联合会、儒学讲堂、民间儒学心灯、孔子研究院儒学会馆、儒学堂、古香轩儒学四书论语妙义、世界儒学大会、宁波弘儒学堂、孟子儒学、广石头新儒学堂、儒学领导力、青春儒学、中国当代儒学网、哈美儒学幼儿园加盟、百家讲坛——儒学文化、儒学动态、德美儒学、九间棚乡村儒学院、儒学艺术培训、上海儒学、太原市儒学促进会、潍坊弘儒学堂、儒风大家、新国家新儒学、孔子像、儒学之窗、哈美儒学教育、儒学堂、儒学与古典型论坛、圣儒学堂学习平台、净宽儒学茶社、世界儒学大会、大美儒学、儒学世家、大学生儒学社、儒学茶座、剑侠儒学文化、乡村儒学、尚儒学堂、龙朔儒学、儒学馆、儒学你我……这些儒学微信平台大都是通过娱乐的形式去普及儒学，用美文、美图去传播儒学思想，传播方式轻松活泼。有很强的去学术化特征，主要面向普通的大众。譬如德美儒学微信平台的《活着，就是一份品尝》《无声的尊重》《不是路已到尽头，而是该转弯了》；腾讯儒学微信平台的《幸福感诞生于"礼"的存在》；儒学艺术培训微信平台的《世界这么大，我们一起去看看吧！》；有些微信平台更新信息的速度很快，如：新国学新儒家微信平台每天平均更新 5-6 条信息，图文并茂；腾讯微信平台每天平均更新 3 条信息。懒人学国学微信平台每天更新 4 条。

三、快乐与意义并存的言说思考

当今中华传统文化传播以娱乐为其传播"意识形态"因子，在多个平台展开文化传播。黄俊杰在《假装在娱乐：被掩饰的焦点和不加掩饰的自渎》中说："娱乐化有七种武器：八卦、解构、恶搞、戏仿、无厘头、冷笑话、自我矮化。似乎世界上已经没有不能娱乐化的事物。"[①]好莱坞就是通过娱乐化传播手段将美国文化模式成功地推向全世界，这些娱乐手段包括视觉盛宴、奇观叙事方针、大片情结、暴力美学以及面向全方位的市场策略等。学术界对于娱乐化传播一直有一种担忧，恰如赖黎捷所言："极尽刺激感官之能事，一味地迎合观众的本能欲望，制造了轰轰烈烈的媒体奇观，产生了剧烈的社会震荡效应……我们是否已经踏上了尼尔·波茨曼所言的'娱乐至死'的不归路？"[②]再如吴文科所言："阅读被视听替代，经典被流行覆盖；审美被娱乐冲淡，思考被狂欢置换；大师被明星淹没，传统被时尚逐灭。精神生活原本高格尊贵的理想情怀，正被现实社会喧嚣浮泛的消费刺激摧毁。"[③]而对于中华传统文化娱乐化传播更有可能出现一种情况，姑且可以称之为"有魅力的曲解"[④]明代李介有句话"不核实以证误，而反曲解以就舛"（《天香阁随笔》），这里就提到了"曲解"。此处对该词是持有否定的含义。然而作为一种修辞手法，适度的曲解还可以达到反讽的目的，营造出一种幽默的语境。

首先得承认，对于一些针对中华传统文化文化做部分现代化拼接处理手法，还是应该辩证地看到其中的优点。娱乐为手段，传播中华传统文化知识为目的。某些情节的虚构或是细节场景的营造，总归是并无恶意，也让中华传统文化对于大众而言，多了一份亲和力。于是，这种曲解还称得上是有魅力的。传播媒介传播文化信息的时候，会或多或少地对文本的话语结构进行某些包装，譬如易中天的"麻辣式"讲解，那是他个人的风格体现，但是更多的还是为了对媒体受众接受趣味所做的一种迎合策略罢了，好处是让更多的大众关注了中国传统文化。做

---

① 《不明觉厉》（《新周刊》2013 年度佳作），桂林：漓江出版社，2014 年，第 117 页。

② 赖黎捷等：《媒体奇观视域下的中国电视娱乐文化转型研究》，广州：暨南大学出版社，2013 年，第 226 页。

③ 吴文科：《为文化娱乐三辩，误将通俗当低俗》，《人民日报》，2010 年 10 月 14 日。

④ 余秋雨：《北大授课：中华文化四十七讲》，北京：北京联合出版公司，2012 年版，第 12 页。

法不见得要鼓励，但是也情有可原。然而，前几年网络热炒的一位学者公开表示："佛字，就是一个'亻'加上一个'弗'，如果把弗反过来就是美元的'$'，所以佛也爱钱。"这种观点乏善可陈，牵强生硬地对传统文化进行拼接和黏合。曲解到如此地步，何谈魅力？这种传播，有比没有更可怕，弊端不小。

此外，任何文本在被改编之后出现在影视剧中，在内容上会有很多变化。若是从未读过原著的人，怕是会对改编后的影视作品深信不疑。譬如 2005 年版的电视剧《京华烟云》，其内容与林语堂的原著已有很大差异。仔细分析原著和电视剧中改编后的内容，笔者在粗略对比后，至少可以发现 11 处较大的不同，甚至连原著的结局和贯穿始终的故事主线都有天壤之差。2010 年上映的电影《孔子》，随后就有人撰文提出多处认为不合乎史实之处，如：颜回不老的传说（人物形象）、孔子原来是孔明？（移花接木）、孔子说"给个话啊"（现代语言）、春秋战争的规模（规模夸大）、颜回舍生救书（艺术加工）、"子见南子"的暧昧（保守与开明的影像处理）、卫灵公问政 ①（对话人物的嫁接）。可见，中华传统文化娱乐化传播也要量力而行。不过，将中华传统文化文化娱乐化的方式还是积累了不少成功经验的，中华传统文化原著的内容对大多数普通受众而言存在信息接收障碍，而媒体介入后的中华传统文化门槛变低。譬如韩国电视剧《大长今》（2003）、中国电影《白银帝国》（2009）、电视剧《胡雪岩》（1996）、《大清药王》（2002）、《乔家大院》（2006）等都成功地将中华传统文化思想融合进故事之中，同时也取得了上佳的收视率。

2014 年 7 月 24 日，甘肃卫视一档综艺益智国学节目《大国文化》中，先是播放了一段《甄嬛传》片段，进而提出片中所谓的"椒房之宠"中的"椒"指的是哪种椒。三个选项分别为：胡椒、花椒、和辣椒。主持人郭德纲解读：辣椒原产地墨西哥，胡椒的"胡"字，也暗示了其产地为番邦，是外来之物，据说是郑和下西洋的时候带回到国内的。唯独花椒，从我国汉代开始就存在。用花椒和泥，给娘娘的住宅抹墙，有淡淡的香味。花椒还有多子多福的寓意。此外，花椒在古代还有辟邪的作用。

今天，中华传统文化知识以化整为零的篇幅被传媒所解构，再以碎片化的方式传播出来。早在 1987 年，日本信浓企画耗时四年拍摄了历史动画片《三国志》。该片在 1992 年 1 月 25 日正式上映，一举拿下日本动画界动画金座奖，堪称业界最高奖项，在内容上，最大限度地保持了对原著的忠实。快乐与意义并存是中华传统文化娱乐化传播的最理想化目标和宗旨。主持人孟非曾经对"不孝有三，无后为大。舜不告而娶，为无后也。君子以为犹告也。"（《孟子·离娄上》）进行了

---

① 原著是孔子与冉有的对话，影片中改为孔子与卫灵公。

自己的阐释，被许多网友截图在微博上热议。孟非认为孟子的这句话里的"无后"指的并非是通常人们理解的没有孩子。而是指没人尽到作为晚辈应该对老人尽到的义务。[①] 暂且不谈对于这句话理解在学术层面是否讲得通，单就一种对经典文本的多元化阐释，也是有一定意义的，起码在视域上拓展了大众对中华传统文化原著文本的不同认识。尼尔·波兹曼在《娱乐至死》中曾经提到过快乐与意义并存的信息传播方式。他介绍说早在 1984 年，美国宾夕法尼亚州的公立学校就开始尝试教学和娱乐相互融合的模式，将教学内容编成歌曲，播放给学生听。而在这之前的电视节目《芝麻街》，则更是花费巨额成本去证明教育与娱乐相结合的可行性。

中华传统文化文本以碎片化形式被大众传媒所解构，看似没有开始，亦没有终结。像是一个个独立的故事，却又始终有一条主线贯穿。中华传统文化文本长篇大论在大众传媒中被拆解成碎片化信息。早在 1987 年，日本信浓企画就开始筹备制作了动画作品《三国志》，耗时四年，期间还到中国实地考察，1991 年制作完成，1992 年 1 月 25 日上映。被誉为最忠实原著的历史动画片，并荣获日本动画界最高荣誉——动画金座奖。台湾导演蔡志忠从 2003 年开始，相继拍摄了一系列长篇中华传统文化动画片。如 2003 年的《水浒传》《白蛇传》《鬼狐仙怪》《六朝怪谈》《孙子兵法》《韩非子说》《史记》《六祖坛经》《大学》《龙女》《孔子说》《孟子说》《中庸》《列子说》《禅说》《心经》《菜根谭》《世说新语》《封神榜》《老子说》《庄子说》《三国志》；2004 年的道家三部曲：《庄子说》《老子说》《道德经》；2006 年的《中国诸子百家》2008 年的《星猫文化大讲堂民间传奇之龙女》《星猫文化大讲堂之名著故事》《星猫文化大讲堂民间传奇之白蛇传》《星猫文化大讲堂之文化故事》；2010 年的《快乐星猫水浒传》《星猫文化大讲堂民间传奇之封神榜》《五子说》。尽管《老子说》有 50 集，《庄子说》长达 70 集，但也只是将中华传统文化原典中的一部分做了戏剧化处理而已，不能尽显文本中所有的精华。即便如此，还是在中华传统文化传播中增添了娱乐的成分，让学习中华传统文化的过程变得轻松有趣。

《孟子·离娄上》中有言："不孝有三，无后为大。舜不告而娶，为无后也。君子以为犹告也。"中华书局 2010 年版的《孟子》中认为这里讲得就是没有子嗣是最大的不孝。这和《十三经注疏》里的解释是一致的，也普遍被大众所熟知和接受。其实还有另一个层面的阐释，主持人孟非在一次电视娱乐节目中提到了另一种解读，他说这句话是在讲如果婚前没跟父母讲，就是没有尽到后辈的责任，此

① 此观点与（方勇译注：《孟子》，北京：中华书局。2010 年版，第 147 页）中的观点不符，该书认为"不孝顺的事情有三种，其中尤其以没有子嗣为最重大。"

为"无后"，而不是指没有孩子。这种说法在网上被截图、热议，很多人通过电视节目，知道了关于这句经典文本原话的多元化释读含义。

2014年1月，甘肃卫视一档综艺益智中华传统文化节目《大国文化》正式开播，节目主打郭德纲的"郭氏国学"。主持人保留了其插科打诨的诙谐风格，在以相声段子的形式介绍中华传统文化的桥段，基本符合传统文化实际情况。节目每一期设定一个传统文化关键词，例如第一期的"吃文化"、第二期的"酒文化"。主持人和嘉宾之间，时而调侃，时而针锋相对，的确给枯燥的中华传统文化内容赋予了快乐的元素，该节目已经获得较为扎实的观众基础。2014年7月20日，江西卫视中华传统文化知识竞答类节目《挑战文化名人》首播，选题囊括中华传统文化的历史、民俗、礼仪、文学、戏曲、书画等方面。每期70多分钟，草根选手与国内知名文化人对决。从首播至今，已经邀请了蒙曼、纪连海、阿忆、康震、郦波等名人参与。在紧张刺激的氛围中，草根与精英站在同一高度，去探求中华传统文化的真谛，展示了传统文化的魅力。

综上所述，娱乐时代之下，大众传媒将娱乐精神推向极致，似乎无所不"娱"，一切皆可"乐"。娱乐化时代之下，无论是传统媒体还是新媒体，毫无疑问地都崇尚娱乐，这毕竟是现代信息传播的一种行之有效的传播方式。目前来看，其传播效果可圈可点。根据联合国教科文组织对新媒体下的界定："以数字技术为基础，以网络为载体进行信息传播的媒介。"①新媒体语境作为娱乐与中华传统文化传播的当下语境，应被赋予更大的关注度和传播力。因为新媒体传播的信息容量大、个性化、共享化、即时性、社群性、交互性与超文本链接性等多种特性都会满足了现代人对信息、娱乐以及互动式表达的需求，对当今社会的中华传统文化传播发展大有裨益。

中华传统文化娱乐化传播本身并不是问题，问题的关键在于大众传媒能否控制住"快乐"与"意义"相融共生的"度"。中华传统文化和娱乐并非此消彼长的博弈，随着传媒技巧的成熟，活泼娱乐的形式与深刻的中华传统文化内涵兼容绝非一概不能两全。所以，有必要做进一步的理论和实践探索。中华传统文化娱乐化传播本身并不是多严重的问题，而最核心的问题在于如何控制好娱乐与内容意义的并存。快乐和知识并非一定是此消彼长的过程，否则，古罗马诗人、文艺理论家贺拉斯也不会在其著作《诗艺》中提出"寓教于乐"的观点。给受众带来乐趣，的确对他们接收信息有好处。相信在新媒体的语境中，中华传统文化娱乐化

---

① 新媒体，http://baike.baidu.com/link?url=M1KpYqzN1LDg8vtsD4cqUu9pAKStyqhBldu4i9-3vv1PzEGVVoiSnU-hElRl-UE-SSxnGWPuebbuHkDz0F71kTSgBfk8VyAHxLXhXrUxsxcS，访问日期：2015年6月25日。

传播无论是在传播的速度、广度以及深度上，都会不断有所提升，欢愉的传播形式和中华传统文化的精神内涵绝非不能并生互融、两全其美。

浅析电影叙事中民俗符号的运用及其情感表达

A brief analysis of the application of folklore symbols and their expression of emotion in film narrative — a case study of Jia Zhangke's "Mountains may Depart"

——以贾樟柯《山河故人》为例

韦俊全 *

Wei Junquan

摘　要：将中国沉积了几千年的丰富民俗符号运用于影视叙事中是中国电影的一大特色。贾樟柯是目前中国电影界在电影中运用民俗符号进行表达上少数有着突出成绩的导演。他一直坚持在故乡影像表达上进行深耕，也一直注重藉由民俗符号的使用来表达故土记忆和家园情感。以贾樟柯导演的电影为窗口去探究民俗符号在中国电影的叙事展开及情感表达的作用，对于进一步探讨民俗与影视的互动关系以及民俗符号影视化运用的长足研究有着重要意义。

Abstract: It is a major feature of Chinese films to use the rich folklore symbols that have been deposited for thousands of years in films and television narrative. Jia Zhangke is currently one of the minority directors of the Chinese film circles who have outstanding achievements in using the expression of folklore symbols in films. He has been persevering in deep research on hometown images and focusing on the use of folklore symbols to express homeland memories and homeland emotions. The film works directed by Jia Zhangke can serve as a window for us to look into the role of folklore symbols in Chinese films narrative and emotional expression. This is of a

---

* 韦俊全（1995—），男，广西南宁人，辽宁大学广播影视学院硕士研究生，研究方向：戏剧与影视学。

great significance for further exploring the interaction between folk custom and film and television, and the long-term research on the use of folklore symbols in film and television.

关键词：民俗符号；贾樟柯；影视媒介；故乡；影视民俗

Key words: folk symbols ;Jia Zhangke; The film and television media; home-town; film folklore.

一、引言

将民俗与影视结合起来进一步对影像中所出现的民俗现象进行分析和研究，算是近几年民俗学研究的一个新领域。对于影视与民俗符号两者关系的研究既能为民俗学的研究提供了许多新方法和新思路，也可以为中国电影如何更好地运用中国民俗意象来进行影像地构建、如何更好地进行故事叙述以及情感表达提供一些可以借鉴的观点。基于此，笔者也进一步为如何塑造出有"中国特色"的电影和能彰显出民族的品格与民族情怀的电影尝试提出一些自己的浅见。

在 20 世纪初期，便有一些西方学者关注到了电影中民俗事象的运用，并开始进行了研究。在具体研究中，也相继出现了诸如"民俗电影""有民俗的电影""影视民俗"之类的相关研究术语。[①]虽然西方学者为影视民俗的研究开了一个好头，但将影像与民俗结合起来的研究仍一直在不断发展和成熟中。从这些年国内外影视作品对于民俗事象的运用事例来看，对影视作品中的民俗符号进行研究无疑成为民俗学研究中值得注意的一个分支。反观中国电影在对于民俗符号的运用上，诸如张艺谋、陈凯歌等业内称为"第五代"的导演往往崇尚虚构的"影视民俗"，即通过编造具有强烈东方色彩的民俗而非是中国本土实实在在存在着的民俗来完成其影视表现的目的，而这些虚构的"影像民俗"从一开始就是基于"中心——边缘"的二元对立论来展现民族文化的，究其根本也可以说是为西方的殖民主义服务的。因为在某些"第五代"导演所拍摄的片子中所呈现出的中国民俗是充满一种哀怨或者肃杀气息的，是落后和闭塞的象征，是为了满足西方观影者的猎奇心理而构建出来的。虽然他的片子满足了西方对于当时中国的臆想，但是未能很好地表达出中国民俗真正的气象和隐藏在其背后文化。这些扎根于几千年中国大地的民俗符号绝不能被片面地解读，也不应该是充满"哀怨"或"肃杀"的。它们承载着生活在中国这片土地上的人们的记忆，虽然有着属于地域或者民族的局限性，但是它依然是我们情感的寄托，是我们无法忘却的记忆，是真实地活在心

---

① 张举文著，桑俊译：《影视民俗与中国文化认同》，《温州大学学报》（社会科学版）2011 年第 24 卷第 2 期第 24 卷。

中的故乡。单凭这一点就值得我们去关注民俗符号内涵的多样性，值得我们以探索的眼光去发现、去解读。

贾樟柯电影中所使用的民俗符号都给人一种真实、客观的感觉。正如贾樟柯自己所言"我想用电影关心普通人，首先要尊重世俗生活，在缓慢地时光流程中，感觉每个平凡生命的喜悦或沉重"。[①] 这样的创作态度决定了贾樟柯影片中无论是场景的呈现还是民俗符号的运用都是贴近现实的，是来自底层大众或者真实存在的民间生活的，并非是人为创造的半成品。

贾樟柯是中国导演中为数不多能一直贴近中国广阔的底层民众生活并在影片中反映时代前行轨迹及跳动脉搏的导演。他的作品总能让观众清晰且深刻地感受到中国大众日常生活的状态。这种得天独厚的真实感让他在纪实化表达的路上赢得了许多掌声。他来自底层并且真实地经历过底层的生活，所以也更懂得如何去呈现民众生活及他们的真实情感，也更懂得借由这些来自民众生活的民俗符号来抒写出自己眼中、记忆中的故乡。从小的成长历程使得他对于故乡中所发生和经历的一切更能感同身受，所以他电影中通过民俗符号所表达出来的这些情感也更具有感染力。从他的电影中，我们能体会出他始终都在表达着一种浓重的乡愁，一种对"故乡"的日渐消逝的可惜与无奈。这些都证明贾樟柯在创作时内心始终秉承着一种"故园情怀"，并通过电影叙事来传达其对故土的情感。

从现有的学术论著来看，以往的论著对贾樟柯电影中"故乡"或"家园"情感的研究大多数都只是停留在对影像空间和某些符号的分析，很少从民俗学角度去讲述，也没有很好地结合民俗学去分析这些民俗符号在电影叙事的运用。

从贾樟柯电影入手去分析影视与民俗的互动关系以及民俗符号如何影视化是一个值得去深入探究的角度。这是因为贾樟柯电影作品的民俗与某些"第五代"导演的"虚构民俗"不同，他的民俗基本上都是真实存在于中国大地上而非虚构出来为影像表达服务的，民俗符号和影像表达在他电影中没有高低之别的，不是谁为谁服务，而是一种相辅相成的交融状态。而且贾樟柯也是目前中国电影界较少能在电影中熟练运用民俗符号来进行表达的导演。通过分析贾樟柯电影序列中民俗符号的使用和出席情况，并且进一步分析他在电影中运用民俗符号的方法和技巧，以及他怎么通过这些民俗符号来营造影片的故事背景以及推进叙事的展开并进一步表达情感，无论是对于民俗学研究还是电影学研究都是具有重要借鉴意义的。

---

① 罗银胜：《From 文艺范儿 To 新生代导演》，上海：上海交通大学出版社，2013 年。

二、民俗符号的运用及情感蕴藉

贾樟柯电影中的故事多是围绕他的故乡山西汾阳展开的，《山河故人》这个影片在贾樟柯电影序列中算得上是其中最具汾阳"特色"的一部。在《山河故人》中较为全面地展示了山西乃至其他具有中国特色的民俗意象，如伞头秧歌、舞狮、麦穗饺子、关公像、汾酒等，还有具有山西特色的老房子、鼓楼等建筑物，①以及在电影中贯穿始终的山西方言。②这些民俗意象叠加使用使得电影自然而然地散发出来浓厚的山西气息，也以小见大地反映着中国北方地区的底层生活图景。这种底层生活的构造不是刻意迎合叙事的需要或者讨好观众，相反的，贾樟柯想把影片故事融入随处可见的现实生活中。没有居高临下的同情与批评，而是真真切切地去感受、真实地去呈现。为了达到这一目的，贾樟柯在电影中运用了许多真实存在的民俗意象，而这些实际存在的民俗符号则使得他电影中所表现的生活更具有生命力和呼吸感。

从这些民俗符号在电影所展现的时空中的变迁，我们可以观察到在时代巨流的冲刷下小县城的困境以及人与人之间关系的异化和改变。在贾樟柯的影片《二十四城记》中，成发集团从繁盛一时到在时代变迁中陨落中，而成发集团里面的员工大多数都是从中国各地迁过来的。他们在背井离乡后又面临着时代改变后个人生活的困境，他们不得不承受着"故乡"和"时代"的双重"抛弃"，而在这个时候我们更能看到这些小人物的困厄。但他们即使身处异乡，即使在与时代艰难地博弈的时候，还是坚持说着自己家乡的方言。"乡音不改"让他们虽然漂泊在外、面对时代的挤压但依然能在心里感怀着故乡，而这个坚持也在表达着他们对故乡过往生活的怀念。对于流浪在外、饱受辛酸的人，故乡就是他们失意时力量的来源，同时也承载着他们心中最美好的向往。在《山河故人》中，从电影开头沈涛兴致盎然地唱着伞头秧歌，再到最后时代变迁、物是人非后梁子再问沈涛为什么不再唱伞头秧歌，沈涛在经历时代流转、物是人非后也只能黯然地说"不唱了，再也写不出那好词了"，这就可以看出民俗的兴衰变化其实也承载着导演对故乡被时代裹挟和冲击的无可奈何的悲凉心境。

民俗一般多诞生并聚集于最底层的原始生活。在中国，大城市之外的小县城和小村落，这样的民俗的景观最为常见。大城市的高速运转使得文明始终跟着时代在改变着，所以很难孕育出一个地区或一个民族长期不变的生活记忆，具有集体性的民俗自然就很难繁衍出来。民俗对于一个地区或一个族群的人而言更像是

---

① 王彦霖、刘成新：《贾樟柯电影〈山河故人〉的符号隐喻》，《影视艺术》2015 年第 11 期。

② 薛梓檀：《方言在贾樟柯作品中的应用 —— 以影片〈世界〉为例》，《西南农业大学学报（社会科学版）》2013 年第 3 期。

一种对先祖、对以往生活的敬畏与守护。时代总在变化，这些民俗的东西在面对新文化的冲击时，更多表现出的是脆弱的特质。因为它们代表的是"旧"传统，对于追求新鲜的现代人自然是不具备很强吸引力的。但是在民俗符号的坚持与渐变中，我们亦能看到它坚韧的特质。① 在"全球化"的浪潮中，在城市变得千篇一律时，它还是以原来的方式在繁衍着并渗透在每一个中国人的记忆中。

（一）口承语言民俗

贾樟柯电影有一个特别强烈的标识就是里面的人物几乎都说着各自家乡的方言，即使说普通话也带着浓重的乡音。贾樟柯想借由方言这个民俗符号来表达一种"乡音不改，但鬓毛已衰"的一种悲凉感。虽然身在异国他乡，但是贾樟柯电影中的人物还是坚持着说着家乡话，这也是他们与故乡唯一的联系了。在《山河故人》中，张晋生无论是去了上海还是去澳大利亚，他始终坚持说着山西方言。而沈涛在面对小到乐叫她"妈咪"时也非常生气地纠正他叫"妈"，这些都体现了影片人物对于自己故乡方言的爱护和尊重。《二十四城记》中，尽管电影中的人物都在成都定居了几十年，但是他们仍然坚持着自己的口音。方言作为一个社区或者一个族群最基本也最具代表性的民俗符号。人们坚守它，是因为无论身在何方，每个人心中都有一个心心念念、无法忘怀的故乡。方言这个民俗符号在电影中的运用加深了影片的真实生活感和纪实风格，又能表现出导演对底层民众生活的关怀尤其是那些生活在他乡却仍怀念着自己故土的人民的关怀。

孙宏吉和路金辉对贾樟柯电影中方言这个民俗符号的运用进行了研究，并指出"贾樟柯通过方言建构真实艺术空间、彰显纪实美学风格、还原生活原始形态、塑造底层人物形象、标识主体的社会身份地位、隐喻文化的延续与断裂"。② 方言在电影中的运用既有写实性层面的意义，同时它作为电影声音的一种元素，对影像传达和意义传递也具有重要作用。它的意义不会仅仅只是为了展现某些群体的身份认识或生活状态，它更是代表着一个地方甚至一个国家的人民心中对于故土、故乡的认同和情感。他们通过方言来实现自己对于故土文化的认同，也表现着他们因离乡或者记忆中的故乡消逝而产生的故园情感。

（二）地方游艺民俗

伞头秧歌是流行于北方的一种极富特色的群众性民间歌舞，主要是流行于山西省，也称"闹会子""闹红火""闹阳歌"，是北方社火秧歌中的一种。伞头秧歌

---

① 李一洲、叶兰：《从〈山河故人〉看贾樟柯的变化和坚守》，《电影文学》2016 年第 9 期。
② 孙宏吉、路金辉：《贾樟柯电影中方言的意义与价值分析》，《当代电影》2016 年第 6 期。

在《山河故人》中出现在影片的前部分，它见证着作为故乡的汾阳散发着朝气的时候，也承载着主人公青春的记忆。在影片中，女主人公沈涛在表演作为民俗活动的伞头秧歌在表演是也收获了大票的观众的追捧，可见那时候传统的一切都被传承着、注目着。但是在影片剧情发展到最后，一切发生了变化，当物是人非后，沈涛在面对梁子问道"还在唱伞头秧歌吗"也只能可惜地说"不唱了，再也写不出那么好的词了"。这也能看出人物在经过纷纷扰扰、起起伏伏的世态变化之后，对于传统东西的不敢触碰，其实也是对于旧时光的感伤。从另一个侧面来看也是因为传统的民俗已经失去了市场、失去了关注。现代文明匆匆前行的步伐已经把伞头秧歌等一些民俗抽离了大多数人的视线。人们不再能强烈地感受到这些反映着传统民间底层生活的民俗活动，它们也失去了在日常生活的重要地位。

伞头秧歌是山西故乡最繁盛的一种群众性活动，导演选取伞头秧歌这一民俗符号来参与叙事其实也是在传达"故人已去""故园不再"的感伤。电影中伞头秧歌的没落其实也是代表着电影中一代人青春的散落和远去——那些熙熙攘攘、热热闹闹的青春已经消散，只剩下各自"近乡情更怯"的怀念。通过传统民俗的兴衰变化来衬托、影射电影中一代人青春起落的变化也是导演的独到之处。

（三）传统饮食民俗

1. 饺子——桃花依旧红，故人不再有

影片《山河故人》中的饺子的运用主要是为了烘托母与子之间的守望与回归。《山河故人》中"饺子"这个具有北方特色乃至中国特色的民俗符号出现了三次：第一次是沈涛、梁子与张晋生三人在沈涛家的音响店里，沈涛劝说三人同食一碗饺子，只有张晋生一人不吃，主要为了表现三人关系的拉锯和不平衡的关系；第二次是沈涛给从上海回来的儿子包麦穗饺子，祝愿其"吃麦穗饺子，长大高个"，表现一个母亲对于孩子最简单的祝愿和期望——不是如何功成名就、飞黄腾达，只是希望孩子能健康、平安长大；第三次麦穗饺子的出现是在影片最后，空荡荡的家里，已值晚年的母亲在包饺子，在等待着可能永远都不会回来的儿子再次回到她身边。影片通过饺子这个极具中国印象的民俗符号的三次出现自然揭示出了"山河故人"的主题。"饺子"所代表的团圆寓意从未改变，但是周围的一切都已经物是人非，现实和期望的强烈反差使得母亲的心境更加形象化。

饺子是中国餐桌上不可缺少的传统美食，特别是在岁末年初、新旧交替之际。虽然以往的中国电影都喜欢用饺子这个民俗符号来进行影像塑造，但几乎都不是从民俗的角度出发去设计的，所以饺子这个民俗符号在以往的中国影片中也不具备深层次的意指，也无法上升到情感表达的层次，大多数都只是为了能使影片能增添几分中国色彩。而《山河故人》中对于"饺子"这个民俗意象的选用是有其独特意义的，除了昭示着影片故事是一个纯正的中国故事，发生在中国的日常生活，也代表着电影中人物在不同时间、不同环境中所流露出的不同层面的情感。这种情况既有对故乡的怀念也有对自己远行儿子的期望与关怀。饺子，一个简单的民俗符号，既能介绍出电影中故事发生环境亦很好完成导演和影片人物的情感表达的任务。

2. 汾酒——劝君更尽一杯酒，西出阳关无故人

汾酒这个民俗符号在《山河故人》中首次以特写镜头出现是在影片的后半部分。电影中汾酒并非出现这中国，而是在南半球的澳大利亚，此时已经暮年张晋生身处澳大利亚，在镜头表现中我们能看到一个老年人流浪他乡，有家却不能回的悲凉之感。此外，他与自己孩子语言不通、无法交流，也让他处于一种深深的孤独感之中。从他的日常的起居用品，诸如印有毛泽东像的杯子、中国的茶叶和他家乡的汾酒等等物件中我们可以见到他心里面对于故乡的牵挂。但其中最具表现力的还是他在与儿子张到乐用着不同的语言交谈时，在张晋生家的桌子上以特写镜头出现的一瓶汾酒。在异国他乡，汾酒这个民俗符号就显现着特别强烈的地方归属感。这个极具山西特色的民俗符号也展现着张晋生对故乡的怀念，以及他漂泊在外的无助与无奈。在影片《山河故人》中，汾酒的出现似乎在提示着电影的张晋生和电影之外的观众们，他是山西汾阳人，这是他永远无法忘怀也永远无法抹去的身份标识。与其说是张晋生在种类繁多的中国酒种中选择了汾酒，不如说是贾樟柯选择了汾酒。在异国他乡，汾酒这个民俗符号进行的情感表达就更加不言而喻了。

汾酒作为中国的历史名酒，原产于山西汾阳市杏花村。而贾樟柯的故乡，以及电影主要人物的故乡也是汾阳，这一点便与之契合。所以导演选择汾酒这个汾阳民俗符号，既有为电影中人物情感作渲染，其实也有他自己的情感在里面。导演在告诫自己不要忘"根"的同时，仿佛也在提醒着看了影片的观众：无论你身在何方，都不要忘了你最初开始的地方，不要忘了那一片哺育你的山河，不要忘了那一方故土。

（四）信仰民俗

在影片《山河故人》中"关公像"多次出现在矿地和梁子的家中。关公在中国一直作为行业神和保护神存在着，而在东南亚每家几乎每户都会供奉。其实追溯历史，就能发现关公是山西运城人，也是中国"忠义"的化身。贾樟柯以关公像融入电影叙事，也表现了他对山西民俗文化及民俗风情细致深入的体察。关公

像的出现既代表了以梁子为代表的矿工对于他们工作的安全的祈祷，也表明他们也有急于摆脱贫困的底层生活，走向财富。关公对于每一个行业的人都是神一样的存在，但是很少会有人像梁子那么虔诚。相比于张晋生而言，梁子的则显得更加固守于传统的民俗。在《山河故人》中具有讽刺意义的是，虽然梁子信仰着传统的行业神，但他却依然身处于贫困，踏踏实实的工作却收入微薄，而且在自己病重时还不得不放下身份向沈涛借钱。而在电影中却并没有表现过张晋生对关公像信仰，但张晋生却在生意中顺风顺水，赚得钵满盘盈。这也许也是贾樟柯导演对于"传统"的困惑，也仿佛在展露着传统在现代文明面前的一种无力感。在沈涛、梁子和张晋生三人年轻的时候，张晋生是最不屑与传统的人，他也是最早走出"汾阳"，跨出传统的那个人。这不竟会让人反思，在传统民俗与现代无神论之间，传统民俗以及它该何去何从？它该如何摆脱这个尴尬的处境？在现代文明的冲击下，传统的民俗如何重新确立起自己的价值和地位？这是电影给观众提出的一个开放性反思。

（五）建筑民俗

在《山河故人》中出现了几处具有山西气息的古建筑，如山西汾阳南薰楼，它是汾阳市重点文物保护单位。另外，在影片中，山西汾阳的文峰塔也是一个反复出现的民俗符号。在影片开头，张晋生、梁子、沈涛三人开着张晋生刚买的新车从文峰台经过，新车驶过扬起的灰尘正如青春般肆意飞扬。再到过渡到影片中间几个表现文峰台的镜头，我们可以看到它始终都是黄土遍布、烟尘滚滚的，这其实也是大多数人对山西的印象。而且文峰塔始终都是在建的过程中直到影片最后才完工，好像一直作为一个见证者在见证着出生在这片土地上的三位主人公的成长轨迹和生命历程。再到影片最后，女主人公沈涛在大雪飘飞的季节，一个人在文峰台的空地上独舞。从影片开头一大群热情洋溢的青年，但到影片最后，在熟悉的文峰塔旁只剩下孤零零的沈涛。所有的青春都已经远去，故人不再，而所有回忆的重担便落在了一直留在山西这片土地的沈涛身上，但她却只能一个人回味着过去时光所记载的美好与温暖。

贾樟柯选取这几处古建筑入景，也是为了具有山西印象的建筑来烘托出"故园""山河"的概念。这些具有悠长历史的建筑，既为影片的故事背景增添了许多怀旧的古老气息，也突出了影片所要传达的"家园"的概念，使人更能体会到这是客观存在的生活，而不是虚构出来的故事。在具有民俗特色的建筑营造出来的这种真实又有点古朴的氛围，观众更能自然地产生对故乡情感的共鸣。

三、民俗符号中情感的阐释

贾樟柯善于通过电影中民俗符号的运用来给影片的故事营造出一种故土、家园的氛围，而这些民俗符号共同渲染出了一种浓厚的乡愁。[①] 并且通过这些民俗符号在时代的变迁中的兴衰与改变，来反射着故乡的生活以及故乡中人与人的关系面临的冲击与解构，又怎么在时代的推动下进行重构。在解构与重构中，进而表达出他浓厚的故土情怀和家园情感。而贾樟柯电影中借由各种民俗符号的运用所进行情感表达其实都可以归纳为一种在"故乡"与"他乡"之间不断"出走"与"回归"的二元关系。

（一）空间上的"出走"与"回归"

贾樟柯在电影中所展现出了在空间这个维度上的"出走"与"回归"主要表现在两个方面的碰撞中，都是一种对"外面世界"的"出走"以及对"内心故土"的"回归"。

1.大城市与小县城之间的碰撞

贾樟柯的电影大多数是写的都是他成长以来对故乡的记忆，围绕着主要人物在成长之后离开故乡到"他乡"生活后所产生的这种"故乡"与"他乡"之间的强烈文化生活碰展开的。从他个人的作品全貌来看其实也可以看出他的作品就是通过影片的人物在不断地出走—回归、流浪—固守之间，在故乡与他乡所产生的情感落差中突显出自己对于故土的情感和记忆。在他电影中随处可见山西的种种民俗，而他似乎也热衷于借民俗事象来展现自己的故土记忆，并以此来强化自己的电影叙事、影片主题和情感表达。

在《山河故人》中我们能明显地感觉出大城市与小县城之间的碰撞。贾樟柯选取了宁静安逸的汾阳——这个他一直生于斯长于斯的故乡，而与之对比的是太原和上海等大城市。太原市是山西的省会，也是山西最大的城市，而上海则是中国的一线城市。在电影中，最能体现出太原和上海对汾阳的冲击，主要是来源影片人物张晋生对于故乡汾阳的"出走"。张晋生是三个主人公中最早走出汾阳的人，梁子后来时因为感情的失败而选择离开汾阳，而女主角沈涛则一直留在汾阳。所以在电影中沈涛和汾阳仿佛融为了一体，而沈涛则代表了像母亲一般的故乡——看着身边亲近的人出走但又等待着他们的回归。三个主人公的"出走"与"留守"也体现着大城市文化对落后小县城文化的冲击与碰撞。在影片后半部分，沈涛在知道了刚从上海回来的儿子要准备出国读书时，虽然心中不舍但也只能无奈地对

[①]　王笑冬：《论贾樟柯电影中的"故乡"》，《电影文学》2009 年第 6 期。

自己的孩子说"妈妈没本事，上海的条件更好一些"。虽然在影片中是一个母亲对孩子要远行的无奈与祝愿，但其实也代表着故乡对于流浪在外的游子的牵挂、不舍和期盼。我们也能从中看出落后的小县城文化在面对着先进的大城市文化的冲击时不得不妥协、让步的无奈。

除了沈涛的孩子张到乐之外，主人公梁子也体现着"出走"与"回归"这一主题。梁子因为愤然于沈涛与张晋生的结合而出走故乡汾阳，但在外的一番闯荡却使他身患恶疾，最后不得已戚戚然地回归故乡。到最后也是沈涛这个留守故乡的人给予他关怀。其实沈涛就是故乡的化身，她的身份标识已经与故乡的存在意义交融在了一起。她就像母亲一样存在着，无论出走的故人再怎么样，她还是会一如既往地给予温暖。

而小县城所孕育出的种种民俗在面对着大城市先进的现代文明时也因其缺乏新鲜感和吸引力而呈现出一种衰落的颓势。正如在影片中代表一个母亲对儿子关怀的"麦穗饺子"以及送别姥爷的"葬礼"仪式，它们对于从上海回来的张到乐而言更多是一种陌生和奇怪，而张到乐也表现出对姥爷葬礼的麻木以及对妈妈朴实的关怀的懵懂。这些都体现着汾阳和中国千千万万个如汾阳一样的小县城它们的传统民俗及民间文化在缤纷多彩的现代文化面前的无力感。

2. 中国与西方之间的碰撞

在影片《世界》和《山河故人》中，我们能清晰地感受到贾樟柯电影大多数都反映着：在大世界的背景下，一代中国人面临的"出国潮"，他们对外国现代文明充满向往而对自身民族文化则习惯贬低。这些来源于国人对外国所代表的先进现代文明的趋之若鹜以及对自己本国文化的不自信的心理。在《山河故人》中，张晋生想方设法移民出国，朝着当时很多人认为的最好的方向前进。但能从影片后半部分可以看出，在出国之后张晋生的生活的并不舒心，反而是表现出了身在异乡的百般不适。他没有了当初在山西时的光鲜亮丽、意气风发，在面对语言不通的儿子时他们也只能通过第三方来沟通、来解决问题。在国内时，他曾经因为嫉妒和气愤而想弄把枪来弄掉梁子，但中国国内是禁枪的。而在澳大利亚枪支的持有是自由的，他的客厅也摆满了各种各样的枪。虽然看着是自由的，但是他却找不到一个敌人。他以前一直追求着他所认为的自由，到最后其实是被现实束缚了。

"落叶归根"是中国人一贯的传统思想，在宗法制的社会传统影响下，人们往往会更注重自己与故乡的联系，但是在《山河故人》后半部分晚年张晋生却只能流浪在异国他乡。毫无疑问，家乡对于大多数人来说都是一个温暖的归处、一个可以安顿疲惫心灵的地方。但贾樟柯电影中很多人出去以后其实就再也回不来了。山河依旧，但故人却不再，随着故人而去还有过往所承载的一切。正如《山河故人》最后，麦穗饺子还在，但故人却不再回来。在中西对照之间，各种民俗符号，如伞头秧歌、汾酒等等这些具有家乡特色的东西便具有其鲜明指代意义。它们仿佛在昭示着这才是真正的故乡，仿佛一切的流浪和追寻到最后都只为了能更好地回归最初开始的地方。

（二）时间上的"出走"与"回归"

在时间维度上的"出走"和"回归"主要是新旧时代更替之间的碰撞，表现出一种对于新时代的向往到对旧时光的怀念。

在《山河故人》中，出现了三个鲜明的时间点，它们分别是：1999年、2014年、2025年。影片开头表现的就是1999年的生活。1999年的生活是充满蓬勃朝气的，它也承载着三位主人公青春的记忆。在千禧年间，所有的一切都是充满新意的，包括舞狮、伞头秧歌等等传统民俗表演，在当时看来都是生机盎然的，充满着旺盛的生命力。

而2014年便是分水岭的一年。这时候过去的一切便开始产生了变化，从影片中民俗符号的运用就可以看出来：传统的中式婚礼变成了西式，婚礼上给新人的礼物也变成了送iPhone。这一个镜头的安排也是别有用心，它体现了现代文明对于传统的影响。而这种影响已经渗透到了像汾阳这样的中国内陆小县城中。这时候传统的伞头秧歌也不复踪影，一切传统的东西开始在西方文明或者新时代文明的影响下起了变化。到了2025年，影片的叙事开始转向了中国与澳大利亚两个地点开始叙事，这时候一切中国传统的东西都被压低（如影片后半部分被搁置的麦穗饺子），而来自西方的东西则都会被放大。

在不同年代中，都会拥有属于那个时代的印记。而每一个时代标志性的音乐则是那个时代最好的见证。在影片开头，20世纪90年代的那首"Go west"充满着青春的气息，也是那一代人青春的见证。到影片最后，"Go west"的歌声再一次响起，让人有一种恍如隔世的感觉，这就正好契合了影片的"山河故人"的主题。以往时光已经消逝，故人也天各一方，而空旷的场地上只有固守在故乡汾阳的沈涛一个人独舞、缅怀着过去的时光。这就是以往与现在的对照，但是我们也能从中看出，在影片中，涛的身份已经从一位少女变成了母亲，而她身边一切亲密的人包括她的朋友、老公、儿子、父亲等都在不断地离开她。影片中她的独舞的画面是在她为孩子精心准备好饺子之后，这样的安排也能看出一直固守在汾阳故乡这片土地上的沈涛其实也代表着母亲的身份，像一个母亲般守护着这片故土，不管故人去向何方，她都满怀期待地去等待和守护。当所有的人都已经离开故乡、去往别处的时候，也只有她还在留在这一片她深爱着的、承载着她所有过往和回忆的土地，期待着所有离开的故人能再一次回到她的身旁。

每个时代的音乐风格都有所不同，但这些不尽相同的风格也呈现着这个时代的风貌，是这个时代的一种印记。它们往往能勾起我们对于那个时代最真切的记忆。贾樟柯在电影中也尤其擅长运用具有年代感的音乐来进行叙事、铺设情感。这既能为影片故事发生的时代背景进行渲染，将观众拉到特定的时代环境中并且同剧中的人物一样，随着时代改变而共同成长着。此外，它还能表达出影片中人物的具体情感，无论是《Go west》的青春朝气还是叶倩文《珍重》所流露出的悲凉伤感，这些都在特定的情景中恰当地烘托出了人物的感情。音乐与电影叙事相辅相成，在音乐的旋律中也自然地调动起观众的情感，这是贾樟柯导演的独到之处，亦是民俗符号与电影的互动关系的见证。

四、民俗符号在情感表达上的作用

贾樟柯擅长选取具有地方色彩和地域特征的民俗符号来进行影视化加工并用来为叙事和情感表达服务，在贾樟柯电影序列中所表现出来的这些具有地方色彩的民俗符号主要有：地方方言、饮食风俗（如：饺子、刀削面等等）、伞头秧歌、地方特色建筑等等，这些民俗符号涵盖了物质民俗和精神民俗两个方面，也体现了贾樟柯在运用民俗符号上的力度和广度。

从物质民俗的运用上来看，贾樟柯主要是想通过贴近人民底层生活的这些形形色色的民俗活动或民俗意象来表现出最具真实感的生活状态，也让观众能清晰体会到在县城生活的人在面对时代或者大城市新生活的冲击中是如何发生变化。他们是如何出走，又是如何回归的。同时让观众能轻易地对电影所呈现的故事能产生如身临其境般并且感同身受，而不是像旁观者一样对故事进行无关痛痒的评判。在贾樟柯的电影中，观众往往能与电影中的人物一起经历、一切感受，正是因为这样，所以贾樟柯电影的情感表达也更显得真切动人。

从精神方面的民俗符号的运用来看，贾樟柯主要选取了如关公信仰等民俗符号，主要是为了展现小县城人物内心的信仰，他们对于传统的神明的敬畏。从侧面也是为了与现代文明所宣扬的"无神论"产生一种对比，从而表现出以往精神信仰的没落和现代人精神的空虚。既能表现出人物的性格，又能在传统与现代对比中揭示主题。

这些有生命力和呼吸感的民俗符号一起堆砌成了贾樟柯电影影像中的"故乡"。从目前的学术研究现状来看也可以看出学术界也关注到了贾樟柯电影中"故乡"的论题。贾樟柯的电影中始终都在表达着一种浓重的离乡的忧愁以及"故乡"的日渐消逝的可惜，这些都证明贾樟柯在创作的手内心始终秉承着一种"故乡情怀"，并通过电影叙事来表达其故土记忆。但是以往的研究都紧紧只是停留在对影像空间和某些符号的分析，没有很好地结合民俗学去分析这些民俗符号在电影叙事的运用。无可否认的是浓缩着地方风俗的民俗符号是最能勾起每个人对于故乡的回忆的。从贾樟柯电影序列中的电影来看，无论是早期的"故乡三部曲"还是他最近的作品《山河故人》都可以看出贾樟柯喜欢在电影中运用各种各样的民俗符号。而这些民俗符号除了在为影片叙事服务，营造出一种真实的家园感，还能给影片塑造出一种浓厚的故乡味道。无论是在中国的哪一个地方，每个人都能很好对民俗符号中饱含的情感感同身受。这样民俗符号的运用也契合着贾樟柯一贯以来"关心普通人"的电影创作主旨。

结语

贾樟柯是中国电影界难得的在电影创作坚持"关怀底层、关怀民众"的导演。他的创作中对于民众生活的敏锐触角大多都是通过各种各样的民俗符号的运用体现出来——他能选择最恰当的民俗符号来参与叙事并进行表达。所以要分析民俗符号在电影叙事中的运用，贾樟柯导演的作品绝对是一个很好的切入点。纵观贾樟柯电影序列中的电影，总能发现各种山西民俗的身影，而这些一个个民俗架构成了贾樟柯最真切的"故乡"映像、汾阳映像。这些民俗符号在营造故事背景、表现人物情绪变化和为电影的整体情感立基调等方面都作出了突出的贡献。而以具有强烈"故园"标识的贾樟柯导演的作品为切入点去分析民俗符号在中国电影的运用，对于深入研究影视民俗的互动关系以及如何进一步更细致、更成熟地将中国丰富多彩的民俗运用于电影影像中都具有极其重要的意义。

华夏传播与新媒体研究

网络迷因扩散传播影响因素研究——以"锦鲤"为例

Study on factors affecting the spread of Internet memes — a case study of "koi"

董　倩　曾润喜*

Dong Qian，Zeng Runxi

摘　要: "锦鲤"的扩散已经成为中国互联网文化中一个独特的现象,本文聚焦于"锦鲤"扩散传播的影响因素这一问题, 在对相关文献进行回顾和深度访谈的基础上, 构建出包括"锦鲤"的属性、传播渠道、个体创新精神和社会系统为主要因子的结构方程模型, 并通过发放问卷进行数据获取并进行验证性分析。

研究发现, 社会系统是影响"锦鲤"扩散传播与受众采纳的主要因素;其次是"锦鲤"所具有的创新属性以及传播渠道;个体的创新精神对"锦鲤"的扩散传播与受众采纳影响甚微。无论是社会系统还是"锦鲤"自身的创新属性根本上都指向人作为社会个体的社会性行为所产生的社交需求。

研究认为,"锦鲤"的扩散所衍生出的网络祈愿现象带有明显的青年亚文化特征, 当代青年群体使用这种方式来表达对现状的反抗与戏谑并在反抗中再出发, 但是这种青年亚文化却也面临着被商业资本所侵蚀, 丧失其独特性和自主性走向平庸的危险。

Abatract: The spread of "Koi" has become a unique phenomenon in China's Internet culture. This article focuses on the influencing factors of the spread of "Koi". Based on the review and in-depth interviews on relevant literature, the construction of The structure equation model of the main factors of the attributes, communication channels, individual innovation spirit and social system of Koi is also obtained

---

* 董倩,厦门大学新闻传播学院硕士研究生;曾润喜,管理学博士,重庆大学新闻学院教授,研究方向为传播与公共政策。

through questionnaires for data acquisition and confirmatory analysis.

The study found that the social system is the main factor affecting the spread of "Koi" and the adoption of the audience; secondly, the innovative attributes and communication channels of "Koi"; the individual's innovative spirit is the diffusion and acceptance of "Koi". The impact is minimal. Both the social system and the innovative attributes of "Koi" itself point to the social needs generated by the social behavior of people as social individuals.

The study believes that the phenomenon of online pledges derived from the proliferation of "Koi" has obvious subculture characteristics of youth. This way, contemporary youth groups use this method to express resistance and banter in the status quo and start again in rebellion, but this The youth subculture also faces the danger of being eroded by commercial capital and losing its uniqueness and autonomy to mediocrity.

关键词：网络迷因；"锦鲤"；创新扩散；受众采纳；结构方程模型

Keywords: Internet memes; Koi; Innovation diffusion; Audience adoption; Structural equation model

从微博博主锦鲤大王的一条"关注并转我子孙锦鲤图者，一月内必有好事发生"的微博获得920万的转发量和250多万的评论量到2018年国庆期间支付宝官方微博发起的抽奖活动短短几天就获得了300多万次的转发，中国传统文化中代表祥瑞意义的鱼类——"锦鲤"，开始变成一个网络幸运符号，并掀起了一股转发"锦鲤"图像以及制作锦鲤相关表情包并转发的热潮；"锦鲤"一词更是成为2018年网络十大流行语之一。商业资本推动下的"锦鲤"快速传播，已经成为中国互联网文化中一个独特的现象。

"锦鲤"的产生与走红表明其作为一种文化单位被创造并在网络中被传播、模仿与转化，这一现象符合Shifman（士夫曼）对网络迷因的定义（"一组具有相似内容、形式和立场的数字项目；一组被有意识地创造为相互联系的数字项目；一组由网民推动、通过互联网流传，模仿或变形的数字项目。"[①]）因此可以认为大热的"锦鲤"是一种新兴的网络迷因。

当前对于网络迷因的研究，学者们主要关注网络迷因的概念内涵以及其在各个领域所起到的作用，对其扩散过程鲜有关注。但是对网络迷因的扩散过程进行

---

① 利莫·土弗曼（Limor Shifman）：《米姆》，余渭深、王旭、伍怡然译，重庆：重庆大学出版社，2016年，第37—57页。

研究，探究其扩散的影响因素能够促进网络迷因在各个领域功能的更好达成。因此本研究聚焦于"锦鲤"快速扩散的现象，探究哪些因素对网络迷因"锦鲤"的快速传播产生了影响。

一、迷因与网络迷因

迷因（meme），又被翻译为米姆、觅母等等，最早由英国生物学家道金斯在其著作《自私的基因》中提出。道金斯认为人类文化传播的单位是一种与基因类似的新型复制因子，由此他将希腊词词根"mimeme"缩短为 meme（觅母）用来表达"作为一种文化传播单位或模仿单位"。[①]

伴随着互联网的不断发展，互联网所具有的高度虚拟性、强交互性以及易接入性等特性为迷因的自我繁衍与传播提供了理想的条件，将成功传播的米姆所具有的三个基本特点："长效性、多产性和复制准确性"[②]强化放大，造就了许多经典的网络流行语、表情包以及网络红人。网络迷因的概念也应运而生。Shifman 从公共话语的视角将网络米姆定义为："一组具有相似内容、形式和立场的数字项目；一组被有意识地创造为相互联系的数字项目；一组由网民推动、通过互联网流传、模仿或变形的数字项目。"[③]

国外有有关于网络迷姆的研究起步较早，学者们主要对网络迷因所具有的文化内涵进行探讨。Knobel、Lankshear 和 Burgess 将网络迷因作为一个棱镜，他们认为网络迷因照亮了当代数字文化的各个方面。[④]Knobel、Lankshear 将目光聚焦于成功的网络模因，通过实证分析探讨成功的网络模因所具有的特征，他们认为可复制性是一个成功网络迷因的重要特征。[⑤]Carey 则将网络迷因的传播与人们所熟知的病毒式传播区别开来，他认为网络迷因的传播是"作为传输的交集和作为仪式的交际"，对处在社会中的人的情感沟通具有重要的作用。[⑥]

国内关于网络迷姆的研究相对起步较晚，研究的议题主要集中在米姆的概念引进、语言学运用方面。何自然将语言模因分为基因型和表现型两种类型，并揭

[①] 理查德·道金斯，道金斯：《自私的基因》，卢允中译，北京：中信出版社，2012年，第215—217页。

[②] 利莫·土弗曼（Limor Shifman）：《米姆》，余渭深、王旭、伍怡然译，重庆：重庆大学出版社，2016年，第67—103页。

[③] 同上，第37—57页。

[④] Knobel M，Lankshear C．Online memes，affinities，and cultural production// M Knobel & C Lankshear A New Literacies Sampler. 2007.

[⑤] 同上。

[⑥] Carey J W．Communication As Culture: Essays on Media and Society，Media & Popular Culture, 1989.

示了语言模因对翻译研究、文化研究以及语言教学的影响；[1] 后续的研究者则将模因与网络流行语相结合进行分析，张亮、杨闪等和王炎龙、夏赛楠通过对具体网络流行语的分析，总结出了网络流行语所具有的强势模因特征；[2][3]曹进、靳琰则对网络强势语言模因产生的原因进行了总结，网络语言模因只要具有保真度、多产性、长寿性就能够成为强势模因。[4]

窦东徽、刘肖岑则从社会心理学的层面来考察网络迷因的复制、扩散、变异、消退和再兴的过程中个体的或群体的心理动力机制，重塑网络迷因传播过程中人的主体性。[5] 也有学者将网络迷姆与政治参与和社会运动结合起来进行研究，郭小安、杨绍婷通过对"帝吧出征 Facebook"事件中的网络迷姆的生产，以及该事件中不同种类迷姆所产生的作用进行深刻的剖析，展现出网络迷姆作为一种新的政治参与方式所具有的传播力和感染力，同时也揭露了迷姆式传播的难以克服的缺陷。[6]

由于迷因这一概念本身带有浓厚的生物学色彩，导致使用迷因论分析和解释网络迷因时会面临一些困境。迷因论中的一个典型观点认为迷因能够不断传播和复制的关键不再于其他而在于迷因本身，就像基因和病毒那样，迷因在传播的过程中获得滋养并实现永存。迷因论中将迷因与基因相类比的倾向，极大地忽视了作为信息传播活动中的主体的人的作用。

当前国内外关于网络迷姆的研究中，重点都在探究网络迷姆的概念以及所具有的特征以及功能，但是对网络迷姆本身的传播的关注甚少，是什么在影响着网络迷姆的传播，在网络迷姆的扩散过程中作为信息传播活动主体的人在其传播过程中又扮演着什么样的角色，这些都是亟待解决的问题，只有将这些问题解决，才能够更好地对其所具有的功能进行把握。

作为网络迷因的"锦鲤"，其传播过程当中不仅仅充斥着简单的模仿复制，也存在着对原有"锦鲤"表情包的再加工与"锦鲤"表情包与文字内容的更新创造，受众在进行扩散的过程中也并非无脑式的转发而是根据自身情况进行选择，例如求学业还是求健康等等。这一系列的情况都表明，网络迷因"锦鲤"的传播不仅

① 何自然：《语言中的模因》，《语言科学》2005 年第 6 期。
② 张亮、杨闪、张顿：《互联网迷因传播的实证分析——以 57 个网络流行语为例》，《情报理论与实践》2016 年第 12 期。
③ 王炎龙、夏赛楠：《网络语言强势模因的传播变异研究——基于 2012-2016 年度网络用语的分析》，《新闻界》2017 年第 8 期。
④ 曹进、靳琰：《网络强势语言模因传播力的学理阐释》，《国际新闻界》2016 年第 2 期。
⑤ 窦东徽、刘肖岑：《社会心理学视角下的网络迷因》，《北京师范大学学报（社会科学版）》2013 年第 6 期。
⑥ 郭小安、杨绍婷：《网络民族主义运动中的米姆式传播与共意动员》，《国际新闻界》2016 年第 11 期。

仅有其自身的原因更有人的主观能动性以及整个社会系统的作用。因此在考察网络迷因"锦鲤"的传播时，要抛开传统迷因论中的迷因中心论，从迷因自身以及人的主观能动性等多个方面来考察。

二、创新扩散理论

法国社会学家塔德最早关注到了创新的扩散，不过塔德将创新的扩散概括为模仿定律。塔德认为，人们把"欲望"和"事物"建立关联的决策过程中，存在某种模仿定律，但是塔德忽视了传播渠道在这个过程中所起的作用。

1962 年，美国学者罗杰斯在他的著作《创新的扩散》中将创新扩散理论明确化和体系化。在该书中，罗杰斯通过对人类学、早期社会学、农村社会学、教育、公共卫生与医疗社会学、传播、营销与管理、地理学、普通社会学等多个领域的扩散研究传统进行分析研究正式提出了创新扩散理论。[1]罗杰斯认为"一项创新是被采用的个人或团体视为全新的一个方法，或者一次实践，或者一个物体"，[2] 在他看来，创新的判断标准不在于客观而在于人的主观感受，"如果一个方法对个体来说看起来是新的，那么它就是一个创新"。而扩散则是"创新通过一段时间，经由特定的渠道，在某一社会团体成员中传播的过程"。罗杰斯认为，创新扩散过程中一共有四个因素影响创新的扩散，即创新、传播渠道、时间、社会系统。[3]

由于"创新"这一概念所具有的普适性，因此创新扩散理论适用的领域也非常广泛，后续的研究中，研究者多根据自己的研究领域有相应的侧重，研究的议题主要围绕着创新扩散的概念、过程、速度、机制、模式和模型等。例如祝建华、何舟使用创新扩散理论框架对互联网在香港、北京和广州的普及现状进行了描述[4]，发现其扩散轨迹符合 BASS 所提出的"S"形曲线，[5]并根据"S"曲线对其发展前景进行了预测；张小强、杜家汇和梁国强、侯海燕、高桐、孔祥杰、胡志刚则使用创新扩散理论对学术的扩散轨迹进行了分析，这些研究主要较为宏观，将目

① 埃弗雷特·M.罗杰斯（Everett M. Rogers）：《创新的扩散》，北京：中央编译出版社，2002年，第35—86页。
② 同上，第11页。
③ 同上，第11—33页。
④ 祝建华、何舟：《互联网在中国的扩散现状与前景:2000 年京、穗、港比较研究》，《新闻大学》2002 年第 2 期。
⑤ Bass F M, A New Product Growth Model for Consumer Druables, *Management Science*, 1969.

光聚焦于创新扩散过程、扩散模式以及扩散速度及其影响因素进行研究。[1][2]Choi 则从更为微观的层面采用元胞自动机建模的方式探讨了网络结构和网络效应这两个具体因素对创新扩散的影响，[3] 张淑玲；李武、黄杨、杨飞等人则主要探讨用户的采纳行为，并对其影响因素进行了剖析。[4][5] 张秋最早将创新扩散理论引入到新媒体的语境下，并指出其在新媒体语境下所面临的困境即创新扩散理论所代表纵向传播过程与新媒体语境下万物皆媒的冲突性，同时引入了发展传播学中的正态偏差策略作为解决办法；[6] 郝永华、彭爱萍首次使用创新扩散理论对网络模仿行为进行探析，明确了人模仿行为的主动性。[7]

当然创新扩散研究也存在着一定的缺陷，正如罗杰斯指出的那样，创新扩散研究过程中过度重视创新，认为所有的社会成员都应该采用某项创新，创新应该传播得更快，但是这一偏见忽视了关于创新无知的研究，忽略了创新的可重复性，也忽视了不良创新存在的可能性。[8] 此外，在此前的创新扩散研究中，大多数研究者均站在创新代理人的立场上来进行研究，这导致在一定程度上忽视了采纳者的利益。同时，创新扩散研究的过程中采纳者采用创新的时间测量更多是通过回忆来确定，这样的方法所造成的误差也成为创新扩散研究中里一种客观存在的缺陷。

"锦鲤"一词经历了一个意义泛化的过程，其意义由表示中国传统文化中一种带有"祥瑞"意义的鱼类逐渐转化成可以用来表征一切包括人与物在内的幸运符号。在互联网中存在的"锦鲤"以及被疯狂转发的"锦鲤"所代表的意义已经从一种鱼类变成了一种具有幸运意义的祈愿符号，这种意义的泛化对于熟知"锦鲤"传统含义的大众来说就是一种创新，符合罗杰斯对于"创新"的定义。

综上所述，本研究决定采用创新扩散的理论框架对网络迷因"锦鲤"扩散传播的影响因素进行研究。因为创新扩散理论不仅仅关注扩散传播过程中的受众采

---

① 张小强、杜佳汇：《中国大陆"新媒体研究"创新的扩散：曲线趋势、关键节点与知识网络》，《国际新闻界》2017 年第 7 期。

② 梁国强、侯海燕、高桐、孔祥杰、胡志刚：《基于创新扩散理论的学术论文影响力广度研究》，《图书情报工作》2019 年第 2 期。

③ Choi H，Kim S H，Lee J：Role of network structure and network effects in diffusion of innovations，*Industrial Marketing Management*，2010.

④ 张淑玲：《数据新闻的创新采纳与扩散影响因素分析》，《现代传播》(中国传媒大学学报)2018 年第 8 期。

⑤ 李武、黄扬、杨飞：《大学生对移动新闻客户端的采纳意愿及其影响因素研究——基于技术接受模型和创新扩散理论视角》，《图书与情报》2018 年第 4 期。

⑥ 张秋：《新媒体语境下创新扩散理论的不适应与发展》，《青年记者》2016 年第 24 期。

⑦ 郝永华、彭爱萍：《创新扩散理论视域下的网络模仿探究——基于五个典型案例的分析性比较》，《现代传播》(中国传媒大学学报)2016 年第 7 期。

⑧ 埃弗雷特·M. 罗杰斯（Everett M. Rogers）：《创新的扩散》，北京：中央编译出版社，2002 年，第 90—101 页。

纳行为而且还将目光聚焦于用户采纳之后的再创新与再传播行为，这一关切点可以弥补迷因论中对作为信息传播主体的人的主观能动性，并将"锦鲤"的传播与简单的病毒式传播区别开来。

三、研究假设

以下在对相关文献进行回顾的基础上，提出本研究的理论假设：

罗杰斯指出"创新的特征有助于解释不同的扩散速度"[①]罗杰斯认为，"如果个体认为某些创新具有很大的相对优势，相容性好，可试性高并且也不复杂，那么这些创新的采用速度比其他创新要快"。[②]Moore G C、Benbasat I 在罗杰斯的基础上将创新的特征扩展到了 8 个分别为：相对优势、易用性、相容性、可试性、形象、可见性、结论可论证性以及自愿性，并验证了创新特征的八个维度对信息技术的扩散用户采纳所产生的影响。[③]

在此基础上本研究提出假设：H1"锦鲤"所具有的属性对其扩散有显著正向的影响。

罗杰斯认为大众传播以及面对面交流影响着创新的扩散。[④]翟杰全则将影响创新扩散的传播渠道分为三类即：面向用户群体的大众传播、群体传播和人际交流。[⑤]"锦鲤"爆红的源头可以追溯到 2013 年由微博博主"锦鲤大王"发布的一条微博："关注并转发我子孙锦鲤图者，一月内必有好事发生"截至目前该条微博的转发量已经高达 920 多万，评论量 250 多万。而将网络锦鲤推上另一个高潮的便是全球最大的移动支付厂商支付宝的"中国锦鲤"活动，截至 2018 年 10 日开奖，该活动已经获得了 400 万转评赞和 4 亿的话题阅读量。综上所述，网络锦鲤的每一次爆红，微博等社交媒体都发挥了巨大的作用。

由此，本研究提出假设：H2 传播渠道对"锦鲤"的扩散有显著正向的影响。

"创新性是指社会系统内的个体或其他采纳创新的组织单位相对于其他成员，

---

① 埃弗雷特·M.罗杰斯（Everett M. Rogers）:《创新的扩散》，北京：中央编译出版社，2002 年，第 11—16 页。

② 同上。

③ Moore G C , Benbasat I . Development of an Instrument to Measure the Perceptions of Adopting an Information Technology Innovation, Information Systems Research, 1991,2(3):192-222.

④ 埃弗雷特·M.罗杰斯（Everett M. Rogers）:《创新的扩散》，北京：中央编译出版社，2002 年，第 16—18 页。

⑤ 翟杰全:《技术传播：概念、渠道和企业实践》，《北京理工大学学报（社会科学版）》2010 年第 1 期。

在多大程度上较早的接受了某个新观念"。[1] 罗杰斯根据创新性的程度将创新的采纳者分为五类，即创新者、早期使用者、早期跟进者、晚期跟进者以及落后者。[2] 创新者具有极强的冒险精神，而且有足够的心理准备来面对创新失败的可能；而落后者对事物的看法最为狭窄，在决策过程中，往往参考过去。在网络锦鲤的扩散过程中也体现出了采纳者创新性的差异，有的采纳者在很早之前就已经参与了转发锦鲤，而有的采纳者在很久之后才开始了解网络锦鲤或者转发锦鲤。Prasad A J 提出了信息技术领域个人创新性的概念和操作定义，[3]Prasad A J 对个人创新性的评价主要基于 PIIT，从个体对创新事物的兴趣、同伴评价和行为倾向三个层面对个人创新型进行评价。Whetstone M、Goldsmith R 则采用实证研究证明了个体所具有的创新性对个体是否使用个人健康档案有明显的促进作用。[4]

"锦鲤"扩散传播的过程中，带有创新特征的"锦鲤"出现在人的视野之中，个体的选择是不一样的，这是由于个体对于新事物的态度是有差异的，在本研究中，将这种个体对于新事物的态度差异概念化为个体的创新精神。

基于以上几点，本研究提出假设：H3 个人的创新精神对"锦鲤"的扩散有显著正向的影响。

罗杰斯认为"扩散发生在一个社会系统中，系统的社会结构以几种方式影响创新的扩散"，[5] 一般认为社会结构、系统规则与意见领袖会对创新的扩散造成影响。Davis V F D 和 Ajzen 则将社会层面的影响主要使用主观规范来测量，[6][7] 他们认为人们在做某一件事情的时候会受到所能感知到的社会压力的影响。Nov 和 Schecter 通过实证研究验证了主观规范对电子病历在医生群体中扩散并最终被医生所采纳的正向影响。

基于此本研究提出假设：H4 社会系统对网络锦鲤的扩散传播与受众采纳有显著正向影响。

① 埃弗雷特·M. 罗杰斯（Everett M. Rogers）：《创新的扩散》，北京：中央编译出版社，2002年，第18—21页。
② 同上。
③ Prasad A J . A Conceptual and Operational Definition of Personal Innovativeness in the Domain of Information Technology, Information Systems Research, 1998,9(2):204-215.
④ Whetstone M , Goldsmith R . Factors influencing intention to use personal health records, International Journal of Pharmaceutical and Healthcare Marketing, 2009,3(1):8-25.
⑤ 埃弗雷特·M. 罗杰斯（Everett M. Rogers）：《创新的扩散》，北京：中央编译出版社，2002年，第21—26页。
⑥ Davis V F D . A Theoretical Extension of the Technology Acceptance Model: Four Longitudinal Field Studies, Management Science, 2000,46(2):186-204.
⑦ Ajzen I . The theory of planned behavior, Organizational Behavior & Human Decision Processes, 1991,50(2):179–211.

四、研究设计

（一）研究构思与概念框架

在对相关文献进行回顾的基础上，根据罗杰斯提出的影响创新扩散的四个因素并结合 Moore、Benbasat；翟杰全；Prasad；Whetstone M、Goldsmith R；Davis V F D 和 Ajzen 等人的研究，从四个视角出发即（1）"锦鲤"的属性（2）传播渠道（3）个人创新精神（4）社会系统提出本研究的概念模型。

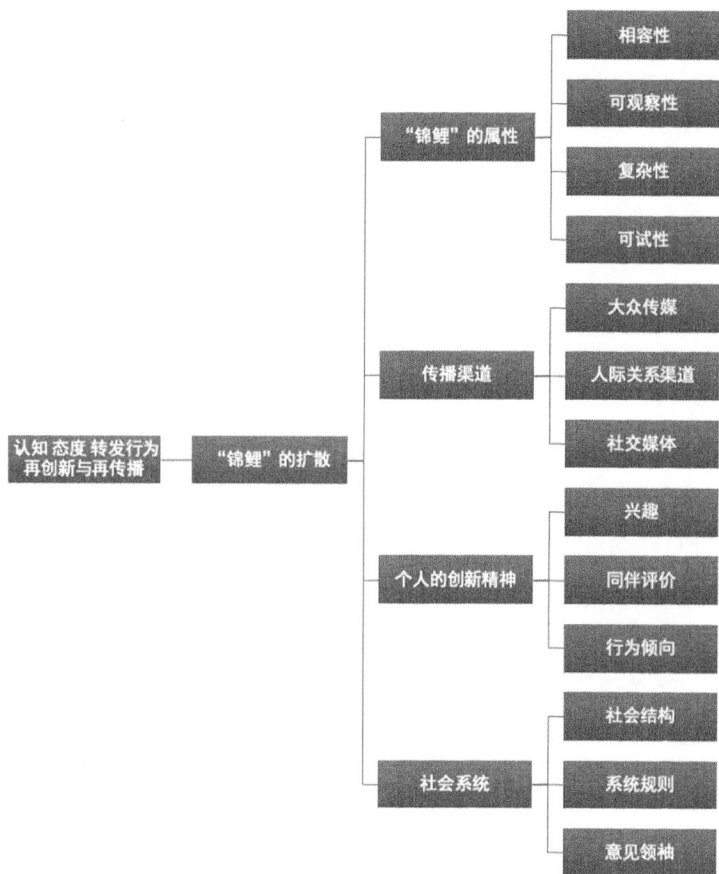

图一 "锦鲤"扩散影响因素概念模型图

在上图的概念模型中"锦鲤"的属性、传播渠道、个人的创新性以及社会系统四个因素影响着"锦鲤"的扩散，在本研究中的网络锦鲤的扩散与采纳则主要由认知、态度、转发行为、再创新以及再传播来测量。

1."锦鲤"扩散的测度

罗杰斯认为扩散是一种特殊类型的传播，创新扩散过程中所存在的一切事件都可以认为是两个个体相互交换信息的过程，而这一过程与人类传播的线性概念不谋而合，创新扩散的特殊性则在于其传播的信息是新的，这种新的意味意味着创新扩散的过程中存在者一定程度上的不确定因素，这种不确定性直观的表现在扩散过程之后的个体决策行为之中，即是否对创新进行采纳。[①]因此结合传播的效果测量指标以及作为扩散的传播其特殊性，本研究网络锦鲤的扩散与采纳主要从三个方面来衡量，即认知、态度和行为。认知主要指受众对网络锦鲤意义的了解程度；态度则是受众对网络锦鲤的出现和对转发网络锦鲤的行为的接受程度；而行为则包括受众转发网络锦鲤的行为以及对网络锦鲤的再创新与再传播三个层面。

2."锦鲤"属性的测度

罗杰斯认为"某些创新具有很大的相对优势，相容性好，可试性高，并且也不复杂，那么这些创新的采用速度比其他创新要快"。[②]Moore、Benbasat 在罗杰斯的基础上将创新的特征扩展到了 8 个分别为：相对优势、易用性、相容性、可试性、形象、可见性、结论可论证性以及自愿性。[③]

由于"锦鲤"作为一种文化传播单位，并不同于一项新技术，其相对于其他文化传播单位的相对优势并不好确定；但是作为一种互联网滋生出的文化现象，"锦鲤"的出现肯定与互联网中人的需求有一定的联系；同时由于社交媒体的操作简单快捷，以及转发其他内容的经验，"锦鲤"的转发与再创作和再传播都有迹可循，转发后还能进行删除和撤销等行为。因此本研究认为，"锦鲤"所具有的与互联网文化的相容性、操作的复杂性、可试性以及结果的可观察性四大属性与其扩散有着显著的影响。

本研究在此基础上，根据实际考量本研究认为网络锦鲤所拥有的某些创新属性对其扩散与受众采纳有重要的影响包括相容性（相容性指"锦鲤"与现有的各种价值观、以往的各种实践经验以及潜在采纳者的需求相一致的程度）、可观察性（可观察性是指"锦鲤"能被人看到的程度）、复杂性（复杂性是指理解"锦鲤"意义的相对难度）、可试性（可试验性是指"锦鲤"在有限的基础上可能进行体验的程度）。

3.传播渠道的测度

在《创新的扩散》一书中，罗杰斯提出了两种传播渠道即大众传媒和人际关

---

① 埃弗雷特·M.罗杰斯（Everett M. Rogers）：《创新的扩散》，北京：中央编译出版社，2002年，第5页。

② 同上，第11—16页。

③ Moore G C , Benbasat I . Development of an Instrument to Measure the Perceptions of Adopting an Information Technology Innovation，Information Systems Research, 1991.2(3):192-222.

系渠道。翟杰全则将影响创新扩散的传播渠道分为三类即：面向用户群体的大众传播、群体传播和人际交流。由于本研究中的研究对象网络锦鲤生发于微博、广泛传播于微信、QQ等社交媒体，因此在本研究中主要指影响"锦鲤"扩散传播的三大渠道即大众传媒（大众传媒指所有播送消息的手段，包括收音机、电视、报纸等等）、人际关系渠道（人际关系渠道包括两个或多个个体面对面的交换信息）和社交媒体渠道（互联网上基于用户关系的内容生产与交换平台，在本研究中主要指微信、微博、QQ）。

4. 个人创新精神的测度

"创新性是指社会系统内的个体或其他采纳创新的组织单位相对于其他成员，在多大程度上较早的接受了某个新观念"。[①] 罗杰斯根据创新性的程度将创新的采纳者分为五类，即创新者、早期使用者、早期跟进者、晚期跟进者以及落后者。[②] 冒险精神是创新者最为显著的精神特质，创新者往往有足够的心理准备来面对创新失败的可能；而落后者对事物的看法最为狭窄，在决策过程中，往往参考过去。Prasad[③] 对个人创新性的评价主要基于PIIT，从个体对创新事物的兴趣、同伴评价和行为倾向三个层面对个人创新型进行评价。由于"锦鲤"扩散过程非常的快速，不能很好地分辨具有不同创新精神的人，因此本研究采用Prasad的评价体系。

5. 社会系统的测度

罗杰斯认为"创新的扩散发生在一个社会系统中"。[④] 系统的社会结构以几种方式影响创新的扩散即社会结构（"社会系统中各个单位的规则排列"）、系统规则（"约定俗成的社会成员的行为模式"）、意见领袖（"个体能够通过非正式的渠道，比较频繁的影响其他个体的行为和态度。"）；Davis和Ajzen则将社会层面的影响主要使用主观规范来测量，根据实际情况本研究决定从社会结构、系统规则、意见领袖这三个方面对社会系统对"锦鲤"扩散的影响进行测量。[⑤⑥]

① 埃弗雷特·M.罗杰斯（Everett M. Rogers）：《创新的扩散》，北京：中央编译出版社，2002年，第19页。
② 同上，第20页。
③ Prasad A J . A Conceptual and Operational Definition of Personal Innovativeness in the Domain of Information Technology，Information Systems Research,1998,9(2):204-215.
④ 埃弗雷特·M.罗杰斯（Everett M. Rogers）：《创新的扩散》，北京：中央编译出版社，2002年，第21页。
⑤ Davis V F D . A Theoretical Extension of the Technology Acceptance Model: Four Longitudinal Field Studies，Management Science, 2000, 46(2):186-204.
⑥ Ajzen I . The theory of planned behavior，Organizational Behavior & Human Decision Processes, 1991,50(2):179–211.

（二）研究方法

本次研究一共使用了两个研究方法即：深度访谈法和问卷调查法。其中深度访谈法主要用于前期的调研和问卷设计，以及后期的结论讨论；问卷调查法是本文的主要研究方法，主要用于研究问题的解决。以下将对这两种研究方法的具体使用情况进行介绍。

1. 深度访谈法

本次研究在问卷设计阶段对转发"锦鲤"说说和表情包以及制作"锦鲤"表情包并转发的四个典型案例进行了深度访谈（访谈相关记录见附录B）。访谈对象XZH（名字首字母缩写）转发"锦鲤"说说的次数非常频繁，而且会频繁的制作"锦鲤"相关的表情包并转发，其制作的"锦鲤"表情包甚至在其社交圈里引起了转发热潮，对其进行深度访谈有助于了解大众在对网路迷因"锦鲤"扩散过程中通过再创造进行模仿的行为，也对该行为的原因有一定的了解。

第二位典型案例YSY（姓名首字母缩写）对"锦鲤"的转发行为与第一位被访谈者大相径庭，是网络迷因"锦鲤"扩散过程中又一类典型人群的代表。第二位被访谈者在特定的时期内进行频繁的转发"锦鲤"行为，对YSY进行深度访谈有助于对网络迷因"锦鲤"扩散过程中人们在特定时期由于特定需求的驱动所进行"锦鲤"转发行为。

第三位典型案例WM（姓名首字母缩写）的转发行为也比较有趣，这位访谈对象转发"锦鲤"的原因主要是与同学进行社交媒体上的交流，与"锦鲤"所代表的意义关系并不紧密。

第四位典型案例CX（姓名首字母缩写）的转发行为比较随意，基本上是遇到了就会转发，更多的是一种心理寄托。

对四位访谈对象的访谈记录进行总结发现，接触"锦鲤"的主要渠道为微信朋友圈、QQ空间、微博等社交平台；转发"锦鲤"的原因主要是认为有趣、对自己有一种心理安慰作用、作为一种社交方式、作为求神拜佛的替代方式以及作为心理寄托；制作"锦鲤"表情包并转发的主要原因是自身的社交满足感、有趣、制作身边人的"锦鲤"表情包转发起来比较亲切以及在社交平台的存在感驱使。

本次研究的访谈资料主要用于前期问卷设计的佐证以及作为后期结果讨论的支撑材料。

2. 问卷调查法

（1）问卷设计

本研究的问卷采用李克特量表对受调查者对相关表述的认同程度进行度量。问卷主要分为六个部分：

第一，人口统计学变量

这一部分的主要内容为被调查者的年龄、性别、专业类型等基本信息。

第二，网络锦鲤的扩散传播指标体系

在已有的理论基础上，本文认为该部分的主要内容包括认知、态度、转发行为、再创新以及再传播。

第三，"锦鲤"的属性指标体系

在已有的理论基础上，本文认为，网络锦鲤的创新属性主要包括以下信息网络锦鲤所具有的与现存事物的相容性、可试性、复杂性、可观察性。

第四，传播渠道的指标体系

这一部分的指标和问题主要聚焦于传播渠道对网络锦鲤的扩散与受众采纳的影响，主要包括个体的传统媒体接触、社交媒体接触、面对面交流接触、传统媒体接触。

第五，个人的创新精神指标体系

这一部分的指标和问题主要聚焦于个体所具有的创新精神对网络锦鲤的扩散与受众采纳的影响，主要包括个人兴趣、同伴评价和行为倾向。

第六，社会系统的指标体系

这一部分的指标和问题主要聚焦于社会系统对网络锦鲤的扩散与受众采纳的影响，主要内容包括社会结构、系统规则、意见领袖。

根据上文的叙述，本研究的网络锦鲤的扩散与受众采纳的评价指标和设计以及影响网络锦鲤的扩散与受众采纳的指标设计综合如表1

表 1　网络锦鲤的扩散与受众采纳指标设计

量表设计维度	潜在变量	测度项数	测量问项	来源
"锦鲤"的扩散 A	5	A1.你对"锦鲤"的含义非常了解 A2.你对"锦鲤"的出现表示认同并理解 A3.你会频繁的转发"锦鲤" A4.你会主动制作"锦鲤"表情包 A5.你会转发自己制作的"锦鲤"表情包	罗杰斯；郭庆光	

量表设计维度	潜在变量	测度项数	测量问项	来源
内部因素	"锦鲤"的创新属性 B	4	B1. 你经常会转发一些消息、图片等内容 B2. 你认为锦鲤的含义和转发意义很容易理解 B3. 如果你转发锦鲤之后，没有效果，可以进行删除等撤销式操作，而且很简单 B4. 你经常会看到朋友或者陌生人转发网络锦鲤	罗杰斯；Moore 和 Benbasat
外部因素	传播渠道 C	3	C1. 你曾经在电视节目、报纸上看到过有关于网络锦鲤的相关内容 C2. 你曾经在微博、QQ 空间、微信朋友圈中看到过有关于网络锦鲤的相关内容 C3. 和朋友的面对面交流让你接触到了网络锦鲤	罗杰斯；翟杰全
	个人创新精神 D	3	D1. 当听说有新事物的时候，我会想办法去体验它 D2. 在朋友的眼中，我通常是较早开始体验新技术或者新产品的人 D3. 我倾向于体验新鲜的事物	罗杰斯；Prasad A J
	社会系统 E	3	E1. 转发锦鲤在你所在的群体中很普遍 E2. 转发锦鲤这一行为对你来说是适宜的 E3. 你认为这是一个多元的社会，人们对"锦鲤"的出现持包容态度	罗杰斯；Davis；Ajzen

（2）数据收集及有效性控制

本次研究主要通过网络渠道进行问卷的发放，问卷发放时间一共持续了一周，最终回收有效问卷 422 份。问卷数量超过了所有题项数量 18 题的 10 倍，因此样本数量能够支撑本次研究的数据分析。

数据的有效性控制主要从两方面进行控制，即对象控制和过程控制。

在对象控制方面，尽量使调查对象充满多样性，使得样本数据呈现正态分布。在此次问卷发放过程中主要采取了在不同地区不同层次的学校进行发放，以确保样本对象的多样性。

在过程方面，首先在问卷设计方面尽量使问卷简单明了，能够使绝大部分的受调查能够理解；其次，告知被调查者样本数据只会用于学术研究，将会受到严格的保密，不会用于商业用途，消解受调查者填写的一些后顾之忧；同时本研究还将进行小样本问卷试验，这样可以在很大程度上减少被调查者由于对于问卷某些问题的不理解所导致的问卷数据不理想的情况发生。

（三）主要分析方法介绍

本次研究主要采用结构方程模型方法对本研究所采集的数据进行验证性分析，主要由 SPSS 和 AMOS 来实现。在本研究中，因变量"锦鲤的扩散"不是一个可以准确被测量的变量，需要被允许存在误差，作为自变量的个体对创新特征的感知、传播渠道、个人的创新精神、社会系统作为不能够被直接测量的变量需要操作化为相应的观测变量，在这一过程中也需要被允许存在误差，使用结构方程模型的分析方法相比于回归分析可以更好地避免误差，得到更加准确的分析结果。

表 2 结构方程模型合理性标准

模型拟合度指标	判断标准
卡方 / 自由度（x^2/df）	〈3
标准拟合指数（NFI）	≥ 0.90
非标准拟合指数（NNFI）	≥ 0.85
比较拟合指数（CFI）	≥ 0.90
近似误差均方根（RMSEA）	如果 0.05 ≤ RMSEA ≤ 0.08 则表示模型拟合在可接受范围内，如果 〈0.05 则表示模型高度拟合
标准化误差均方根（RMR）	〈0.08
与路径系数相应的临界值（C.R）	≥ 1.96 时，说明该路径系数在 $P=0.05$ 的水平上具有显著性

五、数据分析和结果

（一）样本基本情况分析

1. 样本构成情况分析

在使用结构方程模型进行验证性分析之前，将对本研究的样本数据的基本情况进行说明。本研究使用统计软件 SPSS17.0 对样本的基本构成情况和受调查者对相关题项表述的态度进行描述性统计分析。

本研究一共获得了有效样本数据 422 份，在 SPSS17.0 中使用频度分析对样本的性别构成情况和年龄构成情况进行统计。统计结果见表4.1性别构成情况和表4.2年龄构成情况。本研究一共有422个研究对象，其中男性有162人，比例占到38.4%；女性一共有260人，比例占到61.6%，该男女比例相对符合现实生活中"锦鲤"扩散过程中的受众群体性别情况；422个研究对象的年龄分布区间为15—30岁，18—25岁占了主要比例，这与相关数据显示的"锦鲤"转发群体的年龄区间相匹配，这说明本研究的样本数据具有一定的代表性。

表 3 性别构成情况

性别					
		频率	百分比	有效百分比	累计百分比
有效	男	162	38.4	38.4	38.4
	女	260	61.6	61.6	100.0
	总计	422	100.0	100.0	

表 4 样本年龄构成情况

年龄					
		频率	百分比	有效百分比	累计百分比
有效	15.00	2	.5	.5	.5
	17.00	8	1.9	1.9	2.4
	18.00	50	11.8	11.8	14.2
	19.00	74	17.5	17.5	31.8
	20.00	44	10.4	10.4	42.2
	21.00	70	16.6	16.6	58.8
	22.00	106	25.1	25.1	83.9
	23.00	18	4.3	4.3	88.2
	24.00	24	5.7	5.7	93.8
	25.00	18	4.3	4.3	98.1
	26.00	4	.9	.9	99.1
	29.00	2	.5	.5	99.5
	30.00	2	.5	.5	100.0
	总计	422	100.0	100.0	

2. 描述性统计分析

在对样本的构成情况进行说明的基础上，本研究将会使用SPSS17.0中描述统计功能从样本数量、均值、标准差这三项指标来对受调查者对相关题项表述的态度进行分析，对样本的基本情况做出相关说明。

由于本研究采用李克特的五级量表，所以当每一个题项的回答均值大于3就可以认为多数人的状况是符合题设描述的。标准差可以用来衡量样本数据的分散程度，在本研究中主要用来衡量受调查者态度的一致性，本研究认为相关题项的标准差越大，受调查者对相关题项表述的态度差异越大。以下将分别对"锦鲤"的扩散、创新的属性、传播渠道、个人创新精神以及社会系统这五个方面的相关题项使用均值和标准差两个指标进行描述性统计分析，指标值分别见表4.3-4.4。

表5 "锦鲤"的扩散描述性统计分析

	样本数量	均值	标准差
认知	422	3.6066	1.03238
态度	422	3.3412	0.95363
转发	422	2.0900	1.07064
再创新	422	1.6445	0.99486
再传播	422	1.8578	1.17321

在本研究中，将"锦鲤"的扩散概念化为认知、态度、转发行为、再创新以及再传播五个方面。根据表5可知，受调查者对认知和态度的打分均值均高于3，可以认为受调查者普遍对"锦鲤"的含义比较了解，而且大多数受调查者对"锦鲤"的出现持认同态度，但是在转发行为方面均值则较低，这表明大多数调查者虽然对网络锦鲤的含义比较了解且对网络锦鲤的出现持认同态度，但是多数受调查者却并不会产生转发锦鲤的行为；再创新与再传播的均值均小于2，则表明大多数调查者不会主动制作锦鲤图片并转发自己制作的锦鲤图片。

态度和再创新两个题项的标准差相对较小，因此可以认为样本对象对于网络锦鲤的态度相对统一，基本持认同态度；同时很少会自己制作"锦鲤"相关的图片。认知、转发以及再传播方面的标准差相对较大，可知样本对象对与"锦鲤"含义的理解以及是否转发和转发自己制作的网络锦鲤图片都存在较大的差异性。

表6 "锦鲤"扩散的影响因素描述性统计

	样本数量	均值	标准差
相容性	422	3.6730	1.19069
复杂性	422	3.7014	1.09455
可观察性	422	3.4929	1.21499
可试性	422	3.9289	1.08089

续表

	样本数量	均值	标准差
传统媒体接触	422	3.1090	1.22230
面对面交流	422	2.8009	1.15670
社交媒体接触	422	3.7962	1.14140
兴趣	422	3.5640	1.04048
同伴评价	422	2.4645	1.15432
行为倾向	422	2.4739	1.19501
社会结构	422	3.1896	1.07756
系统规则	422	2.7014	1.08146
意见领袖	422	2.6682	1.14252

由表 6 可知相容性、复杂性、可观察性、可试性的打分均值均大于 3，可试性的打分均值甚至接近 4，可以看出"锦鲤"对于样本对象来说是一个易于接触，而且很容易做出采纳行为的对象，可以认为，使用"锦鲤"这样一种网络祈愿符号进行网络祈愿行为相对于传统的祈愿形式来说更加的简单、快捷、方便。从相容性和可观察性的打分可以看出转发"锦鲤"与样本对象现有的网络行为比较匹配，且对其效果样本对象有很清晰的认知。

在本研究中，将传播渠道分为传统媒体、面对面交流以及社交媒体，根据上表可知，多数受调查在传统媒体和社交媒体上接触到"锦鲤"，而面对面交流则接触较少；可以看出受调查者在进行与"锦鲤"相关的活动时，更多在线上进行，较少在线下进行。

在本研究中，个人的创新精神主要使用 Prasad[24] 对个人创新性的评价维度：个体对创新事物的兴趣、同伴评价和行为倾向。由表 6 可以看到大部分的受调查者对新事物还是非常感兴趣的，但是兴趣上升到行为层面即是否会想办法对新事物进行体验，大部分的受调查者选择了不会，可能是由于大部分的受调查者所收到的同伴评价相对较低对自己本身所具有的创新性进行了隐形削弱。

在本研究中，将社会系统具体概念化为社会结构、系统规则以及意见领袖。根据表 6 可知，多数的受调查者认为当今社会比较多元，这为其转发行为提供了一个良好的环境。根据数据可以发现，多元的社会环境的影响程度要强劲于群体影响，多数的受调查者都不会因为周围的人转发或者朋友转发"锦鲤"而产生转发行为，而影响转发行为的另一个重要因素很有可能系统规则，即"锦鲤"转发行为是否与自身的社会角色相匹配，当社会大环境良好时，个人社会角色的扮演显得异常重要。

（二）结构模型与变量解释

图二为"锦鲤"扩散影响因素的初始模型，由图可知，该结构方程模型中一共有 13 个外生显变量（B1;B2;B3;B4;C1;C2;C3;D1;D2;D3;E1;E2;E3）4 个外生潜变量（"锦鲤"的属性 B; 传播渠道 C; 个体创新精神 D; 社会系统 E）5 个内生显变量（A1;A2;A3;A4;A5）1 个内生潜变量"锦鲤"的扩散 A 构成。

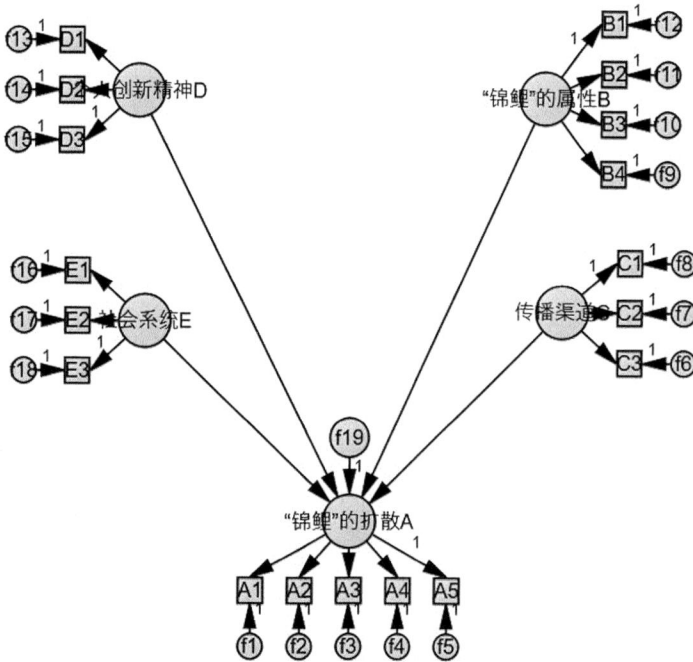

图二 "锦鲤"扩散影响因素初始模型

另外，本研究的结构方程模型中一共存在 f1—f19 共 19 个残差变量，其默认的路径系数为 1。由于问卷测量所得到的指标值一定会存在一定程度上的误差，因此为了使得路径能够得到验证，引入残差变量。

（三）信度与效度检验

1.样本信度检验

在使用"锦鲤"扩散影响因素结构方程模型对本研究的相关假设进行验证之前，首先要对进入运算程序的样本数据进行信度分析。信度，是指样本数据的可靠性。在结构方程模型中，进入运算程序的样本数据是否可靠主要由样本数据的内部一致性来衡量，因此本研究采用样本数据内部一致性这一指标对本研究的样本数据进行信度检测。

本研究使用 SPSS17.0 中的可靠性分析来实现样本数据的信度检验。在可靠性分析中"克隆巴赫 Alpha"值是一个重要的衡量指标。一般认为"克隆巴赫 Alpha"值大于或者等于 0.70 时，则样本数据通过内部一致性检验，可以进行后续分析，且"克隆巴赫 Alpha"值越高，样本数据的可靠性越高。

本研究对样本数据的信度检测主要分为两个部分，首先对本研究样本数据的总体信度进行检验，其次对本研究所涉及的五个潜变量（"锦鲤"的扩散、"锦鲤"的属性、传播渠道、个人的创新精神、社会系统）进行信度检测。

首先对本研究样本数据的总体信度进行检验。样本检验结果如表 7 所示。由表 7 可知，本次研究的样本数据的"克隆巴赫 Alpha"值为 0.948 远远大于 0.7，样本数据的整体信度表现良好，说明本研究的样本数据具有一定意义上的代表性，能够进行后续的数据分析。接下来对本研究中的 5 个潜变量分别进行信度检验。

表 7　数据总体信度检验

可靠性统计	
克隆巴赫 Alpha	项数
.948	18

对本研究所涉及的五个潜变量分别进行信度检测。由表 4.6 可知，潜变量"锦鲤"的扩散的"克隆巴赫 Alpha"值为 0.722；潜变量"锦鲤"的属性其"克隆巴赫 Alpha"值为 0.851；潜变量传播渠道的"克隆巴赫 Alpha"值为 0.827；潜变量个人创新精神的"克隆巴赫 Alpha"值为 0.856；潜变量社会系统的"克隆巴赫 Alpha"值为 0.904，综上所述，所有潜变量的"克隆巴赫 Alpha"值都在 0.7 之上，再次证明本次研究所采集的样本数据具有很好的信度。

表 8　各潜变量信度检验

潜变量	克隆巴赫 Alpha	项数
"锦鲤"的扩散	0.722	5
"锦鲤"的属性	0.851	4
传播渠道	0.827	3
个人创新精神	0.856	3
社会系统	0.904	3

2. 样本效度检验

在对采集的样本数据进行信度检验之后还需要对样本数据的效度进行检验。对样本数据进行效度检验主要是考察样本数据的有效性，即"锦鲤"扩散影响因素模型的建构、相关测量指标的提出是否科学以及本研究所采集的问卷数据与"锦鲤"扩散影响因素调查问卷的测量内容是否一致。只有本研究所采集的问卷数据通过了效度检验才能够使用该样本数据在后续使用"锦鲤"扩散影响因素的结构方程模型对本研究所提出的研究假设进行验证性分析。

本研究在进行模型建构和调查问卷的设计时不仅对大量的相关文献进行回顾，而且进行了前期访谈，对在文献综述基础上所形成的模型建构和调查问卷进行了修改，因此，本研究所使用的模型建构和取得的样本数据在理论层面应该具有一定程度上的有效性。在这一基础上本研究使用SPSS17.0中的因子分析功能对样本数据的构思效度进行检验，进一步证明本研究样本数据的有效性。

首先使用SPSS17.0对本研究所涉及的五个潜变量进行"KMO和Bartlett"检验，判断五个潜变量是否适合进行因子分析。当KMO值大于0.7、Bartlett的球形度检验中的sig.值小于0.01时，可以认为样本数据是适合做因子分析的，而且KMO值越高，样本数据的有效性越好。样本数据的"KMO和Bartlett"检验检验结果如表9所示。由表9可知，五个潜变量的KMO值都大于0.7，且sig值都为0.000小于0.01，因此可以认为本研究的样本数据非常适合做因子分析。

表9 各个潜变量"KMO和Bartlett"检验

潜变量	检测值	参考值	检测结果
"锦鲤"的扩散A	KMO=974	KMO〉0.7	效度符合
	sig.=0.000	sig.〈0.01	
"锦鲤"的属性B	KMO=0.847	KMO〉0.7	效度符合
	sig.=0.000	sig.〈0.01	
传播渠道C	KMO=0.755	KMO〉0.7	效度符合
	sig.=0.000	sig.〈0.01	
个人创新精神D	KMO=815	KMO〉0.7	效度符合
	sig.=0.000	sig.〈0.01	
社会系统E	KMO=855	KMO〉0.7	效度符合
	sig.=0.000	sig.〈0.01	

在判断五个潜变量适合做因子分析之后，在对五个潜变量进行因子旋转，判断各个潜变量的观测变量构建是否合理。使用SPSS17.0的因子分析功能对样本数据进行因子旋转。因子旋转的结果如表10所示，由表4.8可知，本研究五个潜在变量所对应的观测变量经过因子旋转之后，取特征值大于1的主成分作为一个因子，所有的观测变量都在同一个因子范围内，且各个观测变量所对应的因子载荷

都大于 0.5，总体方差解释率也全都大于 60%，因此可以认为本研究潜变量所对应的观测变量构建合理，样本数据具有很好的效度，适合使用结构方程模型进行验证性因子分析，对相关的研究假设进行验证。

表 10　样本数据因子旋转结果

潜变量	观测变量	因子载荷	成分	总体方差解释率
"锦鲤"的扩散 A	A1	0.825	1	63.701%
	A2	0.701		
	A3	0.834		
	A4	0.915		
	A5	0.793		
"锦鲤"的属性 B	B1	0.569	1	60.291%
	B2	0.615		
	B3	0.681		
	B4	0.540		
传播渠道 C	C1	0.615	1	65.482%
	C2	0.847		
	C3	0.800		
个人创新精神 D	D1	0.725	1	65.204%
	D2	0.904		
	D3	0.930		
社会系统 E	E1	0.894	1	72.367%
	E2	0.891		
	E3	0.846		

（四）模型修正

1. 模型初步估计与检验

本研究所构建的"锦鲤"影响因素模型的初始模型见图二。在使用"锦鲤"扩散影响因素模型对本研究的四个假设进行验证之前，需要对"锦鲤"扩散影响因素模型拟合程度进行评价，如果"锦鲤"扩散影响因素模型的拟合程度达不到相应的标准就要根据 AMOS 所给出的修正指标并结合理论与现实情况对"锦鲤"扩散影响因素模型做出修正并对修正后的模型进行拟合度评价直至模型的拟合程度达到相应的标准后才能开始假设检验。

首先，本研究将通过各种判断结构方程模型是否拟合的拟合标准对本研究中的"锦鲤"扩散影响因素模型进行模型拟合度检验，判断本研究的结构方程模型是否具有良好的拟合度。

在结构方程模型拟合度标准中，GFI、AGFI、近似误差指数 RMR、标准化残差均方根 SRMR 和相对拟合指数 NFI 五个指标非常容易受到样本数量的影响，本研究所采集的样本数量为 422 份，虽然超过了所有题项数量的 10 倍，但是样本数量仍然较小，因此在对本研究的"锦鲤"扩散影响因素模型进行拟合度检验时不采用这些受到样本数量影响较大的指标，而采用这些指标的替代性指标（GFI*、AGFI*、近似误差均方根 RMSEA、非范拟合指数 NNFI 和相对拟合指数 CFI），这些替代性指标受样本数量的影响较小，同时也能够对本研究的模型进行拟合度检验。对"锦鲤"扩散影响因素初始模型的拟合度检验结果如表 11 所示。

根据表 11 可知，"锦鲤"扩散影响因素初始模型的拟合度检验结果并不理想。拟合指标中只有卡方（值为 1044.9）、自由度（值为 430）、X2/d.f.（值为 2.43）、拟合优度指数 GFI*（值为 0.944）、拟合优度指数 AGFI*（值为 0.974）满足了拟合指标。相对拟合指数 CFI、非范拟合指数 NNFI、近似误差均方根 RMSEA、基于离中参数 MC 这四个拟合指标的检测值均与参考值有一定的差距。这说明"锦鲤"扩散影响因素初始模型与本研究所采集的样本数据并不能够很好的拟合，因此本研究所使用的最终模型还需要在"锦鲤"扩散影响因素初始模型的基础上进行调整，但是这种调整并不是随意的，必须要有一定的理论基础，具体的模型调整步骤见图三模型调整。

表 11　"锦鲤"扩散影响因素初始模型拟合指数

拟合指标	显示值	参考值
卡方 x^2	1044.9（p=0.000）	不显著（对应 p〉0.05）
自由度 d.f.	430	〉0
X^2/d.f.	2.43	或〈3
相对拟合指数 CFI	0.798	〉0.90
非范拟合指数 NNFI	0.824	〉0.90
近似误差均方根 RMSEA	0.046	〈0.08
拟合优度指数 GFI*	0.944	〉0.90
拟合优度指数 AGFI*	0.974	〉0.90
基于离中参数 Mc	0.68	〉0.85

2.模型调整

本研究根据 amos 软件提供的模型修正指标（修正指数和临界比率）和相关理

论以及现实情况对"锦鲤"扩散影响因素初始模型进行模型调整。

本研究通过对修正指数的观察发现在社会系统和个体的创新性之间增加一条相关性路径、在社会系统和网络锦鲤的属性之间增加一条因果路径可以很好地提高模型与样本数据的拟合程度，从理论层面来讲，个体存在于社会系统中，社会系统的标准、结构以及规则必然对个体的特性产生巨大的影响，而个体层面的改变也会影响社会系统的标准、结构以及规则，因此将在初次模型的基础上在社会系统与个体的创新性之间增加一条相关性路径；"锦鲤"的出现是社会系统产生变化的产物，因此网络锦鲤所具有的属性必然是社会系统各个方面的写照，因此将在初次模型的基础上增加一条因果路径，调整后的模型见图四。

图三"锦鲤"扩散影响因素修正模型

在对模型进行修正添加路径的过程中本研究又增加了两个研究假设分别为：

H5：社会系统对网络锦鲤的创新属性呈现相关；

H6：社会系统与个体的创新性存在相关性。

在对"锦鲤"扩散影响因素初始模型进行调整之后使用 AMOS 对"锦鲤"扩

散影响因素修正模型进行运算，并使用结构方程模型拟合指标对"锦鲤"扩散影响因素修正模型进行拟合度检验。"锦鲤"扩散影响因素修正模型的拟合结果见表12。由表12可知，"锦鲤"扩散影响因素修正模型的各项指数都能够达到模型拟合的标准，因此本研究将"锦鲤"扩散影响因素修正模型作为本研究的最终模型。

表 12　模型二次拟合指数

拟合指标	显示值	参考值
卡方 x^2	765.4（p=0.000）	不显著（对应 p＞0.05）
自由度 d.f.	430	＞0
$X^2/d.f.$	1.78	或＜3
相对拟合指数 CFI	0.998	＞0.90
非范拟合指数 NNFI	0.924	＞0.90
近似误差均方根 RMSEA	0.006	＜0.08
拟合优度指数 GFI*	0.964	＞0.90
拟合优度指数 AGFI*	0.98	＞0.90
基于离中参数 Mc	0.738	＞0.85

3. 路径系数检定

通过模型修正和修正模型拟合检验之后，本研究的最终模型已经确认。在此基础上，就可以通过确认的最终模型对本研究的各个研究假设进行验证，判断各个研究假设是否成立。

在结构方程模型中，每一个研究假设对应一条路径，路径如果成立，则研究假设成立，如果路径不成立，则研究假设不成立；且路径系数越高则表示影响越显著。在结构方程模型中主要使用临界值（C.R.）和P值来判断相应路径是否成立。一般认为相应路径的临界值（C.R.）大于1.96并且P值小于0.05则该路径成立。由表13可知"锦鲤"扩散影响因素最终模型中的所有路径的临界值（C.R.）都大于1.96且P值显示为 *** 表示P值小于0.05，因此可以说明本研究所有的路径都成立，所有的研究假设成立。

表 13　结构方程路径估计及检验值

			Estimate	S.E.	C.R.	P
B "锦鲤"的属性	＜---	E 社会系统	.586	.055	10.699	***
A "锦鲤"的扩散	＜---	B "锦鲤"的属性	.359	.088	4.080	***
A "锦鲤"的扩散	＜---	C 传播渠道	.304	.080	3.813	***
A "锦鲤"的扩散	＜---	D 个体的创新精神	.210	.038	5.516	***

			Estimate	S.E.	C.R.	P
A "锦鲤"的扩散	〈---	E 社会系统	.195	.052	3.790	***
D 个体的创新精神	〈--〉	E 社会系统	.864	.073	11.843	***

4. 效应分解和关键因素识别

在对本研究的研究假设进行验证之后，本节将根据"锦鲤"扩散影响因素最终模型中的路径分布和各个路径的路径系数对不同路径所代表的因果效应以及效应的大小进行分析。结构方程模型中的因果效应分为直接影响和间接影响两类，直接影响的大小由相关路径的路径系数来判断，间接影响的大小则由两条路径路径系数的乘积来判断。

通过对"锦鲤"扩散影响因素最终模型中各个路径的梳理（梳理结果见表14）发现社会系统因素对"锦鲤"的扩散影响最大（总体影响为0.405）主要通过对"锦鲤"的扩散产生直接影响和通过中介因素"锦鲤"的属性来影响"锦鲤"的扩散；其次为"锦鲤"的属性（总体效应为0.359）；再次是传播渠道（总体效应为0.304）；个体的创新精神对"锦鲤"的扩散影响最小（总体效应为0.210）。

表 14　效应分解结果

变量关系			直接效应	间接效应	总体效应
A "锦鲤"的扩散	〈---	B 创新的属性	.359	0	.359
A "锦鲤"的扩散	〈---	C 传播渠道	.304	0	.304
A "锦鲤"的扩散	〈---	D 个体的创新精神	.210	0	.210
A "锦鲤"的扩散	〈---	E 社会系统	.195	.210	.405

未将相关性路径列入

5. 结构模型部分假设验证情况及相关解释

由上文可知，本研究的所有假设均成立，且在原有假设的基础上在模型调整的过程中又增加了两个假设即：H5：社会系统对网络锦鲤的创新属性呈现相关；H6：社会系统与个体的创新性存在相关性。本节将对这些假设展开解释

(1) "锦鲤"属性——"锦鲤"的扩散路径路径系数为0.359，P值为0.000小于0.05因此假设H1："锦鲤"的属性对"锦鲤"的扩散有显著的正向影响成立。

"锦鲤"作为一种新的祈愿符号，与传统的祈愿形式相比操作更加的简单，祈愿者并不需要花费精力饲养真正的锦鲤，也不需要长途跋涉只求拜佛，仅仅只需要在动动手指进行转，不需要耗费大量的人力物力财力；同时虽然这种祈愿形式

非常简单，但是效果却依然十分直观，大量的后续还愿行为对网络锦鲤的效果进行了佐证；与此同时，使用网络锦鲤进行祈愿的行为是一种可以撤销的行为，当你感受不到其作用效果时，可以对相关的转发内容进行删除撤销。由此可见，网络锦鲤所具有的与人们需求的相容性、操作复杂性低、采纳结果的可观察性以及采纳行为的可实验性都为网络锦鲤的扩散与受众采纳提供了很大程度上的积极的正向影响。

(2) 个体所具有的创新精神——"锦鲤"的扩散路径路径系数为 0.210，P 值为 0.000 小于 0.05 因此假设 H2: 个体所具有的创新精神对"锦鲤"的扩散有显著的正向影响成立。

可见，受众所具有的对新事物的好奇心大小对网络锦鲤的扩散与受众采纳存在一定的影响。创新扩散的结果只有两种采纳或者拒绝，网络锦鲤的扩散传播同样也是这两个结果，两种结果产生的原因是多方面的，其中不免有个体本身的因素影响，但是，在网络锦鲤的扩散传播与采纳行为产生的层面上来说，个人性在其中并没有产生多大的作用，换言之，网络锦鲤的采纳行为更多的是一种社会性行为，使人们的社会系统驱使下所产生的适应性反应，而并非是一种带有极强的主观能动性的个人性行为。

(3) 传播渠道——"锦鲤"的扩散路径路径系数为 0.304，P 值为 0.000 小于 0.05 因此假设 H3：传播渠道对"锦鲤"的扩散有显著的正向影响成立。

传播渠道的影响主要可以分解为媒介接触和内容接触，由此可见，在网络锦鲤扩散传播的过程中，传播渠道越多元化、传播的密度越大，网络锦鲤的扩散传播速度越快，也会有更多的人产生采纳行为包括转发网络锦鲤，制作网络锦鲤的表情包并转发自己制作的网络锦鲤表情包。可以认为，当多渠道大范围传播时，网络锦鲤将会成为一种网络潮流，这种网络潮流会推动网络锦鲤的进一步扩散传播与受众采纳。

(4) 社会系统——"锦鲤"的扩散路径路径系数为 0.195，P 值为 0.000 小于 0.05 因此假设 H4：社会系统对"锦鲤"的扩散有显著的正向影响成立。

社会系统对网络锦鲤的扩散与受众采纳的影响主要包括系统规则、社会结构以及意见领袖三个层面。个体存在于社会系统之中，其行为必然受到系统规则的约束，同时社会系统中的少数精英群体则容易成为人们学习的对象，成为模仿行为的原型。由此可见，网络锦鲤的出现符合当代社会系统的规则，而且大范围的网络锦鲤转发行为更多的是人们的在意见领袖影响下的模仿行为的结果。

(5) 社会系统——"锦鲤"的属性路径路径系数为 0.586，P 值为 0.000 小于 0.05 因此假设 H5：社会系统与"锦鲤"的属性有显著的正向影响成立。

社会系统不仅仅规范约束着社会系统内的人，也约束着存在与系统内的各个事物，生发于社会系统内部的网络锦鲤，是社会系统运行的产物，是社会系统一定层面上的反应。由此可见，社会系统内部的标准和规则越包容，越有利于网络锦鲤的产生而且其所具有的创新属性也会更加的强烈。

（6）社会系统——个体所具有的创新精神路径路径系数为 0.864，P 值为 0.000 小于 0.05 因此假设 H6：社会系统与个体所具有的创新精神存在相关关系成立。

由此可见，社会系统与个体是一个密不可分的组合，个体的改变会影响社会系统的运行，但是社会系统同时也在约束着个体的行为，两者总是在相互角力又相互妥协的相对运动中发展。社会系统的规则，标准、社会结构以及社会中有一定社会影响力的意见领袖都会对个体产生影响，使个体在采取某项行为时有所参照，但是个体所作出的突破性改变，例如打破社会规则，接受一项创新，则会对社会系统原有的规则标准和社会结构带来颠覆性的改变，同时意见领袖的身份发生流转，社会系统与组成社会系统的个体总在这种相互作用中形成一种平衡。

六、结论与讨论

通过前文所述，本文已经对影响"锦鲤"扩散的影响因素进行了详细的阐述，在本章内容中，将对前文研究做出总结，得出相应的结论。并对本研究中所存在的局限性和不足作出说明。

通过对"锦鲤"扩散的影响因素结构方程模型的验证和分析，本研究做出以下结论，并围绕结论进行合理范围内的讨论。

第一，社会系统对"锦鲤"的扩散有非常显著的正向影响，对"锦鲤"进行转发、再创造已经成为人们重要的社交方式。

社会系统对"锦鲤"的扩散有非常显著的影响，这种影响通过间接影响"锦鲤"的属性和直接影响"锦鲤"的扩散传播来达到。根据上文可以发现，社会系统对网络锦鲤扩散与受众采纳的直接影响比较微弱，但是通过中介因素"锦鲤"所具有的属性特征所产生的间接影响比较强烈，由此达成了非常强烈的影响，成为影响网络锦鲤扩散与受众采纳的关键因素。这在一定程度上说明网络锦鲤的转发潮流是一种必然的趋势，因为其本身所处的社会系统所滋养的易理解、易操作、与社会需求相契合的本质特性就已经奠定了其成为一种潮流的基础。

同时可以看到的是，个体的创新精神对"锦鲤"的扩散影响甚微。这说明，网络锦鲤的采纳行为包括转发行为以及再创新与再传播在很大程度上是一种社会行为，并非是个体出于好奇心的自发网络行为。处在网络社会中的个体，受到网络社会中其他个体的影响选择转发网络锦鲤，这种采纳行为在很大程度上是一种出于社交需求，个体在社交需求的驱使下产生从众心理，又在从众心理的作用产生网络锦鲤采纳行为。而在此基础之上的包括制作新的网络锦鲤表情包，并转发自己制作的网络锦鲤表情包则是为了获得一种社交网络中的满足感。

"锦鲤"为人们提供了一种新的社交方式，可以在社交媒体上通过不那么直白的语句表达出自身当前的生活状态和对于生活的期待，例如"转发这个 XX，考试就能拿高分"等这些内容的发布既可以表达出自身最近的生活状态还可以与社交媒体中的其他人进行交流与沟通。人们可以通过点赞、评论等方式了解他人最近的生活状态，也可以在获得点赞和评论的过程中获得一种群体认同感，这种群体认同感可以在一定程度上消解现代人普遍存在的孤独感与世界的疏离感。

而在转发的基础上进行的"锦鲤"表情包制作和转发话术创作以及转发自己制作的"锦鲤"表情包则是更为主动的社交行为。将周围的人创造为身边的"真人锦鲤"，是对周围人的一种试探性行为，在这种试探中创造者可以获得更多的社交可能性以及在朋友圈子中的存在感。

第二，"锦鲤"所具有的创新属性对"锦鲤"的扩散的正向影响仅次于社会系统，对"锦鲤"进行转发、再创造和在传播的行为是当代青年文化的重要表征。

通过效应分解和路径系数检定可以发现"锦鲤"所具有的创新属性对"锦鲤"的扩散与受众采纳的影响仅次于社会系统。在上文中提到，"锦鲤"所具有的创新属性主要包括其出现与人们的需求相一致、其效果直观可观察且操作简单可撤销。联系实际情况，这一结果显然更能够接受。当代青年人正处在一个这样的情境中：随着风险社会的到来，加诸青年群体身上的压力过于沉重，学业的繁重、工作的压力、固化的阶层难以被突破、价值观的多元化都使得青年人时常感到不知道何去何从，借助于其他的方式来达到某种程度上精神的放松是当代青年群体普遍的选择。使用"锦鲤"这一幸运符号进行网络祈愿则是这样一种方式，相比于传统的祈愿形式，网络祈愿的方式简单，成本低廉是一种更好的选择。通过简单且成本低廉的方式来表达自身的功利性诉求，并在这种表达中表达出对当前现状的反抗与戏谑，"锦鲤"的扩散传播现象在本质上带有一种青年亚文化的特征。胡疆锋[①]认为"真正的青年亚文化，具有既解构有重构的创新能力，通过挪用、盗用、拼贴、同构、颠覆、破坏，传达出富有意为的风格和意味。"当代青年群体通过挪用"锦鲤"形象杨超越、孔子等，将这些形象和好运等符号意义进行拼接，形成一种独特的祈愿形式。

但是这种网络祈愿的方式由于传统的封建迷信行为存在其精神内核上的差异，

---

① 胡疆锋：《中国当代青年亚文化：表征与透视》，《文化研究》2013 年第 2 期。

青年群体通过这种方式达成对现实世界中的压力的反抗，进行自我安慰、释放生活压力同时也在这种反抗与戏谑中达到自身的再出发。

第三，传播渠道对"锦鲤"的扩散有着显著的正向影响，商业资本驱使下的传播渠道对"锦鲤"的再生产与"锦鲤"的独特性和自主性存在天然性的冲突。

传播渠道对"锦鲤"的扩散传播与受众采纳的作用主要体现在两个方面，即媒介接触和内容接触。通过对现实情况的考量可以发现，"锦鲤"最早出现在 2013 年，但是 2018 年才出现大范围高密度的传播，成为网络十大热词之一，究其原因可以发现的是资本力量在其中产生了极其重要的作用，无论是选秀节目创造 101 对杨超越锦鲤形象的宣传还是支付宝发起的中国锦鲤活动，都对"锦鲤"走出微博流向朋友圈 QQ 空间等更广阔的社交媒体的提供了巨大的动力，或者可以说，网络迷因"锦鲤"的出现中，社会资本的驱动功不可没，而"锦鲤"也被广泛应用于各种商业化营销活动中。在大量的商业营销活动之下，大量的"真人锦鲤"涌现出来，商家通过营销活动创造出"神"，这种"真人锦鲤"已经在传播过程中成为新的个人社会地位和身份认同的标志，网络群体所创造出来的幸运符号被商业化和被娱乐化，其祈愿意义开始被商业文化所消解，并被改编出许多新的商业意义，作为幸运符号的锦鲤也开始从青年亚文化的产物开始走向平庸，失去其原有的独特性和自主性，流于商业化的大潮之中。

第四，个体的创新精神对"锦鲤"的扩散影响甚微。

正如前文所述，"锦鲤"的采纳行为更多的是一种社会行为，并非是一种个人性行为。决定个体是否产生"锦鲤"的采纳行为的更多是其所处的社会环境，以及在这种社会环境下所产生的社交需求的驱动。

"锦鲤"的传播过程呈现出一种传播范围围逐渐扩张的状态，其范围的扩张主要依靠还愿行为的产生，个体通过对转发"锦鲤"的实际效果进行测评产生还愿行为，这种还愿行为又带动其他人进行转发、创造以及再传播现象的产生。在潜移默化中，转发"锦鲤"、制作"锦鲤"表情包成为一股社交热潮，处于社交需求产生的从众心理会产生大量的模仿行为。

当前的社交平台上许多微博"大 V"、朋友圈里比较有影响力的人物作为意见领袖所进行的"锦鲤"转发行为则会导致大范围的"沉默的螺旋"现象产生，为了保持自己与周围人之间的社交网络的稳定，会在很大程度上进行"锦鲤"的转发，甚至是制作"锦鲤"表情包

通过对典型案例的访谈可以知道，有些时候转发"锦鲤"是由于周围的人都会转发锦鲤或者转发锦鲤已经成为一股网络热潮所以自己也转发以达到和周围其他人社会行为层面上的一致和紧跟潮流。根据前文的描述性统计分析可知个体转

发行为受到社会环境的很大影响，这种影响甚至超过了周围群体影响，因此个体所处的社会环境也会对个体的采纳行为发生有着巨大的影响。

综上所述，本研究从"锦鲤"本身的立场出发，从创新扩散的理论角度切入，使用结构方程模型对"锦鲤"扩散的影响因素进行实证研究，研究发现，"锦鲤"所存在的社会系统、其本身所具有的创新属性以及其传播渠道是影响网络锦鲤扩散传播与受众采纳的主要因素，而受众个体的创新精神对于"锦鲤"的扩散则影响甚微。

文化自信背景下儒学新媒体传播效果研究

Research on the new media communication effect of Confucianism under the background of cultural self-confidence

张　璠　匡　兰[*]

Zhang fan，Kuang lan

摘　要：儒学是我国优秀传统文化的重要部分，利用新媒体传播儒学对于保护和传承中国优秀传统文化、提高文化自信和正确对待中西方文化的关系，具有重要意义。本文通过问卷调查和深度访谈的方式，分析儒学信息在新媒体平台的传播效果，发现以下问题：传播主体权威性缺乏、儒学传播内容庸俗化和同质化、多个传播渠道之间缺乏联结、受众覆盖面小等。针对这些情况，儒学新媒体传播可以从提高传播主体的权威性、利用媒介融合多渠道传播儒学信息、提高儒学传播信息内容质量和加强儒学教育、提高受众的知识水平四个方面来优化传播效果。

Abstract: Confucianism is an important part of China's excellent traditional culture, using new media to spread Confucianism is the great significance to protect and inherit China's excellent traditional culture, improve cultural confidence and correctly treat the relationship between Chinese and Western culture. Through questionnaire survey and in-depth interview, this paper analyzes the communication effect of Confucian information in the new media platform, and finds the following problems: the lack of authority of communication subjects, the vulgarization and homogeneity

---

　　* 张璠，女，华侨大学新闻与传播学院讲师、博士，研究方向：广告营销、新媒体传播；匡兰，女，华侨大学新闻与传播学院 2014 级本科生。

　　基金项目：本文系福建省社会科学规划基础研究年度项目"一带一路背景下新媒体与儒学海外传播创新研究"（项目编号：FJ2017C064）、福建省教育厅中青年教师教育科研项目"新媒体语境下两岸青少年儒学传播策略研究"（项目编号：JAS170036）的研究成果。

of Confucian communication content, the lack of connection between multiple communication channels, and the small audience coverage, and so on. In view of these situations, the new media communication of Confucianism can optimize the communication effect from four aspects: improving the authority of communication subjects,, using the media to integrate the multi-channel communication informa-tion, improving the content quality of Confucianism communication information, strengthening the education of Confucianism, and improving the knowledge level of the audience.

关键词：文化自信；新媒体；儒学传播；传播效果

Key words: cultural confidence; new media; Confucian communication; com-munication effect

关于儒学，对于大部分国人来说绝不陌生，无论是有意识地学习还是潜移默化的影响，在许多人身上都有儒家思想的体现。儒学复兴不是近几年才有的概念，早在梁漱溟先生的《东西文化及其哲学》一书中，就充分肯定了儒学的地位与作用，认为在未来的发展中需要有儒学作为文化支撑。到了改革开放时期，中国入学开始走上了复兴之路，许多学者集中讨论了孔孟思想、程朱理学对于现代发展的意义，20 世纪 80 年代到 90 年代，中国学术文化界掀起了一股"儒学热"。党的十八大以来，"文化自信"观念的提出更是将儒学传播推向一个新的高潮。

互联网的发展让地球成为了"地球村"，不同国家、民族的文化交织在一起，产生了缤纷多彩的文化成果和多元的思想，面对当下复杂多变的多文化背景，习近平总书记强调"吸收外来"，也要"不忘本来"，"面向未来"，更好构筑中国精神。[1] 近年来，在国外，孔子学院越办越多；在国内，越来越多的国学班开办，中小学乃至高校加强学生对于儒学的学习，学生和老师一起背诵《孔子》《孟子》《弟子规》等；随着媒体特别是新媒体的发展，从电视到互联网，一些新型的儒学传播形式日益丰富，在给儒学传播带来更多便利的同时，也存在着一些问题，如何面对并解决这些问题，对儒学新媒体传播效果的研究势在必行。此次研究力求在新媒体环境下调查儒学传播的效果，找到当前儒学传播存在的问题，提出一些增强儒学传播效果的建议，从而提高人们对于中国本土文化的重视，提升文化自信，积极改进以及传承以儒学为代表的中国优秀传统文化。

---

[1] 中共中央宣传部：《习近平新时代中国特色社会主义思想三十讲》，北京：学习出版社，2018 年，第 196 页。

一、相关概念阐释

（一）儒学与儒学传播

儒学，起源于东周春秋时期，经历了秦始皇时期"焚书坑儒"的毁灭性打击之后，西汉时期，儒学作为一种思想形态，开始被统治者接受并在之后的各个朝代不断得到发展和完善，成为中国传统文化的主体。作为一种思想形态，儒学一直深深地影响着人们的思想观念、思维方式与行为方式，尤其是其中的一些思想理念，在今天也对我们的学习和生活有着指导作用。[1]儒学之所以能在中国传统文化中占据如此地位，除了本身文化内涵的优秀及政治制度的保障，文化传播的成功也是最重要的一环，在过去，统治者将儒家思想作为主流思想，将儒家学问纳为科举考试内容，这些方法无疑推进了儒学的传播。现如今的儒学，已经被赋予了新的时代特色，在各种文化激荡的背景下，复兴儒学已经成为我们应对当下波云诡异的局面、提升文化自信的重要手段，而复兴儒学的首要任务，就是传播儒学。

儒学传播就是将儒学作为传播的客体，将儒学通过一定的媒介传播给受众，从而对受众的思想观念、行为方式产生影响。复兴儒学，就要做好儒学传播，力求从传播的广度和深度上达到最大的效果，发挥儒学的优势，弘扬中国传统文化。新时期的国际竞争，不仅仅体现于各国的经济实力、军事力量，文化的竞争也十分重要。要想提升中国文化的竞争力，保持民族特色是必经之路，中国拥有着丰富的传统文化，在新的历史时期，应对各种文化激荡的局面，更应该坚守中国文化的根本，保持生机和活力，赋予传统文化时代特色，实现文化复兴。

（二）新媒体概念及主要特征

媒体是用来传递信息的媒介，即在传播信息过程中借助的载体、工具或者技术手段。新媒体是相对于传统媒体而言的，在不同的历史时期，由于科学技术的发展，人们用来传递信息的技术手段越来越先进，而新产生的媒介形式相对于就的媒介形式而言就是新媒体。关于新媒体的概念，国内外目前各执一词。新媒体在早期被定义为"以数字技术为基础，以网络为载体进行信息传播的媒介"；清华大学熊澄宇提出，所谓新媒体，或称数字媒体、网络媒体，是建立在计算机信息处理技术和互联网基础之上，发挥传播功能的媒介总和。新媒体是一个通俗的说法，严谨的表述是"数字化互动式新媒体"。从技术上看，新媒体是数字化的；从

---

① 张文达、高质慧：《台湾学者论中国文化》，哈尔滨：黑龙江教育出版社，1989年，第36页。

传播特征看，新媒体具有高度的互动性。[①]

现如今，网络传播高速发展，微信、微博等网络平台都成为信息传播的重要方式。活跃在这些平台上的，大多数是年轻群体，他们是互联网的主力军。根据企鹅智酷发布的《中国新媒体趋势报告 2017》显示：中国网民 2017 年每天花在新闻资讯上的时长为 67 分钟，对比中国网民的日均上网时间，资讯消费占据了网民手机上网约 29% 的时间。有超过七成的网民目前主要通过新闻类网站和 App 获取资讯，社交应用的占比排在第二位，电视排名第三，三者之间已经形成较为明显的阶梯差距，[②] 这表示现阶段新媒体已经成为人们获取信息的主要来源。特别是微博和微信公众号的快速发展，为儒学传播提供了新的平台，成为本文关注的重点途径。

（三）传播效果

效果研究是大众传播研究中最受重视、成果最显著的"热门"领域，所谓传播效果，就是指传播者发出的讯息，通过一定的媒介到达受众后，对受众的思想（包括认知、态度，情感等）与行为造成的影响。[③] 这个影响不一定与传播者的目的一致，同时受到传播过程中各种因素的影响。根据美国传播学者杰克·M. 麦克劳对传播效果的划分，传播效果可从认知、态度与行为效果三个方面去分析。认知层面的效果，即把媒介作为信息来源，传播信息最终作用于受众的知觉和记忆系统，引起人们知识量的增加和知识结构的变化，认知过程是头脑中对信息进行处理的机制。态度是针对某物的积极或消极的行动趋向，所有信息都有足以影响一个人态度的潜力，根据"劝服的推敲可能性模式"，存在中心路径和外围路径两条路径，经由其中任何一条都有可能达成态度的改变。态度层面的效果，就是在认知的基础上，信息作用于人们的观念或价值体系而引起情绪或变化，属于心理和态度层面上的效果；行为层面的效果，当某人的态度发生改变之后，他需要根据现有的信息来指导行动才能引起行为层面的改变。费什拜因和阿简的"合理行为理论"假定"人们在决定是否参与某一特定行为之前会思考它们行动的意义"，这一理论强调了信息作用于人的心理层面后，人们会对信息做出价值判断最终用信息指导行为。

一直以来，传播效果研究都主要从认知、态度和行为三个层面来分析，因此，本次研究的传播效果主要指儒学传播对受众认知、态度和行为三个方面的影响。

———

① 匡文波：《新媒体概论》（第二版），北京：中国人民大学出版社，2015 年，第 3 页。

② 企鹅智库：《中国新媒体趋势报告》，2017 年，http://tech.qq.com/a/20171120/025254.htm#p=11。

③ 周鸿铎：《传播效果研究的两种基本方法及其相互关系》，《现代传播》2004 年第 3 期。

二、研究框架设计

（一）研究对象

受众是信息的接受者，在传播过程中，受众是不可或缺的角色。从受众的角度来说，信息传播效果在很大程度上受到受众的文化背景、知识水平、个人喜好的影响。在传统媒体时代，受众是电视的观众、报纸和杂志的读者、广播的听众。但在互联网时代下，一个人既可以是传播者，也可以是受者，受众的地位也较之前提高很多，因此，受众在一定程度上等同于用户。对儒学传播效果研究来说，受众研究是不可或缺的中心环节。根据英国传播学家丹尼斯·麦奎尔和瑞典学者斯文·温德尔在《大众传播模式论》一书中的观点，媒介的一切传播行为均以受众为中心，其实质就是媒介应该传播受众喜闻乐见的内容的信息，在整个传播过程中要以受众的需求为出发点和落脚点。这个理论强调了受众在传播行为中的重要作用，因此，做传播效果的研究，必须从受众角度出发。

本研究共计回收 105 份有效问卷，主要针对 18 到 35 岁之间受过高等教育的大学生群体，基本符合百度搜索指数人群画像，同时这部分人也是新媒体的主要用户，他们是互联网的原住民，通过他们了解新媒体语境下儒学传播效果，能够获得更加准确的信息。

（二）研究思路

1974 年，罗森格伦、卡茨及其同事概括了使用与满足理论的基本理念，该理论认为，受众是基于一定的需求和动机来使用媒介，并从中获取信息得到满足，在这一过程中，人的主动性影响着他们使用媒介的方式和结果。这一理论强调了受众的主动性和能动性的作用，因此，本研究从受众角度出发，根据新媒体用户年轻化的特征，采用问卷调查法和深度访谈法，从传播效果的三个层面：认知效果、态度效果、行为效果来分析儒学传播效果现状，再从传播主体、传播渠道、信息和受众角度找出儒学新媒体传播存在的问题并提出优化策略。

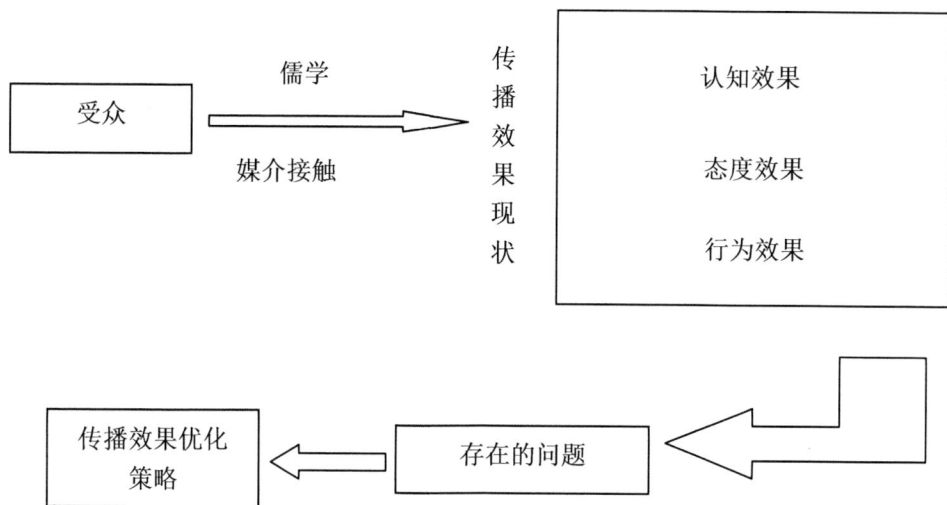

图一 传播效果图

三、新媒体语境下儒学传播效果现状

（一）受众对儒学认知程度高

认知层面的效果是衡量传播效果的标准之一，能够让受众了解到儒学的基本含义，这也是儒学传播的基本目标。[①]本次问卷设计了关于儒学基本信息的问题，主要调查受众对儒学的认知程度。

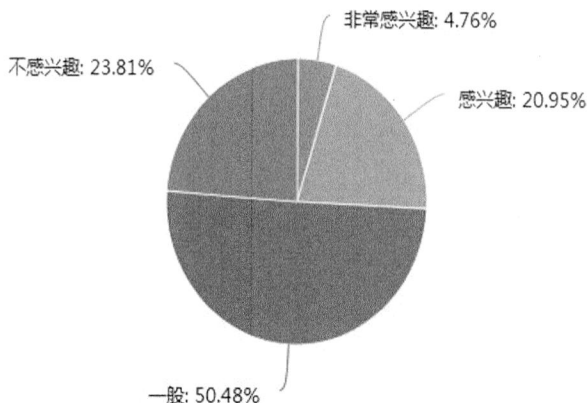

图二 你对儒学感兴趣吗？

[①] 郑北渭：《传播学简介（四）：传播的社会功能和效果》，《新闻战线》1983 年第 5 期。

如图二所示，对于儒学这样的基础国学，只有 23.81% 的受众明确表示了不感兴趣，但接近一半的人表示了兴趣一般。

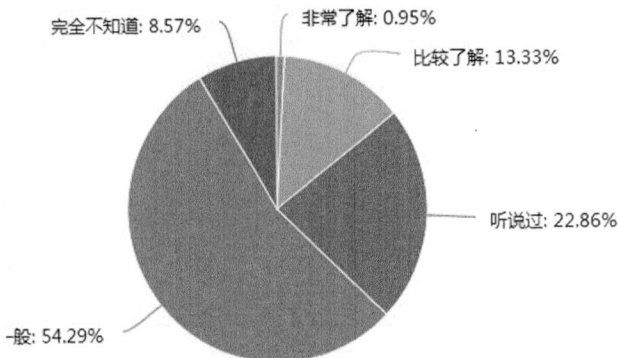

图三 你对儒学了解吗？

从图三可以看出有 90% 以上的人听说过儒学，这表明儒学作为中国传统文化，有强大的受众基础。在访谈中，几乎所有学生在提起儒学时都会想到"孔孟""仁""礼"这些基础的儒学常识，这也表明长久以来，儒学作为一门历史悠久的文化，国人能够有基础认识但了解不够深入。

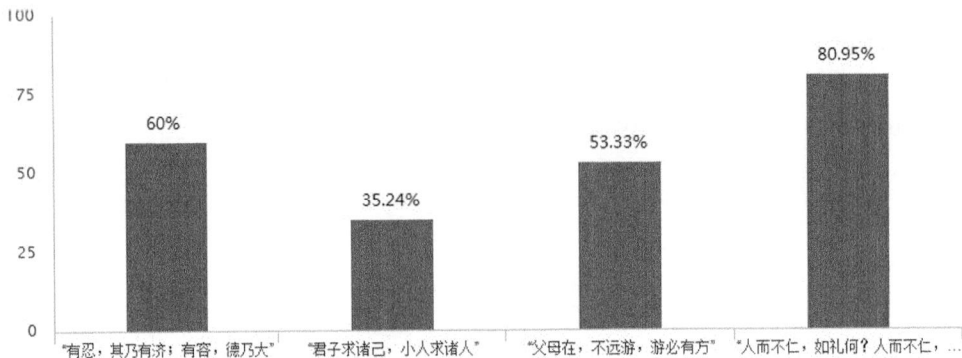

图四 你认为以下属于儒学信息的有？（多选）

从图四可以看出，在对儒学信息进行判断的选项中，各个选项之间倾斜不大。事实上，第一句"有忍，其乃有济；有容，德乃大"出自《尚书·君陈》，第二、三、四句都是出自《论语》。这几句都是属于儒学信息，每个选项也都有很多人选择，说明受众对儒学的基础认知较好。

（二）受众对儒学信息整体呈正面态度

受众接收到一种信息并对其有所了解之后，会产生正面或者负面的态度。这种态度基于受众的知识水平和个人喜好等原因，同时，信息传播媒介的不同，也会影响到受众对于信息的满意度和认可度。[①]

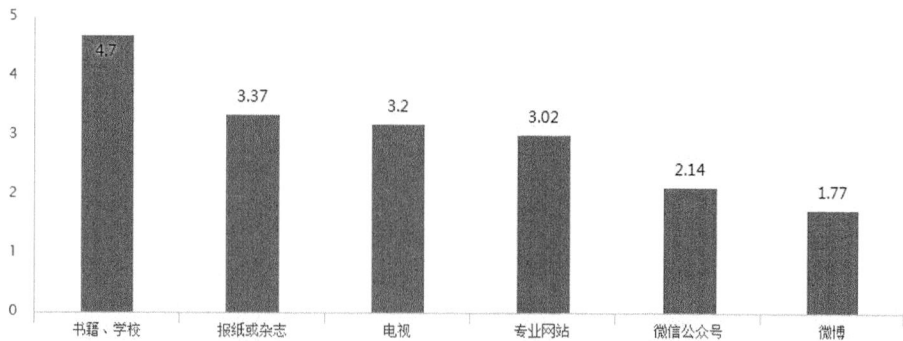

图五 对于以下的儒学传播主体，请按照您的理解为其可信度排序

如图五，在儒学传播主体可信度的排名上，书籍、学校以 4.7 的平均分排在了第一位，可以看出，学校作为儒学传播的主体之一，受众更愿意相信学校和书籍上的儒学信息，而作为网络传播主体的专业网站、微信公众号和微博都排在了最后，可信度低，这是网络传播普遍存在的问题，而信息来源的可信度低，势必会影响受众对信息的满意度和认可度。对于电视、报纸这样的传统媒体来说，具有比较高的权威性，其传播的儒学信息相对于网络上传播的儒学信息也更具可信度和深度。

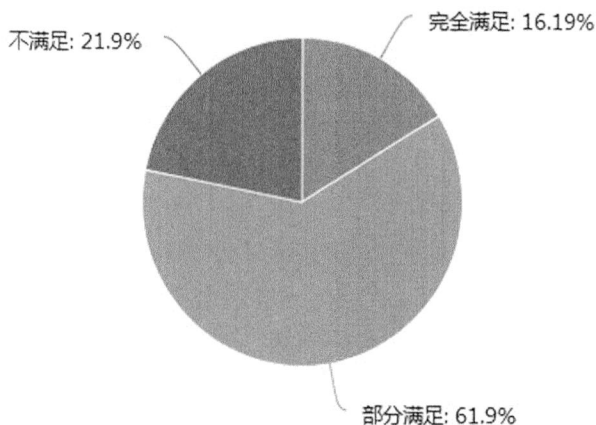

图六 你认为目前网络上关于儒学信息是否满足您的需求？

① 李竹君：《传播效果理论及新媒体传播研究》，《中国报业》2016 年第 9 期。

另外，从近年来国学类节目受到大众的欢迎也可以看出受众对于儒学信息的认可与接受。如图六，在目前网络上儒学信息是否满足需求的问题上，虽然有接近80%的受众选择了满足，但仍要看到，有超过20%的受众选择了不满足，并且，可以从图七看出，目前网络上的儒学信息存在着各种各样的问题，来源权威性不够、商业化严重等选项之间选择的人数差别不大，基本上各种问题都存在。除了上述问题，在访谈过程中，有学生也表示关注相关的儒学传播媒体时，却发现其中有许多儒学类媒体发布的却是一些与儒学无关的内容，长此以往受众就失去了查看的兴趣。

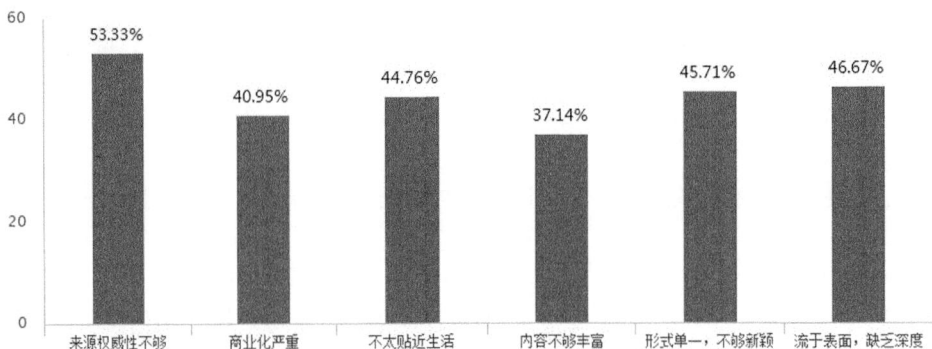

图七　你认为目前网络上关于儒学信息传播的主要问题是？

从整体上来看，现有的儒学信息基本能满足人们的需求，但不可忽略的是，目前网络上的儒学信息存在着很严重的问题，无论是从传播者还是内容上，都对人们对儒学信息的接收产生了重大的影响，网络传播本就是几年来飞速发展的新媒体，存在的问题也同样体现在儒学传播上，这提醒着我们要从儒学来源的权威性和内容的深度上改善儒学传播。

（三）受众对于儒学信息的需求得到满足

使用和满足理论是1951年由美国著名社会学家E·卡茨提出的关于传播效果的研究理论，是传播学领域的重要理论成果。该理论认为，受众是基于一定的需求来使用媒介，并从中得到满足。[①] 儒学是中国传统文化的精华，几千年来对于人们的思维方式和行为方式产生了深远的影响。在各种文化激荡，外来文化冲击的背景下，国人热切希望回归本土文化，让传统文化在新的历史时期添加新的时代元素，指导人们的思想和行为。从这几年的《诗词大会》和《见字如面》大火就

---

① 刘海龙：《大众传播理论：范式与流派》，北京：中国人民大学出版社，2010年，第95页。

可以看出，国人对于传统文化的喜爱和渴望。从图 5 可以看出，网络上的儒学信息基本满足了受众的需求，儒学作为一门独立的思想体系，对于人们的教育、生活和学习具有很大的指导意义。

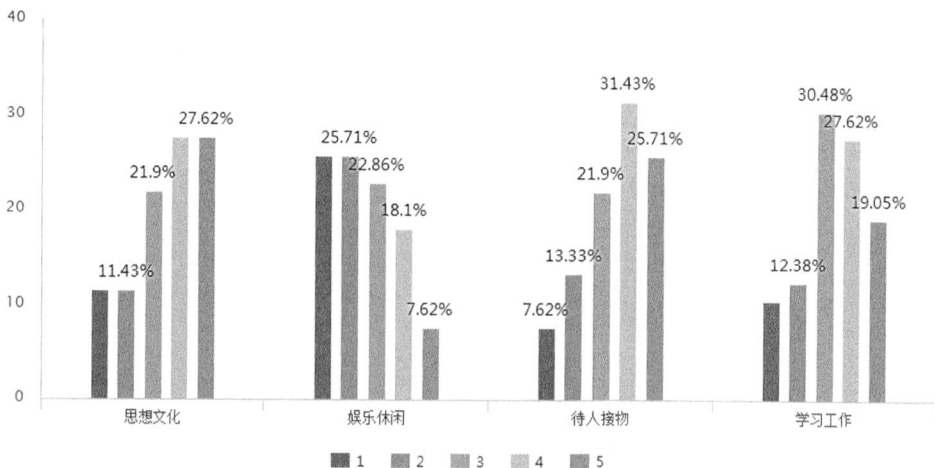

图八 你所接触到的儒学信息对你的影响程度分别为？（矩阵量表题）

如图八，受众在思想文化、娱乐休闲、待人接物和学习工作方面，都受到了儒学的影响，并且从他们选择的分值来看，除了娱乐休闲，儒学都深刻影响了受众的行为。在新媒体时代，人们可以随时随地接收信息，微博、微信、网站上的各类信息多不胜数，受众可以按照自己的需求选择性地阅读这些信息，虽然目前儒学信息在网络上的传播存在各式各样的问题，但总体上来说，各类传播媒介传播的儒学信息都不同程度地让受众从接收的过程中得到了满足。

四、儒学新媒体传播存在的问题

（一）传播主体权威性的缺乏

在传统媒体时代，技术和渠道限制了人们传递信息的方式，只有少数人能够作为传播的主体传递信息，但作为传播主体的少数媒体也相应地具有权威性。但是新媒体时代的来临使得人人都可以成为传播者，人们的身份具有多样性，一个人既可以是信息的接收者，也可以是信息的传播者。

传播主体的多样性，一方面增加了儒学传播的力度，能够让更多地参与到儒学传播的热潮中来，从而使更多人受益于儒学。但另一方面，媒介使用门槛的降低，也使得传播主体缺乏权威性。[①]虽然目前有许多儒学传播的传者，但其中权威性高、关注人数多的却寥寥无几。和其他信息传播一样，传者的权威性如果不高，将会直接影响到信息内容的质量以及受众对此类信息的接受度，影响传播效果。

从上面的调查我们可以清楚地了解到，人们对于网络传播的各主体都存在着不信任的态度，虽然互联网拓宽了人们获取信息的渠道，可是泛滥的信息中优质和真实的信息却并不多。

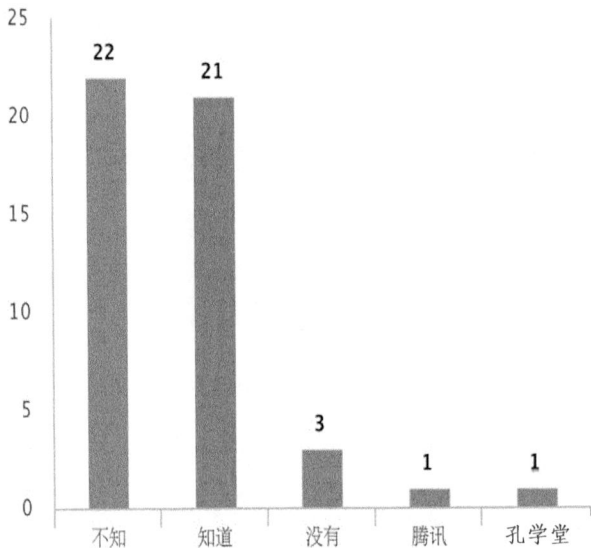

图九 你知道哪些儒学类微信公众号或者微博？（填空题）

如图九，对于儒学类微博和微信公众号的了解，只有少数人具体提及"腾讯儒学""孔学堂"这类微信公众号，大多数人不知道或不能具体举例，这说明新媒体时代权威的儒学类微博和微信公众号十分缺乏，少数优质的微博和微信缺乏关注，仍处于十分小众的状态。专业、权威的儒学类公众号知名度不高，在年轻人中的关注度极低。

（二）儒学传播内容的庸俗化和同质化

新媒体时代，受众每天都要接受大量信息。然而，由于传播主体门槛的降低，一些信息存在着庸俗化、同质化甚至虚假的特点。儒学是中国传统文化的思想精髓，儒学传播的任务是要把儒学的核心思想传播出去，而不是仅仅做到广而告之。

---

① 程亮、颜复萍：《新媒体时代传统文化的传播特征和对策研究》，《中华文化论坛》2010 年第 4 期。

　　然而现在的互联网上虽然有不少关于儒学的内容，但很少有见解独到、发人深思的文章。当今的儒学传播，虽然看起来似乎已经被大多数人重视，关注的人也越来越多，但热火朝天的背后，是儒学的核心理念和根本精神根本没有得到体现，商业化使儒学传播的内容趋向于庸俗与片面，一些媒体甚至热衷于"标题党"，发布一些"挂羊头卖狗肉"伪儒学。

　　现如今，信息更新速度十分快，互联网几乎汇聚了全世界的各类信息。用户要从海量的信息中找到自己感兴趣的内容，如同大海捞针。各类媒体为了吸引受众的关注，不得不找到用户感兴趣的东西来吸引注意力，"追热点"就是其中最常见的。"追热点"简而言之就是将时下关注的高的东西与自己的需求结合起来，博得用户关注。但"追热点"也让信息越来越同质化，各类媒体传播的信息千篇一律，造成了受众的审美疲劳。

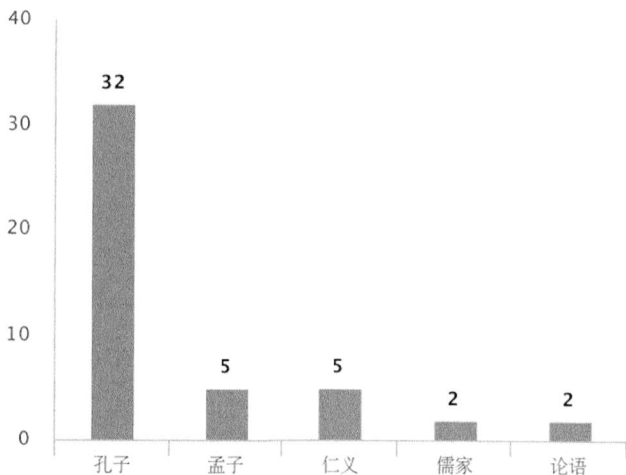

图十 关于儒学，你最先想到哪几个词？（填空题）

　　虽然大部分人对于儒学都有基础的了解，但根据图十，人们对于儒学的认知还处在"孔孟""仁义""论语"这样一个十分表面的层面。儒学从春秋时期发源、再到西汉时期的发展、宋明时期的完善，绝不仅仅是这几个词可以概括的，儒学历经了几千年的发展有着丰富的内涵，其影响在各个领域都有所体现，因此，如果儒学传播仍流于表面，没有有深度、有时代精神的儒学，一定会无法满足受众的需求，也不符合儒学传播的要求。

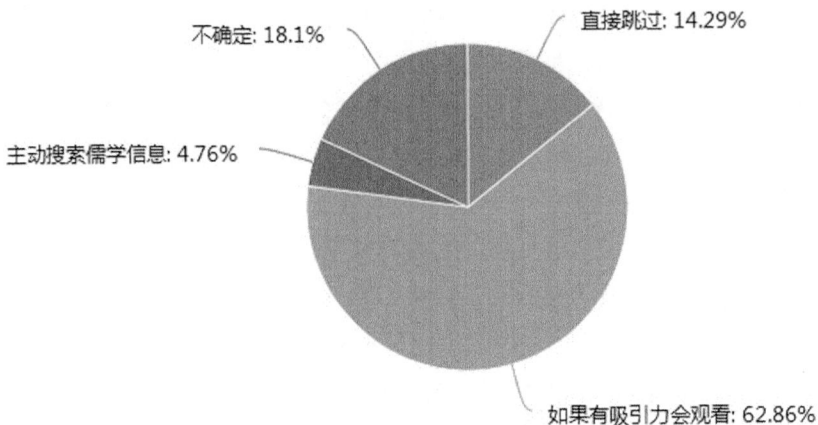

不确定: 18.1%
直接跳过: 14.29%
主动搜索儒学信息: 4.76%
如果有吸引力会观看: 62.86%

图十一 对于网络上的儒学信息，你的态度是？

如图十一，对于网络上的儒学信息，只有少数人表示会主动搜索儒学信息，但有超过 60% 的人表示如果有吸引力会观看，这表明了儒学传播过程中内容才是吸引人们注意力的法宝，儒学传播与其他信息传播不一样，有着更高的内容质量要求，而当下的儒学传播虽然热度很高，但究其内容，能使人耳目一新的却寥寥无几，这不仅无法满足受众的需求，也大大降低了他们对此类内容的满意度。

（三）多个传播渠道之间缺乏联结

在传统媒体时代，不同形式的儒学信息往往依靠单一的渠道进行传播，例如电视、报纸、广播等传统媒体，而随着互联网技术的发展，信息传播的渠道越来越多，传播者可以通过不同的方式将信息传达给受众。[①] 尤其是在媒介融合的大背景下，很多媒体不仅通过电视、报纸等传统媒体传播信息，同时也开通了官方微博、微信公众号，将信息传播给更多的人。但是许多传统媒体在与新媒体的融合之中，有些媒体并没有充分利用新媒体的优势，只是生搬硬套，缺乏活力。

例如儒学网开通了官方微博和微信公众号，虽然同时利用多渠道向受众传播儒学信息，但是我们也要看到，儒家网的官方网站上的内容比较微博和公众号更加丰富，儒家网发布的微博与粉丝互动并不活跃，发布的内容也不适用于新媒体语境。微信公众号粉丝量和阅读量也并不高，在新媒体方面的儒学传播还十分薄弱。

---

① 申红、褚俊杰：《媒介融合背景下的广播新闻创新》，《新闻世界》2011 年第 10 期。

图十二 儒家网官方微博、微信公众号，腾讯儒学微信公众号菜单列表

就目前而言，使用新媒体作为信息来源的主要渠道的大多数都是年轻群体，他们利用闲暇时间在网上进行浏览、阅读，用新媒体面向大学生群体传播儒学，不仅仅使学生能更加便捷地从网上学习儒学，更重要的是，网络传播的多文本性，能够将儒学以文本、音频、图片、视频的方式传播出去，这就使受众能够更加全面地理解儒学、接受儒学。儒学传播在新媒体时代，应该要注重对信息的加工和创新，选择受众喜欢的方式进行传播活动。

（四）线上关注群体各项指标差异明显

受众，即传播的对象。就受众而言，职业、性别、年龄、知识水平及文化背景的不同，势必会造成受众对于同一信息有着不同的理解。

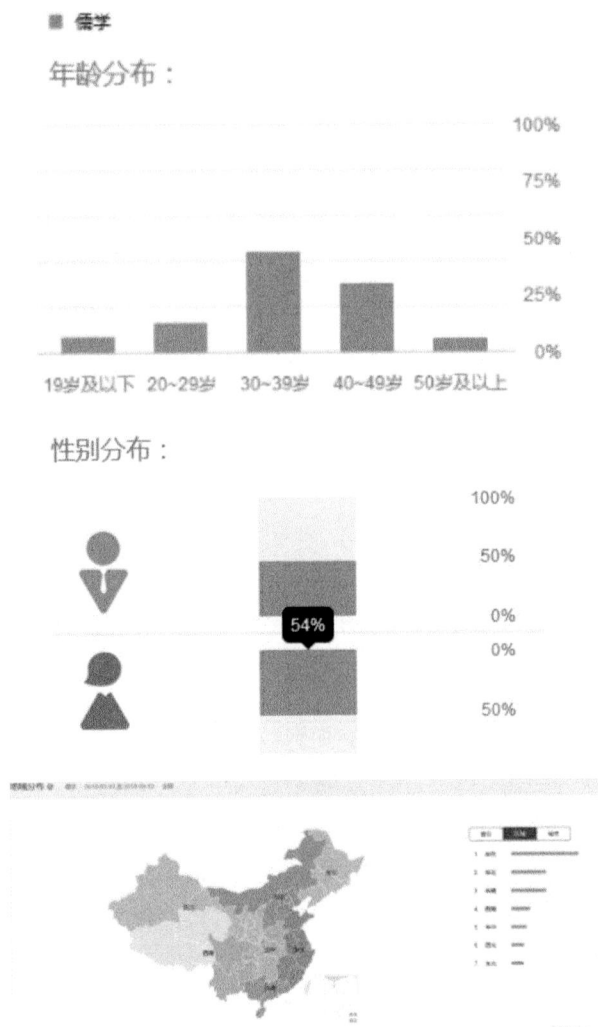

图十三"儒学"百度搜索指数人群画像

　　如图十三，这是百度搜索指数"儒学"的人群画像，百度指数是以海量网民行为作为基础的大数据分享平台。通过查询百度指数可以看到搜索"儒学"的人群画像。我们可以看到，在这个群体中，搜索人群年龄主要集中在 30 到 49 岁左右，构成了儒学受众的主体部分，在性别差异上，女性占比 54%，男性占比 46%，两者差异不大。但是在区域差异上，我们可以看到，搜索指数高的城市集中于华东地区，西部地区相比之下较低。从百度搜索指数人群画像我们可以看到，受众对于儒学的了解受到多种因素的影响，30 岁的 49 岁的人群已经具有稳定的三观和思想体系，他们相对于更加年轻的青少年来说阅历更加丰富，也因此会更加容易接收儒学信息，而 19 岁以下的青少年，他们正处于学习和丰富自己的阶段，对于理解儒学信息有一定困难，因此在他们身上，儒学传播效果不如 30 到 49 岁的人群。性别对于儒学传播的影响不大，但受到经济发展水平以及历史文化背景的影响，不同区域的人对于儒学的感兴趣程度都有所不同。

受众是传播活动最复杂、最活跃的因素，儒学传播面向的群体是一个广大的群体，但这个群体千差万别，在传播时应该要具体情况具体分析，不能一概而论。

五、儒学传播优化策略

儒学传播，是当下社会的一大热题。面对问题众多的传播现状，该如何优化儒学传播的效果，传承中国传统文化，指导人们学习与工作，是每个人都应该思考的问题。根据目前儒学传播存在的问题，要想优化其传播效果，就必须从传播者、渠道、内容及受众四个方面采取优化策略。

（一）建设权威性儒学传播媒体，提高儒学传播源的可信度

互联网的产生降低了传播者的准入门槛，导致各种虚假的儒学信息出现在网络上，对于儒学来说，它具有丰富的内涵，传播者需要具有丰富的儒学知识，才能达到儒学传播的要求。因此，必须建设具有权威性的儒学传播媒体，从传播的源头提高儒学信息的可信度，增强儒学传播的效果。目前，网络上儒学类媒体寥寥无几，具有权威性的更是凤毛麟角。

儒学信息的权威性体现在传播人员的文化水平上，一个知识水平高，精通儒学的人必然能生产出有深度的儒学内容，满足受众的需求。因此，作为儒学传播的媒体，应该培养专业素养和儒学素养高的从业人员，生产出吸引受众的儒学内容，传播儒学，影响受众。这就要求媒体积极打造儒学传播品牌，提高儒学传播主体的可信度和关注度，让更多的人参与到儒学传播的热潮中来，加深受众对于儒学的理解。

（二）积极参与媒介融合热潮，多渠道传播儒学信息

近年来，媒介融合已经成为一股热潮，新媒体的发展与传统媒体不是对立的，传统媒体应该与新媒体融合在一起，发挥各自的长处全方位地传播信息。青少年是新媒体平台的主力军，而青少年正是受多种文化影响最显著的一个群体，我们应该以新媒体为阵地，了解青少年的需求，向青少年群体传播儒学信息，引导他们形成正确的三观和思想体系。

在新的时代，儒学不应该是高高浮于高处的晦涩难懂的知识，应该是适用于每个人的生活哲学，互联网技术的发展日新月异，我们应该积极开发新的渠道，使受众能够更加方便地获取儒学知识，同时，发挥网络传播的多文本型，综合视频、音频、文字、图片等形式，生动形象地向受众传播儒学信息，加深受众的理解。

（三）坚持内容为王，生产优质儒学信息

内容为王，在新媒体时代尤为重要。在今天这个信息大爆炸的时代，人们必须学会在大量的信息中挑选出对自己有用的信息才能保持与世界发展的同步。对于媒体而言，如何让自己传播的内容在无数的信息中脱颖而出，是媒体争夺注意力资源必须面对的问题。注意力资源是对目前新闻传播业激烈竞争目标的形象说法，也称"眼球资源"。[1]人们迷失在信息的海洋，受众想要找到心仪儒学内容的难度犹如大海捞针，在这种情况下，如果儒学信息流于表面、没有吸引受众的点，必然会让受众失去对儒学的兴趣。因此，网络传播主体必须找准角度，深度挖掘儒学内容，提高受众对儒学信息的满意度，这样才能长期吸引受众的关注。

无论何时，创新都是文化永葆生机的源泉，在新的历史时期，儒学应该结合时代特色，加入新的内容，丰富儒学的内涵。现在的微博、微信成了人们讨论重大热门话题的两个平台，儒学应随时关注时下热点，从儒学的角度分析人们关注的话题，这样才能使儒学传播得到优化，影响人们的思维方式和行为方式。

（四）提高受众的知识水平，加强儒学教育

受众是儒学传播中最活跃的因素，受众的知识水平和文化背景极大地影响了儒学传播的效果。儒学传播面向的受众，相对于简单的新闻传播来说，会需要更多的知识素养，因此，要优化儒学传播效果，从受众角度来说，最重要的是，提高受众的知识水平和对儒学的理解。要达到这一点，可以从以下两个方面来做：

从学校层面来说，应该重视对于儒学的教育，加大对儒学知识的比重，提高学生对于儒学的了解。[2]就现阶段而言，儒学的学习主要集中于小学到高中，但是并没有一个系统的学习体系，高校缺乏对于学生的儒学教育。因此，学校应该增加儒学教育比重，让学生对儒学有一个整体的理解和学习。

对于受众个人来说，我们每个人都应该提升自身的知识水平和文化素养，学习儒学不仅能够提升我们自身的知识素养，指导我们的学生和生活，更重要的是，儒学是我国的优秀传统文化之一，学习儒学既是文化传承的要求，也是进行文化

① 王凤仙：《新媒体的传播革命》，《电影评介》2009年第10期。
② 谭小宝：《对当今大学生传统文化教育的思考》，《当代教育论坛》2008年第5期。

创新的必经之路！在新媒体高度发展的今天，我们每个人更应该充分利用新媒体高速、便捷的优势，担负起传承中华文化的责任，积极传播儒学。

结 语

儒学之于中国传统文化的地位不言而喻，无论是从国家的发展和繁荣，还是从个人的生活和工作来看，儒学传播都应该被重视起来。纵观儒学发展的各个历史朝代，儒学对于社会稳定、个人发展都发挥着重要的作用，甚至还传播到东南亚各国以及全世界。如今，面对外来文化的强烈冲击，我们应该重视以儒学为代表的传统文化，并不断去粗取精使传统文化顺应时代发展要求，解决新的历史时期遇到的问题，展现中国文化的魅力。新媒体的迅速发展，应该成为儒学传播的重要契机，将儒学传播做到全方位、高质量和高效。

华夏传播史研究

作为媒介的"寓言"及其传播学启示

"Allegory" as a Media and Its Communication Enlightenment

王　婷*

Wang Ting

摘　要：从传播学发展史的角度来看，寓言是一种运用譬喻，以故事的形式进行叙事表达的媒介。人们惯于把寓言视为一种文体，当作一种修辞手法，而忽略了寓言早已呈现出的一种媒介属性及其传播功能。广义的"寓言"不仅有一般修辞的功能，其在传播学方面同时是一种信息和意义的承载体，拥有一般媒介的属性，在现代传播中具有重要的理论价值和实践应用价值。作为媒介的寓言，在人类媒介发展史中，呈现出显性的媒介融合特征，在传播中广泛的应用价值，对其传播功能的探析，有利于更清晰地揭示出作为媒介的寓言的传播功能，加强对寓言传播功能的规律性认识，从而也能够与分析和指导现实生活中的寓言传播现象，增强运用寓言媒介进行传播的自觉性和科学性。

Abstract: From the perspective of the history of communication, allegories are a medium for narrative expression in the form of stories using metaphors. People are accustomed to treating allegories as a style and rhetoric, while ignoring a media property and its dissemination function that allegories have already shown. "Allegory" in the broad sense not only has the function of general rhetoric, but also a carrier of information and meaning in the field of communication. It has the attributes of general media and has important theoretical and practical value in modern communication. The allegory as a medium, in the history of the development of human media, shows the characteristics of explicit media fusion, its extensive application

---

*　王婷，贵州师范大学国际教育学院，讲师，厦门大学新闻传播学院博士研究生，研究方向：华夏文明传播，隐喻学研究。

value in communication, and the analysis of its communication function is conducive to more clearly revealing the communication function of the allegory as a medium to strengthen the regular understanding of the function of allegory communication, so as to be able to analyze and guide the phenomenon of allegory communication in ordinary life, and enhance the consciousness and scientificity of the usage of allegory media for communication.

关键词：寓言；媒介属性；传播功能；叙事；修辞

Keywords: allegory; media attributes; communication function; narrative; rhetoric

引 言

"寓言"首先作为一种叙事修辞，同时又具有比喻和象征的修辞功能，通过外在结构的故事暗示出内部的真理教训或隐含作者未直接表达的思考启迪或道德意图。从世界范围来看，寓言这一形式的文学体裁最早可追溯至世界四大文明起源之一的两河文明，据我国著名寓言研究学者陈蒲清认为，"寓言产生于人类告别原始时代而进入文明时代之际，迟于神话与原始歌谣。"[①] 依据世界文明体系的范围也可以将世界寓言划分为三大寓言体系：即中国、希腊、印度三大寓言体系。[②] 早在中国先秦的墨子时代，《墨子》书中就出现了"寓言"形式的故事。[③] 且在相近时期，于《庄子》一书中出现了"寓言"一词，才正式出现冠以"寓言"这一特指的文学形式。[④] 因此，本文所以研究寓言的传播，尤其是在华夏文明体系中的寓言传播，是基于以下两个考量：其一，寓言可以被认为是一种历史久远且承载人类文明信息的媒介；其二，中国寓言与华夏文明一样，在历史文明的进程中未曾中断，寓言在中国文化传播过程中的连续性在华夏文明传播研究中具有突出的研究价值。

"寓言"最早见于《庄子·寓言》篇，[⑤] 此外《天下》篇中也提到了"寓言"这一词。在《寓言》篇的开篇则是："寓言十九，重言十七，卮言日出。"[⑥] 唐代陆德明在《经典释文》里解释为："寓，寄也，以人不信，故托之他人"，[⑦] 就是通过

---

① 陈蒲清：《寓言传》，长沙：岳麓出版社，2014年，第5页。
② 参阅陈蒲清：《寓言传》，长沙：岳麓出版社，2014年，第17页。
③ 参阅胡怀琛：《中国寓言与神话》，北京：知识产权出版社，2013年，第24页。
④ 参阅陈蒲清：《寓言传》，长沙：岳麓出版社，2014年，第3页。
⑤ 陈蒲清：《中国古代寓言史》，长沙：湖南教育出版社，1983年，第8页。
⑥ （清）郭庆藩撰：《庄子集释》（下）（第2版），北京：中华书局，2004年，第947页。
⑦ 同上，第947页。

借人借事来阐明道理，也有借别人的故事表达自己想法的"隐喻"和托物言志的"象征"①意味在其中。从结构上来看，寓言具有双重结构的特征：寓言的表层结构是一个故事则称之为"寓体"，结构里层是作者所寄托给他人的意旨和启示则称之为"寓意"或者寓言的"本体"。"二者紧密结合，既有故事性，又有寄托性，是寓言区别于其他文体的根本特征。"②因此，基于这个双重结构特征，即有故事叙述的基础，又有"重视语言表层意义之外的精神寓意"，"从而使寓言成为宗教、文学、哲学等领域的重要表达形式。"③也就是寓言所具有的阐释性④即展现为外在结构的故事，同时包含着作者的意图和启示，作为一种思想情感的表意手法是寓言何以频繁呈现在各种文学、文艺作品中的一个显著原因；同样，从双重结构的工具理性上来讲，也是寓言能在历史、文化、社会等各种相关传播方面得以大量广泛传播的原因之一。

除此以外，本文选取"寓言"作为华夏文明传播研究视阈下的一个切入点不仅是出于"寓言"在文化传播的连续性和其所独具的双重结构，还出于"寓言"在社会文化生活中所产生的实际影响。犹太文学批评家瓦尔特·本雅明在其《德国悲剧的起源》中认为：寓言"不是一种戏耍形象技巧，而是一种表达方式，正如言语是一种表达，而实际上，书写也是一种表达一样。"⑤换言之，"寓言"不再是或者不应只限定于为一种文学样式或修辞手法，"寓言"的影响已逐步渗透在文化交流和社会生活等诸多方面中。正如学者罗良清所说："寓言在现代社会的旺盛生命力，它在社会学、人类学、阐释学和文化学等领域都获得了广阔的发展空间"。⑥不仅如此，在传播学这个年轻学科中，"寓言"也同样充满生机活力，如在大众传播中不乏与寓言相结合的各种媒介作品：寓言式话剧、寓言式电影、寓言式电视、寓言式网络视频等等，以及在社会生活中也时常出现以寓言为媒介的人际传播，甚至在口语传播中用寓言交流也是一种并不罕见的传播方式。因此，关于寓言研究的传播现象和活动是十分频繁和广泛的，不应被传播学所忽视或遗漏。

---

① 参阅罗良清：《寓言和象征之比较》，《中国文学研究》2009年第1期。

② 陈蒲清：《寓言传》，长沙：岳麓出版社，2014年，第315页。

③ 罗良清：《西方寓言文体和理论及其现代转型》，北京：中国社会科学出版社，2015年，引言，第1页。

④ 同上，第1页。

⑤ [德]瓦尔特·本雅明：《德国悲剧的起源》，陈永国译，北京：文化艺术出版社，2001年，第133页。

⑥ 罗良清：《西方寓言文体和理论及其现代转型》，北京：中国社会科学出版社，2015年，引言，第4页。

一、作为传播媒介的寓言

著名传播学者麦克卢汉的名言——"媒介即信息"，进而得出"媒介即人的延伸"这一命题。毋庸置疑，从人类原始的口语时代开始——声音作为主要的交流媒介，并经过使用书写文字的纸媒时代，走过印刷时代、电子时代，时至今日人类的社会进入到信息时代——数字时代。虽然随着生产技术不断革新，媒介的形态也在不断发生改变，但无疑哪一种形态的媒介都是社会文化信息的承载体，都是除了物质交换之外作为精神交往的中介物。在马克思和恩格斯的交往理论中，精神交往的中介物就是"符号"媒介。① 符号可以是任何事物，也可以代指任何东西，所以在传播学范畴中我们研究媒介或符号也关注其背后的关系和意义，就是施拉姆说的："我们研究传播时，我们也研究人——研究人与人的关系以及与他们所属的集团、组织和社会的关系……要了解人类传播，我们必须了解人是怎样建立联系的。"② 换言之，传播媒介即符号的物质呈现，储存、传递、分享"信息"包括"意义"在内。

因此，寓言作为一种叙述表达，通过语言（象征符号）构建成故事文本即"能指"，并在故事中蕴含着作者或叙事者所欲传递的意义也即"所指"，③ 从这一结构上看也就是寓言的"寓体"和"寓意"这个双重叙事结构。④ 寓言既有故事的信息内容，又包含深一层次的意义内容，以符号叙述作为表征形成一个"信息 - 意义"的集合在社会中进行传播，也在历史中代代相传。从这一理解上可将寓言视为一种传播媒介。

二、"寓言"的传播功能探析

正如前文所提到大量寓言出现在传播学的考察范围内，首先，这是一个普遍的现象，许多作品只要冠之以"寓言式"表达，信息本身就能从一个只具备其一般性质的文本或材料叠加上寓言所独有的特性，使之前的媒介信息增加了一种"寓言式"寓意，既是文学情感的丰富表达亦是"言在此，意在彼"⑤ 的比喻修辞手法。从而让寓言以特有的表达方式在一定程度上递增了信息内容的宽度和深度，所以，

---

① 参阅陈力丹：《精神交往论：马克思恩格斯的传播观》，北京：开明出版社，1993 年，第 2—4 页。

② [美] 威尔伯·施拉姆：《传播学概论》，北京：新华出版社，1984 年，第 4 页。

③ "能指"和"所指"最早由费尔迪南·索绪尔提出，又由热奈特在《叙事话语》中提出建议：把故事称作"能指"，而本义的叙事文本称为"所指"。参阅肖锋：《媒介融合与叙事修辞》，北京：中国传媒大学出版社，2012 年，绪论，第 2 页。

④ 参阅陈蒲清：《寓言传》，长沙：岳麓出版社，2014 年，第 313—315 页。

⑤ 陈蒲清：《中国古代寓言史》，长沙：湖南教育出版社，1983 年，绪论，第 2 页。

寓言具有超越一般信息媒介所不具备的特征，而不仅仅是信息的载体。下面的一则寓言《蛤蟆夜哭》就可见故事的"弦外之音"：

艾子浮于海，夜泊岛峙。中夜，闻水下有人哭声，复若人言，遂听之。其言曰："昨日龙王有令，应水族有尾者斩。吾鼍也，故惧诛而哭。汝蛤蟆无尾，何哭？"复闻有言曰："吾今幸无尾，但恐更理会蝌蚪时事也。"（《艾子杂记》）[①]

故事听起来怪诞离奇，采用拟人手法是寓言的常用手法，用蛤蟆之口述说对亲人即将遭不幸的忧虑和哀叹，若结合作者苏轼当时所处环境则不难理解：苏轼所处的北宋时代，血雨腥风的政治斗争难免牵连族人家属，甚至追究前嫌都是难逃之咎。因此运用寓言说理显然比直接陈述观点要生动且引人得多，而隐喻的功能亦还能起到讽刺的作用。

中国古代传统许多著作中所见的寓言就存在于大量的说理著作中，如《孟子》《庄子》《列子》《韩非子》《战国策》等，可见运用寓言作为修辞方法贯穿文章是服务作者的写作目的和意图的，即或说理说服，或阐释论证，或暗喻讽刺。总之，在文学修辞上，寓言的出现对使用者来说是有明确目的的考虑。那么，在传播学语境中特别是一些具体的传播活动或情境下，如演讲、对话、戏剧表演等，寓言的使用是否同样的媒介作用呢？换言之，作为社会学视角下的结构功能主义能否解释寓言作为传播媒介的功能问题呢？

功能主义（又称结构功能主义）可以追溯到社会学科，社会学家认为社会应视为一个整体来考察以及其中各组成部分对所在整体发挥的功能问题。这更多是源于生物学的启迪，"在生物科学中，功能这一术语被理解为'有助于维持有机体的生命过程或有机过程'。"[②] 在经过适当修正后，社会学认为"功能主义的视角强调这样一种模式，即社会的每一部分都对总体发生作用，由此维持了社会稳定"。[③]作为首先提出传播功能的美国传播学者拉斯韦尔来讲，其在《社会传播的结构与功能》中提出的这一观点也是出于社会学的结构功能主义为基础，将传播视为社

① 李义山纂，王君玉、苏子瞻续纂：《杂纂》，北京：中华书局，1955年，第6页。

② [美]罗伯特·K.默顿：《社会理论和社会结构》，唐少杰，齐心译，译林出版社，2015年，第109页。此处作者注明引文转引自路德维希·冯·贝塔朗菲：《关于发展的现代理论》（Modern Theories of Development），纽约：牛津大学出版社，1933年，第9页及以下，第184页及以下；W.M.贝利斯：《普通生理学原理》（Principle of General Physiology），伦敦，1915年，第706页；W.B.坎农：《痛苦、饥饿、恐惧和愤怒时的身体变化》（Bodily Changes in Pain, Hunger, Fear and Rage），纽约：阿普尔顿出版公司，1929年，第222页，书中描述了"交感神经—肾上腺系统的应变功能"。

③ [美]戴维·波普诺：《社会学（第十一版）》，李强等译，北京：中国人民大学出版社，2017年，第21页。

会整体中的一个部分来进行考察，进而提出传播具有的三种功能。因此作为社会整体中的部分——传播对社会来讲具有功能作用，并且在社会的整体系统中传播的功能是能够发挥一定维持社会稳定和社会控制等作用的。拉斯韦尔说："我们感兴趣的不是切分传播行为，而是将其视为与整个社会过程相关的一个整体。任何过程都可以用两个参考框架即结构和功能来考察。我们的传播分析涉及其具体功能，能清楚辨析者有三：（1）守望环境；（2）协调社会各部分以回应环境；（3）使社会遗产代代相传。"[1]

早期论及传播功能的理论中，拉氏的"三功能说"是绕不开的研究路径，而正如功能主义本身存在的弊病[2]一样，传播的功能主义同样也饱受诟病。至20世纪70年代末，在传播学入华近四十年之后，中国传播学者未曾停止反思传播学中的意识形态影响，尤其是在二战之后和具有冷战时期的思维背景下所形成的由美国传播学者威尔伯·施拉姆奠定的传播学科，以及他所钦定的四大传播奠基人包括他本人在内的传播学家及其相关著作理论，他们的传播思想和理论具有强烈社会控制和社会管理意味。与此同时，中国一批优秀传播学者对以拉斯韦尔等学者提出批评，其中以胡翼青和高海波为代表人物。[3]胡翼青认为"所谓（拉斯韦尔的）三大（传播）功能，其实就是一种功能：传播的社会控制功能"。[4]胡翼青的批评不仅指向拉氏的传播"三功能说"甚至包括传播功能本身都应审视对待，因为在他看来若把传播功能当作一个学术落脚点，很有可能出现当有一百个受众需求出现时则就有可能出现对应的一百种功能说，因此仅从功能的角度特别是从受众的"使用与满足"出发的传播功能研究无法使传播学理论进一步往深处推进。[5]

我们不否认拉斯韦尔提出的传播功能是一种意识形态和社会价值引导下的传播功能说，包括在他之后的美国学者C.R.赖特，在拉氏的"三功能说"基础上提

---

①　[美]哈罗德·拉斯韦尔：《社会传播的结构与功能》，何道宽译，北京：中国传媒大学，2015年，第37页。

②　社会理论家罗伯特·默顿在《社会理论和社会结构》中对"功能"一词的批判："从最初开始，社会学中的功能方法就陷入术语的混乱之中。常常，一个术语用来表示不同的概念，正如同一个概念用不同的术语来表示一样。对术语的随意使用断送了分析的明晰和交流的恰切。常常是，因一给定术语的概念内容不知不觉地变换而使分析无法进行，并且当相同的内容为一组多变的术语弄得难以理解时，与其他人的交流也归于失败。只要我们对'功能'这一概念的变化无常稍做考察就能发现，由于功能分析的不同词汇，概念的明晰性是如何被严重破坏的，交流是如何被阻碍的。"见[美]罗伯特·K.默顿：《社会理论和社会结构》，唐少杰，齐心译，译林出版社，2015年，第107页。

③　[美]哈罗德·拉斯韦尔：《社会传播的结构与功能》，何道宽译，北京：中国传媒大学，2015年，第6页。

④　胡翼青：《超越功能主义意识形态：再论传播社会功能研究》，《现代传播》（中国传媒大学学报）2012年第7期。

⑤　胡翼青、张婧妍：《功能主义传播观批判：再论使用满足理论》，《新闻大学》2016第1期。

出的"四功能说"①（《大众传播：功能探讨》，1959）：（1）环境监视；（2）解释与规定；（3）社会化功能；（4）提供娱乐。以及拉扎斯菲尔德和默顿的功能观：社会地位赋予功能；社会规范强制功能；作为负面功能的"麻醉作用"。②早期的传播功能观都没有脱离社会监控和社会管理的思维，这确实有碍于当前学界对于人类平等沟通、和谐传播等相关议题的深化研究，甚至有"故步自封"的可能，也确有阻碍传播学理论深度构建的消极影响。

尽管如此，对于作为信息载体的寓言而言，我们要考察的是其作为媒介在传播系统中的具体传播功能，以及在社会文化生活中寓言的现实传播价值。当然，某种意义上从结构功能主义的方面来展开讨论也正如硬币的两面，难以避免该路径中的负面影响，比如意识形态、价值观等问题。但"如果摒弃意识形态的立场而走到学术的路径上来，结构功能主义是完全可以在传播功能研究方面深入拓展的"。③传播作为宏大纷繁人类精神交往活动中的一个方面—包含文化交流、意义沟通、信息分享等内容如同一艘驾驶在汪洋大海中的"忒修斯之船"，否定了组成其整体的部分，整体的存在也将十分存疑。因此，对于寓言作为媒介的传播功能是否具有研究意义的问题上，学者魏超做了一个较好的概括："语言文字（媒介）是传播的主要工具之一，如果放任这种对语言文字表情达意功能的否定，可能会直接导致对传播和传播学的否定。据说，人类是唯一使用语言文字的物种，被称为'符号动物'，如果把语言文字和符号都否了，那人类本身会不会也被否了呢？"④显然答案是不能否定的。

从社会学的功能主义角度看，"功能主义的社会学认为媒介提供社会的需求，例如社会凝聚力、文化延续、社会控制以及各种公共信息的广泛流传等，进而假定个人也将媒介运用在诸如个人引导、放松调适心情、信息以及身份认同等相关目的上"。⑤换言之，寓言作为一种媒介，在社会传播的整体中是具有一定功能作用的。不仅如此，除了这种在文学创作上有作为修辞的原始功能，"从中西方的寓言理论及其文学实践来看，寓言远不止是一种叙事文学类型，而是具有人类活动

　　① 郭庆光：《传播学教程》（第二版），北京：中国人民大学出版社，2014年，第100—103页。

　　② P.Lazarsfeld &.R.K.Marton："Mass Communication, Popular Taste and Organizational Action", in Lyman Bryson (Eds.), The Communication of Ideas, New York, Cooper Square, 1964.

　　③ 胡翼青：《超越功能主义意识形态：再论传播社会功能研究》，《现代传播》（中国传媒大学学报）2012年第7期。

　　④ 魏超：《老庄传播思想散论》，北京：中国轻工出版社，2010年，第71页。

　　⑤ [英] 丹尼斯·麦奎尔（Denis McQuail）：《麦奎尔大众传播理论》，崔保国，李琨译，北京：清华大学出版社，2009年，第328页。

的本体层面意义的文化模式"。① 也就是说：寓言产生之初或许只是为修辞而生，又或许只是为了修饰语言表达使其丰富并更加具备说服性而出现，但随着寓言的普遍化运用和不间断的历史延续，从动态的时间和空间范围来看，寓言就不再仅是一个修辞概念。寓言的外延在历史发展的纵向时空中以及长期存在于社会使用的横向空间中被不断被加深和拓展，因此，从动态发展的视角考察寓言并将其视作传播系统中的媒介来考察其在整体的传播过程中产生的作用与效果，就是提出寓言具有传播功能的假设前提。那么我们不妨对此论断做如下定义和假设：

定义：寓言是社会信息传播（文化传播、人际传播、跨文化传播）中的一种信息媒介。

假设：寓言作为一种媒介，在传播系统中能够参与传播活动并起到连接系统内各部分关系的作用，那么寓言则具有传播功能。

三、从说服到交流：寓言在传播中

寓言作为一种信息媒介其传播功能当然超越了一般的象征和符号作用，不仅如此，还起到人际交流、信息分享、文化传承等传播功能。如先秦时期的许多著作《孟子》《庄子》《韩非子》《战国策》等，包含了大量的寓言故事作为其思想观点的佐证，有说服和明理的效用，同时通过寓言的互文性增加了作品的美学价值。更为重要的是这些寓言故事不仅在当时体现出作者使用其达到说理明道的一种显性功能，对后世的人文底蕴形成和民间日用表达无形中发挥了一种隐性功能。再将这些功能在不同的情景中进一步详细划分，我们又可以得到寓言在不同传播情境下的不同功能。下面主要谈到寓言传播功能的三个方面：政治传播、教育传播和文化传播。相比拉斯韦尔提出的"三功能"，本文提出寓言的三个传播功能，并不涉及社会控制、社会监督等内容，而是强调在寓言原修辞功能作用下，在传播语境中的一般功能。当然，只从政治、教育和文化三个方面进行讨论主要是因为在这三种环境下寓言的出现和传播是有规可循的，正如胡怀琛先生所认为的有三类人最应该利用寓言、使用寓言，他们是政治家、教育家和哲学家。② "寓言"从说服到交流的作用，在三者身上表现为三种传播功能，说服与交流的作用交替出现，但是也强弱有别，一般而言政治传播以说服为主，教育传播二者兼有之，文化传播以交流为主。接下来笔者将从这三个方面出发，尝试分析之。

---

① 赵雅娟、吴亚南：《"观象"与"表征"：庄子与本雅明的寓言理论比较》，《中国比较文学》2017 年第 2 期。

② 胡怀琛：《中国寓言与神话》，北京：知识产权出版社，2013 年，第 9 页。

（一）"寓言"与政治传播

在政治活动中，传播是常见的活动之一，涉及方方面面，包括宣传、舆论、引导等等形式。"所谓政治传播，即政治信息在政治体系内外的流通过程，它可以表现为政治沟通、政治宣传、政治社会化，也可以表现为政治合法性的符号化建构。"① 可以说政治传播是社会文化传播的一个集中体现，由于所传递的信息内容纷繁复杂，所以通过政治内容的符号化表达可以起到减少传播中"冗余"或"杂音"的作用，有益于政治传播者更清晰和直观地向受众传递有效信息。因此，有学者认为符号化是政治传播中的必要起点，"即一方面用若干符号、概念来概括纷繁复杂的政治现象，另一方面将这些符号化了的事物纳入一个明确的价值判断体系之中，从而在受众中形成清晰的统一认识、统一意志"。② 虽然寓言产生之初并不是为了政治传播，但是在政治传播中，可以运用大量的寓言达到传播者的传播意图，这在古今中西都并不鲜有。所以从寓言本身具有的象征—隐喻特性就自然而然地满足了政治传播过程中"符号化"的这一功能需求，尤其是寓言善于将抽象事物提炼为符号的特点，并通过可衔接的感性认识——故事化情节加以表述，既有符号化表达亦能使符号通过情节得以有效传递。

下面这则寓言出自《庄子·天地》，就是寓言把抽象事物提炼为直观明了的语言符号的一个例子。

> 黄帝游乎赤水之北，登乎昆仑之丘而南望。还归，遗其玄珠。使知索之而不得，使离朱索之而不得，使喫诟索之而不得也。乃使象罔，象罔得之。黄帝曰："异哉！象罔乃可以得之乎？"（《庄子·天地》）③

这则寓言虽然有神话的痕迹，但是神话和寓言还是较有区别的。④ 黄帝在游于赤水和昆仑时遗失了他的玄珠。"玄珠"即"玄"之珠指的就是道真。让"知""离朱""喫诟"去寻找，但都"索之不得"，唯有"象罔"去找便寻得了。这里面"知""离朱""喫诟"包括"象罔"都象征着一些具有特殊含义的抽象概念："知"指"智慧"；"离朱"指"明察秋毫"；"喫诟"指"能言巧辩"，而"象罔"，据陆

---

① 潘祥辉：《传播史上的青铜时代：殷周青铜器的文化与政治传播功能考》，《新闻与传播研究》2015 年第 2 期。

② 许静：《浅论政治传播中的符号化过程》，《国际政治研究》2004 年第 1 期。

③ （清）郭庆藩撰，王孝鱼点校：《庄子集释》，北京：中华书局，1985 年，第 414 页。

④ 胡怀琛先生就讨论过寓言和神话之间的区别，这条界线则是：寓言的背后是包含一个真理或者道德教训的，也就是寓意；但是神话则没有这样的目的。参阅胡怀琛：《中国寓言与神话》，北京：知识产权出版社，2013 年，第 5 页。

德明释文："若有形，若无形，故曰眹而得之。即形求之不得，去形亦求之不得也。"① 成玄英疏："罔象，无心之谓。离声色，绝思虑，故知与离朱自涯而反，喫诟言辩，用力失真，唯罔象无心，独得玄珠也。"② 可知"象罔"指的就是离形去知，也就是能做到去寻找道真所具备的"黜聪明，忘言说"③ 为前提条件，才能寻得真道。这几个词和词组对应了十分抽象的概念，因而这些特指也就形成了与之相应的符号关系。所以，寓言是善于将抽象概念符号化的一种传播工具。而这一抽象出的符号概念正是响应了道家在政治上无为而治的思想，如《道德经》第十九章："绝圣弃智，民利百倍；绝仁弃义，民复孝慈；绝巧弃利，盗贼无有。"④ 就是让人们放弃世俗化了的"智""仁""巧"，同上文在《庄子·天地》中提到的"知""离朱""喫诟"有异曲同工之处，也只有放弃这些人工雕琢，才能得到利于民、有慈孝、无盗贼的和谐社会，就是道作用在政治管理上的具体体现。

寓言除了有能将抽象概念化、形象化进而符号化的作用，当寓言以互文情况出现时不仅可以增强语言文字的说服性，作为接受方来讲也是有益于达到"政治阐释"⑤ 的最佳效果。换言之，在政治传播中，使用寓言对于传播者来说可以起到增强说服力的作用，对于受众来讲则可以帮助他们去解读政治信息，因而通过读寓言来理解政治信息比直接释放信息的表述更能达到这一效果，正如歌德所说："意蕴总是比直接显现的形象更为深远的一种东西"。下面首先见一则关于如何在政治传播中增加"说服力"的例子。

邹忌修八尺有余，而形貌昳丽。……入朝见威王，曰："臣诚知不如徐公美。臣之妻私臣，臣之妾畏臣，臣之客欲有求于臣，皆以美于徐公。今齐地方千里，百二十城，宫妇左右莫不私王，朝廷之臣莫不畏王，四境之内莫不有求于王：由此观之，王之蔽甚矣。"

王曰："善。"乃下令："群臣吏民能面刺寡人之过者，受上赏；上书谏寡人者，受中赏；能谤讥于市朝，闻寡人之耳者，受下赏。"令初下，群臣进谏，门庭若市；数月之后，时时而间进；期年之后，虽欲言，无可进者。

燕、赵、韩、魏闻之，皆朝于齐。此所谓战胜于朝廷。（《战国策·齐策一》）

---

① （清）郭庆潘撰，王孝鱼点校：《庄子集释》，北京：中华书局，1985 年，第 414 页。
② 同上。
③ 参阅止庵：《樗下读庄》，北京：东方出版社，1999 年，第 119 页。
④ （魏）王弼注：《老子道德经》，北京：中华书局，1986 年，第 16 页。
⑤ "政治阐释"某种意义上类似于受众"媒介素养"，而在政治传播中，这种素养放在政治传播中则体现在受众如何解读阐释政治内容。参阅祖昊，荆学民：《政治传播中"政治阐释"之辩证》，《青海社会科学》2018 年第 5 期。

"邹忌讽齐王纳谏"①出自《战国策·齐策一》，是一个流传甚广的寓言故事。而《战国策》作为战国时期最有代表的政治著作既描写了战国诸侯如何称霸，又反映当时纵横家纵横捭阖之风采，刘勰在《文心雕龙》称赞《战国策》乃"一言之辩，强于九鼎之言；三寸之舌，胜过百万雄兵"，讲的就是书中或史实或杜撰的故事最后呈现给世人的这些寓言哲理，让人领略中国先秦文化的瑰丽奇葩。又因《战国策》的政治意味较浓，可以说就是中国传统文化中政治传播中的一个经典。其中大量寓言的互文运用皆体现出寓言具有较强"说服"和"讽谏"功能，如上述寓言中的邹忌通过照镜"问美于众"的故事让齐威王纳谏，用寓言故事让人接受意见的方法显然远比直接呈上谏言要高妙得多了，毕竟在传统社会君臣关系并非平等，想要让高高在上的君王听取臣下的意见是应多采取讽谏、婉谏等方式。②而寓言的"言在此，意在彼"的这种特征就非常符合巧妙谏言这一方式，也正是寓言特具"说服性"的集中体现，这放在当前社会也同样具有现实价值。所以，这就是寓言能在政治传播中发挥一定说服力的一个方面。下面再见一则故事名"海大鱼"③同样出自《齐策一》，来看看这则寓言如何在政治传播中起到增进受众"理解力"和增强"阐释力"的。

靖国君将城薛，客多以谏。靖国君谓谒者："无为客通。"
齐人有请者曰："臣请三言而已矣，益一言，臣请烹。"
靖国君因见之。客趋而进曰："海大鱼。"因反走。
君曰："客，有于此！"
客曰："鄙臣不敢以死为戏。"
君曰："无，更言之。"
对曰："君不闻大鱼乎？网不能止，钩不能牵，荡而失水，则蝼蚁得意焉。今夫齐，亦君之水也。君长有齐阴，奚以薛为？夫齐，虽隆薛之城到于天，犹之无益也。"
君曰："善！"乃辍城薛。(《战国策·齐策一》)

自大的靖国君王一开始显然是不纳谏的，也明确表达出君王一言九鼎"敢谏者死"的态度。而这个说客敢用三个字就想打动君王纳谏真乃兼备超凡的智慧和

① (汉)高诱注：《战国策》，北京：商务印书馆，1958年，第69页。
② 参阅陈谦：《论中国古代臣谏君的若干原则——说服学与传播学视角》，《东方论坛》2008年第2期。
③ (汉)高诱注：《战国策》，北京：商务印书馆，1958年，第73页。

胆识，他只给君王说了三个字："海大鱼。"任何人听了都摸不着头脑，再贤明的君主也不例外，自然勾起所有人包括读者在内的好奇心和求知心，于是"三个字"就变成了一堆建言与论证，而受众丝毫未感受到任何被迫接纳思想的感受，这些谏言反而变成了他们想听也愿听关键能满足其好奇心的"解释"和"答案"了。与此同时，这则寓言巧妙地使用了对话，[①] 赋予了读者以带入感，并且这则故事的情节曲折，先抑后扬，先堵后通的转折变化十分引人入胜。正如著名诗人学者公木在《先秦寓言概论》中点出寓言的魅力所在即是"把思想穿上衣裳，附以血肉，而使之形象化"，[②] 这也是寓言通过感性或以叙事或以抒情的方式将理性的思想在不经意间呈现于受众的功能表征。

除了这几则故事是寓言在历史尚远的传统社会中展现出在政治传播中的功能，在迄今不远的七十多年前，著名政治家毛泽东在1945年中国共产党第七次全国代表大会上作的闭幕词发表就有著名的《愚公移山》讲话，同样是一个善用寓言宣扬政治观点的当代案例。"愚公移山"出自《列子·汤问》，《列子》是东周人列御寇所著，历史久远，其中许多寓言篇目都凝结成了寓言成语[③] 并广为人知，如杞人忧天、朝三暮四、夸父追日等都是脍炙人口的成语。所以，毛泽东通过重新解读"愚公移山"不仅是为了提倡"愚公"坚忍不拔的精神契合现代人的价值追求，[④] 同时也是一个巧用富有情感同时充满哲理的寓言来传递政治信息的传播方式。

（二）"寓言"与教育传播

世界较早出现的寓言如古印度的《五卷书》、古希腊的《伊索寓言》，都比历史更久远的神话故事更进一步，不再像神话一般仅是一种先民对未知世界的萌芽认识和探索，寓言则是具备了一定的"人类社会的理性思考"和"具有发人深省的意义"。[⑤] 所以，寓言脱胎于但区别于神话故事，而成为一种初具理性思维和科

---

① 有学者认为"寓言"之谓"言"乃是至少两人以上人物产生的对话，且在对话中传递着不显的寓意。对"寓言"定义为两人以上对话确实有些偏颇也不符《说文解字》里对"寓，寄也"的理解，寓言之所以是"寓"自然强调其比喻的修辞作用，但是将"寓言"归纳为"对话"作为一般规律虽有失"寓言"本色但也未尝不是理解这种文体中一个常见的表现方式——人物对话，这作为传播学研究颇有些价值。参阅侯文华：《先秦诸子散文文体及其文化渊源》，北京：中华书局，2017年，第130-135页。
② 公木：《先秦寓言概论》，济南：齐鲁书社，1984年，第173页。
③ 按寓言又可以转变成成语、戏剧、小说等诸多形式，这将在后文的"媒介融合"中将论及寓言这一未来传播发展趋势。
④ 詹丹：《愚公形象的寓言式解读与现代主体的建构》，《上海师范大学学报（哲学社会科学版）》2012年第1期。
⑤ 罗良清：《西方寓言文体和理论及其现代转型》，北京：中国社会科学出版社，2015年，第88页。

学判断的媒介表达，是人类文化不断演绎的一个历史进程。正如意大利政治家、修辞家维柯在《新科学》里提道："人们学会的最初的科学应该是神话学或是对寓言的解释；因为，就如我们将看到的，任何民族的历史都肇始于寓言。"① 因而，当寓言披着瑰丽奇幻的叙事外衣，挟裹着哲理的内涵，同时传递着人类生活劳动中的智慧和思想，寓言无形中契合了教育的核心宗旨。古今中外利用寓言作为教化世人、教育青年儿童的例子并不罕见，如古代印度寓言代表作《五卷书》就是流行于印度青年人的课外读物；《伊索寓言》也曾作为古希腊人的学校教材，用以启迪和发展青年的智慧和心智。② 中国虽早在先秦时期就出现了寓言的身影，但真正有专门独立的寓言集是出现较少且形成较晚的，③ 成为学校教材和课外读物大约在 19 世纪末中国开办新式学堂时才从西方教育理念下引进为一种现代教学经验和方法。④

从文学发展的规律来看，寓言是在它之前民间神话和谚语不断发展的继承结果。⑤ 在这一继承中，寓言具有与神话相似的世界观，认为万物有灵、人兽相仿等思维，同时具备谚语、歌谣的简练性和通俗性，并且最为重要的是继承了谚语和歌谣的讽刺性，使寓言终形成这一特有的艺术表达风格。一直以来，这种蕴含丰富艺术表现的媒介表现，包括贴切的比喻、形象的拟人、巧妙的夸张等技巧使得寓言中的故事栩栩如生，作为艺术作品在唤起受众的审美情感后则将故事中的寓意信息在这一种"波澜不惊"且"润物细无声"情境下送抵受众心中。因而，特别是对于年轻人尤其是学龄儿童阶段的青少年教育，寓言这种艺术形式丰富且蕴含道德教训的表达是较适合于成为塑造人才、培育道德、滋养精神的学习材料和教育方式。学者陈蒲清对此总结过寓言可以运用在教育中的作用功能：（1）思维训练；（2）涵养道德情操；（3）引导观察和想象；（4）提高寓言能力。⑥ 不仅如此，胡怀琛认为在教育活动中，能灵活使用寓言甚至能够"随机编造"寓言去"启发儿童的灵性，增加儿童求学的趣味"这样产生的效力就是最大了。⑦ 这同样是孔子

---

① ［意］维柯：《新科学》（上册），朱光潜译，北京：商务印书馆，1997 年，第 184 页。
② 参阅陈蒲清：《寓言传》，长沙：岳麓出版社，2014 年，第 541—542 页。
③ 最早的寓言集名为《喻林》，明人徐元太辑，单行本极少见，《四库全书书目提要》中有提要；其次是民国六年（1917）沈德鸿（茅盾）整理编辑并由商务印书馆出版的《中国寓言初编》，是中国古代寓言作品的第一本寓言合集。胡怀琛：《中国寓言与神话》，北京：知识产权出版社，2013 年，第 21—22 页。
④ 参阅陈蒲清：《寓言传》，长沙：岳麓出版社，2014 年，第 545 页。
⑤ 参阅谭达先：《中国民间寓言研究》（中国民间文学理论丛书之三），北京：商务印书馆，1985 年，第 5—6 页。
⑥ 参阅陈蒲清：《寓言传》，长沙：岳麓出版社，2014 年，第 548—562 页。
⑦ 参阅胡怀琛：《中国寓言与神话》，北京：知识产权出版社，2013 年，第 13 页。

提倡的"因材施教"育人原则，也正是寓言的魅力所在：教育家能依据当时的人物、语境、状况、事件和问题根据自己的经验、学识当场编造出贴切情境并符合学生兴趣的寓言故事，则是寓言教育的最佳效果了。

上文是就寓言在内容上之于教育传播的功用，除此以外，由于寓言特殊的文本结构对于人类早期的认知学习具有构建意义。首先，通常能够作为流传甚广且具有一定教育意义教训原理的寓言多是寓言还没演变成长寓言之前的短寓言，短寓言则由便于记忆的长处；其二，作为教化世人、敦风化俗的许多短寓言多是民间生活的智慧结晶，能指导青年积极向善；其三，这些传统具有历史沉淀的寓言逐渐转变为成语、谚语等形式，更能在记忆储存后方便扩散和传递。所以，当寓言基于这些条件，在历史的涤荡后但凡还没被人遗忘且能世代相传下来的寓言故事，最后都逐渐化成了一个个的象征形象，便于儿童通过这一抽象出来的概念再认识世界。如听过"拔苗助长"的故事，都知道是欲速则不达的意思；听过"龟兔赛跑"的故事，也都能知道是坚持就能取得胜利的教训。诸如此类由寓言凝结成的寓意概括出来的人生道理和知识，就等同于心理学家让·皮亚杰在研究儿童的认知成长中提出的"基模"或"图式"（schema）概念。所谓基模（或图式），是一种特殊的心理结构，具有概括和转化（generalization and transfer）的能力。[①]而寓言概括出来的具有形象特点的哲理概念无疑是类似于皮亚杰所提出的这种认知—心理结构的，因此这也就不难理解为什么优秀经典的寓言总会出现在人类的早期教育中了。

（三）"寓言"与文化传播

寓言特有的双层结构常常使人们对寓言并不具有过强的思想防备意识，尤其是在文化上。人们通常只惯于把寓言当成一种民间百姓喜闻乐见的故事来看，当并不认为是某种思想的渗透或潜入。而宗教往往是最先将其作为在文化或思想上潜移默化地满足其教义宣传的一个工具。比如《圣经》中有许多寓言故事，而西方不少的关于寓言研究的著作大部分都是对《圣经》的寓言式阐释，或者从其他作品中找出和《圣经》相关的寓言故事并进一步解释其寓意。[②] 除此以外，在南朝末年传入中华的佛教文化也是通过佛经中的寓言故事达到其传播佛法教义的宗教目的。所以，寓言最开始作为"喻"的一种文体，更多是修辞学方面的讨论，

---

① ［美］大卫·埃尔金德：《儿童与青少年：皮亚杰理论之阐释》，周毅等译，重庆：西南师范大学出版社，1988 年，第 8 页。

② 罗良清：《西方寓言文体和理论及其现代转型》，北京：中国社会科学出版社，2015 年，引言，第 3 页。

但是当寓言在历史长河中不断积淀和扬弃后，在不间断的寓言创作中文本信息逐渐被赋予上新的功能，这首先体现在作者对在创作寓言中的"注码"活动就是一种针对性和目的性的行为，正如宗教类的寓言故事，其寓意目的最后总会落在启迪人心向善、敬畏神祇、阐明教义等宗旨上。

具体的在文化传播中的例子如《百喻经》是鲁迅先生在民国三年（1914年）捐赏、金陵刻经处刻印的一部来自印度的佛典，就是一部完全由寓言组成的佛典。《百喻经》全名《百句譬喻经》，天竺僧伽斯那撰，中国萧齐时天竺沙门求那毗地译，迄今传入中国约有一千五百年左右，也是中印文化交流上的一则佳话。[①]《百喻经》全书开头就是释迦牟尼佛为信徒们"广说众喻"，而"喻"指的就是寓言，并有偈语"智者取正义，戏笑便应弃"，就是让人们领悟佛理寓意，开悟众生，是当时佛教传入中国后让人们学习佛法的方便法门。[②]书中的寓言故事虽来自外域，但是故事内容与当地人百姓日用寻常生活无异，如《愚人食盐喻》《三重楼喻》《杀群牛喻》等等，虽有文化的异质性但却并不阻碍汉文化对这部外来佛典的接受和理解，就是得益于寓言的通俗性和广泛性。其中一则寓言《乘船失釪喻》寓言和《吕氏春秋·察今》中的"刻舟求剑"故事十分相似，这无形削弱了《百喻经》的文化异质性因子，因为有共同或相似的意义空间扩大了人们理解这部来自异质文化佛典的"解码"可能性，这都可以归为寓言传播功能中的文化互融性。在跨文化交流中，通过诸如寓言作为媒介以其通俗和广泛的特点不断出现在文本资料、口语传播、人际交往的文化互动交流中，使得文化交流交融的可能性逐渐增大，而中国历史文化中的儒释道"三教合一"就是一个实例。

同样来自异质文明的《伊索寓言》（Aesop's Fables）也是寓言跨文化传播中另一个典型。1608年传教士利玛窦所著的《畸人十篇》中出现了几则《伊索寓言》内容，是最早让中国人读到了部分《伊索寓言》故事的记录材料。之后在1840年广州出现了中国近代第一个较完整的翻译版本，名为《意拾喻言》，译者为英国人罗伯特·汤姆（清译名罗伯聃，Robert Thom）。比较有趣的是书中每页分为三板块内容：中间横排是中文，左栏是英文，右栏分别列有官话和广州话的拼音。此外，该翻译版本为了方便外国人学习中文还添加了罗马化的拼音。[③]书中序言解释道："吾大英及诸外国欲习汉文者，苦于不得其门而入……余故特为此者，……学者以此长置案头，不时玩习，未有不浩然而自得者，诚为汉道之梯航也，勿以浅陋见

---

① 涂宗涛：《鲁迅与〈百喻经〉》，《文献》1984年第3期。
② 参阅陈蒲清：《寓言传》，长沙：岳麓出版社，2014年，第408页。
③ 参阅周海丽：《跨文化传播视野下〈伊索寓言〉在中国的译转性特点研究》，河北师范大学硕士论文，2014年。

弃为望。"①《意拾喻言》的翻译不仅作为文化的引入，同时也成为方便来华人士学习汉语包括官话和广东话的语言学习教材。选取的《意拾喻言》（即《伊索寓言》）而非其他文体作品不仅是出于其在原生社会中广为人知的缘故，也是的外国人在学习新语言时较易达成文化上的共识和形成文化关联的认同感。因而，寓言在其成长的文化范围内一旦形成社会的共识文化，在跨文化交流往往会被优先选取为交流的使者，成为双方文明去认识对方的一座桥梁和一条路径，就是基于寓言的简短凝练和象征意义，以及寓言所具有的民间性质是便于交流和沟通的。而认同性的功能促成了寓言的经典化，让读者在似曾相识中得到情感的再次确认，在回忆中增强记忆的功能。②

余论：新媒体时代的寓言——一种融媒介的可能性

寓言作为一种叙事，如今已呈现为"泛寓言"态势，因之叙事学自 20 世纪 60 年代开始建立理论大厦起，也早已呈现为"泛叙事"状态。正如罗兰·巴特所说："人类只要有信息交流，就有叙事存在，所以可以说关于叙事的研究涉及人类社会生活的各个方面。"③又如美国社会学家伯格所言："我们一生都被叙事所包围这，尽管我们很少想到这一点。"④所以寓言在这种"鱼不知水，人不知空气"的泛化作用下，逐渐摆脱了原有的象征修辞功能。特别是当本雅明在《德意志悲苦剧起源》里将寓言从象征中独立解放后，寓言这种具象和抽象相结合的艺术形式就不再是单纯的修辞手段，而是一种表达方式，进而成为一种思维形态，成为传播活动中勾连人与自然、人与社会、人与人的信息媒介。不仅西方文艺家们如此批判，我国学者也同样如是认为，如胡怀琛认为寓言可以广泛地让哲学家、政治家、教育家等来相加利用，寓言不再屈服于象征、比喻的修辞的框架中，转而奔向更广阔的空间，可以为各种各样人使用，进而它所具备的"言此意彼"的双重结构在广泛地应用在各种事物的比拟和阐释上，因此其功能也在方方面面不断得以扩充。而一批批专门研究寓言的学者如公木（《先秦寓言概论》，齐鲁书社,1984）、谭达先（《中国民间寓言研究》，商务印书馆）、陈蒲清（《寓言传》，岳麓书社，2014）、林桂桢（《庄子寓言在读者剧场中的应用》，秀威资讯科技，2010）、罗良清（《西

---

① [英]罗伯聘（Robert Thom）：《意识喻言》（叙），Tile Canton Press Office，1840 年，第Ⅰ—Ⅱ页。

② 参阅罗良清：《西方寓言文体和理论及其现代转型》，北京：中国社会科学出版社，2015 年，第 39 页。

③ [法]罗兰·巴特：《S/Z》，屠友祥译，上海：上海人民出版社，2000 年，第 55 页。

④ [美]阿瑟·阿萨·伯格：《通俗文化、媒介和日常生活中的叙事》，姚媛译，南京：南京大学出版社，2006 年，第 1 页。

方寓言文体和理论及其现代转型》，中国社会科学出版社，2015）等在他们的著作中都表达了相似观点。正是将寓言视为介于叙事学和象征、比喻修辞中间产物的理解下（见下图），又加之寓言自身所具备的双重结构，使得它可以从经典的修辞中独立出来，进而演变为一种表达方式或一种交流范式。

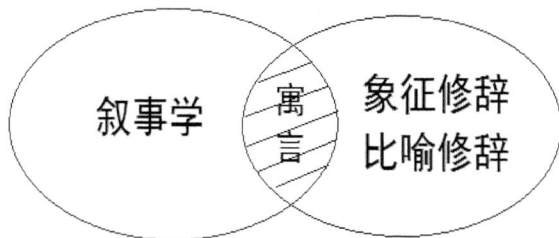

寓言和叙事、象征和比喻的关系

而概括上文可以得到寓言的政治传播功能体现在其符号性和说服性上；寓言的教育传播功能体现在其哲理性和概括性上；寓言的跨文化传播功能则体现在其文化互融性和认同性上。这三个方面的功能是寓言在历史中不断发展的结果，也并不会停滞，将会因人们愈来愈多的文化交流和文明发展而不断进化演绎。从传播学专业的旨趣来看，在突破一般修辞功能的新功能中，寓言的文化继承传播功能却是可以涵盖众多所有的，即寓言在文化历史发展中作为承载的文化信息的媒介本质所在。这其中包含着未被历史淘汰的、可继续传承后世的文化因子，而这些可继承、可发展的文化因子构成了今天的文明，也正是未来促进文明交流、社会进步的一个重要来源之一。

从寓言的传播发展来看，寓言在人类媒介发展史上颇可视为一种"融合"形态的媒介，因为其特有信息组成结构和功能特征，可以很好地吸收容纳其他形态的媒介，比如寓言在文化发展中可以转化为成语、谚语、诗歌、戏曲、影视、广告、短视频等不同形式的媒介进行传播。中国哲学中"体用不二"思想就是寓言其定义和功能可以统一发展的最好阐释，其本体形式在不断变化，如文体的变化，长短，字数，情节等；内容丰富，辞藻华丽；能独立成章，不再依附于文章等。[1]这些在发展变化的本体无形中在不断促使其功能的不断变化与扩展，为与小说、戏剧、绘画、影视、广告、短视频等其他形式结合成富含寓意的表达做准备。早期的寓言篇目短小，但为了达到更为丰富的内容表达和受众的满足与使用等要求

---

① 参阅胡怀琛：《中国寓言与神话》，北京：知识产权出版社，2013年，第32—38页。

下，文本逐渐发展为长篇幅的寓言或与其他文学形式的媒介相结合，如从先秦诸子寓言发展到东晋陶渊明寓言诗《桃花源记》，从《伊索寓言》逐渐发展到《拉封丹寓言诗》《克雷洛夫寓言诗》，再发展到现代寓言小说《格列佛游记》《阿Q正传》《1984》等，无疑都是寓言不断变化发展的表征。又如经典的寓言可以改编为绘画图册，影视戏剧，广告视频，用可视觉艺术的形式，在机械复制时代表达再现等。

　　总之，寓言的形态是可以根据文化需求包括媒介使用者的目的变化而不断变化发展的，并且能够融合视听等其他媒介要素在传播中多个层面多条渠道充分展现。所以，寓言依据其特征如象征性，可成为社会共识下的符号进行信息分享交流；其说服性，是演说演讲包括生活口语交流中具有说服力的"点睛之笔"；其哲理性特征，是教化人民、教育青年最好的人生智慧；其能在复杂事物中抽象出的概念和观念，可以构成人在形成认知方面的一个组成部分；其文化互融性，可以成为不同文化交叉汇合的衔接点，让寓言中的"民族性"作为跨文化交流中文化认同、文化交流方面的一个切入点和交汇地。总而言之，寓言这一具有言意两重境界的传播媒介，无论是过去还是将来都充满了无限的生命力和活力。

先秦诸子政治传播观念的思想根源（二）

——东周之前的思维特征

The ideological roots of the political communication ideas of the pre Qin philosophers (2)
——Thinking characteristics before the Eastern Zhou Dynasty

贾　兵 [*]

Jia Bing

　　摘　要：先秦诸子政治传播观念作为思想史上的一环，所依据的文化－心理机制有其显著特征，而这些特征又可追溯到上古初民的思维，把握住这一文化－心理机制的"一体化""人格化"特征，利于从思想根源上理解先秦诸子政治传播观念。

　　此题目分为两篇文章论说，第一篇结论是原初人类思维的初始动力和共同点。

　　此篇主要是基于对葛兆光先生的关于中国古代思维的结论进行探讨分析，从而论证中国古代思维或说初始思维的特征，通过对祭祀、图腾资料以及贝的考古发现进行分析和对比，发现古人有一种共同的思维模式、共同的终极动力：共生——一体化、同构；以力而尊卑——以卑己而屈从于主生之力。

　　Abstract: as a part of the ideological history, the political communication concept of the pre-Qin philosophers is based on the culture － psychology mechanism, which has its remarkable characteristics, which can be traced back to the thinking of the early ancient people. Grasping the "integration" and "personification"

---

　　*　贾兵（1979—），汉族，上海大学传播学博士，中国科学院心理研究所心理学博士后，现任教于广州大学新闻与传播学院；主要研究方向是传播学，心理学。

　　基金资助：国家社科项目"网络舆论场与社会舆论场互动的心理机制研究"（14CXW024）。

characteristics of this culture – psychology mechanism is conducive to understanding the political communication concept of the pre-Qin philosophers from the ideological root.

This topic is divided into two articles. The first conclusion is the initial power and common ground of primitive human thinking.

This article is mainly based on the discussion and analysis of Ge Zhaoguang's conclusion on ancient Chinese thinking, so as to demonstrate the characteristics of ancient Chinese thinking or initial thinking. Through the analysis and comparison of sacrifice, totem materials and archaeological discoveries of shell, it is found that the ancient people have a common thinking mode and common ultimate motivation: symbiosis integration and isomorphism; respect for strength Inferiority - to humble oneself and yield to the power of life.

关键词：政治传播；心理机制；思维特征

Key words: political communication; psychological mechanism; thinking characteristics

原始思维中的"求力保生"内容，既是终极目的，又是永恒进程，这一进程本身所体现出的思维基点有二：万物一体化和万物人格化。

无论是图腾还是神、神话，其实质都是崇拜的表象。崇拜的原动力是求得更好地生存，基于实践的这个观念——即力量的大小是生存质量的决定因素——是将原动力演化为崇拜表象的指导因素。这一演化过程，建构并强化了原始思维的主要特征，即：以生存为目的，以力量崇拜为中心，以泛人格化、宇宙万物一体共生为主体。

对这种思维特征的勾勒，最初出现于西方学者对图腾和神话的研究。在东方体现在贝、玉、货币的关系建构中，而《周易》《周礼》是这种思维的初次系统呈现。

对中国民族性和中国人人格类型的假设，可以从中国宇宙论那里获得指引，这种宇宙论把人们从各种震慑的教条和罪的戒律中解放出来，让他们跟宇宙形成了一种两不相害的人性关系。[①]

一、各家观点的不足

关于中国古代思想的研究成果汗牛充栋，但学术性的不多。

---

① 〔美〕牟复礼：《中国思想之渊源》，王立刚译，北京：北京大学出版社，2009年，第27页。

牟复礼《中国思想之渊源》说："不论古代中国人怎样承认或崇拜神灵以及神灵之力的存在，在他们宇宙观后限阈下，没有哪个神灵被尊崇到凌驾众神万灵之上，出乎宇宙六合之外，绝于气化生息，据于因果之端，主宰万物存殁。"[1] 其实，在中国古代人眼中，人格化的天，就是这种绝对意义上的主观存在；古代中国人视整个宇宙环境（除地、鬼、人外）为一个人格化的存在，或生命意义上的存在。他认为，中国人无法严肃地对待"罪"是"和"所运作的有机体宇宙的模式对中国社会产生的影响。"在这个宇宙里，没有哪个部分的存在全是错误的，世上的万物莫不如此，即使是那些由于暂时失衡而导致的不协调（disharmony）。恶不能作为一个积极和主动的力量存在，也没有被令人恐惧地人格化。"[2] 事实上，不是没有人格化，而仅是没有明说而已；或者也可以理解为，中国人不认为力量本身有善恶之分，而要视其拥有者如何运用，从这个角度来说，力量本身，无论善恶，的确没有被人格化；而事实上，中国人不认为力量本身是独立存在的，中国人认为力量有其所有者，这个拥有力量的——即力量的存在，被人格化了。

李泽厚《中国古代思想史论》认为，孔子讲"仁"是为了释"礼"，与维护"礼"直接相关。"礼"是以血缘为基础、以等级为特征的氏族统治体系。要求维护或恢复这种体系是"仁"的根本目标。[3] 我想说明：礼的起源未必是以血缘为基的，也许当时人们认为，人间个体的力量，在神的神秘力量面前，都是一样弱小的——证据是：古人祭祀的都是神（天地祖三类），而没有涉及任何活着的世间人，这很可能反映出当时人们的观念，即：人类之间没有理由同类统治，就力量来说，是不存在大小之势的，所以也没高卑之位的区别。

李又说，"君子笃于亲，则民兴于仁"，参以孟子"亲亲，仁也"，"仁之实，事亲是也"，可以确证强调血缘纽带是"仁"的一个基础含义。"孝"、"悌"通过血缘从纵横两个方面把氏族关系和等级制度构造起来。这是从远古到殷周的宗法统治体制（亦即"周礼"）的核心，这也就是当时的政治（"是亦为政"），亦即儒家所谓"修身齐家治国平天下"。[4] 我要说明的是：亲亲是仁，能反映血缘是仁的一个基础含义；但：为什么会将此视之为仁？还要归于"仁者爱人"这一理念？形而下之，力所能及的就是事亲，由此看出，并不是强调血缘，只是，限于当时的情况，事亲，是践于仁最易做的，所以才说亲亲，意即做到亲亲，也就是属于仁的范畴了。这样看，提出仁，并不是在强调血缘，只是"孝""悌"是最便捷的

① 〔美〕牟复礼：《中国思想之渊源》，王立刚译，北京：北京大学出版社，2009年，第23页。
② 同上，第27页。
③ 李泽厚：《中国古代思想史论》，北京：人民出版社，2003年，第10页。
④ 同上，第11页。

行仁途径而已。如果再联系身家国天下四层，则可知其目的是建构一种理想的、由理想角色期待构成的秩序，力图去消弭"势"中强力对生命的威胁。

李又举"子大叔见赵简子"。简子问揖让周旋之礼焉。对曰：是仪也，非礼也。简子曰：敢问何谓礼。对曰……夫礼，天之经也，地之义也，民之行也。…民失其性，是故为礼以奉之……。哀有哭泣，乐有歌舞，喜有施舍，怒有战斗；喜生于好，怒生于恶，是故审行信令，祸福赏罚，以制死生。事实上，子大叔之礼，是天之经、地之义、民之行，三者相吻合的那种状态。为什么以此为礼？很可能因为，他模仿了拥有神秘力量的天神、地神、人神的行为模式，认为顺从它们——就像顺从人间之强力、如经验中那样——就会免受其害，得保其生。证据是：其认为民之性即天性，即合于天的要求的那一部分或状态，所以提出礼，就是规范人的行为重合于天性，其实在保民之生；又认为"生生"是仁，仁是礼之本，即根本目的在"生生"。

李认为，"仁学"思想外在方面突出了原始氏族体制中所具有的民主性和人道主义，"仁"不只是血缘关系和心理原则，它们是基础；"仁"的主体内容是这种社会性的交往要求和相互责任。与外在的人道主义相对应并与之紧密联系制约，"仁"在内在方面突出了个体人格的主动性和独立性。孔子用心理原则的"仁"来解说"礼"，实际就是把复兴"周礼"的任务和要求直接交给了氏族贵族的个体成员（"君子"），要求他们自觉地、主动地、积极地去承担这一"历史重任"，把它作为个体存在的至高无上的目标和义务。[①] 正是从这个落实的角度，孔子才提出亲亲即仁。正如李所说，孔子指望的是贵族成员，即拥有强力势的一方，但孔是否就忽视了势弱的一方？强调贵族，是着眼于现实，基于那种模仿思维，认为王模仿天，臣民模仿王，孔子在这里只是着眼于树立榜样或说角色期待。孔子的社会角色，都是活生生的，仁与爱兼备的。

但是，也正是基于这种仁与爱，作为主体的人，是凸显了还是消退了？若认为，天性即人的根本，则，孔子之角色是完美的天性之选。问题的关键是，孔子的天性，是在基于对神秘力量的畏而提出的，即孔子的天性，前提就是承认了势的存在，只是要求卑者如何自觉地去顺从尊者，臣民顺于君，君顺于天。即使不考虑"天性"是如何来的，又要去何处，单就孔子重视天性而言，在已有孔子相关论述中，仿佛只关注仁与礼，无论是自修还是处理人际关系，人在孔子眼中，只是秩序中一个位置，即谁在这个位置都无所谓，什么东西在这个位置都无所谓，关键是要守分，依照角色期待去做。这虽然有当时的社会失序背景，即孔子本身

① 李泽厚：《中国古代思想史论》，北京：人民出版社，2003 年，第 17—19 页。

的学说，目的就是解决这个社会失序问题，建构一种理想的秩序，一种依据自律的秩序，但是，他的解决方法是以残缺人格为代价的，且不说其没来得及论述人格的结构，即便单就功能而言，孔子的人格也是单一的，尽管这单一的人格，从道德角度看，是至高至善的，但也无法弥补其残缺所带来的失衡或扭曲。更重要的是，孔子没能论及人格的其他方面的原因。很容易得出这个结论，即，如果他的仁得到每个个体的认可，那么失序问题完全可以彻底解决。这就是说，孔子立说，也仅是为了解决社会失序，或者说最终就是为了建构新的势能秩序，即这就是终极目的，不再有建构新的势能秩序又为了什么的问题了，不可能是为了更好地发展人格，若是以此为终极目的，他就不会始终围绕着秩序而论，也不可弃人格残缺而不顾。由此观之，孔子以"仁""爱"为口号，表面上重视人，实际上是让人自动消失；或许这不是孔子的本意，但如果依了他的学说，则人必然会消弭于势。老庄与孔子不同，他们直接要求人自动消失。

孔子的人的人格残缺吗？孔子认为人分君子与小人，仁是对君子的期待。这至少表明他有人格歧视，退一万步，他之所以提出仁，是基于当时多数人不仁，所以才呼唤君子。当时多数人不仁，孔子认为是贵族不仁在先，即强势不仁造成的，因为孔子认为弱势自然是模仿强势的，或主动或不得已。即，力量的秩序是由强势主导的。强势只需自律即可。那么，为什么要认可这种基于物质力量的势？要知道，正是基于对这种势的认可，人格中非仁的那些内容才一次次冲垮依靠道德自律的仁。不考虑为什么仁被屡次冲垮，只要求自觉修仁，就如同不考虑为什么会屡有楼歪歪楼脆脆，而只鼓励地产商搞建设一样。人之成为人，首先要独立，人格也一样，社会属性只是一方面，也有自然属性，要两手抓才行。当然，势卑观念在孔子时代已成为文化心理积淀，是很难跳得出的。但是，就其"仁"本身来说，其强调自律、自觉、自知的自主意识，却是可以独立于任何背景而作为人格目标的。

葛兆光著《中国思想史》。葛认可人类学家关于古代原初思维的观点，并将其归纳为三点。在此，我觉得有必要在这个归纳的基础上做进一步的引申。

关于第一点。上古人类认为世界上有"神秘力量"存在于普遍的事物与现象之中，人们如果可以掌握这种神秘力量的法则或密码，人们就可以采取积极的方式（法术）或消极的方式（禁忌），来运用或躲避，这种规则一般是依靠联想而发生效力的。中国古代模仿自然、道，发展而为模仿上古先王——前提是他们依据积累的知识认为有上古先王，附加上他们从经验习得模仿自然是正确的即合目的的生存方式——当然这需要证明、证据。总之，在这个过程中，又有了力不从心进而想象的演绎，即神秘力量的存在。

关于第二点。上古人类对于事物的分类与现代不同。他们相信，一切相关的事物与现象之间，有某种互相影响甚至是决定性的因果关系。[①]他们为什么会有这样的追求？应是基于他们特有的生活经验及随之而生的求知方式，尤其是在中国古代，他们擅长一种整体的、框架的思维方式，这与系统不一样，系统里也追求各元素的细节，但先秦的古人，不追求细节，只追求那种大化的匹配，这大概也是导致生硬地将数术之理用到人事社会，即易，或者也是相互影响的，最终阻碍了对事物的进一步细化认知，影响了自然科学的发展。或者说，他们只需求得一种结果，一种逻辑解释即可，甚至在那种经验尚不足的情况下，只需一种匹配就足以说服他们的一个疑问。很不幸的是，这种基于观察的认知——思维模式，在感官世界，或不借助更精密仪器的身体世界中，常常能模模糊糊地说得通。最主要的原因，我认为是，正名之举，没能得到贯彻。对于正名，至少有三层：（1）思维层面，"名—实"确认思维、语言工具与现实的一一对应，这是基于当时语言发展到可以脱离现物而运用的地步的现实，提出重新形而下之，有正反两面影响，若真能做到一致对应，确能引向认知的深化，若不能，反而阻碍了形而上的思维发展；（2）社会层面，"名—分"确立并规范秩序，即角色与角色内容的对应，即每个角色应该怎样言行，即社会的角色期待，即清晰社会秩序、结构，其关键有二，第 ，这里的名对应着分，即职分（今天也有"分内之事"、名分，孔子有"不在其位不谋其政"，指涉就是"名分"应一致），第二，名又引申为一种公认的社会道德规范，即"名正言顺"；（3）人性方面，"名—知—行"对理性的信仰，认为人一旦认知了真相、认可了知识，就能自觉地依"名"所指示的知识而行事。

关于第三点。当这种思维与话语的权力从大众转向少量精英时，思想史就开始了。一些最能干的人垄断了对世界现象与神秘力量的解释，并把它们转化为一种秘密的知识和技术，而这些知识和技术是可以普遍适用的，如祈雨、禳灾、治病及沟通人与鬼神等等，当这种权力进一步集中，就形成了文化的"卡里斯玛"（Charisma）即思想的权威[②]，弗雷泽说，"君主制的出现乃是一个使人类从野蛮状态脱离出来的基本条件"，因为"人类再没有比民主的原始人更加受到旧传统与习俗的严重束缚的了，任何社会再也没有比在那种状态下前进得更加艰难和缓慢的了，旧的观念以为原始人是人类最自由的人，这恰恰同事实相反，那时，他确实是一个奴隶，虽然不隶属于某一个看得见的奴隶主，但却隶属于他的过去，隶属

---

① ［法］克洛德·列维－斯特劳斯：《野性的思维》，李幼蒸译，北京：商务印书馆，1987年，第16页。

② "卡里斯玛"（Charisma）本是指某种特殊的超自然的人格特质，据说它可以通过某种渠道遗传或继承，具有它的人即具有支配的力量，而被支配者就会产生对它完全效忠和献身的情感。

于他已经死去的祖先们的阴魂"，所以弗雷泽特别批评"一些蛊惑家、梦想家"把上古说成是"人类的理想国度和黄金时代"。[①] 这里要分两种情况，有的是故意蛊惑，有的是在借鉴历史或利用历史，这些是有意识的；只有那些无意识的，才是隶属。

葛先生接下来对中国古代思维特征的论断，自成一家之言。尽管我对其立论前提持质疑态度，但是，我认可他的论断中所体现的对于万物一体共生、万物人格化的重视。葛先生认为，中国古代思想世界一开始就与"天"相关，在对天体地形的观察体验与认识中，包含了宇宙天地有中心与边缘的思想，而且潜含了中国古代人们自认为是居于天地中心的想法；由天地四方的神秘感觉和思想出发的运思与想象，是中国古代思想的一个原初起点，它通过一系列的隐喻，在思维中由此推彼，人们会产生在空间关系上中央统辖四方、时间顺序上中央早于四方、价值等级上中央优先于四方的想法，而当这种观念与神话相遇，就会在人间的意识与仪式中形成中央之帝王与四方之神祇的整齐神谱，当这种观念延伸到社会领域，就会成为中央帝王领属四方藩臣的政治结构的神圣性与合理性依据。[②] 这种推理明显不对，由诸子论政可知，诸子多数之论皆不认为帝统是一种理所当然，而是认为这是众人为了更好地生活而采取的公认的方法；或认为是天选其人以更好地牧民。但是，若不考虑这个逻辑，单就其论点中对万物一体、万物人化的论断来看，我是认同的。但也要指出，葛先生并没有指出一体化、人格化的由来；正如其上文所论，他也直接将这种思维特征作为"原初起点"。而指出其由来，正是本文着力点之一。

葛先生认为，象征天地的器物与解释宇宙的知识，由于前者拥有与天地的"同构性"和后者拥有解释的"权威性"，所以也含有神秘力量，并成为一种技术，但是，这些器物并非全体所有，这种技术也并非人人皆有，只有同时拥有权力与知识的人才能拥有它，于是，神秘力量也就成了少数人的专利，思想也就成了思想者的职业，"巫"与"史"的形成，及其与"王"的卡里斯玛的合一，虽然破坏了上古平静的气氛、简单的心情和平等的社会结构，但是，它却真正使"思想"从实用的、个别的、具体的、一般的意识活动中分离出来，一方面提升成为具有普遍性的、指导性的"观念"，一方面具体化为制度性的、可操作的"知识"。葛先生还具体地论述了三代时期对神秘力量的人格化问题，也讲重点是"祭祀"与"同构（万物人格化的一种表现）"。

---

① 葛兆光：《中国思想史》（第一卷），上海：复旦大学出版社，1998年，第81—83页。
② 同上，第88—89页。

　　当我们阅读简短而古老的卜辞时，我们就可以看到，在卜辞中，殷商人不仅已经把神秘力量神格化，而且已经把它们大体组成了一个有秩序的神的系谱。在这个系谱中，第一个重要的当然是殷商时代神灵世界的最高位"帝"，"帝"在甲骨文中间，还大体可以看到它的本义是花蒂……也就是说蒂是花的根本所在。……很可能以"帝"这个字来表示生育万物的"天"，是很早就有了的。在殷商的卜辞中，"帝"渐渐有了诸神之神的权威意义，在甲骨文中可以看到，殷商人心目中，他可以"令雨""令风""令霁"等等，而他又似乎高高在上，不享受生物或奴隶的牺牲，不受人间的祭祀，与先公先王先祖也没有血缘上的联系，它是一种超越了社会与人间的自然之神。①

　　在殷商卜辞中还可以看到的更重要的现象是，除了"帝"，殷人敬畏的神鬼，其秩序的结构与上古以来的天地四方观念很有关系。首先是关于天体天象的……值得注意的是殷人祭祀对象中有"东母""西母"……其次，与天象对应是大地，殷商卜辞中关于大地的神祇有多种多样……值得注意的是"四方"或"五方"的观念在生活与祭祀中的发生。自从上古以来，人们最早就是以日出日落为判定东西方向的依据，"东"字即日在木中，西字即日栖于木；后来又以星辰来判别南北方位，天空中一切都在向左旋转，但有一个永恒不动的地方，那里的一颗星辰就是北极星，当然相反的方向就是南方……陈梦家曾引多例说明，殷商人不但对四方有确切的认识，对四方神有固定的祭祀，而且对四方有固定的顺序，即东南西北，像《甲》622 的四戈、《粹》907 的四土都可以为证，②而《鹖冠子》《淮南子》以及纬书中记载的东南西北的斗柄转向、春夏秋冬的四季顺序，则说明这种观念的源远流长。

　　从甲骨卜辞中我们已经知道，继承了远古的传统，殷商时代已经有了相当完整的空间秩序观念，大邑商是天下之中，四夷是四方，除了在天的中央有象征了始基意识的"帝"之外，殷商时代还有地之中央象征了大地的大邑商的社神，③而以"东""西"命名的很可能是"帝"之辅佐的"东""西"神祇，四方又各有其神。他们相信，自己所在处是中央，而四夷就是四方，他们头顶上（颠）是天，四方都围绕着他的头上的"天"在出入旋转。上下四方——六合——之内，都有神秘的力量，这些神秘力量也像人间一样，有一个整饬的结构。④

---

①　陈梦家：《殷墟卜辞综述》，北京：科学出版社，1956 年，第 580 页。
②　同上，第 574 页。
③　连邵名：《甲骨文"玉"及相关问题》，《出土文献研究》第一辑，北京：文物出版社，1985年，第 242 页。
④　参见：葛兆光：《中国思想史》（第一卷），上海：复旦大学出版社，1998 年，第 91—94 页。

很难说当时人间是否有整饬的结构，也可能人间结构是模仿天而渐渐整饬。空间，进而空间的神化，应该有很大的一个进程，至少要涉及"神""祭"。这引出了最重要的一点，即：对已有的、积累的知识的高度认同、信任，也可以说，最初的缓慢的知识积累过程，应该是多认同而少批判的，这也可反映在对"巫""史"的重视、信任上，或者也是反过来的逻辑；这也是前文所说"人类再没有比民主的原始人更加受到旧传统与习俗的严重束缚的了，任何社会再也没有比在那种状态下前进得更加艰难和缓慢的了，旧的观念以为原始人是人类最自由的人，这恰恰同事实相反，那时，他确实是一个奴隶，虽然不隶属于某一个看得见的奴隶主，但却隶属于他的过去，隶属于他已经死去的祖先们的阴魂"。这可能是因为：当时知识少；还没有人有意识地负面地利用知识，至少尚没有如战国时诸子那种任意解说古籍，也没有为纠正现实而提出"正名"，正名，不仅仅是整顿思想，虽然都有一种整理和规范的意思，但正名似乎更根本是要言之真、行之实，道德自律，其依据和归宿都是对知识的信赖，对人性的信赖。所以对不谈人性而只谈自然性的道家而言，就干脆忽视言。两者都是基于对当时语言发展到能独立的程度并产生了在当时看来有负面效果的事实时而作出的反应；一种信赖人性，就主张有作为地正名；一种主张天性（自然之性），就主张直接去除语言，很可能是看到了人性的另一面，继而不再信赖人性。

葛文是依据古人之祭祀的资料而得出古人关于空间方位的认知；那么，古人为什么要祭祀？要知道，很可能就是这种祭祀，奠定了"势"的观念、对力的畏惧，形成了"卑"的心理——很可能与后来的"谦逊"有关。葛先生认为，上古人对生死力量有一种天然的崇拜，这种崇拜引起对一切起源的好奇与探索。其实，这种好奇首先就出现在人自身的来源上，最初他们相信，人类的来源是在女性，辽宁喀左县东山嘴红山文化的孕妇陶像、青海柳湾三坪台马家窑文化裸体女神陶罐，似乎都可看作是这种好奇的佐证。不过，自从男性成为社会的主宰力量之后，这种生育繁殖、作为人类始基的"祖"字，却是指的男性，在古代人心目中，是这些男性祖先的生殖，使人类一一降临在这世上，因此，他们也相信，男性祖先的灵魂，也能护佑子孙的繁荣平安，于是，他们要对祖先的亡灵进行祭祀。

这种解释太勉强：祭祖是求祖先灵魂护佑子孙的繁荣平安，或说求身外另一个地方的祖先保护子孙，至多，这仅是一方面的原因，因为，祭祖，很多情况下不是为了祈——甚至，这种祈也是基于对人性自私而提出的——也可能是为了告慰、为了报恩，或进行另一种方式的赡养，或单纯地为了沟通另一世界。若后面的解释也有成立的可能，则所谓的祭祀，其沟通价值就大于其趋利价值。埃里克·J.夏普在《比较宗教学史》中也认为，由于神圣动物所具有的神性，通过分享它的血肉，人与神的联系遂得以建立起来。在《闪米特人的宗教》当中，罗伯逊·史密斯根据麦克林南的图腾理论和爱德华·泰勒的"社会遗留物"概念，结合自己对阿拉伯半岛社会习俗的考察，重新讨论了"献祭"的问题，指出献祭并非基于神圣纳贡观念，而意在建立人神之间的交流关系。不过，该书也指出，用来献祭的物品，便成为一种神圣的动物或植物，即图腾圣物。考虑到通常祭品是最利于生、对生来说最珍贵的物品，由此可知，无论其直接目的是求保佑、还是交流告慰、还是报恩，其最终目的仍是"借力保生"。

葛先生认为，当古代祭祀仪式与宗法制度渐渐被政治的权威与普通的民众确认之后，在这些仪式和制度中包含的一套技术，就可能被当作是很实用的生活策略而普遍适用，而背后隐含的一套观念就被当作是天经地义的东西而不必加以追问，人们在这些仪式中获得生活的安定，也从这套制度中获得秩序的感觉。这些精通仪式和制度的"祝""史""宗""巫"，在操作中就成了后来被称作巫者或术士的角色，在解释中就成了后来被称作知识人或思想家的角色，而这些被仪式和制度确认、又被人们悬置起来的观念性内涵，就成了"普遍真理"，从这些真理的不同解释中引申出来的很多思想话题，就可能成为思想史的资源。①

我觉得这一总结不到位。祭祀仪式，通过一个集中的活动来再现或强化一下人际交往中一些规范，表达一下对这处规范的认可；人际交往规范就是所说的宗法制度，即各种角色期待构成的一个系统。从以上两层来看，其中的技术是什么呢？哪些可用作日常生活中的策略呢？如果勉强说的话，将天文现象、人间历史、现世时事作模型化理解，最天然、最易被发觉也是最易被乱用、误用的，就是时间的先后关系，地理空间的联系，血缘的亲疏关系；很可能一个天文变相之后，出现了人间的变相，就可能被联系起来。尤其是基于对先人关于春夏秋冬天时记录、空间方位的记录、生活经验的记录绝对信赖的心理，对史籍的信赖有了可观的参照系；在其思维尚未足够发达的情况下，认可时间先后为因果的联系，很容易过渡。以上只是说勉强，因为，祭祀，未必仅是强化现存世界的秩序，也未必是最好的方法或说未必是最直观、有效的方法，即使说是强化，也是通过强化"亲""尊"等理想关系而暗示现世中人应该如何交往。由此，可以假设：祭祀，很可能是出于一种对未知的神秘力量的畏惧，因为其大祭、中祭都是祭的"天（很可能更多指代的是时间，即天时）""四方（空间）"，具体说是神格化的天与四方，从某个方面来说，也是人格化了的天与四方，这些与宗法所指涉的人际交往关系似无直接联系；而将这种大过祖灵的祭祀，归因于简单的对源头的好奇、对生之

---

　①　葛兆光：《中国思想史》（第一卷），上海：复旦大学出版社，1998年，第112页。

源的追寻，是远不足以服人的。从祈福角度看，他们是基于对其（神）的依赖，对其力量的恐惧，这恐惧源于神鬼能左右他们的生命，直接说，是能夺去他们的生命，总之，是对危及生命的神秘力量的恐惧，这种恐惧在现实中被一次次强化，无论天灾还是人为的战争，渐渐形成了对这种神秘力量的模型化认知——很可能是模仿或借鉴的人世间的实力关系，只要及时地贡奉，满足其欲求，其就不会再强为其他诸事，简单地说，就没有理由再来害人了。这可能是生物自然的求生的本能，加上对欲望的最基本的理解。正是基于这种畏，现实中，才将这种力量高高奉起，形成了一种高低之势，这种势又反过来催生了弱者的一种自卑心理。简单地说，（1）力量的大小差别形成了一种自然的势；（2）在"求生之欲"（也包括求利之欲）的关照下，认识到自己保生之力的不足，即认为并认可了自己处于弱势，外界有危及己命的强势力量；（3）得出相对于强势力量来说自己是"卑""微"的观念。这又进一步催生了现实中有实力者对力的依重，也许有些人已认识到，其力不必绝对地大，而只需相对地大，即只要足以形成一种利于己的势就可以了。尚力，催生了战乱。有识者认识到完全依赖生理之力有相当大的危害，他们就想出自己认为最合适的方法来化解这种危害，直接地说，就是如何更合理地、合仁义地利用力来保势，进而追求更大的利。基于对人性的认识、对人生的认识的差别，儒、道、法等诸子所提出的方法也有差别，但其原始出发点可能相似。

关于葛先生文中所举的同构化思维的一个例子，我觉得完全可以做出另一层的解读。据说，孔子在一次回答言偃的话里说，"夫礼，必本于天，殽于地，列于鬼神，达于丧祭射御冠昏朝聘"，[①]《礼记·礼器》中又说，"是故昔先王之制礼也，因其财物而致其义焉尔。故作大事必顺天时（葛文注：大事，祭祀也，《春秋传》曰：启蛰而郊，龙现而雩，始杀而尝，闭蛰而烝），为朝夕，必放于日月（葛文注：日出东方，月生西方）为高必因丘陵（葛文注：谓冬至祭天于圜丘之上），为下必因川泽[②]（葛文注：谓夏至祭地于方泽之中）"。[③]

首先要说明"月生西方"，是囿于前人经验而未能仔细观察验证的一例——新月的最初一次，看似在傍晚的西面，因其太小，白天不易看到其自东而西的实况，外加：囿于那种特殊的思维认可，东西的对称与日月的对称。这里的关键是：这种匹配祭祀的理由或说最初的诱因是什么？仅仅是生物对春季"苏醒"特征的一种本能反应，即对肃杀冬季之后"给暖"的一种感恩回报或纯粹的愉悦？夏季祭地，相应地就是对"生长"的回报，加上愉悦，可能当时已感知到暖之源在日，

① 《十三经注疏》，电子版《文渊阁四库全书》，1999 年，第 1415 页。
② 同上，第 1440 页。
③ 葛兆光：《中国思想史（第一卷）》，上海：复旦大学出版社，1998 年，第 127 页。

生之本在地，这样说的话，何时将日与天联系起来的就是关键。如果还有别的缘由，可能要考虑：为何先天而后地，最后才是祖先之灵或说代表本类的神？首先，这种顺序意识是肯定有的，[①]东南西北，春夏秋冬，因次这种顺序也肯定代表着一种秩序，一种主次观念，即一种"势"的观念，这种观念中已含有自己处于弱势的"卑"的心理特征。这就表明，葛先生所说的人类最先自然思维到的中央统辖四方，其解释力度不足，那种天圆地方，也可能与人类的生理特征有关：（1）眼对外界的视角特征，要看到周围，必须转一圈，这样自然就形成了一个视角中心，而且最关键的是以己为中心；（2）以东为先，正如葛先生所释，东，本意即日出，即源于对太阳的依赖，是生理上的依赖，太阳代表了光明与温暖；这也能解释；（3）为什么先上而后下，即先天而后地，关注太阳，自然关注上方；（4）不是说就没有关注地，可能是生于其上而未自知其意义之大，因为，古人自始至终对地的认识，都是产育充饥之食的功能，尚未发现关于其提供立足之基的文献；毕竟饥不是一直的，而动态的日，变动的光明与黑暗，冷与暖，是直观的、直接的，饥饱的感受要与地联系起来，中间有食物的一环，间接了。古人是意识到了地的势的，比如将之仅次于天；之前设想的，只是为什么将地次于天。基于这种由势而生的卑，加上对自然物的神格化或说超人格化（也应视为是人格化的一种，一种特殊的人格化，即表现出的神格化），加上对己欲的认知——为欲而为，是祭祀的动机。

葛先生认为，作为"空间"的宇宙，在殷周人心目中投射了一个根深蒂固的深层意识，即以中央为核心，众星拱北辰，四方环中国的"天地差序格局"。这种宇宙结构给他们提供的一个价值的本原，就是这种"差序格局"是天然合理的，因为它是宇宙天地的秩序。[②]祭祀是在追求建立一种上下有差别、等级有次第的差序格局。这里首先要注意：是天地宇宙的秩序就等于合理吗？这里的关键，不在于"合不合理"，因为他们，或许根本就没考虑"理"的问题。

回归到祭祀行为本身，古人对宇宙的态度，很可能不是赖于其"合理"——我怀疑当时他们是否有了这种"理"的观念；而是赖其"力"，是一种畏惧，想通过模仿来获得这种神秘的力量，来增强自己的力量——即前文所说的那种独特的

---

① 陈梦家曾引多例说明，殷商人不但对四方有确切的认识，对四方神有固定的祭祀，而且对四方有固定的顺序，即东南西北，像《甲》622 的四戈、《粹》907 的四土都可以为证，而《鹖冠子》《淮南子》以及纬书中记载的东南西北的斗柄转向、春夏秋冬的四季顺序，则说明这种观念的源远流长。

② 葛兆光：《中国思想史（第一卷）》，上海：复旦大学出版社，1998 年，第 130 页。

思维①。这也得出葛先生所说的观念样式、行为依据，并不是依于对宇宙之理的认可，而是基于对其力的畏惧或许也可以说成敬畏，说敬，是就其感恩而言的。此处我们可以结合半坡遗址出土的人面鱼纹盆（图一）做进一步探讨。

图一 半坡遗址出土的人面鱼纹

人面鱼纹，可能是当时想象的"河神"或"水神"，即祭川的对象。有三点理由：超人格化——人面，即古人认为拥有大河之力的也是一位如人类一样的东西，说是神，也可以的，所谓的神，就是拥有超级力量的东西的人格化；活于水中——人面连接的四周是其鳍，基于对结构与功能的观察，开始了思维的建构——组合不同类的事物于一体，据《帝王世纪》：伏羲蛇身人首，神农人身牛首（引自：《周易》卷八《系辞下》孔颖达疏），反映了当时各部落的关注、重视、审美的侧重，②或者也可以说，鱼纹代表着这个"神"拥有鱼的能力；可能最关键的，要结合整个构图来看：当盆装进水之后的效果——或者可由这一图案反证这里用来盛水的盆——就是古人想象的川神的世界；整体上是一个连续循环的图案，与太极图有类似之处，人面鱼纹一对、大鱼一对，四者构成一个环形，或许可以肯定地说，大鱼头尾的指向一定代表着一种方向，也许代表着一种生生不息的观念，基于对四时循环的感觉。现在可以总结一点：无论是祭，还是人面鱼纹，二者有一个共同的现象，就是以自我为中心的人格化投射，即意识到人应模仿宇宙之前，还有

---

① 葛文第81页有：（一）上古人类认为世界上有"神秘力量"存在于普遍的事物与现象之中，人们如果可以掌握这种神秘力量的法则或密码，人们就可以采取积极的方式（法术）或消极的方式（禁忌），来运用或躲避，这种规则一般是依靠联想而发生效力的，有时是"相似——模仿"。我认为：中国古代模仿自然、道，发展而为模仿上古先王——前提是他们依据积累的知识认为有上古先王，附加上他们依经验知模仿自然是正确的即合目的的生存方式——当然这需要证明、证据. 总之，在这个过程中，又有了力不从心进而想象的演绎，即神秘力量的存在。

② 萨孟武：《中国政治思想史》，北京：东方出版社，2008年，第2页。

一个原始基点，即将自我的人格投射到了宇宙之中，换句话说：先是将宇宙以及万物自我化了（或说人化了、神化了、意识化了）——总之是一种生命体了，一种类似于自我的生命体，类似于人类的生命体，虽然在形上不一定，但在格上一定是（这里的格，指涉本质或说意义，也可以说成意识），简言之，就是：人本身的一切思维、行动，还是基于人本身——无论其是否意识到；在意识到的层面上，畏惧神秘力量，是其表现，在未意识到的层面上，为什么要求生命持续，是其表现。从这个角度来讲，卑与势，分先后或主次，是没有意义的。

总之，祭祀不是为了建构差序格局。如果祭祀中有这种差别存在，也只能是社会现实作用于人的意识，进而在人格投射过程中表现出来。若强调现实中的这种差别，完全可以用别的方法，祭祀只能作用于主观上的认可，无法在现实中实现任何的要操作的强化等级。祭祀的根本原因，很可能是基于对势、卑的认知并借此以沟通——不仅有祈福，也有贡奉，也有寄托，即意在联系，以维持一种秩序；作为心理、文化底蕴的，则是对一种神秘力量的畏惧，这祭祀，相当大程度上是对这种力量的妥协而不是主动地利用。尽管后来可能会发生这种主动利用的情况。但是，即使发生了这种情况，也是基于对"势"的力量双方位权变化的认知，卑的心理（卑还能显示在"势"中的那个卑微的位置，畏仅表现一种心理状态）一直未变，可能还有敬的成分。

但是，我认可葛先生由此而发的引论：这种"天地差序格局"给他们提供了一个观念的样式，就是一切天然的形成的事物包括社会组织与人类自身，都是与宇宙天地同构的，因为它们来自宇宙天地；也给他们提供了一个行为的依据，就是人类应该按照这种宇宙、社会、人类的一体同构来理解、分析、判断以及处理世界，因为现象世界中，拥有同一来源、同一结构、同一特性的不同事物是有神秘感应关系的。这样，在当时人的思想世界中，就以对天、地、人的体验与想象，形成了一个整齐不乱的秩序，在这一秩序中古代中国确立了自己的价值的本原、观念的样式和行为的依据。

葛先生认为，除了体现在祭祀中，这种宇宙秩序还体现在"礼"的仪式中。"万物本乎天，人本乎祖，此所以配上帝也"，[1]这套仪式把这种来自"宇宙"的自然秩序投射到"历史"的社会秩序之中，把人类社会的等级秩序在仪式上表现出来，并通过仪式赋予它与自然秩序一样的权威性和合理性。[2]

基于不同的视角，我认为当时即使是对自然，也不存在所谓的"权威性和合

---

① 《礼记·郊特牲》，《十三经注疏》，电子版《文渊阁四库全书》，1999年，第1453页。
② 葛兆光：《中国思想史》（第一卷），上海：复旦大学出版社，1998年，第130页。

理性"，仅仅是一种认可，一种基于自我人格投射之后的自保的本能认可，进一步积淀之后——即进行有意识的思考之后，有了势的观念和自卑的心理，即，可以说成这是一种无奈的默认，是一种屈服，几乎可以肯定地说，不是心甘情愿，所以，一旦有人意识到了人类的力量，他就试图推翻天的权威，这是一种本性——但先人已为此做了铺垫；若说成是合理或权威，则后来者的反抗又该如何理解？总之，还是用"势—卑"的理论来解释比较通顺。另外：天，指的究竟是什么？古人当时头顶上方的一切的综合吗？包括日月星辰，包括风雨雷电，包括一切天候，不是的，既然天有一个独立的人格，即使是在想象中，那么，它可能不指涉任何人类曾能看得见的实体，而是一种主观的绝对存在——同时，在当时人的主观中，天又是绝对客观存在着的，能感受到人格化的天存在着的种种表现——即所谓的证据。这样，人格天有意识地安排天的一切事物的秩序，如同人类安排人间一切事物的秩序，究竟是谁在模仿谁？或者，更进一步，不纠结于谁模仿谁，而直指问题核心：是基于对合理性的追求，还是基于求生畏势，而行动？若是基于后者，则一切所谓的"合理性"则需重新阐释。

葛先生认为，充满了象征的仪式中，象征的意义得以凸显，它在人们心理上暗示了秩序的存在，也渲染了秩序的神圣性，尽管这秩序本来是一种历史的产生，并不具有天然合理性，但是在这些象征性的仪式的暗示下，它便拥有了事实的权威性，而人们接受了人自己创造出来的仪式和象征，反而把这套象征认作是宇宙间的合理性的证据，人被人自己的创造制约住了。[①]

我以为，葛先生在这里否认了"秩序"的天然、合理，将之归因于时间的造化，因而不合理，至少不是天然的合理。不错，这秩序本来就不是天然的，是人的自我的投射，尽管是无意识的，或说是天生的本能——想说，这也可能根于天然，但是，"合理"，本身不是天然的，是意识的。当谈论"仪式的暗示作用"时，必须承认此时的具有"暗示作用"的仪式，也被人为地利用了，不再是那种最初的对"神秘而能主宰生命的力量"的畏与敬了：仪式的权威性，本身是基于"力"，力所造成的势是仪式的寄主；没有这种势，仪式也必然失去其权威，可见其权威的来源不是仪式本身的暗示，仪式本身的暗示只起到强化或类似的程度方面的作用，而无生或灭的作用。这也是后来者一直致力于保势的根源。总之，葛先生论说的过程是可鉴的，但其对根基的理解，不一定对。也就是说，人未被人的创造所制约人，制约人的，仍是那个力的差别，即"势"，只要这个势在，处于弱势的，一定会有自卑心理——当然，在有了自约的道德学说之后，又因敬而生出了谦。

---

① 葛兆光：《中国思想史》（第一卷），上海：复旦大学出版社，1998年，第138页。

二、考古及文献资料体现的思维特征

（一）先民的图腾思维

世界上任何一个民族的创世神话，大都是该民族早期发展、社会状况、民族精神以神话形式进行表述的历史文本，它是该民族文化在特定历史时期的特定表现形式。

由于世界各民族所保留的图腾文化和图腾遗俗各不相同，而且不少学者又仅仅根据自己所调查或研究的某一区域或领域的"图腾"，来给"图腾"下普遍性的概念，致使"图腾"的概念较为繁多。有学者把图腾定义为象征、标志或图徽。如摩尔根 (Morgan,L·H.) 就在其著作《古代社会》中提到"图腾意指一个氏族的标志或图徽"；[1] 何星亮先生把图腾定义为"某种社会组织或个人的象征物，它或是亲属的象征，或是祖先、保护神的象征，或是作为相互区分的象征"。[2] 也有学者把图腾归纳为祖先或保护神。如 S·弗洛伊德 (Freud,S.) 认为："大致说来，图腾总是宗族的祖先，同时也是其守护者。"[3]

也有学者更深层次的探讨图腾的实质，归纳起来主要有以下几种说法。其一认为图腾的实质是一种宗教信仰，如英国民族学家麦克伦南 (Mc Lennan,J·F.) 和法国学者 E. 涂尔干 (Durkheim,E.) 都认为图腾是最原始的宗教。苏联学者 Д·Е·海通（Ха й ТУНН,Д·Е）认为"图腾崇拜是初生氏族的宗教"。[4] 目前我国有很多学者赞同图腾崇拜是原始宗教的一种形式。其二是认为图腾仅仅是一种社会组织制度，首先提出该观点的是英国民族学家 W·H·里弗斯（Rivers,W·H）。其三认为图腾是半社会、半宗教的制度，该观点的代表人物是英国民族学家 J·G·弗雷泽 (Frazer,J·G)。

还有学者认为图腾文化是一种社会意识形态。世界上许多著名的学者都曾探讨过图腾起源的问题，提出过许多图腾起源的理论。据何星亮先生研究，主要有名目说、经济说、灵魂说、妊娠说、转嫁说、象征说、恋母情结说等。[5] 根据目前所掌握的民族学和考古学的材料，图腾文化发生的时间是旧石器时代晚期，Д·Е·海通通过分析旧石器时代中期和晚期的大量墓葬等考古资料认为"图腾崇拜……，在旧石器时代晚期之初便已存在"。[6] 何星亮先生也指出："根据考古学的

---

① 摩尔根：《古代社会》，杨东莼，马雍，马巨译，南京：江苏教育出版社，2005 年，第 134 页。
② 何星亮：《图腾与中国文化》，南京：江苏人民出版社，2008 年，第 6 页。
③ 弗洛伊德：《图腾与禁忌》，文良文化译，北京：中央编译出版社，2005 年，第 3 页。
④ Д·Е·海通：《图腾崇拜》，何星亮译，桂林：广西师范大学出版社，2004 年，第 72 页。
⑤ 何星亮：《图腾与中国文化》，南京：江苏人民出版社，2008 年，第 35—46 页。
⑥ Д·Е·海通：《图腾崇拜》，何星亮译，桂林：广西师范大学出版社，2004 年，第 161 页。

分期，35000年前后属于旧石器时代晚期，图腾崇拜产生于这一时期完全有可能的。因为，在图腾崇拜十分盛行的近代澳大利亚土著民族中，普遍认为其社会发展水平属于旧石器时代晚期。"[1]而旧石器晚期的晚期智人阶段已经产生氏族可以说是没有疑问的了。[2]

按照古人类学的研究，中期智人和晚期智人阶段分别属于旧石器时代的中期和晚期。这一时期也正是氏族和氏族制逐渐形成的时代。进入智人时期的人类的脑量已经达到了现代人脑量的变化范围，已能制作专门化的、定型的工具和武器，复合工具已经出现，晚期已发明了弓箭。从这些情况看，智人的智力水平已能进行简单的想象、联想等抽象思维。在他们的精神世界里，形成某种灵魂之类的观念已成为可能发生的事了。

考古学家们在"莫斯特文化"遗址发现了迄今为止所见的最早的丧葬遗迹。人类学家和宗教学者一般认为，原始人的墓葬表明了原始人当时已有了某种关于灵魂不死和死后生活的假想。原始墓葬反映了原始人的灵魂观念，并会逐步地发展为人自身的"灵魂"观念的异化，即在原始人的眼里自然界的一切物象都具有和自己一样的"灵魂"。英国人类学家爱德华·泰勒(Tylor,E·B)在其《原始文化》一书中提出由于原始人根据睡眠、疾病、死亡、梦幻等生理现象的观察，推出与身体不同的灵魂观念，然后把灵魂观念应用于万物，产生了万物有灵论，据此泰勒创立了宗教起源于"万物有灵"说。他认为万物有灵观构成了处在人类最低阶段的部族的特点。[3]

Д·Е·海通提出"最初的图腾可能仅仅是人们所依赖的动物、植物和自然力。"[4]费尔巴哈曾说："宗教与人关系非常密切，就好像光之于眼睛、空气之于肺、食品之于胃一样。宗教就是我之为我的崇拜和信奉。而我首先既不是一个离开光、离开空气、离开水、离开土、离开食物而存在的东西，而是一个依赖自然的东西。这种依赖，在动物和野蛮人身上，是一种不自觉的、没有考虑到的依赖；进而意识到它，表象它，崇拜它，信奉它，就是进入宗教。"[5]费尔巴哈的理论说明了原始人崇拜自然物的一种普遍性的人性根据：依赖感。世界上很多部族以生活资料作为图腾，还有很多以太阳、月亮、雨、雪等自然物为图腾，这些都是原始人生存所离不开的。

---

① 何星亮：《图腾与中国文化》．南京：江苏人民出版社，2008年，第127页。
② 林耀华：《原始社会史》，北京：中华书局出版社，1984年，第188页。
③ 泰勒：《原始文化》，连树声译，桂林：广西师范大学出版社，2005年，第349页。
④ Д·Е·海通：《图腾崇拜》，何星亮译，桂林：广西师范大学出版社，2004年，第221页。
⑤ 费尔巴哈：《费尔巴哈哲学著作选集》，北京：三联书店，1962年，第437页。

同时，因生存受到威胁而感到恐惧，为"生"而去求助于拥有神秘力量的对象。在人类社会早期，原始人的生存条件极为险恶，除了受到饥饿、疾病、灾害的困扰，猛兽的侵袭也是频频发生。考古学和民族学资料也表明远古时代恶虫猛兽甚多，人兽混居，兽多于人。为了生存，原始人除了采取主动的方法抵御这些威胁，还会选择以某种拥有神秘力量的东西作为自己的保护者这种被动的方式来求得生存。在原始时期，猛兽的威力和某些能力远远超过人类。一些动物或比人敏捷跑得快，或比人类凶狠，或具有人所不可企及的本领赢得了原始人的羡慕。而一些自然现象的变化莫测（如东升西落的太阳、时圆时缺的月亮、闪电、风雨等等）会使他们产生神秘感。泛人格化思维会使一些氏族群体选择他们崇敬的物象为图腾，以从图腾那里得到能力和能量。据《史记·五帝本纪》的记载曾与炎帝战于阪泉之野的熊、罴、貔、貅、貙、虎，大概是黄帝部落中几个以这些物象为图腾的氏族。

1. 先民以蛇为图腾

《楚辞天问》："女娲有体，孰制匠之？"王逸注为"女娲人头蛇身，一日七十七化"，其子王延寿《鲁灵光殿赋》亦云"伏羲鳞生，女娲蛇躯"将女娲当作象征女阴的蟠蛇图腾；《太平御览》卷七八引《帝系谱》载"伏羲人头蛇身，以十月四日入定时生"，《拾遗记》卷二又载"蛇身之深，即羲皇也"将伏羲当作象征雷电的"两头蛇"图腾。据《山海经·海内经》记载，上古时期人们还把五帝之首的黄帝轩辕氏认为是象征云气的"四蛇相绕"图腾，说明上古时期蛇被认为是人类的始祖而倍受崇拜。

赵生军认为，这是由于古代先民对于自身的繁衍充满着极大的神秘感和兴趣，但是他们观察到了蛇其外形与男性的生殖器相似。这种以蛇为性的象征的观念不仅仅是在中国古代先民中存在，它还是带有世界性的原始观念。也因此我国古代先民将其视为神灵，把他和龟合为"四灵"之一的"玄武"。[1]

同时，我们还应注意到以共工为代表的关于蛇的邪恶形象在《山海经》和其他古籍中亦有众多描述和记载：《神异经·西北荒经》载"西北荒有人焉，人面、朱发、蛇身、人手足，而食五谷禽兽。贪恶愚顽，名曰共公"；《山海经·海外北经》载"相柳氏，九首，人面蛇身而毒"；又有《山海经·大荒北经》载"相柳者，九首蛇身，自环食于九土。其所钦所尼，即为源泽，不辛乃苦，百兽莫能处之"文中所载'相柳氏'乃共工之臣，禹湮洪水，杀相柳，其血腥臭，不可生谷，其地多水不可居也"等等。先民的这种观念是在自然条件十分恶劣、生产力极低

---

[1] 赵生军：《中国古代蛇图腾崇拜自议》，《思茅师范高等专科学校学报》2007年第8期。

的情况下，无法抵御攻击能力很强的蛇（毒蛇）对人的伤害，而产生的一种惧怕和厌恶心理。

将善恶两方面的文献结合起来看，其关注的重点仍是"生"与"力"；正在试图通过"一体化""人格化"的方式"借力保生"。

人类早期的攫取经济活动之一就是狩猎，因而动物是人类在自然界中最感兴趣的对象。原始人要靠捕捉到动物果腹，还要躲避那些对自己生命构成威胁的猛兽的袭击。在这个过程中，原始人对某些动物的体态和奇异能力产生了崇拜和幻想。对"生"与"力"的关注，使他们把蛇和一系列难解的现象联系到一起。从而对蛇产生了一种敬畏和崇拜，在生存欲望的驱使下，认为自己是蛇的后代、蛇部落，以求取蛇的庇佑。

2. 夏民以鱼为图腾

《国语·鲁语上》说："夏后氏……祖颛顼，郊鲧禹。"《史记·夏本纪》也说："禹之父曰鲧，鲧之父曰帝颛顼。"也就是说大禹的父亲是鲧，鲧的父亲即颛顼，颛顼是夏族的祖先。司马迁在《史记·夏本纪》中说："禹之父曰鲧，鲧之父曰颛顼，颛顼之父曰昌意，昌意之父曰黄帝。"颛顼既是黄帝之孙，可见夏民族与黄帝部落有着直接的血缘关系，而在黄帝部落的图腾中就有鱼，可以看出黄帝部落的鱼图腾对夏族的影响。《山海经·大荒西经》："有鱼偏枯，名曰鱼妇。颛顼死即复苏。风道北来，天乃大水泉，蛇乃化为鱼，是为鱼妇，颛顼死即复苏。"龚维英先生考证颛顼为女性，所谓"鱼妇，即前人盛传的美人鱼，上身为妇，下身为鱼"。且不说颛顼是男是女，颛顼鱼妇特征的出现，成为开启夏族鱼图腾崇拜的标志。《说文·鱼部》："鲧，鱼也。"《鱼部·玉篇》也说："鲧，大鱼也。"证明鲧也是一条大鱼。《山海经·海内经》中有这样的记载："洪水滔天。鲧窃帝之息以堙洪水，不待帝命，帝令祝融杀鲧于羽郊。"鲧为了把人们从洪水中拯救出来，偷了息壤而得罪天帝，天帝于是派火神祝融杀了鲧，于是鲧成了不畏牺牲拯救人类的英雄。古文"鲧"字由鱼与人头相结合而成。可以认为鲧也是人和鱼的合体，这也说明颛顼和鲧的血缘继承关系。《山海经·海内经》："鲧腹生禹。帝乃命禹卒布土以定九州。"鲧被火神祝融杀时从其腹中取出了禹，禹受天帝的命令继续完成鲧的事业。《山海经·海内经》郭璞注引《开筮》又曰："鲧死，三岁不腐，剖之以吴刀……"。鲧被杀死于羽山，从其肚子里化生出新的生命禹。《尸子》中说："禹理水，观于河，见白面长人鱼身，出曰'吾河精也'，授禹河图，而还于渊中。"大禹是吸取其父教训成功治理黄河的英雄。从这里看大禹治水依靠的是鱼精贡献的河图。这段神话曲折地反映了大禹与鱼的关系。

禹从鲧腹生，就有了鱼的特征。《说文》中说："禹，虫也。"又说："鱼，水虫也。"《诗·小雅·斯干》孔疏："鱼，亦虫之别名。"说大禹为虫即说他是一条鱼，又古代"禹"和"鱼"相通，"大禹"亦是"大鱼"，可见大禹确为一条大鱼。《海内南经》有："氐人国在建木西，其为人，人面而鱼身。无足。"同书《大荒西经》："有互人国。炎帝之孙，名曰灵恝，灵恝生互人，是能上下于天。"① 对此"互人"，清代学者王念孙、孙星衍均校"互"为"氐"；同时代学者郝懿行《注》云："互人国即《海内南经》之氐人国。""氐互二字盖以形近而讹，以俗氐字作互字也。"② 由此知，《海内南经》之"氐人国"与《大荒西经》之"互人国"都是说的"氐人国"。氐人是炎帝后裔，而氐人乃"人面鱼身"。

历史上的夏民族即是古氐羌族，古氐羌族部落早期在昆仑山北缘一带游牧，后来沿河西走廊直线东迁，一直迁到黄河下游，并建立了夏王朝。他们创造了灿烂的仰韶文化。由此，我们最典型的仰韶文化出土的彩陶中发现了大量的"人面鱼身"图腾，比如在西安半坡村、临潼姜寨、宝鸡北首岭遗址和西乡何家湾遗址中都多有发现，它们的造型形式和传说中的夏民族图腾有很多的相似之处，都是人鱼合体。

北首岭遗址中，出土一件完整的"人面鱼纹"陶片。原报告说："人面之顶上有两条长而直的短线，其上附有许多间隔的短线条，两条长线条交叉成三角形，当表示头发。口部两边亦有近似头发样的装饰，当是表示胡须。人面的耳部有两条写实的小鱼，当是表示耳朵。"③ 西安半坡仰韶文化的一件彩陶盆上也绘有同样的"人面鱼纹"。④ 原报告关于"人面鱼纹"图之解说，似有商榷的余地。该图中心圆形部分表示人面自无问题。但人面顶上之三角形应是表示鱼之背鳍，而非人之头发；人面口部两边之三角形应是表示鱼之胸鳍，而非人之胡须。只有这样，该图才是道道地地的"人面鱼纹"图。

这种"人面鱼纹"在半坡类型仰韶文化中具有典型性和代表性，而且被"人格化"，是一种"崇拜"和"神圣"之物，应是部落或部落内某一大的氏族之图腾。西安半坡仰韶遗址，共出有7件5种略有差异的"人面鱼纹"图。⑤

鱼崇拜的原因涉及几方面。鱼是生命的主要保障。美国民族学家摩尔根经研究证明鱼类是最早的一种人工食物。⑥ 很多考古资料也显示，在遥远的洪荒年代，

---

① 马昌仪：《古本山海经图说》，济南：山东画报出版社，2001年，第498—599页。
② 曹敬庄：《炎帝与炎帝陵》，长沙：湖南人民出版社，2001年，第77页。
③ 中国社会科学院考古研究所：《宝鸡北首岭》，北京：文物出版社，1983年，第49页。
④ 中国科学院考古研究所.陕西省西安半坡博物馆：《西安半坡》，北京：文物出版社，1963年，第166页。
⑤ 吴汝祚：《炎黄汇典（考古卷）》，长春：吉林文献出版社，2002年，第385页。
⑥ 摩尔根：《古代社会》，杨东莼译，北京：商务印书馆，1977年。

原始农业还没有开始萌芽，生产力极其低下，夏民族主要靠渔猎维持。当时人们的捕猎工具以石器为主，所以如果捕猎飞禽猛兽非常困难，而捕鱼往往要容易得多。仰韶文化半坡遗址曾出土鱼叉、鱼钩、渔网等渔具以及出土的大量鱼纹，说明捕鱼在人们生活中占有非常重要的地位。鱼繁殖力强盛。在原始社会，人们抵抗疾病和天灾的能力很差，人们非常渴望自己部族兴旺发达，希望部落女性多为部族多添子女。鱼本身的特点恰恰和人们渴望的相吻合，鱼产卵极多，繁殖力极强，因而就形成了对鱼的图腾崇拜。闻一多先生在《说鱼》中说："鱼是繁殖力最强的一种动物，所以在我国古代，男女青年若称对方为鱼，就等于说：'你是我最理想的配偶'。"可见鱼图腾崇拜包含着先民对生命繁盛的渴望。在这一点上，鱼图腾和原始马家窑文化中蛙图腾崇拜很相似，蛙也是腹大多子且很像出生的婴儿。鱼能生于水。原始先民在日常生活中常遭受水的威胁，然而鱼却能自由自在地遨游于水中，于是他们希望自己有鱼的能力。

3. 商民以鸟为图腾

在我国的文献典籍中，多处提到"玄鸟生商"：《诗经·商颂·玄鸟》："天命玄鸟，降而生商，宅殷土芒芒。"《竹书纪年·殷商成汤》："初，高辛氏之世，妃曰简狄，以春分玄鸟至之日，从帝祀郊禖，与其妹浴于玄丘之上。有玄鸟衔卵而坠之，五色甚好。二人竞取，覆之以二筐。简狄先得而吞之，遂孕。胸剖而生契。长为尧司徒，成功于民，受封商。"《史记·殷本纪》："殷契，母曰简狄，有娀氏之女，为帝喾次妃。三人行浴，见玄鸟堕其卵，简狄取吞之，因孕生契。契长而佐禹治水……帝舜乃命契为司徒，……封于商，赐姓子氏。"类似的记载还见于《吕氏春秋》《楚辞》《淮南子》等书。

这些记载至少反映了商族在契以前还未完全脱离母权制氏族的历史阶段。对于"玄鸟生商"文献，学者们的阐释、看法不尽相同。具有代表性的观点有这样几种：

郭沫若认为，玄鸟不是燕子，而是凤凰。他说："但无论是凤或燕子，我相信这传说是生殖器的象征，鸟直到现在都是生殖器的别名，卵是睾丸的别名。"[1] 郭氏注意到了这则神话与生命延续有关，可惜没有做出进一步的论证。

范文澜认为，这是一则卵生神话。他说："商国王姓子，据说是帝喾后裔契的子孙。相传契母简狄吞燕卵生契，尧舜时期做司徒，掌教化百姓。契部落居商邱。卵生的神话，在东方诸族中分布很广。如秦（嬴姓，伯益后裔，周孝王时封于秦）祖先女修吞燕卵生子大业。高丽国祖先朱蒙从大卵里生出来，清朝祖先布库里雍

---

① 《郭沫若全集·历史编第 1 卷》，北京：人民出版社，1982 年。

顺，说是天女佛库伦吞神鹊的红果所生。大概卵生是东方诸族流行的神话，居住东方的黄帝族，受了这个影响，所以也有同类的神话。"① 范氏的独到之处是注意到了东方的生命延续神话"卵生"的特殊性，却未做解说。

田春芳先生认为，近些年中国学术界流行的是殷商先民以鸟为图腾说，几成定论。②

而马承源先生系统研究了殷商青铜器的纹饰，以实证结合文献，对鸟图腾说提出了异议，"商代早期青铜器的纹饰中，至今没有发现过明确的鸟纹"，"没有一种纹饰可以使人联想起禽鸟类的特征。不仅如此在商代殷墟早期的青铜器纹饰中，我们也看不到以鸟作为主纹，而只有偶尔当作兽面纹两侧的配置。殷墟中期鸟纹作为明确的题材出现是带状鸟纹，虽然有个别作为主纹，但从整体来看还是非常少见的。这一情形暗示，鸟纹在当时不能列于最重要的地位。"马先生还指出："《左传·昭公十七年》，郑子说少皞氏以鸟名命官的情形：'我高祖少白皋挚之立也，凤鸟适至，故纪于鸟，为鸟师而鸟名。凤鸟氏，历正也；玄鸟氏，司分者也；伯赵氏，司至者也；青鸟氏，司启者也，丹鸟氏，司闭者也。……'这是讲凤鸟出现后，以鸟名命官。所谓分、至、启、闭，是指司年历气候变化的官职。……这种命官，以凤鸟适至而视为祥瑞。以前论者以为少皞是鸟图腾，其实此事与图腾毫无关系。图腾是祖先崇拜，上文所说少皞之立，'凤鸟适至'，凤鸟对少皞只起祥瑞作用，更谈不上是图腾。"

王伟章则认为，中国的鸟图腾崇拜，不但历史悠久，而且范围广，持续时间长，在中国文化中占有重要地位。古文字中，以"鸟"为造字构件或偏旁部首的字，远远超过以其他动物为部首的文字，数量居第一位。③

《山海经·西山经》："西王母，其状如人，豹尾虎齿而善啸，蓬发戴胜，是司天之厉及五残"。同书《大荒西经》："有人戴胜，虎齿豹尾，穴处，名西王母。"

关于戴胜，郭璞注曰："胜，玉胜也"。即玉制的发饰。《尔雅·释鸟》"鸤鸠，戴鵀"，郭璞注："鵀即头上胜，今亦呼为戴胜。"《广记》云："今戴侍鸟以头上毛花成胜，故亦名戴胜。"考古发现的"胜"的实物，最早是汉代，形如一只张开双翼的飞鸟。《山海经》中描述西王母的情景都是和鸟在一起。如《山海经·海内北经》曰：西王母梯几而戴胜杖，其南有三青鸟，为西王母取食。在昆仑虚北。而《大荒西经》说，大荒之中，西有王母之山，"有三青鸟，赤首黑目，一名曰大鵹，

---

① 《中国通史简编修订本第 1 编》，北京：人民出版社，1955 年。
② 田春芳：《商族鸟图腾崇拜考》，《鸡西大学学报》2009 年第 3 期。
③ 王伟章：《从先羌燧火到目脑纵歌——上古鸟图腾崇拜探秘》，《青海民族学院学报（社会科学版）》2008 年第 1 期。

一名曰少鷔，一名曰青鸟"；又说，"有五彩鸟三名，一曰皇鸟，一曰鸾鸟，一曰凤鸟"。《正义》曰："三足鸟，青鸟也，主为西王母取食。"《艺文类聚》卷九十一引《纪年》曰："穆王十三年，西征，至于青鸟之所憩。"《山海经·大荒北经》："西北海外黑水之北，有人有翼，名曰苗民。"《史记·夏本纪》注引《神异经》："西荒岛中有人焉，面目手足皆人形，而胳下有翼，为人号饕餮，淫逸无体，名曰苗民。"

《拾遗记》有："尧在位七十年，有抵支之国献重明之鸟，一名双睛，言双睛在目。状如鸡，鸡如凤，时解落毛羽，肉翮而飞。能搏逐猛兽虎狼，使妖灾群悉不能害……国人莫不扫洒门户，以望重明之集。其未至时，国人或刻木，或铸金，为此鸟之状，置于门户之间，则魑魅丑类，自然退服。"这一记载反映了古人一种思维方式，象其力以得其力；重在求力求生。抵支就是析支。《辞海》析支条云：古族名，周时分布在青海积石山到贵德县、河曲一带。汉代又称为析支羌或河曲羌。《周书·王会解》有"氏羌以鸾鸟"的记载，说明远古时期居住在青海高原的氏羌与鸟有着十分密切的联系。总起来看，西王母戴胜的形象应是西王母部落以鸟为图腾的有力佐证。宗日遗址位于青海省海南州同德县巴沟乡黄河沿岸的台地上，也就是古析支地。

从1984年到1996年，青海省考古队在该地共进行了三次发掘，发现墓葬341座，探方31个，灰坑18个，祭祀坑18个，出土文物23000余件。距今约5800年。通过发掘报告可以看出，其陶器上的主题纹饰是鸟纹。这些鸟纹大多等距地绘在彩陶器物的颈部，或站在山峰上，或站在树枝间，或簇拥在一起，身体呈三角形。有的静视远方，有的引颈高唱，有的在彩陶上围成一圈，翩翩起舞，有的凸现头部，硕大美丽，有的凸现脚部，健壮有力，有的凸现脖子，细长而弯曲，有的简单一笔，鸟就跃跃欲飞，有的表现的极其复杂，不仅有头有脚，面部轮廓亦清清楚楚。有一只彩陶罐口沿绘有一组倒置的鸟首，或引颈向下探望，或饮水嬉戏，或洗刷羽毛。有一只彩陶罐内，一组飞鸟紧紧围绕"卍"等太阳符号翩翩起舞。还有一只绘有麦穗纹的陶罐，其鸟硕大而外凸，双眼如炬，曾被认定为人面纹彩陶碗，其实它的造型更像一只张开翅膀的大鸟将双翅交叉于胸前。由此可以肯定鸟是宗日部落之图腾。宗日人把鸟作为氏族的祖先，作为氏族标志和保护神。

尤其值得注意的是，宗日彩陶中的飞鸟环日图。汉代杨雄的《蜀王本纪》中有这样的记载："蜀王之先名蚕丛，后代曰柏灌，后者名鱼凫。此三代各数百年，皆神化不死，其民亦颇随王化去。王猎至湔山，便仙去，今庙祀于湔。"这里记载的是蜀地上古时期蜀王的简单谱系：蚕丛、柏灌、鱼凫。柏灌是继蚕丛之后的第二代蜀王。"柏濩"在古文中与"白鹳"通，《山海经》谓之灌灌，属鸟的一种，尖嘴类鹤，常生活在水边。这说明，柏濩得名于生活中所能见到的一种鸟。《华阳国志·蜀志》中记载的后几代王：望帝杜宇、开明氏、卢帝、保子帝等，名字都与鸟有关系。对此最有可能的解释是：以鸟为图腾的氐羌部落在蚕丛时期进入四川后，取代了当地较为落后的文明，即，代表氐羌文化的柏濩（水鸟）取代蚕丛（蚕），创造了古蜀文明。有大量考古遗址为佐证。金沙遗址中的城门、房屋、宫殿及墓葬等建筑物都朝向北部偏西的方向，这个方向正是岷山，如果视野再放远些，会惊奇的发现，宗日也在这个方向，可以看出，古老的析支宗日人，在部落扩张期，一批批沿着西倾山北麓进入岷山，来到蜀地，创造了神奇的以三星堆—金沙遗址为代表的古蜀文明。这也与古文献资料所载远古时期居住在青海高原的古羌人沿岷山流域进入古蜀相吻合。

三星堆文化遗址中，有一些与鸟有关的早期器物——鸟头把勺，其鸟的造型无冠无勾嘴，与宗日遗址鸟头碗的把部鸟头，有异曲同工之妙。在金沙遗址中还出土了一件太阳神鸟（2005 年被选为中国文化遗产标志）金箔饰，形制为圆形，内有镂空图案，其图案分内、外两层，内层图案中心为一镂空的圆圈，周围有十二道等距离分布的象牙状的弧形旋转芒，这些外端尖锐好似象牙或细长獠牙状的芒，呈顺时针旋转的齿状排列。外层图案是四只逆向飞行的神鸟，引颈伸腿，展翅飞翔，首足前后相接，围绕在内层图案周围，排列均匀对称。整幅图案好似一个神奇的漩涡，又好像是旋转的云气或是空中光芒四射的太阳。这与我们在宗日遗址彩陶上看到的几乎一致。《山海经·大荒南经》记载"羲和者，帝俊之妻，生十日"；《山海经·海外东经》记载"帝俊生黑齿，姜姓，黍食，使四鸟"。"帝俊即殷墟卜辞所称'高祖夋'者"，从字形看夋在甲骨文中是一鸟头人身的象形字，可知"帝俊之神，本为玄鸟"。这同黄河流域"玄鸟生商"的传说含义相类似。

《逸周书》："成周之会，氐羌以鸾鸟，蜀人以文翰，巴人以比翼鸟"，可见氐羌巴蜀皆以鸟为图腾。杜甫在蜀期间写过这样一句诗：子规夜啼山竹裂，王母昼下云旗翻。三星堆二号坑出土许多的"铜鸟"，头部羽冠装饰华丽，突出一支又长又尖的鸟喙。眼睛又大又圆，还向外突起。头、颈、身分布着鳞片状的羽毛，双翅贴身，相对较小，翅膀前圆后尖，专家认定就是戴胜鸟的原型。由此可以推测，宗日、殷商和古蜀等古代部族都有浓郁的鸟信仰。

商代先公先王以日干为名号（即庙号）始自上甲微。据史料记载，在上甲微之前的几位显赫的先公，如王亥、契、帝喾及其妻子等，都曾以鸟作为自己部族的图腾。《山海经·大荒东经》曰："有人曰王亥，两手操鸟，方食其头。"徐中舒先生认为：“‘操鸟方食其头’的说法是不对的。应是表示以鸟为图腾。”①

文献记载的商族在上古时代与玄鸟的传说，在殷墟出土的甲骨文中，也已经找到直接可靠的证据。胡厚宣先生曾从甲骨文中先后找出 8 片甲骨上的 10 条卜辞材料，其中商先公王亥之“亥”字，甲骨文中或从鸟，或从佳，佳亦即鸟，或从又持鸟。②结合《山海经·大荒东经》“有人曰王亥，两手操鸟，方食其头”的传说，胡厚宣先生认为甲骨文中王亥字样中加鸟形，实是商族以鸟为图腾之确证。于省吾先生从古器物中找到了铭文实例，这就是著名的“玄鸟妇壶”铭文，认为“玄鸟妇”三字合文是研究商人图腾的唯一珍贵史料，系商代金文中所保留下来的先世玄鸟图腾的残余。他还引第 5 期甲骨卜辞中关于有娀氏女的生育卜辞，证明商代从先世契母简狄一直到乙辛时还与有娀氏保持婚媾关系。更有学者从甲骨文中找出了另外三个字形，也是玄鸟妇，认为将其视为吞了玄鸟蛋而受孕的简狄更合适。这些都充分说明了商族奉行过鸟崇拜。

《诗经·商颂·玄鸟》：“天命玄鸟，降而生商。”《楚辞·天问》：“简狄在台，喾何宜？玄鸟致贻，女何嘉？”《史记·殷本纪》亦谓契母有娀氏简狄，为帝喾次妃，行浴时“见玄鸟堕其卵，简狄取吞之，因孕生契”。

商人认为自己的祖先是玄鸟转化而成，故先祖契在古典文献中又称玄王。如《诗经·商颂·长发》：“玄王桓拨……”毛传：“玄王，契也。”《国语·周语》：“玄王勤商，十有四世而兴。”韦昭注：“玄王，契也。”又《鲁语》：“自玄王以及主癸，莫若汤。”《荀子·成相篇》：“契玄王，生昭明，居于砥石，迁于商，十有四世乃有天乙，是成汤。”朱熹《诗集传》：“玄王，契也，或曰以玄鸟降而生也。”此玄王之玄字，当源于玄鸟之玄字，玄王即玄鸟王之省称，与“玄鸟妇”（商族中外嫁的妇人可称为“玄鸟妇”）之称相对，意思是玄鸟所生的王。可见，玄鸟即商族上古时期的图腾。

商始祖为帝喾，名俊，号高辛。《史记·五帝本纪》谓帝喾即高辛，索隐引皇甫谧云“帝喾名夋（俊）也”；《国语·鲁语上》云“商人禘舜而祖契，郊冥而宗汤”；《礼记·祭义》曰“殷人禘喾而郊冥”。可知帝喾即禘俊，俊为名，喾为号。王国维认为卜辞中与王亥、大乙同称“高祖”的“高祖夔”即帝喾，并说“《祭法》‘殷人帝喾’，《鲁语》作‘商人禘舜’，舜亦当作夋。喾为契父，为商人所出之帝，故商人禘之”。郭沫若亦谓“帝俊、帝舜、高祖夔，实为一人”。据文献记载，帝喾、帝俊、帝舜都有以鸟为图腾之习。《山海经·大荒东经》：“五采之鸟相乡（同

① 徐中舒：《殷商史中的几个问题》，《四川大学学报》1979 年第 2 期。
② 胡厚宣：《甲骨文所见商族的鸟图腾的新证据》，《文物》1977 年第 2 期。

向）弃沙，惟帝俊下友。帝下两坛，彩鸟是司。"《山海经》中"五采之鸟""彩鸟"皆指凤凰。《南山经》云："有鸟焉，其状如鸡，五彩而文，名曰凤皇。"《大荒西经》云："有五彩鸟，三名：一曰皇鸟，一曰鸾鸟，一曰凤鸟。"可见，商族帝喾、王亥，契等先公均曾以鸟作为自己的图腾，反映了早商时代的鸟崇拜之习。

甲骨文商字，其形状正如王玉哲所说，上部分，"即凤凰的凤字上部之鸟冠"，"代表他们所崇拜的鸟图腾"。[①] 其下部分字形，徐中舒说似穴居形。所以"商"字似乎是商族用以称呼自己的族名。[②] 郭沫若认为殷人自己始终称为商，不自称为殷。在甲骨卜辞中，殷人把玄鸟当神祭祀，并直称为凤。"帝使凤，一牛。"又"甲戌贞其凤，二羊、三犬、三豕。"

此处"贞"，相当于"祭祀"，近似"正于天"，即由天来正其性命，"各正性命"，与"正"义相辅相成。也反映了对天的主宰力的认可。

（二）贝所承载的"生""力"观念

由史前期贝的出土情况可以推知以下两点。第一，出土的有自然海贝和人工石贝，夏朝时又出现了骨贝、蚌贝和金属贝（铅贝），商朝又出现金贝和铜贝，西周新增玉贝，说明贝自身的自然属性已退居其后，取而代之的，是作为"意义"的载体"符号"属性。结合磨去自然海贝华丽光洁的背，则能推断出，最初重视贝时，不是因为其自然之美。第二，从地理分布看，新石器时期，这种对贝所载"意义"的认同已相当广泛。考虑到当时可能的交通条件，可以推断，对这种"意义"的传播，在第一枚石贝磨制之前，已得到广泛认同。

那么，贝，究竟被赋予了什么意义？这要看人工贝，仿制的是自然贝的哪些特征。

人工贝重现的特征有：椭圆形轮廓；大小（长约2到3厘米，宽约1到2厘米）；自然贝的口形——"直槽、槽两侧齿纹"[③]（以一条纵贯两端的长线和与长线垂直的若干短线表示）这三种特征，从石器时期的石贝一直到西周时累计出现的各种人工贝，均完整体现。除此之外，无论是天然海贝还是人工贝，都普遍磨孔，学界普遍认为是为了方便系绳。

我认为，人工贝重现的三个特征表明，当时，可能赋予贝与"眼睛"相关的意义，很可能是象征光明，象征活着即"生"。

---

① 王玉哲：《商族的来源地望试探》《历史研究》1984年第1期。

② 徐中舒：《殷商史中的几个问题》，《四川大学学报》1979年第2期。

③ 即使是蚌贝，中间也要磨一凹槽。参见：河南省文物研究所《河南巩县稍柴遗址发掘报告》，《华夏考古》1993年第2期。

金属货币上的"贝"字是象形字。马飞海《中国历代货币大系》第 1122 页所载"贝"字如图二所示。

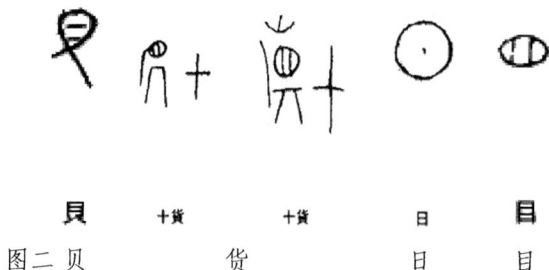

图二 贝　　　　货　　　　　　货　　　　日　　　　目

上半部表示贝，下面两线表示所系之绳。这一解释由《中国历代货币大系》第 1111 页所载"楚銱布'货'"中的"贝"字可证，其"贝"横放，其所系之绳由侧面下垂。如图二所示。《中国历代货币大系》中第 1114 页说"齐刀上的'日'中间是一点"，如图二所示。该书第 1080 页所载"目"字如图二。由此可推知，贝与目在意义上很可能有关联。这可能是用贝来作为获取拥有决定性神秘力量的天的想法的媒介的关键。

丁骕《说契文龟字》认为，商代"剢龟"和"夒龟"作为卜龟之用。"龟贝"，杨树达释为"以贝祀神也"，龟贝祭品中，除龟外，还有贝。[①]、

1997 年和 1999 年湖北省巴东县雷家坪遗址商代和西周的地层中，皆发现少量的饰太阳纹和贝纹的陶器残片。[②] 在雷家坪遗址和三斗坪遗址都发现贝纹与太阳纹组合使用的陶纹图案，施太阳纹的陶片都是泥质或细砂质，陶胎很薄，制作规整、火候低，陶片断面可观察到没有烧透而形成的夹心现象，易破碎。与同时期日常使用的釜、罐、盆、豆为厚胎、制作不精但火候高、质坚的作风不同，可能这些施太阳纹的陶器是与祭祀有关的器物。[③] 带贝纹的陶片皆为泥质、薄胎、火候低、质软，与太阳纹陶片类似，但有一些灰或黑色的陶片。贝纹刻在祭祀用陶器上，表明在当时，贝应该也与祭祀相关。贝纹皆为长圆形轮廓，长 1.8—2.2 厘米，宽 0.8—1.0 厘米。中部有纵向沟唇，沟唇两侧有平行的横沟齿，齿数在 8—12 对。其模拟的对象是海贝中的齿贝，又称货贝。

关于贝与神秘力量的关系，国外有学者人以为原始社会的人，以贝壳象征婴

---

① 丁骕（龙骧）《说契文龟字》，转引自：凌纯声：《中国与海洋洲的龟祭文化》，台北：精华印书馆，1972 年，第 9 页。

② a 吉林大学考古学系等：《湖北巴东县甫家坪遗址发掘简报》，《考古》1999 年第 1 期。b 吉林大学考古学系等：《湖北巴东县雷家坪遗址第二次发掘简报》，待刊。

③ 冯恩学：《三峡巴人崇拜太阳和使用贝币的实证》，《中华文化论坛》2000 年第 1 期。

儿出生的门户，把它看作生命的源泉，穿戴在身上，作为一种吉利的护符。甚至以为可以助产和使妇人多产。有时用以伴葬，使死者获得新的生命力。[①] 中国一直到现在，货贝还是被有些人看作辟邪品，绍兴一带称之为"鬼见怕"，小儿戴在手腕上。从中国发掘的古贝特征看，只有齿纹的一边完整，背面或则完全磨平，至少也有一穿孔，而贝壳正以背面最为美观，如果不是有象征作用，就不应损坏它的美点。[②]

虽然在商代是龟贝一同祀神，但是，最早使用龟祀神可能就在商。也就是说，在用龟之前，很可能一直用贝。胡厚宣《殷代卜龟之来源》认为：殷代之卜龟，盖由南方西方之长江流域而来，尤以来自南方者为多；又由专记龟甲来源之甲桥甲尾背诸刻辞可知，每言"某人""某来"，知其由来之方式为进贡；殷以前之"黑陶时期"虽已普知占卜，然皆用牛骨，绝不用龟；及殷人袭东方之黑陶文化，仍行占卜，并大加革新，因与南方已有繁盛之交通，乃广取龟甲而用之。

《史记·龟策列传》有：闻蓍生满百茎者，其下必有神龟守之，其上常有青云覆之。传曰：天下和平，王道得，而蓍茎长丈，其丛生满百茎……能得百茎蓍并得其下龟以卜者，百言百当，足决吉凶。由此知，龟与蓍原来是相关的，可能是先民采集生活的一种反映；同时也能反映出，所用龟甲可能是陆龟。《史记·龟策列传》又有：神龟出于江水中，廬江郡常岁时生龟，长尺二寸者二十枚，输太卜官，太卜官因以吉日剔取其腹下甲，龟千岁乃满尺二寸。王者发军行将，必钻龟庙堂之上，以决吉凶。今高庙中有龟室，藏内以为神宝……近世江上人，有得名龟，畜置之，家因大富。

总起来看，尽管所用之龟未必全来自南方，尤其是长江流域。但是，用龟占卜，的确应在使用金属工具之后，或可说不早于商。凌纯声认为："东殷乃今日玻利尼西亚和米克罗尼西亚等岛民，南越为今之印度尼西亚人，三者都属于南岛语系（austronesian）民族。古代帝王可能就是东夷，如太昊（tagaroa）伏羲氏，舜东夷人也，商纣亦称纣夷。占卜用龟腹甲骨，或在金属普遍使用之后，因龟甲须先钻孔，占后又须刻上卜辞。"[③] 至于后来通神之具专用龟甲而不用贝，可能起于对图文信息的重视，而其本质仍是对"天"拥有的"神秘力量"的重视。

《礼含文嘉》：伏羲德洽上下，地应以龟画。《水经注》：黄帝东巡河过洛，修

① Elliot Smith,*Evolution of the Dragon*, pp.145,223. 转引自：彭信威：《中国货币史》，上海：上海人民出版社，1965 年，第 13 页。

② Harry E. Gibson,The Use of Cowries as Money During the Shang and Chow Periods(Journal of the North China Branch of the Royal Asiatic Society, 1940,p.34.) 转引自：彭信威：《中国货币史》，上海：上海人民出版社，1965 年，第 13 页。

③ 凌纯声：《中国与海洋洲的龟祭文化》，台北：精华印书馆，1972 年，第 12 页。

坛沈璧，受龙图于河，龟书于洛，赤文篆字。又《黄帝出军诀》：帝伐蚩尤，睡梦西王母遣道人，披黑狐之裘，以符授之曰：太乙在前，天乙备后，河出符信，战即克矣。黄帝寤思其符，不能悉忆，以告风后力牧，风后力牧曰：此兵应也，战必自胜。力牧与黄帝俱到盛水之侧，立坛，祭以太牢，有元龟衔符从水中出，置坛中而去。黄帝再拜稽首受符视之，乃所梦得符也。广三寸长一尺，于是黄帝佩之以征，即日，擒蚩尤。《述异记》：陶唐之世，越裳国献千岁灵龟，方三尺余，背上有文皆科斗书，记开辟已来，帝命录之，谓之龟历。《尚书·中候》：尧沈璧于洛，元龟负书出，于背甲赤文朱字，止坛场，沈璧于河，黑龟出，赤文题。《龙鱼河图》：尧时与群臣贤智到翠沩之川，大龟负图来投尧，尧敕臣下写取告瑞应，写毕，龟还水中。《洛阳记》：禹时有神龟，于洛水负文列于背以授禹，文即治水文也。《拾遗记》：禹……导引川夷岳，黄龙曳尾于前，元龟负青泥于后，元龟河精之使者也。龟颔下有印文，皆古篆字，作九州山川之字，禹所凿之处，皆以青泥封记。《尚书·中候》：周公摄政七年，制礼作乐，成王观书于洛，沈璧，礼毕，王退，有元龟青纯苍光，背甲刻书，上蹐于坛，赤文成字，周公写之。

龟将天意传于人间，信息都在背部图纹里。而"衔"或是一种"传达"的"想当然"地具体化。

通过对祭祀、图腾资料以及贝的考古发现进行分析和对比，发现古人无论是祭祀天地人之神、还是崇拜各种力量的代表、还是日常生活中对生产工具、生活工具的使用，其背后都有一种共同的思维模式、共同的终极动力：共生——一体化、同构；以力而尊卑——以卑己而屈从于主生之力。

春秋战国时期诸子对变法家形象的建构与传播

The Construction and Dissemination of the Image of Reformers by Philosophers during The Spring and Autumn Period and the Warring States Perio

魏海岩 *

Wei Haiyan

摘 要: 春秋战国时期是一个求变色彩浓重的历史时期,诸子对当时的社会状态有强烈的改造意识,并提出了自己设计的蓝图。现实中大多数变法家和变法方案却具有法家特征。可是,诸子在建构变法家形象的过程中基本取得了最低共识——变法家是辅助国君解决实际问题的能臣。这一形象得到广泛传播并进入政治系统,进而形成求变政治文化的组成部分,又反过来巩固了求变文化,并成为变法在诸国顺利施行以及变法的主导权牢牢地掌握在法家代表人物手中的保障因素之一。

Abstract: The spring and autumn period and the warring states period is a historical period with a strong desire for change, the philosophers had a strong sense of transformation of the social state at that time and put forward blueprints of their own design. In reality, most of the reformers and reform plans had the characteristics of legalists. However, in the process of constructing the image of the reformers, the philosophers basically reached the lowest consensus - the reformers were the capable ministers who assist the monarch in solving practical problems.

This image was widely disseminated and entered the political system, thus forming part of the political culture of change, which in turn consolidated the culture

---

* 魏海岩(1978.9—),男,满族,博士,河北大学新闻传播学院副教授,研究方向:新闻传播史、政治传播学。

基金资助:河北大学A类人才引进科研启动课题"中国上古时期传播研究"(编号:521000981299)。

of change. It had become one of the guarantee factors for the smooth implementation of the reform in various countries, and also ensured that the dominant power of the reform was firmly in the hands of the representative legalists.

关键词：变法家；形象；建构；传播；政治文化

Key words: Reformer; Image; Construct; Disseminate; Political Culture

政治文化是一个民族在特定时期流行的一套政治态度、信仰和感情。① 求变与守旧② 是人们针对现有制度的两种基本态度、信仰、感情的结合体，是政治文化的重要组成部分。二者通常形成共生关系，前者是主流文化，则生活在某一政权内的大多数、或对政治关心的人们就呼唤改变，反之，后者是主流文化，则维持现有制度、现有政权的声音就处于强势。

主张在社会大体稳定前提下求变的人们，其具体观点往往是不一致的。例如，一部分人认为现在的问题是由于对旧制度的破坏造成的，呼吁退回现有制度的初始状态；一部分人对现有制度持彻底批判态度，力主对其进行颠覆性的改革；一部人则坚持居中路线，对新制度打上祖宗之法的标识，以倒退的姿态前进。

此种情况下，除了对现实的不满、要求改变之外，求变者之间能否在未经政治协商、彼此妥协的前提下有其他共识，而这种共识对政治现实有无作用，是一个值得关注的问题。

中国古代社会有一种贯穿始终、跨越朝代的超长生命周期的政治文化，就是社稷的安危、国家的贫富、百姓的苦乐等问题都系之于圣人、明君、贤臣一人或少许人身上。"黄河清，圣人出"的信仰、青天崇拜的现象都是以上文化的生动注脚。因此，考察某一变革、转型历史时期人们对变法家、改革家的形象建构，从中归纳出他们有无共同认识，这种共同认识对社会有无影响是解决上述疑问的一条出路。

一、文献综述

截至目前，专注于变法家形象研究的成果多以论文形式呈现。例如，以宏观或微观的角度，着眼于变法家形象的历史变化。(《非鞅？尊鞅？——先秦到西汉时期政治思想史中的商鞅形象探究》，2011；《明末至民国张居正历史评价的变化》，2018；《情感与理智：严复视角下康梁维新形象及其逆转》，2018）立足于对

---

① ［美］加布里埃尔·A. 阿尔蒙德，小 G. 宾厄姆·鲍威尔：《比较政治学：体系、过程和政策》，北京：东方出版社，2007 年，第 26 页。
② 在这里守旧并非贬义词，而是遵守旧制之意。

比变法家主持变法前后的形象变化及其动因。(《熙丰变法前后王安石形象的变化及其意蕴》，2017）归纳某一文体类别下的变法家形象。(《论宋人笔记小说中王安石的负面形象》，2012）聚焦于具体学术派别代表性著述中对某一变法家形象的呈现。(《浅析〈荀子〉中的人物形象之第四章第三节管仲形象》，2009；《〈论语〉中管仲形象探微》，2017；《战国时期的子产形象——以儒家文献为中心》，2019）某一经典著述中对同一变法家形象塑造的变化、变法家形象与历史叙事框架的关系。(《〈汉书〉中王莽形象的三重变奏》，2008；《浅谈〈汉书〉王莽人物形象》，2012；《政治、思想与学术的因应——康有为形象与戊戌维新叙事框架》，2014）

以上成果为变法家形象这一主题的研究贡献了力量，并且给日后相关探索的开展以宝贵的学术启发，但以特定时期不同学术群体对变法家形象的共建研究尚不多见。

二、研究设计

春秋战国是周初制定的一套政治、经济、文化体制宣告破产，天子无法维持名副其实的天下共主地位、诸侯各自为政，所谓"天下无道……礼乐征伐自诸侯出"①的时代。秩序无法维持，就等于平衡被打破。战乱频仍，生灵涂炭是那个时代的常态。各个诸侯国都在找寻能够使社会恢复秩序的道路，并进行了大量的制度上的探索。有学者认为，除现代外，春秋战国是中国社会组织变迁得最厉害的时期。②因此，春秋战国是著名的大变法时期，也是变法家出现最为集中的时期，本文将研究对象锁定在此时期有代表性、重大影响、资料相对丰富的管仲、子产、吴起、李悝、商鞅、申不害等变法家身上。

以上变法家的思想具有法家特征，他们多被后人归入法家前贤甚至是代表人物之列，其变法方案和实施方式也体现出浓重的法家色彩。然而，春秋战国又是中国历史上的轴心时期，涌现出大批思想家，他们或开创学术流派或成为流派中的中坚人物，其思想观念无论在当时还是在后世都具有很大的影响，是名副其实的意见领袖。先秦诸子所倡导者绝不局限于法治农战，有的还与法家思想冰炭不同器，即便是法家的代表人物韩非，对前辈的思想也是批判地继承。面对社会动荡、百姓流离的现实，这些人围绕着各自的思想体系建构了一套改造社会的方案，很自然的就与以上变法家的主张有所差别。

既然思想主张有别，那么他们对管仲等人主持的变法必然是不认同的（或不完全认同的）。这种不认同有没有影响到诸子对变法家形象的建构，建构后有没有

---

① （春秋）孔丘：《论语·季氏》，长沙：岳麓书社，2000年，第158页。
② 童书业：《春秋史》，上海：上海古籍出版社，2003年，第243页。

共识形成，一旦有共识形成有没有上升为政治文化的可能及其对政治现实有没有影响，是本研究需要解决的问题。

本研究选取承载春秋战国时期儒、道、墨、法、杂家等学派思想的经典著作（《论语》《孟子》《荀子》《庄子》《文子》《鹖冠子》《墨子》《韩非子》《吕氏春秋》《尸子》），①对其中有关变法家的描述和评论部分进行汇总，然后将其归类成正面形象、负面形象、正负兼具形象以及客观记事形象。所谓正面形象就是著作中涉及变法家的形象明确使用褒奖性的词汇或者描述变法家成绩、优点等文字，读者可以从中推论出正面形象，负面形象则正相反。客观记事形象，就是叙述历史事件、寓言典故时，变法家作为历史当事人、参与者被提及，但从中不足以推论出任何的正、负形象，故不计入统计当中。

三、研究发现

人在社会实践中需要扮演多重角色，如家庭成员角色、职业角色、学生角色等，每一种角色都会给人以印象，进而在其他因素的综合作用下形成特定的形象，变法家同样不能例外。本研究将变法家的形象分为非变法主持者形象、变法主持者形象。

（一）非变法主持者形象

1. 儒家

儒家为春秋末期孔子所创，战国时期孟子、荀子等为学派代表人物，主张礼乐治国，倡导教化、仁政。

管仲在《论语》《孟子》《荀子》中出现 15 次，8 次正面形象，约占 53.33%，负面形象 2 次，占 13.33%，正负兼有的形象出现 5 次，约占 33.33%。

孔子注意对管仲进行一分为二的评价。他既是一个泽被后世的仁德之人，又是一个治国能臣，曾辅助齐桓公称霸，建立"一匡天下"②的功业。但是，管仲不是一个完美无缺的君子，有生活奢侈、僭越礼制的"器小"一面。③对比《论语》中管仲正负形象的数量及孔子对他的评价语气，本研究发现在孔子眼中管仲是一位道德微缺的贤大夫。孟子和荀子基本延续了孔子对管仲评价的基调。不过相对

---

① 《慎子》等未涉及变法家形象的先秦诸子经典从略，《尹文子》《列子》等真伪争议很大的书从略。以变法家的名义编辑的书籍，如《管子》《商君书》等不在考察之列，不仅因其有伪书之嫌，更为重要的是突出个人形象，旁涉不广。

② （春秋）孔丘：《论语·宪问》，长沙：岳麓书社，2000 年，第 134 页。

③ （春秋）孔丘：《论语·八佾》，长沙：岳麓书社，2000 年，第 25 页。

于孔子，二者对管仲的评价较多的掺杂了学派标准而不像孔子那样更多的是站在历史的和客观功绩的角度进行评价。孟子一方面承认管仲是一个担负起天降大任，值得为君主尊重的历史人物，同时侧重批评他不能以王道辅佐君主，有负桓公信赖，使齐国止于称霸，"功烈如彼其卑"，①才德是不能和孟子相提并论的。言外之意，如果孟子等儒家人物机缘巧合能像管仲那样获得君主的信任，一定可以轻易超过霸道之功，恢复三王之世。荀子与之类似，一方面承认管仲是德才兼备的忠臣，一面认为管仲知为政而"未及修礼"，②不能辅佐国君实现王天下的政治理想。

子产在《论语》《孟子》和《荀子》中出现 8 次，正面形象 5 次，占 62.50%，负面形象 1 次，占 12.50%，正负兼有的形象 2 次，占 25.00%。在孔子眼中，子产比之管仲虽有不及，但是个君子、"惠人"。③到了孟子那里，也承认子产是个惠人，但有所发展和变异。在孔子那里，惠人不是贬义词，在孟子这里，是在政治上用小恩小惠施与百姓而不得治国要领的意思，即"惠而不知为政。"④荀子对子产的评价方式与孟子相近，虽然承认他的治国之才，但是批评他只知取民而"未及为政"，⑤距离儒家推崇的圣臣，还是有很大的差距。

至于吴起、商鞅、申不害只在《荀子》一书中有体现。吴起是个忠于国君敢于指出对方错误的臣子，商鞅在世俗之人眼中是与田单等人并列的善于用兵之人，但实际上他驾驭士兵没有达到"和齐"境界，不免使之沦为"盗兵"⑥，只能保证秦国称霸未及称王。申不害是个"蔽于势而不知知"之人。⑦

---

① 杨伯峻：《孟子译注·公孙丑章句上》，北京：中华书局，1960 年，第 56 页。
② 北京大学《荀子》注释组：《荀子新注·王制》，北京：中华书局，1979 年，第 119 页。
③ （春秋）孔丘：《论语·宪问》，长沙：岳麓书社，2000 年，第 130 页。
④ 杨伯峻：《孟子译注·离娄下》，北京：中华书局，1960 年，第 185 页。
⑤ 北京大学《荀子》注释组：《荀子新注·王制》，北京：中华书局，1979 年，第 119 页。
⑥ 北京大学《荀子》注释组：《荀子新注·议兵》，北京：中华书局，1979 年，第 235 页。
⑦ 北京大学《荀子》注释组：《荀子新注·解蔽》，北京：中华书局，1979 年，第 348 页。

表 1　儒家经典中变法家非变法主持者形象统计表

变法家	形象总结	形象判定			出处
		正（＋）	负（－）	正负（±）	
管仲	器小、不俭、不知礼		－		论语·八佾
	仁人	＋			宪问
	仁人	＋			宪问
	仁人	＋			宪问
	得君专行政久，功烈至卑		－		孟子·公孙丑上
	为师臣佐君称霸 为儒者所不屑			±	公孙丑下
	承担天降大任者	＋			告子下
	得君主信任，辅之称霸	＋			荀子·仲尼
	善于理政，然未循礼义			±	王制
	辅君称霸的"仁人"	＋			王霸
	下圣臣一级的功臣 低于大忠的次忠者			±	臣道
	获得巨大名利福禄的臣子	＋			解蔽
	功业亚于圣者 辅君称霸的贤者			±	君子
	施惠于人 力功知而弃仁义的野人			±	大略
	处决小人解国忧患的君子	＋			宥坐
子产	君子	＋			论语·公冶长
	与人才配合而成事	＋			宪问
	惠人	＋			宪问
	惠而不知为政		－		孟子·离娄下
	君子	＋			万章上
	能取民心却没处理好政治			±	荀子·王制
	功超晏子，惠不及管子			±	大略
	处决小人解国忧患的君子	＋			宥坐
吴起	忠君直谏之臣	＋			荀子·尧问
商鞅	善于用兵 驾驭盗兵			±	荀子·议兵
申不害	乱家		－		荀子·解蔽

2. 道家

道家流派定型于春秋，主清静尚无为，但并不是与现实绝缘，特别是道家在发展过程中逐渐衍生出黄老之学等支流，同样极为关注现实问题的解决。因此，著名变法家在他们的代表作中也有出现。

管仲的事迹在《文子》《庄子》《鹖冠子》出现 7 次，正面形象 6 次、负面形象 1 次，各占 85.71%、14.29%。管仲是个在后人眼中视为先贤的人物，他的名言"褚小者不可以怀大，绠短者不可以汲深"① 被传颂称道。在政治方面，管仲知晓下属的才干和缺点，向国君推荐继任者，坚持唯才是举。但是，他臣服于杀兄娶嫂的桓公，是一个"论则贱之，行则下之"，② 言行相悖的人。

子产在《庄子》以负面形象出现 1 次。子产贵为郑国执政，于公，未能掌握治国要领，于私，不能以德取人，衡量人常于"形骸之外"③ 入手。

表 2　道家经典中变法家非变法主持者形象统计表

变法家	形象总结	形象判定			出处
		正（＋）	负（－）	正负（±）	
管仲	与尧舜禹等并列的圣贤	＋			文子·自然
	悟道之士	＋			庄子·至乐
	唯才是举	＋			徐无鬼
	言行不一		－		盗跖
	时机不予，沦为贫贱，时机所予，尊为世师	＋			鹖冠子·世兵
	命运机遇垂青的高世贤者	＋			备知
	成就霸业的贤臣	＋			世贤
子产	重形轻内		－		庄子·德充符

3. 墨家

墨翟创立墨家学派，倡导兼爱、节用、尚贤等。墨家眼中的管仲是与鲍叔牙并列的辅助齐桓公称霸诸侯的功臣，其功绩可与晋文公手下的舅犯、高偃，楚庄王手下的孙叔、沈尹，吴王阖闾手下的伍员、文义，越王勾践手下的范蠡、大夫种并列。④ 墨家眼中的吴起是一位事功巨大的贤臣能士，但也正因为事功巨大而导

---

① （战国）庄子：《庄子·至乐》，自《老子·庄子·列子》，张震点校，长沙：岳麓书社，1983 年，第 73—74 页。

② 同上，第 129 页。

③ 同上，第 20 页。

④ （清）毕沅校注：《墨子·所染》，吴旭民校点，上海：上海古籍出版社，2014 年，第 9 页。

致他惨遭车裂。①

表3　墨家经典中变法家非变法主持者形象统计表

变法家	形象总结	形象判定			出处
		正（＋）	负（－）	正负（±）	
管仲	辅桓公称霸，功名传后世	＋			墨子·所染
吴起	因功大而亡的贤士	＋			亲士

4.法家

法家是先秦学术流派中介入政治活动最深的学派，他们的代表人物管仲、子产、李悝、吴起、商鞅就是变法家。法家思想的集大成者韩非对上述人等自然皆有描述、评论。

《韩非子》中共有29处提及管仲，22处正面形象，6处负面形象，1处正负兼有的形象，分别占75.86%、20.69%、3.45%。管仲是一个"仁贤忠良有道术之士"，②桓公信任他，能取得"一匡天下，九合诸侯"③的辉煌政绩。管仲也是一个"无度"④的臣子，因为"贪欲"或"不知术"等原因而偶有"失行"，⑤只不过这些是他形象中的支流。

《韩非子》有5处涉及子产，4条正面形象，1条负面形象，分别占80.00%和20.00%。子产是一个优秀的治国能臣，主张严格施行"刑罚"则"禁令"⑥畅行。短短五年内，他把一个"城郭不完，兵甲不备"，且夹于楚、晋大国之间小国郑，治理得"国无盗贼，道不拾遗"。⑦只不过，子产也会犯"以智治国"⑧而放弃依法治国的错误。

① （清）毕沅校注：《墨子·亲士》，吴旭民校点，上海：上海古籍出版社,2014年，第3页。
② （清）王先慎：《韩非子集解·外储说右下》，姜俊俊校点，上海：上海古籍出版社,2015年，第26页。
③ （清）王先慎：《韩非子集解·难一》，姜俊俊校点，上海：上海古籍出版社,2015年，第413页。
④ 同上，第429页。
⑤ 同上，第436页。
⑥ （清）王先慎：《韩非子集解·内储说上七术》，姜俊俊校点，上海：上海古籍出版社,2015年，第257。
⑦ （清）王先慎：《韩非子集解·外储说左上》，姜俊俊校点，上海：上海古籍出版社,2015年，第343页。
⑧ （清）王先慎：《韩非子集解·难三》，姜俊俊校点，上海：上海古籍出版社,2015年，第458页。

《韩非子》有 4 处涉及李悝,正负各占 50%。李悝是一个擅于用"赏誉"[1] 等法治理地方的能臣,但也曾因为不知法术而犯有过错。在军事上上,他就曾经用诈术治军,犯了"赏罚不信"[2] 的过失。

《韩非子》有 9 次涉及吴起,皆是正面形象。道术上,他是集"仁贤忠良"[3] 于一身的有术之士;军事上,他是一个统兵有方、布阵有术与孙子齐名的军事家,个人品德方面他是个守信君子。[4]

《韩非子》有 2 次涉及商鞅,皆为正面形象。商鞅是"仁贤忠良有道术之士",[5] 在治理国家的时候,重视轻罪的处罚,"轻者不至,重者不来"[6]。

《韩非子》有 3 处涉及申不害,2 处正面形象、1 处负面形象,分别占 66.67%、33.33%。申不害是韩国重臣,主要依靠术处理政事,既掌握"明主之道"[7]、熟悉驾驭臣下之法,又以术来探知君主的意图,以成就他的私利。[8]

表 4 法家经典中变法家非变法主持者形象统计表

变法家	形象总结	形象判定			出处
		正（+）	负（-）	正负（±）	
管仲	仁贤忠良有道术之士	+			韩非子·难言
	忠臣	+			十过
	知霸王之术的臣子	+			奸劫弑臣
	功业为后世称颂的能臣	+			饰邪
	虚心不耻下问的圣明之士	+			说林上
	知晓人性	+			说林下

---

① （清）王先慎:《韩非子集解·内储说上七术》,姜俊俊校点,上海:上海古籍出版社,2015 年,第 258 页。

② （清）王先慎:《韩非子集解·外储说左上》,姜俊俊校点,上海:上海古籍出版社,2015 年,第 321 页。

③ （清）王先慎:《韩非子集解·外储说难言》,姜俊俊校点,上海:上海古籍出版社,2015 年,第 26 页。

④ （清）王先慎:《韩非子集解·外储说左上》,姜俊俊校点,上海:上海古籍出版社,2015 年,第 321 页。

⑤ （清）王先慎:《韩非子集解·外储说难言》,姜俊俊校点,上海:上海古籍出版社,2015 年,第 26 页。

⑥ （清）王先慎:《韩非子集解·内储说上七术》,姜俊俊校点,上海:上海古籍出版社,2015 年,第 272 页。

⑦ （清）王先慎:《韩非子集解·外储说右上》,姜俊俊校点,上海:上海古籍出版社,2015 年,第 377 页。

⑧ （清）王先慎:《韩非子集解·内储说上七术》,姜俊俊校点,上海:上海古籍出版社,2015 年,第 259 页。

变法家	形象总结	形象判定			出处
		正（＋）	负（－）	正负（±）	
	圣明之人	＋			说林下
	执法坚定	＋			内储说上七术
	主张统治者以身作则	＋			外储说左上
	做事名正而实惠	＋			外储说左上
	量才录用官员	＋			外储说左下
	优秀官员			±	外储说左下
	生活奢侈				
	智慧之臣，得到君主信任	＋			外储说左下
	以公心对待私恩	＋			外储说左下
	认识法术不能实行的症结	＋			外储说右上
	按照事物的规律处理政事	＋			外储说右下
	得君主信任，佐君成霸业	＋			外储说右下
	不知法度		－		难一
	不知治国之术		－		难一
	霸王之佐	＋			难一
	赏罚失法		－		难二
	霸王之佐	＋			难二
	得君主信任，忠于君主	＋			难二
	贤能之臣	＋			难三
	对政治问题轻重理解有误		－		难三
	所持赏罚之法无可操作性		－		难三
	偶尔讲出不合法术之言		－		难三
	霸王之佐	＋			说疑
	与伊尹相似的治国人才	＋			显学
子产	严刑治国的优秀政治家	＋			内储说上七术
	运用倒言反事的政治家	＋			内储说上七术
	治国能臣	＋			外储说左上
	尽忠直谏	＋			外储说左下
	凭智弃法治国的典型		－		难三
李悝	擅用赏誉治理百姓	＋			内储说上七术
	用诈术治军而失败		－		外储说左上
	治理地方的能臣	＋			外储说左下
	有失误的地方官		－		难二

变法家	形象总结	形象判定			出处
		正（+）	负（-）	正负（±）	
吴起	仁贤忠良有道术之士	+			难言
	贤圣之臣	+			奸劫弑臣
	虚心纳谏之士	+			说林上
商鞅	军事家	+			守道
	长于用信赏之法治理地方	+			内储说上七术
	守信之人	+			外储说左上
	擅于治军	+			外储说左上
	令行禁止从身边亲人做起	+			外储说右上
	军事家	+			五蠹
	仁贤忠良有道术之士	+			难言
	以刑去刑的优秀政治家	+			内储说上七术
申不害	善于探明君主意图		-		内储说上七术
	深谙驭臣之术	+			外储说右上
	法术之士	+			难三

5. 杂家

杂家，顾名思义，就是兼采儒、法、墨等诸家观点，融汇成一个独立的学术流派。杂家较为晚出，大约是战国晚期才诞生的。杂家的代表作《吕氏春秋》《尸子》中涉及管仲、子产、李悝、吴起、商鞅、申不害的形象。

杂家著作中涉及管仲形象有 20 条，95.00% 的都是正面形象，只有 1 条是负面形象。总体上来说，管仲是一位优秀的辅佐国君的贤臣。他凭借"德"赢得国君信任并以国事相托，[①] 是齐桓公走上称霸道路的第一功臣，只是偶尔会判断失误。

子产在两部著作中，皆以正面形象示人。总体而言，子产是郑国贤臣，在其主政期间郑国实现了"国无盗贼，道无饿人"。[②]

《吕氏春秋》有 3 次涉及李悝，正面形象 2 次，负面形象 1 次，分别占正 66.67% 和 33.33%。他是一位知晓役使百姓之道、"能谏其君"、[③] 掌握举贤原则的臣子，只是未掌握举贤要领。

《吕氏春秋》中有 7 次涉及吴起，正面形象出现 6 次，正负兼具 1 次，分别占

---

① 朱海雷：《尸子译注》，上海古籍出版社，2006 年，第 2、30 页。

② 同上，第 30—31 页。

③ （汉）高诱注；（清）毕沅校；徐小蛮标点：《吕氏春秋·恃君览·骄恣》，上海：上海古籍出版社，2014 年，第 504 页。

85.71%、14.29%。吴起曾受业于曾子，"所染者得当"，因此日后能够"显荣于天下"。[①] 他既是一名才干突出的军事统帅，[②] 又是一个优秀的政治家，富有"先见"，[③] 精于明赏罚以立信。[④] 只是，吴起有时候惯于发现己之所长，但疏于发现己之所短。

《吕氏春秋》有3次涉及商鞅，正面形象有2次、负面形象1次，分别占66.67%、33.33%，他是一位难得的良臣，一旦被启用国家就会兴盛，[⑤] 只不过做人方面道德有亏，行为"不审"。[⑥]

《吕氏春秋》有1次涉及申不害的正面形象，他是一个深知治国不能依靠耳目心智而应依靠"数"的大臣。[⑦]

表5　杂家经典中变法家非变法主持者形象统计表

变法家	形象总结	形象判定			出处
		正（+）	负（-）	正负（±）	
管仲	睿智识人且忠心	+			吕氏春秋·孟春纪·贵公
	熏陶君主，功名流传后世	+			仲春纪·当染
	因势利导，变不利为有利	+			离俗览·贵信
	善于劝谏，霸业之良弼	+			慎大览·顺说
	思虑周密，用智慧弥补时机之不利	+			慎大览·不广

---

① 同上，第40页。

② 同上，第450页。

③ （汉）高诱注；（清）毕沅校；徐小蛮标点：《吕氏春秋·恃君览·观表》，上海：上海古籍出版社，2014年，第507页。

④ （汉）高诱注；（清）毕沅校；徐小蛮标点：《吕氏春秋·似顺论·慎小》，上海：上海古籍出版社，2014年，第602页。

⑤ （汉）高诱注；（清）毕沅校；徐小蛮标点：《吕氏春秋·仲冬纪·长见》，上海：上海古籍出版社，2014年，第225页。

⑥ （汉）高诱注；（清）毕沅校；徐小蛮标点：《吕氏春秋·慎行论·无义》，上海：上海古籍出版社，2014年，第534页。

⑦ （汉）高诱注；（清）毕沅校；徐小蛮标点：《吕氏春秋·审分览·任数》，上海：上海古籍出版社，2014年，第388页。

变法家	形象总结	形象判定			出处
		正（＋）	负（－）	正负（±）	
	具圣人般的预判能力	＋			先识览·知接
	勇于进谏	＋			恃君览·达郁
	偶有判断失误		－		开春论·贵卒
	辨察名实，辅助桓公称霸	＋			先识览·正名
	师臣	＋			孟夏纪·尊师
	有自知之明	＋			审分览·勿躬
	国君能以国事相托的人	＋			审分览·任数
	辅助国君称霸的贤人	＋			审分览·知度
	善于保密和判断	＋			审应览·重言
	长于观察判断人的思想	＋			审应览·精谕
	懂得用民之法的政治家	＋			离俗览·用民
	国君称霸的重要辅助者	＋			慎行·察传
	辅助王霸之业的不二人选	＋			不苟论·赞能
	有德行的治国良臣	＋			尸子·劝学
	贤臣	＋			治天下
子产	礼贤下士，郑国大治	＋			吕氏春秋·慎大览·下贤
	维护法治者	＋			审应览·离谓
	使国家免于被入侵的贤人	＋			慎行论·求人
	治郑贤臣	＋			尸子·治天下
李悝	知晓役使百姓之道	＋			吕氏春秋·离俗览·适威
	未掌握举贤原则		－		离俗览·举难
	善于向君主进谏	＋			恃君览·骄恣
吴起	孔子后学，"显荣于天下"	＋			吕氏春秋·仲春纪·当染
	有远见的政治家	＋			仲冬纪·长见
	政治上先知先觉者	＋			恃君览·观表
	军事家	＋			离俗览·上德
	懂得用民之法	＋			离俗览·用民
	利用赏罚取信于民	＋			似顺论·慎小
	知己长不见己短的政治家、军事家			±	审分览·执一

续表

变法家	形象总结	形象判定			出处
		正（+）	负（-）	正负（±）	
商鞅	用之则国兴的良臣	+			仲冬纪·长见
	深谙用民之法	+			离俗览·用民
	驱利忘义之徒		-		慎行论·无义
申不害	秉承循"数"行事的大臣	+			审分览·任数

以上经典著作中涉及变法家的非变法主持人形象：管仲在儒家、道家、墨家、法家、杂家经典作品中多为正面；除道家外，子产在儒家、法家、杂家经典作品中多为正面；吴起在儒家、墨家、法家、杂家经典作品中多为正面；李悝在杂家经典作品中为正面，在法家经典作品中正、负各半；商鞅在杂家、法家经典作品中多为正面，在儒家经典作品中正负兼备；申不害在杂家、法家经典作品中多为正面，在儒家经典作品中为负面。

变法家在以上经典作品中以非变法主持者形象出现时，正面形象高于其他形象的概率。而且，大部分经典都承认变法家在政治（或军事）上是具有才能之臣，当然能力大小、高低在不同的学术流派中有各自的定位。

（二）变法主持者形象

在先秦儒家、道家、墨家的叙述、议论中均未提及管仲、子产等人主持变法的事迹，而杂家、法家却有所不同，特别是法家的《韩非子》对管仲、子产、吴起、申不害、商鞅等发动变法的行为或功绩等都有直接的评价或描述。

表6　法、杂家经典中变法主持者形象统计表

变法家	形象总结	形象判定			出处
		正（+）	负（-）	正负（±）	
管仲	有功业的变法家	+			韩非子·南面
	变法理论家	+			五蠹
子产	贤智的变法家	+			显学
吴起	主持变法的法术之士	+			和氏
	变法家	+			问田
申不害	深晓法治，不能以身作则			±	外储说左上
	强调术治忽略法治			±	定法

续表

变法家	形象总结	形象判定			出处	
		正（＋）	负（－）	正负（±）		
商鞅	变法强国的法术之士	＋			和氏	
	贤圣的变法家	＋			奸劫弑臣	
	得到君王支持的变法家	＋			南面	
	富强国家的变法家	＋			问田	
	忽略术治依靠法治			±	定法	
	变法理论家	＋			五蠹	
子产	智慧超过常人的变法家	＋			吕氏春秋·先识览·乐成	
吴起	运用赏罚使百姓适应变革	＋			孝行览·义赏	
	知己长不见己短的变法家			±	审分览·执一	
	用智敏捷变法家	＋			开春论·贵卒	

法家著作中管仲以新法制定者的身份出现 2 次且为正面形象。管仲是与晋之郭偃并列的春秋时期著名变法家，他主张的新法是富民之法，[①] 是齐国称霸的关键保障，否则桓公将"不霸"。然而，为此管仲也付出了"拂于民心"的政治代价，因为"民愚而不知乱"，他们已经习惯于在旧法中生存。幸亏齐桓公是一个明主，对变法予以坚定的支持。管仲开始治国之时，齐桓公为了保证其安全，派"武车"护卫。[②]

子产以变法主持者的形象出现 1 次。子产作为郑国的"贤智"之士，所实行的"开亩树桑"，将"大利"于国，可是，民智却如"婴儿之心"，不知忍小痛而得大益，纷纷"谤訾"[③] 新政。子产顶住失去民心的压力将新法贯彻到底，终于使郑国获得了保全。

吴起以变法家的正面形象出现 2 次，他向楚悼王剖析了楚国存在着"大臣太重，封君太众"等政治陋俗，并制定了相应政策予以改变，可惜悼王"行之期年"而死，吴起惨遭肢解。楚国也因不用吴起之法而"削乱"。[④]

---

① （清）王先慎：《韩非子集解·五蠹》，姜俊俊校点，上海：上海古籍出版社，2015 年，第 547 页。

② （清）王先慎：《韩非子集解·南面》，姜俊俊校点，上海：上海古籍出版社，2015 年，第 141—142 页。

③ （清）王先慎：《韩非子集解·显学》，姜俊俊校点，上海：上海古籍出版社，2015 年，第 562 页。

④ （清）王先慎：《韩非子集解·和氏》，姜俊俊校点，上海：上海古籍出版社，2015 年，第 114 页。

商鞅以变法家形象出现6次，1次正负形象兼具，余者皆为正面。商鞅主持变法，同样因为"民愚而不知乱"而遭到众人的强烈反对，幸亏得到孝公的坚定支持，才使秦国走向"富强"，但是孝公一死，他竟惨遭"车裂"。①但是，商鞅的变法有其局限性。术，可以确保君主不会受臣下蒙蔽；法，可以避免群臣"乱于下"。对于国君或变法家来说，二者缺一不可。商鞅却偏重法治忽视术治，导致秦国强大数十年而"不至于帝王"。②

申不害以变法家形象出现2次，都是正负参半。申不害一方面知道法的重要性，了解法治推行的关键在于坚持"见功而与赏，因能而受官"③的原则，可是有些时候自己却不能坚持原则。同时，法与术相较，他更偏重于术，造成的后果是法令不一，奸邪日增，拥有万乘兵力的韩国，"七十年而不至于霸王"。④

杂家著作中子产以变法主持者形象出现1次，且为正面形象。子产最开始在郑国施行"使田有封洫，都鄙有服"的变法之时，遭到百姓的谩骂攻击，三年以后百姓体会到变法给他们带来的利益，才转而颂扬子产。子产的智慧是远超常人，作为变法家的他更是"所见者远"，"而民莫之知。"⑤这种差距导致了认识上的不同步。

杂家著作中吴起以变法发起者的形象出现3次，正面形象2次、正负参半1次。吴起在魏国"变习俗，使君臣有义，父子有序"，⑥吴起的能力也得到了同僚的认可，表示自愧弗如。但是，吴起以此自傲，无视同僚的优点而有失自知之明。吴起离魏去楚后，依然从事移风易俗、去旧布新的工作。过去楚国人习惯于两版筑墙法，吴起改变了这一做法而"见恶"于楚人。吴起变更了赏罚原则，保证了新法在民众中顺利推广。⑦吴起根据楚国土地有余而百姓不足的实际，下令将贵族

①（清）王先慎：《韩非子集解·问田》，姜俊俊校点，上海：上海古籍出版社，2015年，第479页。
②（清）王先慎：《韩非子集解·定法》，姜俊俊校点，上海：上海古籍出版社，2015年，第482页。
③（清）王先慎：《韩非子集解·外储说左上》，姜俊俊校点，上海：上海古籍出版社，2015年，第346页。
④（清）王先慎：《韩非子集解·定法》，姜俊俊校点，上海：上海古籍出版社，2015年，第481页。
⑤（汉）高诱注；（清）毕沅校；徐小蛮标点：《吕氏春秋·先识览·乐成》，上海：上海古籍出版社，2014年，第360、361页。
⑥（汉）高诱注；（清）毕沅校；徐小蛮标点：《吕氏春秋·审分览·执一》，上海：上海古籍出版社，2014年，第407页。
⑦（汉）高诱注；（清）毕沅校；徐小蛮标点：《吕氏春秋·孝行览·义赏》，上海：上海古籍出版社，2014年，第286页。

们迁到荒无人烟的地方去，他们"皆甚苦之"。[①]支持吴起变法的楚王死了，贵族们都回到朝廷箭射吴起。吴起临死前用智谋惩罚了凶手。

法家经典著作中出现的变法主持者形象：管仲皆正面；商鞅多为正面；申不害正负兼备。杂家经典著作中出现的变法主持者形象：子产皆是正面；吴起多为正面。

法家、杂家经典著作中的变法主持者，正面形象出现的概率极高，除了少量的正负兼备形象没有负面形象。

对比经典中变法家的非变法主持人形象与变法主持人形象会发现诸子在前者的形象建构中达成了大致共识，那就是变法家基本上都是"能臣"。

四、变法家形象的传播

诸子围绕着变法家形象已经形成了一定的共识，那么在求变文化、求变实践流行诸国的情况下，它具备了上升为政治文化的可能性。但是，如果上述关于变法家形象的描述或评议只是密室私语或局限于学派内部有限几人之间的交流，不为外界所知，那么变法家形象就很难成为求变文化的组成部分。

春秋战国时期各个学派为了扩大政治影响，结合现实条件，开辟或利用那个时代的、相对高效的传播渠道，使自己的学术观点和理论得到传播。他们对变法家形象的建构分散在其中，也能借机获得传播。

（一）教育

1. 官学

自人类诞生以后，为了使种群或氏族能够繁衍延续下去，生产知识、生活经验等就开始在人与人之间传递、代与代之间传承，教育活动也就开始了。当然，教育活动正式起步或正规发展还是在国家产生以后。中国的夏商周时期，是国家诞生并初步发展时期。相传夏代的京师之学有序，地方之学有校。殷人之教，有大、小学之别。周朝的教育更是发达，已经达到"家有塾，党有庠，术有序，国有学"。[②]学在官府是三代教育一个突出特点。及至东周，既有的国家体制受到冲击，教育也未能置身事外，官学的垄断地位动摇，但并没有退出历史舞台，而是适应风俗之变有所进化。战国时期，各诸侯国为了在竞争中退则保境安民、进则开疆拓土，掀起了一股争夺人才的运动。稷下学宫是齐国国君于都城设立的学术

---

①　（汉）高诱注；（清）毕沅校；徐小蛮标点：《吕氏春秋·开春论·贵卒》，上海：上海古籍出版社，2014年，第526页。

②　（清）孙系旦：《礼记集解上卷三六学记十八》，北京：中华书局，1989年，第957页。

机构，初建于齐桓公田午统治时期终于齐国灭亡，存世一百五十年左右，它不择派别，诸子百家中的翘楚人物皆可收纳，人数一度达到"数百千人"。[①]百千人这样的数字今日看起来似乎不足称奇，可是在战乱频仍的时期，能够聚集到如此规模的学派领军人物及学徒那就很值得称道。况且，稷下学宫坚持学术活动百年以上，它招徕的学生学有所成之后，又携带着思想火花的柴薪布散到各地，授徒讲学、开枝散叶，如此估算，其传播力也是不容小觑的。稷下学宫除了讲学之外，传播活动还有著述、谈说聚会等。据说《慎子》《尹文子》《孟子》《荀子》《管子》等就曾为稷下学宫编辑出版。[②]学者们并非远离现实，他们"著书言治乱之事，以干世主"。[③]一触及现实政治问题，就不免涉及变法、变法家。

2. 私学

东周时期，官学没落，学术下移，私学兴起，学派逐渐形成。在传授知识、答疑解惑之时，为师者常将自己或本学派对变法家的认识和评价等信息传播给学生。在这一过程中，教师有意或无意地在学生心目中完成了对变法家形象的建构。例如，孔子对管仲、子产分别为仁者、惠人的评价，就是在与弟子的讨论中、回答弟子的提问中做出的。[④]虽然私学没有获得政府的资助扶持，但是其传播影响力是很大的。孔子有弟子三千，身通六艺者七十二人。[⑤]道家田骈有"徒百人"。[⑥]齐国淳于髡死，有弟子三千人为其服孝。[⑦]

不但教育工作者在世时，其主张的学说能够获得广泛传播，即便在他们离世的情况下，其主张的学说也能打破时间的限制，形成隔代传播。如孔子殁后，儒家一分为八，八个派别又各聚门徒，代代相传。墨家自墨子后，禽滑釐、孟胜、田襄子等钜子守护阐释墨学，使其学术不绝迹。

另外，此时的学派自由风气颇浓，不要求弟子绝对忠诚于老师或学派，而是允许其自由选择。因此，有人经常游走在各个派别之间。例如，吴起与曾子有一段师徒缘分，李斯、韩非曾列荀子门墙之下，后来他们都出儒入法。不仅如此，学派之间还相互影响，相互借鉴。申不害的学说，"本于黄老而主刑名"，[⑧]儒家荀子思想观念中有重法的成分。杂家更是以"兼儒、墨，合名、法"[⑨]为学派特色。

①　（汉）司马迁：《史记·田敬仲完世家》，北京：线装书局，2006年，第228页。
②　陈鼓应注译：《管子四篇诠释 稷下道家代表作解析》，北京：商务印书馆，2016年，第10页。
③　（汉）司马迁：《史记·孟子荀卿列传》，北京：线装书局，2006年，第326页。
④　（春秋）孔丘：《论语·宪问》，长沙：岳麓书社，2000年，第130、134页。
⑤　（汉）司马迁：《史记·孔子世家》，北京：线装书局，2006年，第236页。
⑥　（西汉）刘向编集：《战国策·齐策四·齐人见田骈》，济南：齐鲁书社，2005年，第127页。
⑦　（宋）乐史《太平寰宇记》卷19《太平寰宇记·河南道·淄州》，四库全书文渊阁本。
⑧　（汉）司马迁：《史记·老子韩非列传》，北京：线装书局，2006年，第284页。
⑨　（汉）班固：《汉书·艺文志》，北京：中华书局，1964年，第1742页。

学派之间不设藩篱，有助于学术思想、政治观点的融合，具体到变法家形象的建构方面，也有利于共识的形成。

（二）著书立说

春秋战国时期学派代表人物或其追随者多著文立说、汇编文献，保证他们的思想观点能够打破时空阻碍，既久且远的传播。例如，庄子撰写了十余万字的著作，慎到著有十二篇论文，孟子与万章作孟子七篇。荀卿晚年著述颇丰，至汉代流传有三百二十二篇之多。韩非写了《孤愤》《五蠹》《内外储》《说林》《说难》等为代表的著作。

吕不韦与门下食客将所见所闻编纂成书——《吕氏春秋》。吕不韦门下食客多达三千，这些人有可能就是该书的第一批读者。为了扩大影响，吕不韦将《吕氏春秋》悬于城门，遍请诸侯游士宾客，以千金易一字之误。另外，吕不韦贵为秦国之相，不仅在国内位高权重，就是在国外也声名显赫，即使被秦始皇免去相国职务、遣出京城，"诸侯宾客使者相望于道"[①]来问候他。以此名望推广《吕氏春秋》显得更加容易。

（三）游说、寄食、入仕

为了实现自己的政治理想，不同学派的优秀人物，常去游说诸侯。孔子在生前就曾到齐、宋、卫、陈、蔡、楚等国进行游说。孟子也有与之类似的经历，曾去齐国游说宣王，去魏国游说惠王。韩非看到韩国渐渐衰弱下去，屡次上书规劝韩王。

春秋战国时期，诸侯各国达官显贵有养士之风。著名的战国四公子信陵君、春申君、平原君、孟尝君皆以礼贤下士、结交宾客为能，甚至相互攀比。食客当中虽不免有鸡鸣狗盗之徒，但也有毛遂、冯谖等有真才实学者。这些食客寄居豪门发挥一技之长，小则为衣食温饱，大则为攫权扬名。他们学术流派混杂，儒、道、法并存，在竞争中寻找机会，一旦博得主人信任，就有机会传播其思想。当然，竞争中也不乏合作，杂家经典《吕氏春秋》就是吕不韦与不同学派背景的门客共同完成的。

有些学派代表人物或精英还积极入仕从政。孔子曾任鲁国司空、大司寇、国相，子贡曾出任鲁国、卫国的国相，子路任蒲邑大夫，子我为临菑大夫，子游任武城长官，子贱出任单父长官，子羔任费邑长官。有人把韩非的著作传到秦国境

---

① （汉）司马迁：《史记·吕不韦列传》，北京：线装书局，2006年，第367页。

内，秦王嬴政读了以后，下决心会见韩非，准备委以重任。

以上几种途径为他们创造了与君主、官员更为直接的交流机会，便于其政治观点输入政治系统。

（四）论辩交锋

变法家形象被诸子建构出来又经过同时代的信息扩散、异时代的信息传承，尚不能快速上升为政治文化。要使变法家形象在时人观念世界所居地位获得提升，还必须打破平行传播，经过观点的相互碰撞、交锋，形成一种流行。

如前所述，春秋战国之时，社会既有的主流政治理论正在走向解体，各个学派在自己知识体系中几乎都有独特的、理想的政治模式并想以此改造社会。那么，百家争鸣自然不可避免。这就是儒家形容的"圣王不作"、"处士横议"[1] 现象。因此，各学派的代表人物多具论辩之能，如孔子、墨子以辩才闻名天下，[2] 孟子也以好辩而知名，[3] 名家更是以善辩闻名，被人径称为"辩者"。[4] 韩非为人期期艾艾、不善唇舌而长于笔谈，《难一》《难二》《难三》《难四》诸篇就是作者以文字虚拟出的几场辩论。此种著文风格也可侧面反映出当时论辩风气之盛。

春秋战国时代与现代民主社会不同，除了农民起义、国人暴动等特殊时期，如变法类的国家还是肉食者谋之。进入政治系统掌权者或其后备群体视野的变法家形象才有望成为主流的政治文化。尽管变法家形象通过教育、图书、游说等渠道传抵信息接收者的绝对数量有限，但是它们影响的是对政治文化形成具有决定作用的群体。

五、结 论

春秋战国时期的诸子不只是专注于理论的积累和创新，面对秩序失衡的政治局面，大部分人都有自己的政治设计。而他们要想将其政治理想付诸实践，最高效的方式就是说服诸侯国政治系统的掌权者或对其有深刻影响的群体。对话双方在某些认识方面达成基本共识是说服成功的必要保障。

大国争强斗狠，始有称霸之举，终有问鼎易代之心；小国做小服低，初在大国间苟延国祚，后不免国亡庙迁。处在如此的时代背景下，几乎每一个诸侯都感

---

① 杨伯峻：《孟子译注·滕文公章句下》，北京：中华书局，1960 年，第 155 页。
② （汉）司马迁：《史记·邹阳列传》，北京：线装书局，2006 年，第 360 页。
③ 杨伯峻：《孟子译注·滕文公章句下》，北京：中华书局，1960 年，第 155 页。
④ （战国）庄子：《庄子·天下》，自《老子·庄子·列子》，张震点校，长沙：岳麓书社，1983 年，第 87 页。

到了竞争或生存的压力，并努力寻找一种适应新形势的自强、自救之路。商鞅说秦孝公以帝王之道，孝公不能采用，理由是"久远，吾不能待"；商鞅说秦孝公以强国之术，孝公移席"大说"。①魏惠王见孟子时迫切地问"有以利吾国乎"、欲一雪失地之恨"如之何则可"。②以上事例就是这种心理状态的表现。统治者所需求的、时代所呼唤的正是有能力、可迅速提升国力的变法家。因此，无论哪一学派的人物论及变法家时，都不能彻底否定其功绩，否则，就极有可能失去和说服对象之间继续交流的机会。

另外，管仲、子产、李悝、吴起、商鞅、申不害，在当时事迹颇详，他们的政治作为、变法结果在已经掌握政治权力或准备加入政治系统的人群中是共同熟知的。诸子或其追随者在进行说服或宣传时，都不能对其无视或篡改。

现实政治问题使说服对象对成功变法家有强烈的心理期待，可是各学术流派包括法家内部所规划的变法蓝图与现实的变法却存在差异乃至根本对立。这种局面使各学派代表人物既不能对变法家的成绩置若罔闻，又不能全盘认可。化解办法有两种：观点不能兼容的，比如儒家，承认变法家的能力和政绩，并不吝冠之以仁者、忠臣、贤臣之美名，但对其主持变法的形象则尽量回避，不得已提到变法问题时，只是单方面提出自己的"更具美好的前景"变法方案；观点有相容之处的，比如法家、杂家，他们对变法家的非变法主持者形象也是多有赞誉，触及变法问题，在对变法家作充分肯定的同时也批判其不足之处。

作为时代意见领袖的诸子至少认可了变法家是能臣而非乱臣、佞臣，这种共识又在目标群体中获得广泛传播，最终变成了求变文化的一部分。政治文化由政治现实推动形成的，形成以后又会反作用于政治现实。

形象是人们记忆世界上人、事的一种凭籍、一种工具、一种图像。③变法是在社会大体稳定前提下所进行的国家法令制度方面的重大变革。新的法令制度会给在既有制度下获利的群体或阶层造成损失，也会对习惯于传统生活方式的人造成冲击。另外，相比于旧制度，新制度发挥出优势还需要时间延伸和效果积累。因此，在变法过程中，特别是起始阶段，整个社会弥散着一层浓重的怀疑和不安情绪。

按照晕轮效应理论，变法发起者或具体组织者在他人心目中的形象，会给变法发起和推进造成极大的影响。变法家原本是一名经验丰富、政绩显著的人，就会给人一种信任感，他提出的变法动议就容易被接受，如果变法家是一名政治上

① （汉）司马迁：《史记·商君列传》，北京：线装书局，2006年，第301页。
② 杨伯峻：《孟子译注·梁惠王上》，北京：中华书局，1960年，第1、10页。
③ 秦德君：《领袖形象的政治艺术》，上海：复旦大学出版社，2009年，第46页。

籍籍无名或者声誉极差的人，就会使人加重对其所倡议新法的质疑。诸子对变法家形象的共建并形成政治文化，给关心政治、参与政治的人造成一种心理暗示——变法家是能臣，从而为变法的发起和开展起到推进了作用。这是春秋战国时期各诸侯国能够不断掀起变法运动的一个政治文化因素。

同时，春秋战国时期，变法的领导权绝大多数都掌握在具有法家思想背景的人手中。秦国一统天下后，还是按照法家的方案建立国家制度。除了法家提倡的新法符合当时的实际之外，与"变法家（具有法家思想的变法家）是能臣"共识的形成也不无关系。

透过"招牌纸"管窥近代广州商业与社会

——威廉·亨特《天朝拾遗录》阅读札记

A Glimpse of the Business and Society in Modern Guangzhou through the "Store Cards" - Reading Bits of Old China by William C. Hunter

陈　谦　王晓雨 [*]

Chen Qian，Wang Xiaoyu

摘　要：亨特在《天朝拾遗录》中所记录的招牌纸文案内容足以显示鸦片战争前夕广州一带商业景象之繁荣，经营范围之广泛，宣传推广之精明，或许也反映了当时洋货大量涌入前之实况。阅读以上诸招牌纸文案，感受到当今中国广告文案与之相比有很大的继承性。这些招牌纸及文案的价值，不但对当今广告实践中继承传统、扩展视野有益，同样有助于丰富中国广告史研究和教学领域的史料资源。中国传统社会商业发达地区的类似的广告信息传递较为活跃是非常正常的事，不必非要等到门户开放、洋货涌入及现代传媒引入后，中国广告才正式发展起来。

Abstract: The contents of the store cards recorded by William C. Hunter in *Bits of Old China* are enough to show the prosperity of the commercial scene, the scope of the business and the cleverness of publicity as well the fact that a large quantity of foreign goods were being imported to China. Reading those store cards, we can find how much contemporary Chinese advertising has inherited them. Those store cards and their copywriting not only help contemporary advertising practice inherit traditions and broaden fields of vision, but also enrich the historical resources in the

---

　　[*] 陈谦（1967—），青岛大学新闻与传播学院教授、博士；王晓雨（1995—），青岛大学新闻与传播学院 2017 级硕士研究生。

research and teaching of Chinese advertising history. It is quite normal for similar advertising information transmission to be active in commercially-developed areas of China's traditional society. Advertising in China could develop formally before the opening of the portals, the inflow of foreign goods and the introduction of modern media.

关键词：《天朝拾遗录》；招牌纸；广告；中国近代

Key words: *Bits of Old China*; store card; advertisement; modern China

近来阅读美国人威廉·亨特（William C.Hunter）所著《天朝拾遗录：西方人的晚清社会观察》（*Bits of Old China*）一书，① 对于作者所记述的鸦片战争前后广州及周边地区的商业贸易、世风人情等内容颇有感触，笔者尤其对该书记录的诸多近似于现代广告的“招牌纸”等宣传品产生兴趣。②

一、关于作者亨特和《天朝拾遗录》

亨特在《天朝拾遗录》中，以中美《望厦条约》（1844 年）签订前二十年间广州及周边地区社会生活的观察和描述为重点，笔端触及中国社会文化的方方面面。

作者于 1825 年（时年 13 岁）首次抵达广州，其间曾到马六甲，在米怜主持的英华书院学过一年多华文。1829 年，作者在广州加入美商的旗昌洋行。可以说，作者是鸦片战争前广州地区为数不多的几位精通中文的外国侨民。在长达四十余年的旅华生涯中，作者不仅对中国的历史文化、社会经济、风土人情等方面进行了观察，同时也见证了中西方关系在特殊历史背景下的深刻变革。

在书中，我们既可以看到外国侨民旅华生活的真实情境，例如外国水手的“解放日”“花地宴饮”等章节的记录，也能够对当时中国社会民生的具体情况有所了解，例如中国人吃“番鬼”餐、③ 潘启官的乡间豪宅、广场上形形色色的中国人甚至“烂仔”、乞丐等。作者一方面以亲历者的身份对一些重大历史事件和历史人物进行了刻画与评述，例如太平天国运动、鸦片战争等；一方面则细致入微地记录

① 本书的英文版最早出版于 1885 年，并于 1911 年再版。1992 年，广东人民出版社首次出版了该书的中文版，题为《旧中国杂记》，由沈正邦翻译，并于 2000 年修订再版。2015 年，电子工业出版社又出版了新的中文译本，题为《天朝拾遗录——西方人的晚清社会观察》，由景欣悦翻译。本文所涉内容主要根据新译本《天朝拾遗录》，同时适当参考旧译本《旧中国杂记》。另，该书题名“Old China”系指鸦片战争前的中国，带有较强的殖民主义色彩，新译本仍其旧，译为“天朝”，特说明。

② 《旧中国杂记》在“校注”中称：“原文作 Card，据广东省地方志学会副理事长罗国雄先生惠告，民国时代广州的店铺介绍商品的单子一般称为招牌纸，此用其说。”[美] 亨特：《旧中国杂记》（修订版），沈正邦译，广州：广东人民出版社，2000 年，第 44 页．

③ “番鬼”为当时广州及周边地区百姓对外国人的戏称。

生活中的点滴琐事，甚至对当时中国社会中流通的招牌纸、报刊、宗教传单等不吝笔墨，大量记录，为还原当时社会的日常风貌提供了较为可靠的原始资料。作者还用简洁的笔墨对当时中国的政治、经济、宗教、办学、节日等方面进行了评述。有学者指出，亨特"在中国生活的年代，仍属中西关系的早期，西方人对中国的了解十分肤浅，即使号称'中国通'的一类人物，有些认识仍然是幼稚可笑的"。[1]但笔者以为，这些观点和看法来自少数开始接触中国社会生活的外国人笔下，具有从另一个文化视角观察中国的独特性。

二、《天朝拾遗录》中记述的所谓"招牌纸"

本文重点关注的是亨特所记录的街头店铺的招牌纸及相关宣传品。这些所谓招牌纸，与现代广告作品接近，甚至可以说就是广告作品。美国广告史学者理查德·W.波莱曾指出："广告是文化和社会的一部分，即使它只是反映出文化和社会的价值观，它也已经成了我们自己的重要反映，因而，我们必须把它当作提高和加强它所描绘的生活的重要的因素。"[2]日本广告社会史学者山本武利认为"广告是社会的反映"，山本并引述日本社会学家、民俗学家山形东根的说法，指出，"概括各种广告来看，它已成为一种社会现象，可以用它来尝试社会学上的观察，探究一部分民众的心理"。[3]

可以说，广告承载、传递着不同时代的文化，反映着不同时代的文化变迁，可以当作反映社会文化的"镜子"。既然广告是社会的一面"镜子"，我们就可以通过广告这面"镜子"来观察社会文化，尤其是那些已经相对遥远年代的社会面貌。虽说这样通过"镜子"对不同时代社会文化的观察不无"管窥"之嫌，但正是这样的"管窥"，方能显示出视角的独特性。

蒋建国在论述近代广州报刊时指出："在新闻传播史和社会史研究中，报刊广告史料一直没有得到应有的重视。然而，如果我们将近代报刊广告作为'历史碎片'进行链接，就会发现许多令人意想不到的文化景观。报刊广告的内容、形式和表现手段，可以融入特殊的历史阶段和社会背景之中，为我们分析经济发展和

---

① 陈胜粦：《旧中国杂记（中译本序言）》，[美]亨特：《旧中国杂记》（修订版），沈正邦译，广州：广东人民出版社，2000年，第10页。

② 丁俊杰：《现代广告通论——对广告运作原理的重新审视》，北京：中国物价出版社，1997年，第147页。

③ [日]山本武利：《广告的社会史》，赵新利、陆丽君编译，北京：北京大学出版社，2013年，第283页。

社会变迁提供'活'的证据。"①《天朝拾遗录》中对招牌纸的记述也是如此，它恰好给提供了鸦片战争前后、行将进入"半殖民地半封建"的广州及周边地区社会的"活的证据"，同时也可以使我们观察到广告在由招牌纸向报刊媒体转型前的情况。

难得的是，亨特善于体察世俗民风。他说："对于'番鬼'来说，在大街上随意地散散步，偶然走进一两家饭店或是糕点店，要几张招牌纸随手翻翻，真是一种颇有情趣的生活。"②正是他这种所谓"颇有情趣的生活"，无意中为我们提供了于细微处把握鸦片战争前后广州社会的机会。

遗憾的是，作者所记录的招牌纸文案，均在其写作时翻译成了英文，而我们现在看到的该书的中文版，又将这些招牌纸文案由英文译回中文，已无法完全获得原招牌纸中文的意趣。

三、诸招牌纸及相关宣传品文字摘录及评论

春秋战国直至明清，广州一直是中国进出口贸易的口岸，同时也是商业荟萃之地。清康熙二十四年（1685 年），清政府在广州设立粤海关。康熙二十五年(1686)，清政府将对外贸易的商人从牙行中分离出来，招募了十三家较有实力的牙行经纪人，指定他们与到达黄埔港的外国商船做生意并代海关征缴关税，始称"广东十三行"。1757 年（乾隆二十二年），清政府为抑制外商向北方港口扩大贸易的企图，遂将对西方贸易限于广州，特许广州作为中国唯一合法的海上对外贸易口岸，即所谓的"一口通商"。从此，随着进出口的贸易额节节增长，十三行进入全盛时期。当时黄埔港洋船云集，商贾辐辏，拥有通往世界各主要港口的环球贸易航线，贸易对象遍及全球，成为清代对外贸易中心。③当时广州的商业行当不计其数，至晚清有"七十二行"之说，④说明广州也是中外商品聚集地和重要的商业中心。

亨特在《天朝拾遗录》中对鸦片战争之前广州及周边地区的描述，从一个侧面印证上述商业繁荣的盛况，而他对招牌纸及其文案的记录，则反映了此一盛况的细微处，值得玩味。

① 蒋建国：《广告、受众与消费文化形塑——传播社会学视野下的近代广州报刊广告研究》，《新闻与传播研究》2007 年第 3 期。
② [美]亨特：《天朝拾遗录——西方人的晚清社会观察》，景欣悦译，北京：电子工业出版社，2015 年，第 183—184 页。
③ 邢甲志：《浅论清政府选择广州作为"一口通商"口岸城市的动因》，《社科纵横》2016 年第 1 期。
④ 邱捷：《清末广州的"七十二行"》，《中山大学学报》（社会科学版）2004 年第 6 期。

（一）甜品店招牌纸

甜品店招牌纸文字系作者在澳门所见并记录，内容如下：

本店长期专注于龙凤甜饼的制作与加工，品味精良而广播赞誉，是会客访友、欢度佳节的馈赠良品。本店经营的特色产品如下：镶嵌着玫瑰色宝石的婚宴喜饼；用以馈赠亲友的中秋月饼；混合着丰富鹅油和美味猪肉的小圆面包；被描述为"千层阁楼，耸入云端"的锥形塔糖；制成房子、岩穴、人物、动物等各种造型的糖果；品种多样、用料名贵的团子；观之纯白如银、触之柔滑若丝、食之益寿延年的美味白面糕；备受青睐，诱人胃口的蜜糖圈饼；润滑可口、种类繁多的"老头饭"；以及伴着辛辣香料的名贵水果蜜饯，香味持久而愉悦身心。总之，本店产品，种类繁多，数不胜数。请记住，本店位于大直街。

尊敬的顾客，在购买商品时，请看清我们的标志，熟记我们的名号，让它成为您永恒的记忆。在此，本店郑重承诺，所有交易恪守诚信，童叟无欺。

大量购买的顾客还将得到本店的特别优待！ ①

该招牌纸详尽介绍店铺经营的主要甜点，其中不乏对食物细致入微的描写，如"'千层阁楼，耸入云端'的锥形塔糖"，"纯白如银、触之柔滑若丝、食之益寿延年的美味白面糕"。其次，店主刻意提醒消费者"看清我们的标志，熟记我们的名号"。复次，指出本店的经营承诺："所有交易恪守诚信，童叟无欺"。最后，招牌纸还附带提出大量购买的"特别优待"，不禁让人想起宋代"济南刘家功夫针铺"招牌纸之"若被兴贩，别有加饶"。两者相比，异曲同工。

从该招牌纸对产品的描述看，其时的糕饼甜点制作非常精良。通读《天朝拾遗录》全书，我们已经领略了作者亲自体验并记述的广州及周边的精食美馔，而该招牌纸文案的描述，更能够印证其时广州及周边日常饮食精致性的一面，无意中揭示了现今广州饮食精致化的渊源。

在当时的广州，以十三行为代表的大商人在与英美进行贸易的过程中，财富迅速累积。由于十三行享有垄断海上对外贸易的特权，凡是外商购买茶叶、丝绸等国货或销售洋货进入内地，都必须经这一特殊的组织，十三行逐渐成为与两淮的盐商、山西的晋商并立的行商集团。在财富不断积累的过程中，十三行中涌现出了一批豪商巨富，如潘振承、潘有度、卢文锦、伍秉鉴、叶上林等。屈大均在《广东新语》里曾经写道："洋船争出是官商，十字门开向二洋。五丝八丝广缎好，

---

① ［美］亨特：《天朝拾遗录——西方人的晚清社会观察》，第40页。

银钱堆满十三行。"①这些非常富有的行商生活既奢侈又精致,他们作为标杆,带动了广州及周边富人生活的精致化及普通民众对精致化的追求。

另外,亨特还记录了另两则食品店招牌纸文案。

其一,亨特在书中写道:在广州"官帽巷上,有一家著名的糕点店,它的招牌纸言简而意丰"。文曰:

> 本店善于制作各种庆典筵席所用龙饼、中秋佳节的月饼、澳门机酿的蒸馏酒、鞑靼人或汉人风味的各种简餐与正餐,以及各种样式的干果蜜饯。上述所举,均为本号经营产品,本店位于省城大太平门外。

其二,是一张因商船运输辗转而来的福建漳浦某食品店铺的招牌纸。上面写着:

> 本店位于福建漳浦静海门内,临近海关衙门,天后宫对面,城门东边数第二栋建筑。本店主要经营各种甜点、蛋糕、饭团等,味道鲜美,品质卓越,童叟无欺。②

应注意的是,作者在书中并未提及自己去过福建,那么我们可以推测,第二张招牌纸应得自来往于闽粤间的商船。从中可以窥见彼时货物贸易、人员往来情况之一斑。若非船运贸易、人员往来,招牌纸这一原始形态的广告不可能自闽至粤,辗转到达作者手中。

说来并不奇怪,有论者已指出:到了近代,在西方重商主义精神鼓舞下,广州商人除了立足广州地区及三角洲地区外,还到香港、上海及内地省份乃至台湾等地推销进口商品。因此,在各大城市的商铺字号中,到处可见"粤""广"字样。鸦片战争后,广东的五金商业资本纷纷向广西、福建、湖南、湖北等省和自治区扩展,广设分号。③粤商的在商业领域的"开疆拓土",并在各地间行走往还,除了带回广州货物、资金外,自然难免带回外地的招牌纸,使我们可以从此招牌纸中窥见广州以外的情形。

(二)精品午时茶

亨特记述道:"有一种茶品,它从未流传到其他任何国家,只有在广州西郊的

① 《广州十三行——清王朝对外贸易的宠儿》,《紫禁城》2007年第1期。
② [美]亨特:《天朝拾遗录——西方人的晚清社会观察》,第184页。
③ 张富强:《广州商业文化的近代化及其特点》,《学术研究》1996年第3期。

'万寿堂精品午茶店'可以买到"。① 该店的招牌纸文字如下：

> 常胜午茶，口味纯正，气泽馨香；品质温和，不寒不热。健脾开胃，增益食欲；消肿止渴，去湿除寒。总而言之，各种内伤外疾，均有裨益，岂能常物？
>
> 常胜午茶乃为万寿堂主祖传秘方精心配制而成。选料精细、用料精良，不惜工本，倾力而制，以致凡所饮者，无不称赞。在此，本店向各界友人郑重承诺，本店茗品，对于各种顽疾即便一时未显成效，亦不失为强身健体、延年益寿之健康饮品。
>
> 士绅商人，常外出远行，更宜备此茗品，饮于早晚之际，一则祛除季节更迭之瘴气，二则应对恶劣气候之无常。真乃茶虽小矣，其力则无穷。本品每盒十二小包，每小包两小块。唯望广大顾客，认准本店招牌。②

该招牌纸文案所宣传的饮品"午时茶"具有对于身体不适的疗效，现在看来好像是"保健食（饮）品"，但文案比当前的一些将"保健食品"当作药品来宣传的情况还是颇有诚信的，因为文中言"本店茗品，对于各种顽疾即便一时未显成效，亦不失为强身健体、延年益寿之健康饮品"。自古以来，南粤之地多"瘴疠之气"，易造成身体不适，此地很早就有饮食"保健品"的传统。该"午时茶"与现今依然盛行的"凉茶"应属一类。

从中我们了解到此类保健茶饮具有较为久远的历史。虽然这则记录没有表明时间，但考虑到亨特于清道光五年（1825 年）来到广州，并且他自述该茶店"是当地一家相当有口碑的老字号茶店"，③ 由此看来，其起源时间也许比"王老吉"的"道光八年（1828 年）"更早。亨特说此茶"从未流传到其他任何国家，只有在广州……可以买到"，证明它长期以来一直是具有南粤地方特色的饮品。

我们欣喜地看到，现今不管是"王老吉"也好，"加多宝"也罢，能把一个具有南粤地方特色产品做成行销全中国的著名品牌，也着实值得赞赏。

在亨特关注所谓"精品午时茶"之余，倒是更欣赏当时作为中国出口项目的大宗——茶叶，在书中，亨特专门记述并赞美了"乌龙茶"，④ 反映了当时中英、中美贸易之一斑。

---

① ［美］亨特：《天朝拾遗录——西方人的晚清社会观察》，第 183 页。
② 同上。
③ 同上。
④ 同上，第 68—70 页。

（三）香珠店的招牌纸

亨特曾看到一家香珠店的招牌纸，他将文字记录如下：

本店主要制作木质香珠，手艺精湛，声誉卓越。本店主要经营产品如下：带香味的护身符、串好的朝珠、带香味的床饰、死者亲属穿的孝服以及诸如此类的其他货品，同时，还出售祛除邪气的正品朱砂。特别指出，本店还有杭州出产的房间清香剂以及护发、润发的香发油。请记住，本店位于太平街外，布商公馆左侧的第一家。

尊敬的顾客，在您购买商品时，请看清本店字号，将其熟记于心。本店郑重承诺：诚实守信，童叟无欺。[①]

从该招牌纸文字我们可以看到，虽称为香珠店，但经营品种较为丰富——带香味的护身符、串好的朝珠、带香味的床饰、死者亲属穿的孝服、祛除邪气的正品朱砂、房间清香剂及护发、润发的香发油；文中呼吁消费者认清本店字号及地址；表达了本店的诚信承诺。

透过该店招牌纸，我们多少可以了解当时广州及周边地区的一些日常生活习惯与生活品质。

（四）制墨匠的招牌纸

由于通晓华文，亨特时常出入中国的文房用品商铺，他记录了一家制墨店招牌纸的文案，大意是：

顺旺墨店，佳品出售；墨质贵重，宛如纯金。至坚至实，精挑细选；至善至美，无与伦比；至黑至纯，所向披靡。本店位于升龙街，铜匠铺附近。顾客多为达官显贵，王侯将相，亦有官宦之子，智者贤人惠顾。墨质优良，不惜成本；旁者伪冒，徒劳无功。千载难逢，莫失良墨；至纯至黑，至坚至爱。请来我店，认准招牌；他者逐利，本店求名。顺旺墨店，太平门外；城墙西侧，升龙街内。[②]

本招牌纸文案模式为：（1）对产品质量的描述，但描述得比较极端，不甚含蓄；（2）目标消费者或产品定位（高档次产品）的描述；（3）坐落地址。更为关键

---

① ［美］亨特：《天朝拾遗录——西方人的晚清社会观察》，第41页。
② 同上，第41—42页。

的是，亨特说道，该招牌纸的文字是一种"可以用'唱戏'的调子唱出来"，[①]大概是合辙押韵的文字，类似于现今的打油诗或顺口溜，可惜现在无法得知原文。

我们知道，在当今的广告文案中，比较普遍地使用合辙押韵的文字，比如"东西南北中，好酒在张弓""钻石恒久远，一颗永流传""天才第一步，雀氏纸尿裤"等等。这类广告文案的写作是中国人从事宣传活动的传统习惯，朗朗上口，便于记忆，当今广告文案应继续发扬光大。

（五）炼金店的招牌纸

本店自雍正八年成立以来，名声远扬，品质卓越；所售商品货真价实、童叟无欺；本店素以正直为经营之基，诚信为运作之道，故而，驰骋商场，代代相传，声名显赫。

孰能料想，竟有无耻奸商，违背行规，冒本店之名，行欺诈之道，谋不义之财。更有无良同行，雇佣流氓无赖，抄袭我店广告，模仿我店口吻，仿照我店款式，制作低劣之物，并费尽心思，骗取钱财，以致广大顾主蒙受损失。吾等本应对此恶劣之行深恶痛绝，然而此前多年，竟熟视无睹，任其在黑暗浑浊之中滋生、蔓延。如今，本店忍无可忍，已向官府禀明状况，以期将不法之徒绳之以法。

乾隆二十三年四月，本店采用竹纹纸作为招牌纸，用以区别其余伪造之物。广大顾主，凡有意愿购本店货品，劳烦熟识本店招牌，勿忘店名"溢美合记"和"德隆旺记"以及拓于一端的印章。

请认准以上记号，以防假冒。[②]

该招牌纸文字首先将本店——"溢美合记"和"德隆旺记"从历史起源、声誉、经营道德角度夸赞一番。然该炼金店招牌纸的文案诉求重点在于"打假"：一是假冒本店招牌纸者；二是假冒本店产品，当然二者是连为一体的。文案表明对此"深恶痛绝"，并警告造假者"已向官府禀明状况，以期将不法之徒绳之以法"。最后，该招牌纸表明了自身与假冒者在用纸上的区别。

该招牌纸文案重点关注的是假冒招牌纸，值得注意。为什么？招牌纸并非商品本身，除了宣传商品外，更是一种"知识产权"标识。看看最后这段文字，我们不难领会店家的"知识产权"或"商标"意识——"本店采用竹纹纸作为招牌

---

① ［美］亨特：《天朝拾遗录——西方人的晚清社会观察》，第41页。
② 同上，第191页。

纸，用以区别其余伪造之物。广大顾主，凡有意愿购本店货品，劳烦熟识本店招牌，勿忘店名'溢美合记'和'德隆旺记'以及拓于一端的印章"。

只要有商品生产与商品交换就可能传递商品信息；只要有市场竞争，就可能存在不正当竞争如仿冒，被仿冒的商家就会相应地形成"知识产权"或"商标"意识，这就是市场竞争的逻辑。

（六）绉纱店的招牌纸

本店以为，绉纱者，宛若理义公允，不当存有丝毫差池，而当极尽至善之美。为寻此之美，本店所用器具、原料、工匠均自精心选挑，力求无憾。况且唯有所举条件皆入佳境，货品方可声名远播，经久不衰。

本店自开业以来，直至道光元年，已过二十九载，其间本店产品兼具数美，品质优越，广获同行钦美。正因如此，为以防无良同行伪冒本店货品，特意采用双字新名。新名已印于所有包装纸上，自此以后，不再更变。若见本店特售绉纱制品有质地松垮、表面散乱不平者，当可断定该货为劣质赝品，而非本店织品。近年来，一些无良同行，未能极尽工艺之完美，却轻易仿冒本店之印章，并以此欺骗顾主。于是，本店选定"同记"加以"和合"二字作为名号，并以彩色字体印于包装纸上，以期辨别真伪。

尊敬的各位顾客，若有幸得到您的光顾，烦请认准本店新号。本店在此郑重承诺，买卖公正，童叟无欺。

同记和合 [原继昌和记]①

该店的招牌纸与上述炼金店招牌纸有相同之处，即以"打假"为重点。在该招牌纸文案中，撰文者强调做优质绉纱与做人一样，"宛若理义公允，不当存有丝毫差池，而当极尽至善之美"，非常符合中国人"以物拟人"的传统情结，有利于塑造品牌形象。

由上述两宗具有"打假"、强化"知识产权"或"商标"意识的招牌纸来看，鸦片战争前中国商业领域的知识产权意识虽难称普及，但多有显露。

（七）巡游广告

亨特记述："在广州大街上，你会遇到一个看起来像是个瞎子的人背着一块广

① ［美］亨特：《天朝拾遗录——西方人的晚清社会观察》，第215页。

告牌子到处游走。实际上，他是个卖药的小商贩。"而且读者非常好奇，对此广告文案有阅读欲望。卖药人"所卖之药的'历史'总是能够吸引很多人跟着他身后一边看他背着的牌子，一边走路……后面的'读者'则心急火燎地伸着脑袋边走边看"。①

这则"巡游广告"的文字如下：

在下姓朱名德胜，系江南凤阳城人。老母患病多年，遍寻医药，日夜祈福，终究徒劳。十六年来，饱尝病痛，能力尽衰，治愈渺茫。

某日黄昏，阴云笼罩家母，我亦疲劳过度，心痛难耐。为缓解疲倦、恢复体力继以尽孝、照顾家母，故暂求诸安眠。保佑我可怜的母亲！刚一躺下，便沉入梦境。保佑我可怜的母亲！

梦中，偶遇道士，其貌庄重威严，长髯雪白飘逸，拄杖休憩忽而开口说道："孝顺的孩子，你终日为母祈祷，精神可嘉，当有回报。若行我之所言，令堂定会得以康健。请你即刻动身，前往九华山之白雪岩，到那你将会寻到神奇之药！"我随即惊醒，深陷惊恐而不得自拔，翻身下床，便看见眼前有一片白云停止片刻后消失不见。

幸得母亲许可，翌日清晨随即启程，前往九华山。行至半程，又遇一道士，问我何往。我回答说："奉母之命，前往九华山寻求仙药。"道士答曰："孺子可教，忠义慈孝，吾特来引你，往你所欲之处，抵达终点，吾将赐以药方，如悉心跟随其中方法，百病可除。"随后，其举杖挥舞，我紧随其后，一路默默无语，直至九华山巅。寻得药方，我急忙返回，拜见母亲。按照药方所指，待母饮药，一连数日，竟得以康复，真是感激满怀。

一日，母亲将我叫到身旁，曰："吾儿，我能再享健康之乐，当感谢那位治愈我疾病的道长，就请你代我向其表明感激之情。拿些银两，备些礼物，再去九华山，请求道长收下薄礼，也安我心之切切。"于是，我按母所言，再次拜见了道长，并让他接受我所带的礼物。然而道长却摇摇手，拒绝收下，说道："贫道已了断了尘世纷繁，生存的唯一目的便是祛除人心之恶，引导人们行忠义慈善之事。这些礼物我万万不能收下，却也难为你一片赤诚之心。如果你定要报答贫道，那就按照这般方法——贫道将把仙药秘方传授给你，你当小心珍藏，并以医治天下疾病困苦为己任。此仙药可以治愈九年不愈之麻风，如能巧用，则可包治百病。"

道长将长生不老的仙药置于我的手上，便辞别而去。我遵循道长嘱托，云游四

---

① ［美］亨特：《天朝拾遗录——西方人的晚清社会观察》，第148页。

方，救死扶伤。如今，在下远离故乡，来到贵宝地，却发现游行的盘缠已用尽，只好贩卖仙药。该药为药膏，每贴只售六个铜板。

卖药者如我，所得财物可补贴一己之用；买药者如诸位，可以尝试此药之神力！每贴只卖六个铜板，保您远离疾病困扰。每贴只卖六个铜板，一贴见效，常保健康！①

按照现代的说法，这则广告的文案可以算作故事型文案，虽然故事肯定是杜撰的，而且现在看来多少有些荒唐，但由于传统中国人经常受到类似"传奇故事"的影响，加上该故事涉及子女孝母侍亲，触及了亲情人伦，根据当时"广告受众"的认知水平，多少会引起他们的好奇心理与情感共鸣。

然而我们更应关注的是这一身背"看板"，"巡游"于街市的特殊的广告媒体或形式。一般认为，这种广告形式出现在西方工业革命前后的英国。有人撰文指出：1820年在伦敦的街头，某个男子戴着高高的纸帽，摇摇晃晃，扑面而来，帽子上写着"一双靴子十二先令"。又有个男子穿街而过，肩上扛着一面旗帜，上面写着"洗一件衬衫只需三便士"。当时人称他们为"两足广告"，也可以称作"人体广告牌"。②亨特记述的所谓"巡游广告"与"两足广告"或"人体广告牌"基本属于同一种广告形式或媒体，而且时代相当。

从两者之中我们并未看出谁影响谁，它们之间有什么必然联系。笔者以为，它们应是在同一时间、不同空间并行不悖的行为，是市场逻辑支配下商业思维中的自然选择而已。

（八）牛的控诉——僧人的宣传单

从广告学学科意义上，笔者所指称的"广告"为商业宣传推广活动，但更为宽泛的意义上说，从事宣传推广某种观念，通报事项，寻求帮助之类的信息传播内容，也具有广告意味。当今的所谓公益"广告"、政治"广告"、社会"广告"等借"广告"之名进行的宣传即是如此。

亨特曾记述广州附近的僧人分发呼吁善待耕牛的宣传单，"以此引发人们对水牛的同情之心"，而且"在宣传单上，文字被排成了牛的形状，行文也用牛自身的口吻，控诉着牛承受的所有苦难"。③文字如下：

---

① ［美］亨特：《天朝拾遗录——西方人的晚清社会观察》，第148—149页。

② 刘一融：《人体广告牌是什么时候出现的？又是怎么发展的》，https://www.meihua.info/a/68045。

③ ［美］亨特：《天朝拾遗录——西方人的晚清社会观察》，第152页。

诸位君子，且听我言。世间困难千千万，不及我所承受之一半。春夏秋冬轮流转，苦役脚步不停暂。千斤犁耙身上套，万般鞭打落背肩。污言秽语怒咒骂，声声铿锵砸耳畔。不管水深道路艰，默默赶路永向前。饥肠辘辘无人问，泪花闪闪眉眼间。

日出套甲始耕作，不知何时返归田。常觉饥饿阵阵袭，停步咀嚼青青草。熟料主人急挥鞭，怒喝继续走向前。肥沃嫩草不得食，干枯草根把胃填。稻谷丰收饭菜香，棉麻成熟锦衣裳，五色菜蔬映花园，儿女绕膝欲成仙，凡此种种皆人间，吾等辛苦暗自舔。如遇主人陷窘迫，以吾之身换救钱。

待到年老无力耕，即沦废肉刀俎上。大卸八块煮为食，不过"下饭"补菜肴。引我入室待宰割，临死悲哀心如麻。不曾有谁知吾心，漠视皮腿筋骨断。不曾作恶有违犯，却遭酷刑千千万。如此悲苦为哪般，命运不公泪潺潺。

人生亦常苦牵绊，却不及吾等苦难之频繁。人之作恶天意谴，不知行善方遭难。吾等劳作日行善，身之破碎灵消散。割喉刀刮酷刑极，皮囊成鼓驱魅散。

食吾者非能以强健，卖者非能以富足，杀我者则丧悲悯。纵有良田万亩，无牛则徒劳空叹，人亦陷入耕作劳苦。各位君子，烦请思量，切莫再生杀心。切莫残忍作恶，唯此，尔等子孙方不能沦为耕作之牛也。①

以牛的视角与口吻呼吁人类善待自己，是一个非常有创意的宣传构想，将牛拟人化有助于启发人类对同类的仁慈悲悯之心。另外该宣传单的高明之处在于创意性的设计——"在宣传单上，文字被排成了牛的形状"，在传播过程中非常容易吸引读者的注意，有利于宣传效果的提升。

可见，中国传统社会也存在类似的"公益"宣传，而且上述宣传单文字上既生动感人、情深意切，形式上又有很强创意设计感，较为充分地显示了传统社会的中国人在宣传领域的智慧。亨特在"中国客人吃'番鬼'餐"一节中曾说"人们常常说中国人缺乏想象力，显然是站不住脚的"。②看来亨特的说法在"牛的控诉"的宣传上得到了一定程度的印证。

四、对上述招牌纸的几点总结评述

综上详列各招牌纸及宣传品文案，笔者得出以下几点认识：

其一，鸦片战争前后的广州及周边地区商业较为繁荣。笔者在本文中只是列

---

① [美]亨特：《天朝拾遗录——西方人的晚清社会观察》，第152—153页。
② 同上，第35页。

举了一些商铺宣传用的招牌纸，并未全面考察彼时广州及周边地区的商业发展的全貌。其实亨特在书中用过一些笔墨介绍了广州及周边的商业繁荣的情况，比如在"商馆的广场"一节中，作者介绍了广场上的各色商贩买卖的热闹情景，描述了珠江上往来的货运船只的繁忙等等，①笔者一贯坚持"广告是商业经济状况的晴雨表"的观念，在此处依然适用；何况亨特在这本篇幅不算太大的书中记录了比较丰富的招牌纸文案，也足以管窥广州一带商业景象之繁荣，经营范围之广泛，宣传推广之精明。

其二，广州作为当时唯一的进出口贸易口岸，按常理来说，应该能看到不少外国产品的销售与广告宣传，但亨特在书中记录的招牌纸宣传的是清一色的本地产品或曰"国货"，即便外国商品在书中也少有提及。笔者以为，作者写作本书的重点在于对中国社会的观察，而记录中国本土广告——招牌纸，反映了作者对中国商品宣传文字的好奇心。事实上，好奇心还驱使他在书中还抄录了其他一些文字，比如寻人的"悬赏启事"、②《朝报》简摘③等。当时广州已有英文报纸且刊登广告，④但那些并不是他重点关心的内容。另一方面，也许亨特的记录正反映了洋货大量涌入中国社会前之实况——外国商品并未真正进入广州及周边地区普通民众的生活，配合洋货的广告宣传还未完全展开。随着鸦片战争后国门的全面开放，报刊作为广告媒体很快就被精明的广州商人加以利用，洋货广告也大量涌现，洋货开始进入广州及周边民众日常生活。⑤

其三，阅读以上诸招牌纸文案，感受到当今中国在广告文案方面与之相比有很大的继承性。虽称谓有所差别，但其作为商业宣传推广的本质不变，只是在传播媒介形态上较之西方诸国使用报纸刊登广告相比，不具有现代性罢了。有学者

---

① [美]亨特：《天朝拾遗录——西方人的晚清社会观察》，第15—22页。

② 同上，第151页。

③ 同上，第192页。

④ 亨特旅居广州的时期已经有了英美商人创办的英文报纸，如1827年创办的《广州记录报》（*Canton Register*）、1835年创办的《广州周报》（*Canton Press*）及《中国差报和广州钞报》（*Chinese Courier and Canton Gazette*）等，报上多刊登商业行情、货运信息及广告。

⑤ 1819年，广州已有一批布商小贩，专营或兼营英国洋行棉布的买卖。1837年，广州棉布商组成"南海布商会馆"集中进行棉布交易。当时的棉布交易，以土布为主，兼营少量洋布。随着洋货的蜂拥而至，产生了许多中间商、转运商、内地集散商和零售商。鸦片战争后，广州商人最初经营的商品，主要有进口五金、棉布和百货等。1873年广州出现了第一家五金行——永顺源五金号。这类五金行以后陆续开张，其中较有名的安和记，则是在1892年开设的。不过，对市民生活有更直接影响的，是战后出现的专营洋布和洋货匹头店及专营洋杂货的百货批发店，而后者称为"灯色店"——因其最初经营洋灯及进口线衫、毛巾和时钟等物而得名。这类与市民日常生活相当密切的百货店或批发店，最早出现在广州的，是创立于1858年的任万里。至20世纪80年代，广州这类专营或兼营洋货的批发店，有万安隆、马贞记、万和、万生等，它们集中在长寿里、同兴街一带。正是在这里，逐渐形成了百货批发市场。（参见张富强：《广州商业文化的近代化及其特点》，《学术研究》1996年第3期。）

这样表述鸦片战争后到19世纪末广州商业繁荣、广告兴起的情况："正是因为消费领域的扩大，消费场所的增多，人们对'广告'这一舶来品在近代商业社会中的重要性的认识不断增强。为了推销商品或为了争取客户，各商铺厂家都施出浑身的招数，有的利用其临街路的环境，悬挂广告，有的则充分利用公共场所张贴广告揭帖，不少商家则利用报章书刊等出版物刊登广告。"至清末民初，"广州商业社会对广告效果的充分注意，说明了商家促销商品的能力或手段的提高，同时也表明新颖的广告文化亦在逐渐形成之中"。①

其四，无疑，亨特所记录的招牌纸是具有中国特色的"老广告"。关于中国"老广告"，历史学者罗澍伟在为由国庆编著的《与古人一起读广告》"序言"中指出："有着千百年历史的老广告中，有许多内容值得参考，我们可以通过类型比较的办法，借鉴其中至今还能发挥作用的东西，进而开启作为商品记忆的老广告在时间上和空间上的延续价值。"②笔者以为，亨特在《天朝拾遗录》中所记录的招牌纸及文案的价值，不但对当今广告实践继承传统、扩展视野有益，同样，有助于丰富中国广告史教学和研究的史料资源。

五、结语：商品交换逻辑支配下的近代广州商业与广告

有学者认为："近代广州城市商业文化，是在西方商业文化的冲击和参与下，通过对传统商业文化的承传和不断的创新而逐步形成的。……在'中外互市，肩摩毂击'的环境里，西方的商业精神必然会通过各种渠道渗入广州社会，影响着广州市民的心态和生活方式，并对中国儒家传统重义轻利道德观提出严峻的挑战。在西方文化的影响下，广州人开始以一种新的、近代的价值观来衡量世事，将经商、赚钱、致富、享乐作为人生追求的新的坐标。于是，广州人的经商观念更为强烈，而广州这个岭南中心城市更加迅速地发展成为充满商品、商品生产和商品意识，弥漫着浓重商业气息的商业社会。因此，西方重商观念的传播，对于广州城市商业文化的近代化，具有不可低估的作用。"③

笔者当然认同上述"近代广州城市商业文化，是在西方商业文化的冲击和参

---

① 张富强：《广州商业文化的近代化及其特点》《学术研究》1996年第3期。笔者以为，将"广告"表述为"舶来品"不够精确、妥当，因为当时中国商业宣传实践中，虽没有广告之"名"，但有广告之"实"，如果说此领域真有"舶来品"的话，应该是"报纸广告"及一些新的宣传形式。近现代以来中国广告事业演进的实际情况是："舶来品"有之，但属于自己商业文化的传承亦有之，不可一概而论。

② 罗澍伟：《序——民俗与广告的火焰聚集》，由国庆编著：《与古人一起读广告》，北京：新星出版社，2006年，第3页。

③ 张富强：《广州商业文化的近代化及其特点》《学术研究》1996年第3期。

与下，通过对传统商业文化的承传和不断的创新而逐步形成"的观点，但笔者担心人们会自觉或不自觉地忽视上述观点的后半部分——"通过对传统商业文化的承传和不断的创新而逐步形成"，也就是说，忽视中国固有商业意识、经商传统及广告宣传，从而低估中国传统社会的商业。

罗澍伟指出："说起中国的商业发展，确是一个非常有趣和值得大加探讨的话题。比如说，历史上，中国被认为是典型的传统农耕社会，可是城镇市面之繁华，商业之发达，世界上没有哪一个国家有资格与中国相提并论。"[①] 只要研读一些中国传统商业社会的材料（包括《天朝拾遗录》中关于招牌纸的记述）后，相信罗澍伟所言不虚。事实上，在西方列强打开中国的门户之前，中国的商贸、航运、市镇等商业也是非常繁荣的。就拿上海来说，自宋元以来，上海就是商业繁盛之地。明成祖以后，"上海城内，店铺林立，人流熙攘，南北货物，汇于市场"。倭寇的劫掠和随后的海禁政策都在很大程度上破坏了上海的商业贸易。1684 年，台湾的郑氏政权归附清朝，清政府解除了禁海令和迁界令，上海的运输贸易又一次恢复常态，上海随之又繁盛起来。上海开埠后，西方的资本主义商业运作使上海的商业空间进一步扩大。在进出口贸易方面，上海逐渐取代广州的地位成为国内最大的进出口贸易港。[②] 上海等口岸的大繁荣固然与"门户开放"有关，但切不可忽视上海此前已经存在的商业繁盛的事实。广州的情况亦如是观。

笔者认为，商品生产与商品交换过程中的信息传递，有着自身的逻辑。只要有商品生产与商品交换，就有传递商品信息、宣传商品的可能性，因此中国传统社会商业发达地区的类似的广告信息传递较为活跃也就是非常正常的事，不必非要等到门户开放、洋货涌入及现代传媒引入后，中国广告才正式发展起来，这是我们研究广告史是应该注意的。然而，现代大众传媒是促进现代广告业发展的推动力量，也是无疑的。实事求是地说，招牌纸一类的宣传形式，较之近代报纸广告是落后的。到了清末民初，"广州报刊作为最重要的大众媒介，在发布广告信息方面的优势，远远超过商业街道的'招贴'，它打破信息传播的时空限制，使受众在一种'文化语境'下获得有关购物和商品使用的经验和知识"。[③]

① 罗澍伟：《序——民俗与广告的火焰聚集》，第 1 页。
② 王儒年：《欲望的想像——1920-1930 年代〈申报〉广告的文化史研究》，上海：上海人民出版社，2007 年，第 22—25 页。
③ 蒋建国：《广告、受众与消费文化形塑——传播社会学视野下的近代广州报刊广告研究》，《新闻与传播研究》2007 年第 3 期。

传播学视域下中国古代檄文中的政治修辞

——以魏晋六朝时期为例

Political Rhetoric in Ancient Chinese Xi style from the Perspective of Communication

——Taking the Wei, Jin and Six Dynasties as an example

蔡觉敏　曹蓓蓓　石小雨 [*]

Cai Juemin，Cao Beibei，Shi Xiaoyu

摘　要：檄文在中国古代文体中虽并非主流，但其政治与军事功能对战乱频发的中国古代十分重要，战争的发起者需要借助檄文宣扬自身正义性，获得民众支持。也就是说，檄文必须要从创作者传播到受众，才会有更好的表达效果。在传播过程中，修辞对檄文的表达效果有至关重要的影响，恰当的修辞能更大程度地调动民众情绪、团结中立受众、打压敌方士气。本文运用传播政治修辞学的理论，从政治修辞的结构布局、政治修辞对双方形象的影响、具体的政治修辞方式、预期表达效果四方面分析檄文的特点。

Abstract: Xi Wen is a powerful... though not a commonly used stale mainstream of ancient Chinese literature. Its style is mostly political and military functions, very important to ancient China where chaotic wars were to follow. Xi Wen is used to promote a justice perspective according to the war initiator, in order to gain public support. In other words, Xi Wen must be delivered to the audience in order to activate its effective power that it conveys. In the process of dissemination, usually the

---

　　* 蔡觉敏（1975—），女，湖南岳阳人，天津外国语大学副教授，古代文学博士，研究方向为古代文学、海外汉学；曹蓓蓓（1995—），女，山东菏泽人，天津外国语大学 2018 级研究生，研究方向先秦文学；石小雨（1996—），女，甘肃庆阳人，天津外国语大学 2018 级研究生，研究方向唐宋文学。

rhetoric has a crucial impact on the actual effect of the wording. Appropriate rhetoric choice can effective unlock audiance emotions, win over neutral audiences, and unite and suppress the morale of the enemy to a greater extent. This article uses the theory of dissemination of political rhetoric to analyze the characteristics of Xi Wen from four aspects: the structural to analyze the characteristics of Xi from four aspects: structural layout of political rhetoric, influence of political rhetoric on the images of both parties involved, specific political rhetoric method, and intended delivery effect.

关键词：檄文；传播；政治修辞
Key word：Xi Wen; Communication; Political Rhetoric

檄文在古代用于讨伐征战，实现政治和军事功能，巩固政权统治。从传播学的角度看，檄文是政治传播的载体，运用政治修辞传播政治信息，推进政治社会化，实现"有效传播"。本文重点探究传播文本化中政治修辞对传播效果的影响，以魏晋六朝时期的檄文为研究对象，因这一时期的政权快速更迭，征战频繁，檄文的数量较多；此外，檄文在此时形成固定程式，后世几乎无改变，选取这一时期的檄文有典型意义。

一、政治修辞与檄文

（一）檄文的起源

"檄文"又称"檄"，"檄"最早有三个义项，一是无枝之木，《尔雅·释木》曰："无枝为檄。"① 二是凭据，《后汉书》中有记载，檄是证明百姓往返某地的凭证，"民穷困道路，欲归本郡在所，为封长檄。"② 三是长一尺二寸的木板，《说文解字》曰："二尺书，从木敫聲。胡狄切。"段玉裁注："尺二书。各本作二尺书。……李贤注光武纪曰。说文以木简为书。长尺二寸。谓之檄。以征召也。"③ 后来，"檄"延伸出文体意义，《释名》曰："檄，激也。下官所以激迎其上之书文也。"④

檄文的前身是《尚书》中的"誓"，是古代大战之前领导者的训话式发言。最早题为"檄"的文章是《左传》中张仪对楚国的警告与施压的一段话，后人题为

① （清）郝懿行 尔雅义：《后汉书》，北京：中华书局,1973 年，第 209 页；（汉）许慎、（清）段玉裁注：《说疏》，上海：上海古籍出版社，1983 年，第 636 页。
② （宋）范晔、（唐）李贤等注：《后汉书》，北京：中华书局,1973 年，第 209 页。
③ （汉）许慎、（清）段玉裁注：《说文解字注》，上海：上海古籍出版社，1981 年，第 456 页。
④ （汉）刘熙：《释名》，北京：中华书局，1985 年，第 96 页。

《檄告楚相》，现存最早的檄文是西汉司马相如的《喻巴蜀檄》。

作为文体的"檄"有两种，一是下属迎接上司的文书，二是用于军事活动的文书。《〈文体明辨〉序说》中指出檄文是用于军事征战的公文。《韵会》卷二十九曰："陈彼之恶，说此之德，晓谕百姓之书也。"即檄文承担从道德上打压对方气焰、提高己方士气的功能；战争的目的是稳定统治，所以檄文是统治者的一种征服手段，它是行政组织传达文字命令的载体；檄文记录战争，为后来战争的发起者提供借鉴。虽然维护统治的方法，不止文字传播一种，但对文字的操纵使得政治统治更能取信于人，直接影响政治传播效果。

（二）檄文的功能

统治者在统治过程中，需要解除平民武装，同时武装上层人物；并利用武力制止社会不安定因素，以此强化政治权力合法性。檄文便是统治者观念的载体，统治者通过檄文控制平民，具体表现在军事生活和政治生活中。

在军事生活中，檄文有以下三个功能。一是征调号召，征调檄用于调动军队或传递紧急军情，其信息内容不公开，但传播工具是公开的，如檄上插羽，引起注意，号召檄宣扬战争的正义性，号召天下同仇敌忾，也为己方争取军力支援。二是声讨揭露，这类檄文强调告誓和讨伐，声讨敌人罪恶，瓦解敌方军心，获取民众的舆论支持。三是晓谕军情，汉代"羽檄"便是加急并加密传送的军事信息，让统治者和己方及时了解前线战事。

檄文最重要的功能是政治功能，这里的政治功能主要是指处理政权统治过程中的问题，巩固政权统治，主要表现为：第一，治国理政，如司马相如的《喻巴蜀檄》，威慑百姓，安抚人心，稳定统治；第二，征辟用人，类似于公文任命文书，对人才选拔制度产生影响。

檄文必须通过传播才能实现政治目的。檄文的传播方式分为加密传播和公开传播。加密传播的檄文密封处理成"合檄"，并由专人专送，这种檄只有特定的檄文者才能够阅读。第二种是公开传播，有以下几种公开方式：一是传写悬挂，类似布告，用于上级向下级转达指示与命令；二是穿行布告，具备传播与阅读的两重性，此种方式可广泛传播信息，用于边境传播；三是驰布羽檄，在交通要道发放传单类之物，内容多紧急，迅速送达目的方。除此之外，造纸术的发明使得文字的书写和传播成本更低，为檄文大量传抄和流布提供技术支持，及时为战争营造舆论氛围。

（三）檄文的受众

文字具有复杂的阶级属性，早期是贵族阶级的特权，后来文字才冲破阶层阻碍，成为统治者明确等级尊卑和阶层垄断的得力工具。所以如何利用文字特性引导公众舆论，从而加固阶级特权，这是统治者必须思考的问题。檄文就是引导舆论的手段之一，它所传递的思想本质上是古代统治者的意志，目的是维护统治者的政治利益。檄文通过修辞，最大限度发挥文字的力量，获得受众对权力合法性的认同。因此，政治主体必须在创作前分析受众的背景，采用恰当的修辞策略，实现有效传播。

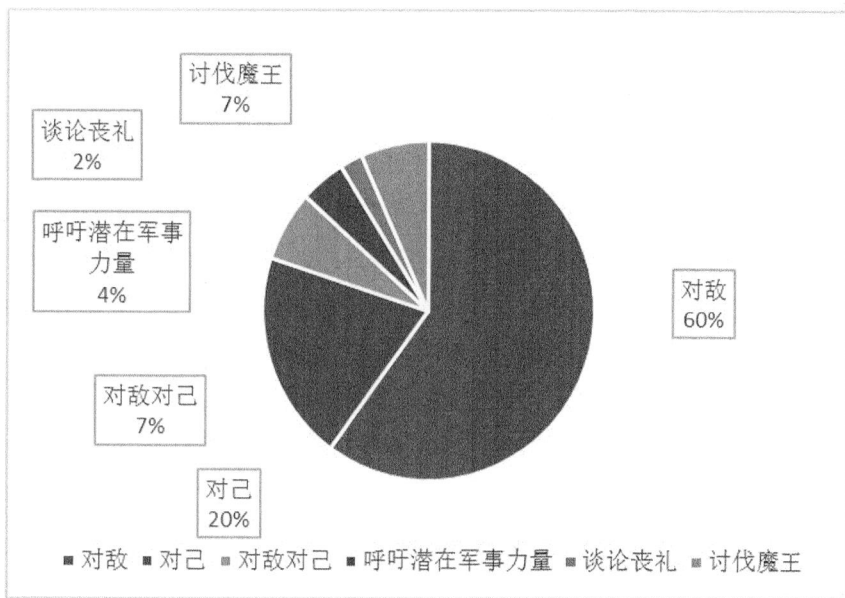

魏晋南北朝檄文

本文以《文选》中题目含"檄"字为标准，选取严可均《全上古三代秦汉三国六朝文》中檄文共46篇，其中檄文受众关系分为对敌27篇、对己9篇、对敌对己3篇、呼吁潜在军事力量2篇、谈论丧礼1篇、讨伐魔王3篇，所占比例如图所示。由此看出，檄文主要应用于战争，它的受众针对但不限于敌方，并且檄文的受众大多为普通群众，他们文化水平较低，具有不稳定性。这就需要檄文创作者利用人的社会性引导舆论走向，在唤起受众的社会责任感的同时，将文本伦理化，改变民众想法，使社会具有向心力。

檄文的政治、军事功能，决定了檄所用的修辞方式应与宏大壮美的颂词，温柔婉转的谏词不同，作为一种具备政治性和军事性的文体，檄文需采用特定的修辞手法，在战争和军事对峙状态下维持政权稳定，达到预期传播效果。笔者通过分析发现，檄文中政治修辞的运用十分广泛，故借用传播政治修辞学的理论研究檄文。

（四）政治修辞学与传播修辞学

政治修辞学发源于一般修辞学，是国外政治学与修辞学结合的一门学科，本质是说服论证的能力。陈汝东在《论修辞学的传播视角》中提出：“无论是修辞，还是传播，都是人类运用符号进行信息交流的行为和过程。所不同的是，它们的内涵有差异。修辞强调了符号行为的积极主动性和目标的理想性，而传播则更为广泛。可以说，修辞是一种有意识、有目的以取得理想的交际效果为指向的传播行为，而传播则是一切人类符号交际行为。”[①] 政治修辞就是：“政治主体围绕政治利益，运用一定的政治语言技巧所进行的修辞行为，其目的是说服受众、达到政治主体的政治目标。”[②]“政治修辞的基本要素包括：主体、情景、受众、主题、论证、效果。”[③]

西方政治修辞经历了三个发展阶段：规劝说、认同说、后现代主义认知论。这三个理论从不同方面揭示了政治修辞的功能与性质，指导政治修辞实际的操作和运用。第一个阶段：奥古斯汀在《基督教教旨》的布道辞中首先认识到了修辞的劝导作用，奠定政治修辞的基础；第二个阶段：二战以后，美国的修辞学家指出语言的目的是劝说，渗透伦理思想和道德观念。规劝论更注重直接效果，忽略受众是否接受和认同；20世纪60年代以后的认同论在规劝的基础上，企图获得受众的心理接受和认同，认为认同便是在差异中寻求和谐；第三个阶段：20世纪60年代，认知论产生，认知论和哲学思潮结合，认为真理和修辞一直处于变化的状态，是主观的。而中国政治修辞形成于新中国成立后，有学者把新中国成立后政治修辞的演变过程划分为五个历史时期，即“革命性的政治修辞(1949—1957年)”“浮夸性的政治修辞(1958—1965年)”“破坏性的政治修辞(1966—1976年)”“探索性的政治修(1977—2000年)”“创新性的政治修辞(2000年至今)”。[④] 十八大以来，政治修辞呈现出新气象，有学者从“改文风”角度阐释政治修辞，认为其是修辞主体对政治文化领导权的深刻认识和把握，是对政治合法性的加强和提升，是政治修辞“框架”的重构和“革命”。[⑤]

梳理后发现，“政治修辞是政治传播的手段，应用于政治传播的全过程。政治

---

① 陈汝东：《论修辞学的传播视角》，《湖北师范学院报》2004年第2期。

② 张晓峰、赵鸿燕：《政治传播研究：理论、载体、形态、符号》，北京：中国传媒大学出版社，2011年，第182页。

③ 同上。

④ 商诗洋：《我国政治修辞的历史变迁与重新定位》，《中共中央党校学报》2010年第6期。

⑤ 刘东建：《当下中国“改文风”的政治修辞解读》，《新闻爱好者》2013年第4期。

修辞服务于政治传播，服务于一定的文化和阶级统治。没有恰当的修辞，政治传播就不可能有效进行。修辞存在于政治传播的全过程，但政治修辞并不是政治传播本身"。① 也就是说，政治修辞不同于传统意义的修辞，它比较注重劝服策略。檄文中，政治修辞应用广泛，它构建的一系列政治、文化意义对政治传播实际效果产生实际影响。

二、檄文中政治修辞的传播

（一）实现檄文合法性的方法——政治修辞的结构

约翰·格拉夫在《大学交流与创作》一文中认为，强制的命令不能达到很好的说服效果，客观叙述与合理推导更容易改变人的态度。为更好地传情达意，作者必须考虑修辞及其结构安排。首先，檄文的合法情景能提供丰富的信息，使公众正确理解身处的环境，解除对环境的困惑。特别是在社会变迁时期，民众更需要确立观念、明确自我。否则，失去对未来世界的理解和预见，就会陷入不安，导致社会动荡，从而使政权统治受到威胁。其次，文字具有局限性，把政治变为历史题材能打破这种局限，修辞情景利用人们对先贤的崇拜作为连接信仰的纽带，使受众不知不觉中获得类似"正义使者"的荣誉感，更加坚定地拥护统治者。

1. 檄文中政治修辞的合法情景

美国学者劳埃得·比彻尔提出了情景修辞，他在 *The Handbook of Political Communication* 一书中指出"政治修辞的情景就是政治主体需要证明其获得、维持和运行政治权力时所要求的合法性的情景。"②"政治信息产生于具体的历史情景，是对历史情景的必要反映。"③ 檄文中政治修辞的情景多是历史人物或历史事件，为了证明己方合理性，维护己方形象的真实性，创作者将历史信息与政治话语巧妙结合，使受众沿着创作者的逻辑思路走下去。

斯科特·斯洛维克从嵌入和离散修辞的角度，分析认识论和政治学在美国自然写作中的特点。这里的认识论指的是"致力于对宇宙本质和人类，或者人类自身与自然世界关系的理解"。④ 他提出两种修辞方式：一些作家将认识论镶嵌在政治论之中，达到更深层的思想与价值的转变，斯科特称这种修辞为嵌入式劝导修

---

① 胡亚云：《论政治修辞与政治传播》，《河南社会科学》2001年9月，第9—13页。

② 张晓峰、赵鸿燕：《政治传播研究：理论、载体、形态、符号》，北京：中国传媒大学出版社，2011年，第194页。

③ 同上，第189页。

④ 斯科特·斯洛维克、宋丽丽：《美国自然写作中的认识论与政治学：嵌入修辞与离散修辞》，《鄱阳湖学刊》2009年第2期，第115页。

辞。另一些自然写作作家倾向于将认识论离散地分布在文章中，这种为离散式劝导修辞。

两种劝导修辞的说服方式各有所长。嵌入式劝导修辞是一种温和的劝导方式，如美国自然写作作家提倡爱护环境，但并不在书中直白地呼吁人们热爱自然，而是通过文章中大段描写自然的文字，唤起读者环保意识。离散式劝导修辞会导致读者情绪上的转变，作者先用描述美的文字让读者感到舒适，再用言辞犀利的文字使读者感到不安，读者的心理在发生巨大变化的同时，也会深入地思考作者描述的问题。

由于檄文是政治色彩浓厚的文体，斯科特提出的这两种劝导方式在檄文中都可以找到类似的修辞。

（1）檄文中类似嵌入式劝导的修辞

斯科特认为，嵌入式劝导修辞中嵌入的信息，可以是自然信息，也可以是历史信息。在本文统计的 46 篇檄文中，共有 37 篇中出现了对宇宙、天地、空间认识和历代贤君的描述，《为郗道徽檄青州文》等檄文先从宇宙、世界的关系讲起，以天地大德、圣人贤臣来反衬被讨伐者的荒淫无道，这种"润物细无声"的行文方式，使得檄文的受众认可己方借口，从而起到"移"人心的作用。

如《为郗道徽檄青州文》："盖天地有盈虚之期，皇代有盛衰之会。姬文至圣，犹西患昆夷；周宣哲王，而北难猃狁。天步祸乱，有自来矣。"[1]《论众檄》："彭城王体自高祖，圣明在躬，德格天地……谶记表帝者之符，上答天心。"[2] 檄文中引"天地""天心""盛衰""姬文""周宣"，意在从人们约定俗成的世界观入手，将人们对于世界观的认可态度"移花接木"到战争上来。

选择宇宙、天地作为论据的原因，与自古以来中国人对天地人的关系的探讨有关。盘古开天辟地之后，身躯与呼吸化为天地万物与自然现象，夸父死后化为夸父山，手杖化为邓林。这些上古神话虽然是虚幻的，却能反映出远古时期的人就将自己与宇宙天地同构化的思维特点。陈梦家曾说从商周时期起，人们对于空间就已经有了很清楚的概念，"上下天土对立之观念，是为阴阳二极之张本"，[3] 上古神话反映出，远古时期的人就将自己与宇宙天地同构化，天地的运行被人们赋予了严格的秩序，处理人间事宜也要顺应这种秩序。葛兆光在《中国思想史》中指出，《尧典》中的文字记载表现出人们将天象当作一种理性认识的结构，四季配四方，地分五服。天地的运行被人们赋予了严格的秩序，所以处理人间事宜也应

---

① 严可均：《全上古三代秦汉六朝文全后魏文》，上海：商务印书馆，1999 年，第 2244 页。

② 同上，第 3544 页。

③ 陈梦家：《古文字中之商周祭祀》，《燕京学报》1936 年一九期。

当顺应这种秩序。"宇宙的结构、亲族的感情、社会的等级，就在这仪式中被奇妙地叠合在一道，宇宙天地，中央四方，给人间提供了一个来自人心的不必思索的理路。"① 这种"不必思索"的宇宙空间的观念正好为发动战争提供完美的借口。

稳定的社会需要确立"标准"的时间、空间观念，人们接受这个"标准"后就会自发为实现"标准化"理想生活而努力。统治者对时间观念和空间观念的绝对控制力反映在史书列传和传达旨意的文体中。史书是从古到今时间延续性的体现，统治者权利监管下的史书编纂体现了统治者对时间观念的把控；统治者对空间观念的控制力表现在"天人合一"的观念中，将人纳入宇宙空间观念体系中。檄文作为传播的载体，为统治者提供了治理被征服者的依据，并且如果统治者不能提供有效的管理手段治理社会，就会引发战争。与此同时，檄文不断调整，实现与时间的统一，也调整自身适应空间的需要。

（2）檄文中类似离散式劝导的修辞

离散式劝导修辞的语言风格有明显的特点：文中有时而认识论，时而政治论的分裂结构，不同风格的文字带有不同情绪。文字的感染力使得读者的情绪有巨大的变化，这种状况下，更容易深入思考战争的意义，从而拥护政权统治。

本次统计的檄文中 14 篇有这种布局，大致分两种，第一种是对于历史事实或历史人物传说的陈述与对敌人的痛斥。如杜弼《檄梁文》中用大量篇幅陈述侯景背信弃义之举，如"惟我祖宗驭宇，爱民重战，未极谋臣之画，不穷节将之兵……遂污辱冠带，偷窃藩维。"② 檄文前半段以陈述事实的方式列举侯景的恶行，后半段萧衍用"负恩德，罔恤天讨，不义不昵，厚而必颠"这种声讨性文字对侯景施加压力。第二种是对历史上出现的太平之世的缅怀，与对当世的痛斥或歌颂对比，以此期望得到民心。如《移蜀将吏士民檄》回顾历代皇帝的丰功伟绩："我太祖武皇帝神武圣哲……烈祖明皇帝奕世重光，恢拓洪业。"③ 接着颂扬当今皇帝励精图治之态度："今主上对德钦明，绍隆前绪……施德百蛮，而肃慎致贡。"最后自然地引出："悼彼巴蜀，独为匪民，愍此百姓，劳役未已。"④ 顺着这一逻辑，讨伐巴蜀不会给民众带来灾难，反而有助于他们接受文明的统治。

（二）政治修辞之"道"——强化自身合法性

政治修辞的主题就是说明政治权力为何要这样运作，在证明其正当性和合法

---

① 葛兆光：《中国思想史（第一卷）》，上海：复旦大学出版社，2001 年，第 56 页。
② 严可均：《全上古三代秦汉六朝文全后魏文》，上海：商务印书馆，1999 年，第 4993 页。
③ 同上，第 1593 页。
④ 严可均：《全上古三代秦汉六朝文全后魏文》，上海：商务印书馆，1999 年，第 1593 页。

性的同时，阐明观点，隐含所要实现的政治效果。政治修辞的主题是根据不同的政治背景和形势进行论证，令受众沿着政治主体的思路推进。为了让受众认为自己一方意图正当，檄文需要美化己方形象，并运用政治修辞劝服民众，稳定政权统治。

1. 檄文中己方形象的特点

（1）形象定位要"真实"

檄文言辞犀利、内容多加褒贬，常用夸张的方式呈现敌我双方的历史及现状，因此檄文的真实性是被夸张化的。表达者充分利用这一特点，占据有利的话语形势，利用话语主动权构筑形象真实。于是，檄文的真实就是修辞真实，通过构建完美形象实现目的，但这种完美形象需要有一个"度"，即不能过分夸大。如房彦藻的《为李密檄洛州文》："我魏公聪明神武，齐圣广渊，备七德而在躬，包九功而挺出。"①房对李密这番评价是不真实的。李密原为隋朝的贵族，有世袭的爵位。檄文突出这一优点，避开李密叛变的缺点，达到一种"完美形象"的建构真实。另外，这一"真实"不能过于夸张，否则檄文的真实性受到质疑，便令己方形象受到质疑，不利于稳定政权统治。

（2）形象要占据"礼"的制高点

历史环境下主流意识形态影响社会生活的方方面面，檄文以讨伐为旨，寻求社会认同感，以正统价值观为原则，评判是非；在文本构建中，撰写檄文者，必须令自己的行为符合社会礼法，即使自己的行为不符合礼，也要以维护礼的姿态展现。如杜弼在《檄梁文》中提道："我皇魏握玄帝之图……员首识尧舜之心。"②文章开头就把"我皇"提升至尧舜的高度，拔高魏国的高度，占据了"礼"的制高点。《伐陈诏》中也是如此，开篇以唐尧、晋武为例，"昔有苗不实，唐尧薄伐，孙皓僭虐，晋武行诛"。③将政权的更迭与天意相联系，暗示陈叔宝是大逆不道的暴虐之人，隋文帝效仿古代贤君，顺应天意讨伐陈。

"制造与传播符命神化是古代中国开国帝王建构王朝天命最常用的政治传播手段。这些符命神化或者表现以帝王身体为载体的感生、相貌异象、异事等帝王神化，或者表现为自然异象或谶言为载体的一般符命神话。在符命神话的传播中，历代王朝既运用以官方信息传递系统为载体的官方传播模式，也依靠以谣言为载体的非官方传播模式。符号神话在王朝天命的建构中是有效的，不仅是因为其传播的速度与范围非常客观，更是因为这些符命神话的制作是基于当时民众普遍的

① 董诰等：《全唐文》，北京：中华书局，1983年，第523页。
② 同上，第527页。
③ 同上，第5209页。

信仰与历史记忆体系。"① 这种信仰使得政治统治合法化、正当化。

2.己方形象塑造的策略

以创作者的角度切入，己方形象就是作家依照理想的英雄模型为政权举办的一场仪式。所以，作家在创造理想形象时，必然面临如何利用修辞将两方矛盾化解的问题。

（1）形象定位要"真实"

檄文将固化的形象融入现实生活，有选择性地复述强化此前的正面形象，拉近与受众之间的距离。具体表现为：第一使用复制修辞。复制修辞很大程度保存历史形象的原貌，表达政治意图。复制修辞是檄文文学性的体现，更容易被得檄者所接受，但这种形象的塑造只是作为铺垫。也就是说，在檄文里，"黄帝"和"项羽"都必须"回归"到政治的话语环境中去。第二，固化形象和以前典型事件相结合。作家将固化形象复制到不同的场景之中，以不变的形象应对不同的战况。檄文中的历史叙事为固化形象提供许多不同的场景，这些场景的切换实现了人物形象的转换，形象塑造更为丰满，让受众更觉亲近。也就是说，檄文撰写者在创作过程中会刻意将檄文伦理化，将道德评判置于文本之上，如果出现人们所不能接受的道德内容，便会激活受众的抵御机制；除此之外，实用化也是其突出特征，檄文分担"文以载道"的功能，映照社会世态。尤其是战争时期，普通民众更需要把握当前境况，掌握未来，以此表达对生存和发展的期望。这就是作者的"读者眼光"，它可以不是美学上的"期待视野"，只需要符合占支配地位的审美趣味和接受水平，便可满足人们的美好期许。

（2）形象需占据"礼"的制高点

无论政治形象的英雄如何固化，在檄文中，英雄人物必须遵循人性的发展规律。为了处理完美的英雄形象与不完美的人格之间的矛盾，作家巧妙地将英雄的政治理想移置不受人性主宰的替代物上。统治者利用檄文，将自己神化为力量永恒的存在者，并让普通民众敬畏和认同这种存在。如果说形象真实使得檄文受众认可我方战争目的，对统治有美好期许；神化形象就是将我方统治变成传统的合理延续，成为民众普遍接受的信条。这种神化策略，就是通过修辞不断地向政治靠拢，遵循政治叙事的原则，使政治的无可超越性成了修辞的基本原则。如颜竣在《为世祖檄京邑》中提到："告难，齐、晋勤王，汉歴中圮，虚、牟立节。"② 开端就自比尧舜，神化己方形象。《伐陈召》也有明显的借助神力的表述："益部楼

① 白文刚：《符命文化与中国古代王朝的天命建构——基于政治传播视角的考察》，《青海社会科学》，2014 年 1 期。

② 严可均：《全上古三代秦汉六朝文全宋文》，上海：商务印书馆，1999 年，第 380 页。

船，尽令东骛，便有神龙数十，腾跃江流，引伐罪之师，向金陵之路，船住则龙止，船行则龙去，四日之内，三军皆睹，岂非苍旻爱人，幽明展事，降神先路，协赞军威！以上天之灵，助戡定之力，便可出师授律，应机诛殄，在斯举也，永清吴越。"①通过神化，得檄者会对己方政权有一种敬畏之心。

檄文是统治者利用文字符号统治的载体，其背后象征的是统治者的权威。统治者需要拉近与受众的距离，引导舆论；利用文字和舆论安定受众，掌握受众的力量，就掌握了控制社会的力量，如征收赋税、征兵等。神化我方形象，很大一部分原因是实现时间观念和空间观念的统一，引起受众的敬畏，营造一种神秘感，使民众认为追求统治者意志就是在顺应天意，这在无形中会给民众一种荣誉感；同时，空间观念也能令民众更加安定，在统治者安排的位置上履行义务。

（三）政治修辞之"器"——具体的修辞手法

政治修辞的论证需要一定的论据，对政治语言选择组织和安排。查特布莱克采取批评话语分析和修辞分析方法研究政治演讲的"劝服"策略，该分析包括三个方面：语言环境分析，语言特征分析，解读与阐释，其中对语言特征的分析包含：词的选择、句子结构及布局、整篇演讲词的格调、隐喻的运用等。下文将据此论述檄文中具体的修辞手法，探讨檄文为引导舆论，试图改变、巩固或扩展原有的价值观念，从而解决统治者的政治问题。"劝服"只是提供一种心理满足感，只有檄文这个载体才能将它唤醒，并适当调整，形成新的观念或态度。

1. 句意反复

句意反复指的是在谋篇布局上，使用不同的词汇，突出同样的情感。句意反复表现出汉民族的思维定式和审美情趣等文化特征，包括以下三个方面：首先，句意反复体现情感美，反复咏叹营造出浓烈深沉的情感，表现为句式的整齐，如汉代檄文多为四四、四六，通过简短的句式表现出战争的紧迫感，其中不乏汉赋铺排的手法以及句式特点，形成一种整齐美和摇曳的韵律。到后代，檄文文风逐渐散文化，但是四四、四六的句式仍然有所保留，如《李自成檄明臣庶文》："命即靡常，情尤可见。粤稽往代，爰知得失之由；鉴往识今，每悉治忽之故。咨尔明朝，久席泰宁，寝驰纲纪。"这段评价敌方的文字就明显沿袭了前代四四、四六句式的用法，说明这一句式适合表达檄文激昂的情绪。

其次，句意反复体现中国人的整体思维。"所谓整体性思维，是指汉民族自古以来，便把世界看成是一个严密的系统，这个系统又是由许多小系统构成，而每

---

① 严可均：《全上古三代秦汉六朝文全宋文》，上海：商务印书馆，1999年，第5209页。

个小系统又由不同的部分构成，整个宇宙就是由这样的部分所构成的系统化的整体。"①这种整体思维表现为注意整体的语言风格以及语句各部分的内在联系。为了把某些重要形象、重要特征等凸现出来，强化感知效果，檄文中突出表现为对敌方罪行的反复斥责，如《梁武帝讨齐主东昏候檄》中，萧衍指责东昏候"独夫扰乱天常，毁君德，奸回淫纵"，在宫中行为放荡不堪，如"至于选采妃嫔，姊妹无别，招侍巾栉，姑侄莫辨，掖庭有神贩之名，姬姜被干役之服，至乃形体宣露，亵衣颠倒，斩斫其间，以为欢笑，骋肆淫放"；任由奸佞之人残害忠良，"梅虫儿茹法珍，臧获厮小，专制威柄，诛翦忠良，屠灭卿宰"。虽然运用词语并不相同，但反复运用"奸回淫纵"和"骋肆淫放"等词语，使整个语句的语势文风一致，情感表达"浑然天成"，令人读来如见其昏暴之貌，煽动受众的反抗情绪。

再次，句意反复体现中国人的意向性思维。意向性思维是指"中国人的思维过程中，不是以客观世界为追索对象，而是以自我情感体验为主……实现主客体内外合一的境界"。②这种思维使得古代中国人更加注重内心的感受，讲究情感的抒情写意，表现为生动形象的语言，情感表达更具说服力和感染力。如《移檄东土讨孔觊》中"圣图霆发，神威四临，羽骓所届，义旅云属，柏槐钺所麾，逆途冰泮，胜负之效，皎然已显"③通过反复渲染新立明帝的神威，在开头就有获胜之意，反复强调我方为正义的一方，感染力强，引起情绪波动，从而宣扬政权统治，获取民众的心理认同。

2. 直呼其名

由于檄文通常面对众人，在这种场合下指名某人更显出特殊，因此直呼其名一般用来表明立场态度，而不是为了限定受众。如《为庾稚恭檄蜀文》是为讨伐蜀地而作，开篇指名檄文的对象是巴蜀军民"告巴蜀士民，夫昏明代运，否终则泰"。④檄文以指名的方式达到预期目的，从文化层面上来说，是有一定根据的。名字在中国人，尤其是古人的心中有特殊的意义。最初，人们以氏族为单位生活的时候，使用公名区分彼此，后来随着社会的发展，私名开始出现。《中国人名的研究》中认为，促使私名出现的动机有三个，一是起于以口自明，二是起于"我"的独立单位意识，三是起于个人图腾迷信。三种动机中，前两种目的都是标识个人特点，第三种动机明显带有了宗教色彩和神秘力量。这种神秘力量让指名这一

① 王治生、刘晓利：《从汉语修辞特征看汉民族传统文化主体的精神机制》，《长白学刊》2008年5期，第5页。
② 张岱年、姜广辉：《中国文化传统对话》，北京：中国广播电视出版社，1990年，第95页。
③ 祖金玉：《历代檄文名篇选译文》，北京：中国青年出版社，1999年，第99页。
④ 严可均：《全上古三代秦汉六朝文全宋文》，上海：商务印书馆，1999年，第2245页。

行为有了仪式感。虞万里认为，这种仪式感来源于称谓的特殊性，"等级森严的社会中之所以斤斤于称谓者，乃因称谓揭示身份，身份标志社会地位，地位决定其在社会中所拥有的权力，权力保证其从生活到政治的行事自由度"。① 可见，一个人的称谓在古代社会是其社会地位的外在表现，直呼其名等同于强调此人所承担的社会职能。

《移檄京邑》中在文章末尾点名讨伐对象："益州刺史刘季连、梁州刺史柳惔、司州刺史王僧景、魏兴太守裴师仁、上庸太守韦睿、新城太守崔僧季，并肃奉明诏，龚行天罚，蜀汉果锐，沿流而下，淮汝劲勇，望波遄鹜。"② 再次强调："诸君或世胄羽仪，书勋王府，皆俯眉奸党，受制凶威，若能因变立功，转祸为福，并誓河岳，永纡青紫，若执迷不悟，距逆王师，大众一临，刑兹罔赦，所谓火烈高原，芝兰同泯。勉求多福，无贻后悔，赏罚之科，有如白水。"③ 这篇檄文通过先强调官职与姓名、称赞能力的方式表明己方比敌方权力更大，有资格作出评价，给征讨对象施加压力。虞万里在《商周称谓与中国古代避讳起源》中提出"客观的等级称谓受社会等级制及其在人脑中主观意识的制约"。④ 这表明，称谓不仅能区分个人身份，还与社会等级和主观意识有密切的联系。

由此可见，檄文中的指名在指明受众的同时，还将社会等级和意识加到受众的身上，对于己方受众来说，这种附加含义能激发出他们内心对于战争的热情和对施令者的忠诚；对于敌方受众来说，这种附加含义则能让社会的舆论更加明确地谴责他们。

3. 隐喻

檄文运用隐喻的修辞手法，将熟悉的意象与陌生的敌方形象相联系，用这种含沙射影的方式贬低敌方、煽动受众。因为隐喻是"由天地四方的神秘感觉和思想出发的运思与想象，是中国古代思想中的一个原初起点，换句话说，是古代中国人推理和联想中不证自明的基础和依据：它通过一系列的隐喻，在思维中由此推彼"，⑤ 古代中国人擅长联想和推理，也体现在生活的方方面面，隐喻的使用虽不是檄文所特有的，但在檄文中的作用却是最为实用的。隐喻一般用于讽刺对方罪行，既贬低了对手又突出了己方的优势，一举两得，提振己方士气。

---

① 虞万里：《商周称谓与中国古代避讳起源》，《传统中国研究集刊（第一辑）》，上海社会科学院历史研究所，2005 年，第 527 页。
② 严可均：《全上古三代秦汉六朝文全宋文》，上海：商务印书馆，1999 年，第 3937 页。
③ 同上，第 3936 页。
④ 虞万里：《商周称谓与中国古代避讳起源》，《传统中国研究集刊（第一辑）》，上海社会科学院历史研究所，2005 年，第 145 页。
⑤ 葛兆光：《中国思想史》，上海：复旦大学出版社，2001 年 12 月，第 36 页。

隐喻的核心就是意象,"虽然意象能够激起接受者的情趣,但仅此而已。然而,艺术意象并不是对生活图像式的重现,而是一种瞬间的'情''理'融合,是各种根本不同的观念的联合"。[①] 如果没有隐喻,意象只能表达浅层的意思;而隐喻也正是因为有意象才变得更加生动,"抽象之所以保持下来,是因为它与它由以引申出来的价值实现的具体意义有适当的关联,抽象的效用由此促进了整个经验的生动性与深刻性。它激动了深处"。[②] 创作者通过探究意象和隐喻之间的进一步联系,实现"意象"到"隐喻"之间的转化,进入艺术的理性层面。"意象作为隐喻艺术思维的一种类型,虽然从表面上来看它是独立的,但要真正表现艺术的意义和思想,还得组成意象群,或者上升到象征的层次。"[③] 如《为袁绍檄豫州》中"欲以螳螂之斧,御隆车之隧"。[④] 将曹操方讽刺为螳螂,突出了不自量力,同时更加幽默地展现己方胜利的决心。《为行军元帅郧国公韦孝宽檄陈文》中"唯彼扬越,独为匪民,葭芮鱼鸟之郡,晏安龟蛇之穴"。[⑤]《移檄京邑》中"幕府总率貔狼,骁勇百万"。[⑥] 将梁国军队夸张为貔狼。檄文中选取"蛇、龟、螳螂、貔狼"等意象的负面意义,借此攻击对方战斗力,使得原本抽象的效果更加生动深刻。同时,檄文中也不乏以神鬼为写作对象,并借此隐喻,表达相应的意图。

(四)政治修辞表达效果

在传播学领域,传播效果具有双重含义:"第一,它指带有说服动机的传播行为在受传者身上引起的心理、态度和行为的变化;第二,它指传播活动对受传者所产生的一切影响和结果的总体。"[⑦] 传播效果又分为三个层面:认知层面的效果;心理和态度层面上的效果;行动层面的效果。同时需要注意,这些是在有效传播的条件下进行的。政治修辞的传播效果依赖于受众的态度,"政治修辞的受众对主体可能持反对、赞同、中立三种态度。政治传播的目标是:坚定赞同态度受众、争取中立态度受众、说服反对态度的受众"。[⑧] 争取态度中立的受众是最为主要的任务,这类受众在赞同与反对中摇摆不定,因此运用修辞将己方的"正当性"在

---

① [美] 韦勒克·沃伦:《文学理论》,刘象愚 邢培民 陈圣生 李哲明译:北京:三联书店,1984年,第202页。
② [美] 怀特海:《思维方式》,刘放桐译:北京:商务印书馆,2004年,第110页。
③ 王炳社:《意象、象征与隐喻艺术思维》,《学术论坛》,2009年第24期,13—15页。
④ 同上,第929页。
⑤ 同上,第308页。
⑥ 同上,第56页。
⑦ 郭庆光:《传播学教程》,北京:中国人民大学出版社,2011年4月,172页。
⑧ 张晓峰、赵鸿燕:《政治传播研究:理论、载体、形态、符号》,北京:中国传媒大学出版社,2011年,183—184页。

合理范围内夸大渲染，可以最大程度拉拢中立受众，使得他们在认知层面对战争发起者有"意图正当"的认同感，同时这种态度能够在态度和心理层面实现转化，即"思考正当"。使得受众认同战争合理性，从而在行动层面支持统治者的统治，实现传播效果。

1. 意图正当

所谓意图正当即师出有名，作者在心理层面暗示此次战争是为了让百姓免于更大的灾难，而不是统治阶层的利益。因此，在细数对方的罪责后，怜悯对方百姓水深火热的生活，表示自己不得不顺应局势发动战争，以此来守护天下的太平。如《讨石虎檄文》中："石勒困衅，前覆旧京，穷凶极逆，伪号累祀。百姓受灰没之酷，王室有黍离之哀，不为少康之隆，孰能祀夏？不有宣王之兴，谁克旧物？"①

统治者在面对受众时，需要考虑三种类型的受众。一，完全支持己方统治的民众，他们是统治稳定的基础和保证；而己方敌对势力的忠实拥护者，不论采取何种策略，基本无法动摇其政治立场，是无法拉拢的；占比最高的中立受众最容易摇摆，故己方统治者表明自己态度的同时，运用政治修辞拉近与中立受众的距离，使得他们在认知层面对己方统治产生好感；与此同时，檄文撰写者进一步在舆论上拔高我方的意图，使得敌方中立群众和我方群众认同战争意图，在心理和态度上实现一种转化，支持或积极投身战争中。同时，受众在接受影响的过程中，会突出文本的细节，使得文本不断合理化，直到达到被接受的状态；在此之后，檄文撰写者也会运用政治修辞不断调整檄文细节，适应整个叙述逻辑，迎合受众先验的思维特征。

总的来说，统治者利用檄文进行文本传播的有效性是要高于其他形式的，因为文字符号相比于其他形式更容易令人信服，这种文本政治传播拉开与受众的距离，增加仪式感；檄文的意图正当效果用纸质传播拉近与受众的心理距离，使得受众感受到统治者的"意在言中"，并意会到"言外之意"。与此同时，读者带着自己的理性色彩去审视文本，并将已有经验与获得的经验融合，重新构造自己的价值观念，对文学文本的阅读转化为带有理性色彩的认识，从而实现由认知到心理层面的转化。

2. 思考正当

如果说意图正当为檄文构建必要性，思考正当为檄文话语程式构建了可能性。思考正当指的是檄文要按照特定步调进行。开头起势若为批判和讽刺（讨伐敌方），那么后文只需强化这一点，保持全文基调一致。《为袁绍檄豫州》的历史背景是曹

① 严可均：《全上古三代秦汉六朝文全宋文》，上海：商务印书馆，1999年，第2029页。

操挟天子以令诸侯，处于有利之势，袁绍讨伐曹操其实是逆势而为，但陈琳将为袁讨曹称为"非常之事"，非常时期，非常之人可立"非常之功"。文中反复提及曹操忘恩负义之事，是为了最后文末的"其得操首者，封五千户侯，赏钱五千万"。全文从开篇分析局势到批判曹操为人的奸诈，一气呵成，脉络通畅。

这种"思考正当"式的指责会令受众情绪激昂，迫不及待讨伐不正义的那一方；与此同时也会唤起民众的知觉，促进民众从最初对双方局势的判断、整理、加工后，由感性认识转化为理性认识，这种认识是深刻的，会对民众心理造成冲击；由于人们对信息的知觉产生于认识的过程中，在认识的过程中讯息的性质需要筛选；这里需要注意的是普通民众的认识趋向于简单化，所以要有足够能引起注意的讯息，才能真正转化民众心理。在道德层面，全民族的指责削弱自然人的道德感，转化为社会人的"替天行道"；当然，统治者并不排斥民众唤醒"本我"追求"超我"，这种高级的道德追求，能使民众体味到荣誉感，实现统治者的目的。行动层面转化的阶段，是民众的道德自律，这个阶段时，民众接受外界讯息，会将社会放在个人之上，产生社会责任感，内化为道德，甚至为社会正义牺牲自己。檄文极力渲染己方的正义，使自身处于制高点，得到民众行动层面的拥护和支持，统治者在徭役、征兵之时，民众会心甘情愿地为国捐躯，认同这种使命感，从而稳固政权统治。

三、余论

首先，政治修辞对于檄文实现政治目的有着至关重要的作用，而政治修辞的选择和运用，是在社会传播中实现的，因而单纯的研究政治修辞而割裂政治修辞与政治传播的关系，会流于表面。优秀的檄文作者利用修辞的特点，可以将战争的合理性、自身的正义性大肆渲染，甚至无中生有，达到想要的效果。同时，不只是檄文，所有运用政治修辞的、具有政治功能的文体，都可以用传播政治修辞理论研究。其次，政治修辞不同于普通的修辞，这对于大部分学者还在研究传统修辞策略的中国来说，具有启示性意义，可以深入挖掘。

最后，政治修辞的文本研究最具有影响力，因为文字承载人类思想的结晶，渗透社会生活方方面面，潜移默化影响民众行为，引导社会舆论。此外，阅读能力是最重要的能力，民众会在阅读的过程中运用隐含的世界观、价值观，判断文本可信程度。阅读使得社会资源合理传播，也拉大阶级差距。并且，政治修辞在中国古代的应用早已有之，中国古代典籍中已经隐含了政治修辞的思想。通过对中国古代政治修辞和西方政治修辞的对比，可以更清晰地看到中国古代政治修辞的特点，从而掌握"话语权"，构建"人类命运共同体"。中国古代政治修辞和西方政治修辞有所区别，中国古代政治修辞将天地人同构的宇宙观纳入其中，处处渗透着中国的意识形态；而西方政治修辞和宗教联系紧密，更有条理充满力度的表达。

华夏传播研究札记

从巴黎圣母院火灾想到中国古典小说的传播史

郑学檬 *

Zheng Xuemeng

摘　要：本文缘起于 2016 年春学季朱立在台湾政治大学传播学院客座讲授"两岸三地传媒"课时教到曾在几年前大陆某个学术场合中有过一面之缘的作者，又于同年（2016）六月下旬在中华传播学会年会召集主持"在大学开'中国大陆传媒'课"专题座谈后接受作者专访。访问稿按分别移步于大陆看香港、换景于香港看大陆的思路，拟成《香港新闻传播学界的成名与想象（1927-2006）》《中国大陆传播的教学与研究》等两篇，于 2017 年 5 月、2018 年 7 月先后刊登于《国际新闻界》第 39 卷第 5 期第 85—108 页、《传播与社会学刊》第 45 期第 1—18。经《传播与社会学刊》授权转载，本刊将该学刊首发的繁体中文版易名转换成简体版，以飨读者。

一、雨果《巴黎圣母院》的传播意义

2019 年 4 月 17 日，巴黎圣母院发生了震惊世界的火灾，熊熊烈火中，随着教堂箭形塔尖和巨大的塔架轰然倒下，巴黎百万民众的心脏几乎骤停。800 余年沧桑，它的爱与恨，一朝化为伤心曲。人们在悲痛中首先想起了法国伟大文豪雨果的传世之作《巴黎圣母院》。

小说《巴黎圣母院》（第三卷）是这样描写这座"雄伟壮丽的建筑"：在三座拱门、二十八座列王的神龛、三叶草形的拱廊之后，是"数不清的精细浮雕、雕像和镂刻与肃穆安详的整体有力地结合；可以说，它是石头构成的波澜壮阔的交响乐"，"它是一个时代所有力量合作的产物。""总之，它是人类的创造，因它的强大与富饶而有如神的创造，它具有神的创造的双重特性；千变万化，永恒如一。"雨果写道："巴黎圣母院不是第一类纯罗马式教堂，也不是第二类纯阿拉伯风格的教堂。""它是过渡时期的建筑。""这类从罗马式向哥特式过渡的建筑"，没有它就

---

*　郑学檬，厦门大学人文学院历史系教授，厦门大学原常务副校长。

无从研究它的艺术特色。"这座可敬的纪念性建筑物的每一面，每一块石头，不但是一个国家的历史的一页，而且是科学史、艺术史的一页。"①

雨果的《巴黎圣母院》是一部历史小说，正如该书的英文版导读所说："无庸赘言，《巴黎圣母院》是一部历史小说。其情节发生在1482年，也就是法兰西国王路易十一死去的前一年。""小说中的历史是呈弥散状分布的"，只在有代表性的态度与倾向叙述中找到。②小说《巴黎圣母院》的传播效果值得我们注意。"雨果与我们分享了他自己关于这个世界及其含义的独特的知识积累，以及强烈的启蒙意识。"③

《巴黎圣母院》最感人的情节是敲钟人卡西莫多和吉卜赛女郎艾丝米拉达的爱情故事。那是一首浪漫主义神曲。小说通过他们的故事，传播光明与黑暗、天资与外丑辨别对比的逻辑思维，启迪人类的良知。这类传播效果为许多政客的说教所难以企及。

二、中国古典小说的传播意义

学术界对中国历代传奇小说评价甚高。古代有诸子十家，第十为小说。"小说家者，流盖出于稗官，街谈巷语，道听途说者之所造也。"什么是"稗官"？此句注引如淳的注释说："细米为稗，街谈巷说，其细碎之言也。"④就是说，古人也认为小说家所传播的就是那些"街谈巷说，其细碎之言"之社会舆论而已，因此小说的发明，也是古人传播技术的一大发明，有创新意义。小说不仅仅受到小民的欢迎，也为君子所重。唐代史学家刘知几说："街谈巷议，时有可观，小说卮言，犹贤于己。故好事君子，无所弃诸。"⑤

鲁迅《中国小说史略》概述了中国古典小说的传播功能。他讲述唐宋传奇时指出："小说如诗，至唐代而一变"，"大率篇幅漫长，记叙委曲"，如《补江总白猿传》"假小说以施诬蔑之风"；张鷟《朝野佥载》等书，大行于时，新罗、日本使至，必购其文。沈既济《枕中记》"文笔简炼，又多规诲之意，故事虽不经，尚为当时所重。"又《任氏传》也是"讽世之作"。⑥鲁迅在书中讲述宋人话本时，引用《东坡志林》的记载，生动地反映了说《三国志》的传播效果是何等精彩："王彭尝云，途巷中小儿薄劣，其家所厌苦，辄与钱，今聚坐听说古话，至说三国事，闻

---

① 雨果：《巴黎圣母院》，林珍妮译，重庆：重庆出版社2008年，第101页。
② 同上，第7页。
③ 雨果：《巴黎圣母院》，林珍妮译，重庆：重庆出版社2008年，第10页。
④ 《汉书》卷30《艺文志》，北京：中华书局，1962年，第1745页。
⑤ （唐）刘知几：《史通》，沈阳：辽宁教育出版社，1997年，第81页。
⑥ 鲁迅：《中国小说史略》，上海：上海古籍出版社，2014年，第58—62页。

刘玄德败，频眉蹙，有出涕者，闻曹操败，即喜唱快，以是知君子小人之泽，百世不斩。"①

《三国演义》《水浒传》《红楼梦》是家喻户晓的中国古典小说名著，它们的传播效果人尽皆知。《三国志》事见上述，明弘治《三国志通俗演义》一书评论说：《三国志》这部史书："事详而文古，义微而旨深，非通儒夙学，展卷间非不便困睡。故好事者以俗近语隐括成编，欲天下之人入耳而通其事，因事而悟及义，因义而兴乎感。"②《三国演义》小说写作，意在"欲天下之人入耳而通其事，因事而悟及义，因义而兴乎感"。也就是传播它的事与义，以此影响读者。其事与义，通过人物描写体现的，如李卓吾评《水浒》语。他说道："描画鲁智深，千古若活，真是传神写照妙手。且水浒传文字妙绝千古，全在同而不同处，有辨如鲁智深、李逵、武松、阮小七、石秀、呼延灼、刘唐等众人，都是急性的，渠形容刻画来各有派头，各有光景，各有家数数，各有身分，一毫不差，半些不混，读去自有分辨，不必见其姓名，一睹事实，就知某人、某人也。"③

《红楼梦》的传播效果更是惊人。《红楼梦》的传播，仅就情感教育方面来说，它所描写青年男女间的纯真爱情吸引了千千万万读者，贾宝玉和林黛玉的爱情悲剧打动了处境相同的读者的心。乾隆年间该书一出，"后遂传编海内，几于家置一编"。④至于它的社会意义，坊间论述已汗牛充栋。

三、中国古典小说传播的若干特点蠡测

在文字传播形式中，小说传播尽显其无可替代的角色。

如果说古代社会的传播形式有虚拟环境、虚构人物和故事的话，应当承认神话、寓言和传奇、小说可以备选。神话则是小说的前身。《山海经》包括夸父逐日、女娲补天、精卫填海、大禹治水等远古神话传说和寓言故事，而后有东晋干宝的《搜神记》等志怪小说。继之则有唐之传奇，宋之平话。六朝至唐宋"志怪小说"的转变，亮点在"作意"。鲁迅先生指出：这个转变"尤显者乃在是时则始有意为小说"。明人胡应麟则称为"作意""设幻"。⑤小说的虚拟和虚构意识自唐开始。小说的虚构，前后有别，之前神话、寓言并未有"有意"的虚构，若有，只是肤浅的传说而已。如（南朝宋）刘敬升的《异苑》称汉高祖斩蛇，剑穿屋而飞，其

---

① 苏轼：《东坡志林·途巷小儿听说三国语》青岛：青岛出版社，2002年，第16页。
② 张菊玲编：《明清章回小说研究资料》，中央民族学院科研处，1980年，第5页，。
③ （元）施耐庵撰，罗贯中编：《水浒传》100回，《李卓吾先生评忠义水浒传》卷3，容与堂刻本，第35页。
④ 何康主编：《红楼梦研究》，苏州：苏州大学出版社，2003年，第269页。
⑤ 鲁迅：《中国小说史略》，上海：上海古籍出版社，2014年，第58页。

言不经。梁武帝令殷芸编之于《小说》。所以，之后的唐宋传奇、评话，应该是明清古典小说的雏形阶段，其特点是"作意""设幻"，即精心虚构故事，设置虚拟环境。

虚拟和虚构手法的小说传播，是将作者的世界观、价值观注入故事场景与人物性格，以作者的"意"引导读者，进入我本人认为的"内源性"传播轨道。因为中国传统的思维模式是"心之官则思"，"作意"的"意"就是作者内心思维定向。所以，小说传传播有其激发读者内心的威力，是叙事式的报告、历史所不及也。《巴黎圣母院》、《三国演义》、《水浒传》、《红楼梦》之所以震撼人心，即此之故也。

如果说虚拟和虚构手法是小说传播的特点，那是就创作的主观性而言。但从受众的角度说，语境的变化会有怎样的影响呢？语境是指小说创作（虚拟和虚构故事情节）时，作者的外在环境，包括政治、文化、自然环境。如《水浒传》的水泊梁山（据学者考证，故事原来发生地在今苏北高邮的梁山，施耐庵把它移缀在今山东的梁山）的自然人文环境。①

有人说施耐庵用山东一带口语为基础写出来的。但施是江苏兴化人，祖籍苏州，舟人之子，生于兴化新垛镇。他怎么也说山东话呢？施耐庵避居高邮附近的兴化写《水浒传》，结识了许多农夫和盐民，他们生活中的许多故事，成了他创作的素材。古梁山在今山东济宁市梁山县，有济水贯境，山湖相映，两河纵横。因黄河水患，该地农夫四处流落，必有山东人流落到兴化、高邮，务农、晒盐为生，故该地有山东方言流传亦不为怪也。兴化、高邮及山东一带的风俗习惯、施的经历成了《水浒传》的语境资源。

问题是读《水浒传》的人，生活在天南海北，而且有的人代代相传，他们各有自己的语境，所以小说传播会受这种语境变迁的影响，这是一个需要注意的研究课题。就是说，小说传播因其流传时间、地区差异而产生的多语境，并由此出现的故事情节异化问题。但是，总的说，《三国演义》《水浒传》《红楼梦》等故事在不同时间、地区的传播中存在情节的异化问题不严重，言流靡而不乱，究其原因，是因为中国的国情——汉语、汉族、汉字居主流地位，所有发生的故事，在读者那里都会"冰释于心泉"，这就是民族性。因此，中国古典小说特点之一是它的强烈民族性。

---

① 刘德岑：《从大野泽到梁山泊》，《西南师范大学学报》（哲社版）1990年2期。大野泽市黄河支流济水、濮水等汇流成的湖泊，六朝以来，逐渐干涸。东晋开始记载称钜野泽。梁山位于东平、寿张、郓城三县交界处，五代时才有梁山泊，北宋时黄河决口，河水经梁山泊由徐州入淮水，此时的梁山泊已是浩淼无济了。金人陷淮北，梁山泊已淤成田畴平原。

最后是小说的浸润式传播——潜移默化作用。以《三国演义》为例，它宣扬的治国安邦抱负；"举大事者必以人为本"（刘备语）的民本思想；"忠孝为立身之本"（诸葛亮语）的忠孝仁义观，以及"桃园结义"（乱世的契约精神），"汉贼不两立""守义不辱"等等民族气节观念，通过"诸葛亮舌战群儒"等章回的描写，传播民间，深入人心，影响至今。

四、中国的古典小说的域外传播

古典小说传播还有一个例外场景，就是域外传播。宋元以后，随着华人进入海上丝绸之路，中国的古典小说也流传到东南亚各国后又传入欧洲。16 世纪荷兰人来到东方，在爪哇落脚，一个商人在万丹从中国商人那里买到《水浒传》，这可能是中国古典小说西传的一例。但是真正传播中国的古典小说的使者则使西方传教士。1815 年法国法兰西学院教授雷慕沙翻译了《玉娇梨》（清代小说，描写才子苏友白与宦家小姐白红玉（又名无娇）和卢梦梨的爱情故事），他的学生儒莲译出《雷峰塔传奇》等小说，编辑了《中国短篇小说集》（1860 年）。巴黎亚洲学会的巴维的中国小说集，编入了《西游记》《三国志演义》。[①]

英国香港总督德庇时爵士，有多种中国小说译著，他还"为了使西方读者更好地理解中国小说，他以较多篇幅讲述了汉语的特点，并从宗教、社会、伦理道德等方面介绍有关的文化现象。"并指出，翻译中国古典小说，"寻求的是信息"，[②]这就为中西文明交流开辟了一个新的窗口。

---

① 周发祥:《中国古典小说西传述略》,《国际汉学》第四辑, 郑州: 大象出版社, 1999 年。
② 同上。

华夏传播学术史钩沉

朱立：在海外教"中国传"四十年

——家国故事、地缘政治以及思想碰得吱吱叫的课堂

Leonard L. CHU: Teaching "China Communication" overseas for forty years – Family-Country Story, geopolitics, and classrooms with ideas cracked

王 彦*

Wang Yan

摘　要： 台湾政治大学传播学院名誉教授朱立著作等身，其新闻传播研究及教育思想深刻影响了大中华地区的几代学人。他生于一个与中国近代史共命运的典型中国家庭，辗转香港、澳大利亚、台湾等地任教逾四十年，在比较媒介制度、国际传播、尤其是中国大陆传媒领域多有专精。朱立授课长于史观和社会学叙事，将不同时空的传媒契入不同政经结构的社会脉络中，激发学生将课堂共建成"思想碰得吱吱叫的地方"，并鼓励学生将理论活学活用到当下、本土以及跨学科视野中。

Abstract: This exchange rounds up decades of reflections on teaching and researching "Mainland China Media"by Leonard L. Chu, an emeritus professor and

---

　　* 王彦（1981—），浙江省温州龙港人，现任浙江工业大学人文学院副教授、台湾政治大学传播学院博士候选人、浙江省舆情研究中心特约研究员，主要从事传播思想史、政治传播、新闻教育研究。

　　基金项目：浙江省哲学社会科学规划"之江青年课题"项目（19ZJQN11YB）；浙江省社会科学联合会重点研究项目（编号：2013Z19）。

　　* 本文缘起于2012年秋，朱立应邀访问杭州，与任职于浙江工业大学的作者相识。2016年春，朱立客座台北，在台湾政治大学上"两岸三地传媒"课，与修习该课的作者重逢。同年六月，朱立参加台湾中华传播学会（Chinese Communication Society, CCS）年会并召集主持"在大学开'中国大陆传媒'课"专题座谈，会后接受作者访问。访问稿按移步大陆看香港、换景香港看大陆的思路，成文两篇，发表于沪港两地，分别是《香港新闻传播学界的成名与想象（1927-2006）》、《中国大陆传播的教学与研究》。后者经《传播与社会学刊》（香港）授权转载，原繁体版易名转换成此简体版，以飨本刊读者。

veteran educator of journalism and communication at National Chengchi University in Taiwan. Chu comes from a family epitomizing many in contemporary China. Known for his grasp in comparative media systems, international communication and Mainland China media, Chu has been teaching in Hong Kong, Australian and Taiwan universities for about forty years. His numerous publications on Chinese media and journalism education have influenced many a young communication scholar in the Pan-Chinese region. In 2012, contributions in the area won Chu the fourth "Master Hsing Yun Journalism and Communication Education Awards."

At the 2016 Chinese Communication Society's annual convention Chu organized a panel on teaching Mainland China Media in Overseas Universities. At the panel, he ruled out any all-applicable model for course organizers although he himself adopts a socio-historical approach. Quoting communication doyen Wilbur Schramm and pioneer psychologist Lewin Kurt, Chu is convinced of the practicality of theories, he encourages his students to try using theories to organize the myriads of information on China's media scattered in various academic disciplines.

关键词： 朱立；中国大陆传媒；传播研究；新闻传播教育

Keywords: Leonard L. CHU; Mainland China Media; Communication Research; Journalism and Communication Education

朱立简介： 朱立教授，台湾师范大学英语系学士、政治大学新闻学硕士、美国南伊利诺大学新闻学硕士及博士，先后任教于香港中文大学（1975—1991）、澳洲昆士兰大学（1991—1994）、香港浸会大学（1995—2006）及台湾政治大学（2006—2013），曾任系主任与院长达十三年，2013 年春退休后受聘为台湾政治大学传播学院名誉教授。

朱立曾任国际中华传播学会第二任会长（1994—1996），香港新闻评议会执行委员、副主席（2001—2006），以及多种中英文期刊的编辑顾问或专辑客座主编，所获荣誉包括美国大学新闻与大众传播荣誉学会会员（1982—）、英国剑桥大学沃福森学院访问院士（Fellow）（Easter，2004）、台湾地区"星云真善美新闻教育贡献奖"（2012）、香港浸会大学传理学院五十周年院庆"新闻传播教育终身成就奖"（2018）、国际中华传播学会（Chinese Communication Association，CCA）终身成就奖（2020）、澳洲昆士兰大学新闻系荣誉教授等。朱立的研究专长和授课领域涵盖传播理论、比较传媒制度、国际传播、以及中共新闻传播制度，著、编、译十多部专书和六十余篇论文。

朱立语录："中国大陆是个快速变迁的社会，传播是变迁的指标，也是变迁的触媒，重要、有趣、复杂，对于整个传播研究很有意义和价值，何况还可帮助我们了解中国大陆和自己的社会。因此，我觉得非常值得研究。"

"放之四海而皆准的理想教学模式是不应该存在的。我教海峡两岸暨香港传媒，是从社会学入手，因为传媒和社会不可分，两者相互影响。此外，我不会采取本位立场，只提出框架，让同学自己比较，而获致结论。换言之，这门课不是灌输，而是启发思考和兴趣，因为海峡两岸暨香港的传媒是庞杂的、动态的，无论如何都教不完、学不完，只有兴趣和思考才能保证永续学习。"

"我的课主要是从意识形态、结构和运作三方面去比较海峡两岸暨香港传媒的常与变，这种想法很有挑战性，非常有趣，也比记忆细节有意义。此外，我还鼓励同学留意通俗文化，通俗文化比新闻影响还大，不应该忽略。"

对谈实录：
LC：朱立
YW：王彦

"我的家族史浓缩了中国近代史"

YW：朱老师，您好。谢谢您接受访问！我还记得第一次见到您是在 2012 年十月的杭州，您在浙江工业大学的专场讲座上，那时我还是新教员。

LC：记得我当时的讲题是《怎么对待大师？》，讲宣伟伯教授（Wilbur Schramm，又译"威尔伯·施拉姆"）的经历和逸闻，宣伟伯是美国大众传播学门的开山大师，是我 20 世纪 70 年代中后期结识和熟知的，那时我在美国夏威夷东西方中心传播研究所以及香港中文大学新闻传播学系从事研究和教学工作。对吧？

YW：没错。您那次也提到恩师朱谦教授和其他西方学者。在 20 世纪 70 年代的欧美传播学界，华人留学不如今日普遍，华人师生也不像今天这样多吧？

LC：是的，在当时，攻读新闻传播的华人学生很少，但和华人及美国教授关系非常融洽。朱谦教授是宣伟伯教授在斯坦福大学的得意门生，是我在南伊利诺大学求学时的老师，也是我在东西方研究中心传播研究所任"研究见习"（Research Intern）时的导师。大众传播学的理论不少源于社会学或和其有密切关联，但许多院系这方面的课程似乎欠缺，在我所接触的学者中，唯一开过这类课的是朱谦教授，对我认识传播的过程和概念非常有帮助。朱谦教授介绍我们学习 Talcott Parsons、George Herbert Mead、George C. Homans、Robert K. Merton、Charles C. Cooley、Robert E. Park 等社会学大师的理论，启发我认识社会学与传播学的重要关联。我最早的副修是国际关系，因为我想当新闻特派员，后来则转向副修社会学，这全系朱老师的影响。他对我的学术启迪很多，还先后推介我到夏威夷东西方中心传播研究所及香港中文大学新闻与传播学系工作。在东西方中心，除宣伟伯教授外，我还认识了冷纳（Daniel Lerner）、罗杰斯（Everett Rogers）、柴菲（Steven Chaffee）等优秀学者，他们不仅研究成果杰出，对学术社群的服务和贡献也良多。

YW：您生于大陆，成长于台湾，深造于美国，立业于香港，出走于澳洲，回归于香港和台湾，如今又定居澳洲。这一路走来堪称中国近现代史的缩影？

LC：我生于战乱，长于忧患，我们家的经历可说是中国近代史的缩影。爸爸曾是湖北宜昌雾渡河小学的校长，因对日抗战而投笔从戎，于1950年随国军去台湾。不久，六岁的我与家人漂洋过海，中途栖身香港九龙黄大仙难民区，最终与父在台团聚，却与羁留大陆的姑姑、叔叔天各一方半世纪。姑姑十几岁就离开家，参加抗敌宣传，后来成为北京戏剧学校的老师。对日抗战时，我叔叔供职于滇缅公路运输大队，在"三反""五反"时自杀身亡。叔叔的孩子，我的堂弟后来干上长途运输，但因为早早失去爸爸的庇佑，缺少良好的教育，可说出口成"脏"。他们的命运都烙有深刻的时代悲剧感，而我自动"下放"布里斯本市昆士兰大学，也和动荡的时局有关。

YW：这些年，移步于北美、澳洲、香港、台湾等地，远远近近、里里外外、东西交融地换着观看中国大陆，您看到了什么？形成怎样的"中国大陆观"？

LC：海峡两岸暨香港或大中华都是"想象共同体"（Anderson，2006），六岁多时我离开大陆，在台湾成长，一直到读完研究院才赴美留学，共住了近二十年，在香港居住、工作则近三十一年，对海峡两岸暨香港有着深厚的感情，三地的治乱、进退都能牵动我的心弦。我非常庆幸，能利用香江的特殊位置，为两岸的新闻传播学术界做了点桥梁的工作。

文化上的不同，刺激了实践和思考，也促成学理发挥。在各校任教，我差不多都教传媒理论、比较传媒制度、国际传播、中国大陆传媒发展等课。与各地及大陆的同行交往，对我的教学和研究启发很大，但我发现不少华人传播学者似乎有些焦虑，希望能尽速迎头赶上先进国家传播研究的水平，在全球学术论坛争取话语权。而大陆同行的焦虑又似乎远远浓于台湾与香港的学者，我想这和大陆的传播研究起步较晚，又受到政治和意识形态的干扰有关。相比之下，台湾和香港的学术没受到什么干扰，发展较为平顺，与外界接触频繁而多元，自信也就稍强、焦虑较少。学术发展有其自然"规律"，急只会揠苗助长、欲速不达，尊重科学求真的原则、少说多做与埋头苦干才是务实之道。

"我在传播研究中发现中国大陆"

YW：能谈谈您的研究是如何起步的吗？

LC：夏威夷东西方研究中心传播研究所是我独立研究的起点，*Planned Birth Campaigns in China: 1949-1976*（《中国计划生育运动：1949-1976》）就是在那里完成的。

YW：为何选择从 1949 到 1976 年这个时间段？研究发现了一个怎样的中国大陆？

YC：当时的西方学界很重视人口问题，早在 1959 年，传播学者贝勒森（Bernard Berelson）认为传播研究没前途，转向了人口研究。1968 年，他在台北出席人口学的会议，我邀他到政治大学谈谈他舍传播而研究人口的心路历程，他婉拒了。我 1974 年在东西方中心时，尚无大陆人口计划生育宣传的专门研究，我的这本书主要探讨中共自 1949 年建政以来的人口政策和计划生育宣传。至于 1976 年的选择，很简单，就是因为我完成修改的那一年就是 1976 年。书是 1977 年出版的，我写到 1976 年已是极限，之后就翻天覆地变了，这年截止是必要，也是巧合。研究发现，中国大陆的计划生育宣传是单向的、控制的，技术性和执行性很强，不是自上而下的说服传播，更不是自下而上的参与性传播。

YW：这本书改写自您的学位论文吗？

LC：不是，我在台湾政治大学新闻所的硕士论文是《美国联邦通信委员会之研究》，介绍该委员会的组织和职责，后来由"教育部文化局"出版。我在美国南伊大硕士论文用复回归分析中国学生的自我形象和美国形象，博士论文用结构功能分析研究大陆的农业创新传播。

YW：您的博士论文 "Words into Plowshares：Communication of Agricultural Innovations in China"（化语为犁：中国的农业创新传播）已经完成三十年了，这题目今天看来依然"性感"。话语怎么会"化"成犁？

LC："Beating Sword into Plowshare"（铸剑为犁）是苏联送给联合国成立时的雕塑艺术，安放在联合国纽约总部院子里，这句话有点像"化干戈为玉帛"的成语，我灵机一动，去掉首字母"S"，变成"Words into Plowshares"（化语为犁）。化"语"为"犁"，隐喻中共宣传模式之下，以语言来形塑国家动员的"大跃进"、"农业学大寨"等农业创新传播现象。我通过对《人民日报》的研究揭示，"典型报道"其实是假典型，"批评与自我批评"其实是"批判与自我批判"，也是假的，"调查研究"则是为合理化典型或为批判服务。换言之，农业创新传播只能跟着既定的政策走，无法改正错误，这是令人痛心的发现，也不同于当时美国一些人口学家的看法。

YW：您在美国求学期间所做的研究，无论是人口宣传、留学生形象还是农业创新传播均与中国大陆息息相关，对中国大陆传播现象特别感兴趣，这是为什么？

LC：当然是因为中国大陆传播现象对于整个传播研究很有意义和价值，何况中国大陆本身既重要、又有趣，而且够复杂。20 世纪 70 年代中，我初来乍到香港中文大学，正逢大陆刚刚从"文化大革命"的疯狂中苏醒过来，政治、经济、教育、文化等无不百废待举。在邓小平改革开放的政策下，中国开始"半信半疑""半推半就"地向外看，也向内引。由于地缘与文化的接近，香港近百年来都是西方观看中国的窗口，此时更自然而然地再次成为中国向外看的第一扇门窗。因了地利之便，我主编的 The Asian Messenger（《传播季报》）报道大陆传媒动向，因此颇受读者青睐。我个人也加深了对处在巨变中的多难中国的认识，兴趣至今近四十年未休。

YW：我还发现，无论是人口宣传、留学生形象还是农业创新传播，均为效果研究。

LC：没错，我在 20 世纪 60 年代末和 70 年代求学的时候，"效果"几乎主导了大众传播的研究，无论是暴力、色情、政治、商业、内容的影响等等，又往往只将"效果"狭窄地界定为行为或态度的改变，这当然是不足够的。现在，教学、研究的范畴广多了，从微观的个人行为到中观的组织结构到宏观的意识形态等等都成了研究的对象。但整体而言，主流的研究仍是效果，虽然定义在变，也比较多元，但工具性的思考和微观的个体研究似乎仍然主导了美国的新闻传播教研，欧洲的情况则要好些。

近二十年来，新闻传播教研内容最大的变动应是理论和方法的内涵愈来愈多元，也愈成熟、充实。在 20 世纪 70 年代初，传播研究才开始茁壮，当时南伊利诺大学的课程以"新闻"为主导，理论课较薄弱，有些同学舍新闻传播改攻政治学。在图书馆里，在书店里，新闻、传播理论的书籍少之又少，这在 80 年代后逐渐起了变化，心理学、政治学和历史学外，社会学、语言学、文化研究等都先后用来分析研究新闻传播现象，书多了，学术刊物也多了，多到根本看不完，跟不上。我认为研究效果没问题，但不可简单、狭窄地界定效果。

尽管相关学术成果多如牛毛，但其中海峡两岸暨香港比较的研究仍然很少，坦白说，我如果不在大陆出生、台湾长大、香港工作，我也不可能研究海峡两岸暨香港的传媒和互动。我在海峡两岸暨香港以及澳洲移动的经历，开阔了我的视野，使我关心台湾，又关心大陆，又关心香港，又关心澳洲，这四个地方我都关心。

YW：您如何指导学生做中国大陆传播研究？

LC：在香港、澳洲或台湾，指导硕博士学生做研究，不论是外籍生还是本地生，我都不会替他们选题，更不会替他们决定资料搜集或研究的方法，因为学生要养成自己思考、决定的习惯，这样他们的进展可能较慢，但学到的东西会更扎实、更多、更久。一般而言，他们所研究的课题往往和我前面所说的相近，只要能回答所提出的问题，量化或质化的方法和分析，或两者并用，都是好的研究方法。换言之，网络是双面刃的，它既能突破官方的新闻封锁，也能为官方所用，成为监控社会和舆情的耳目。

不论研究什么，我都提醒自己，也提醒同学，要忠于事实，要独立思考，绝不可随波逐流。不少海外研究"文革"时期传播的论著错得离谱，都和紧跟主流或当权者、先有结论答案、再找证据有关。倒是那些当年饱受批评的研究观察正确，没出什么错，因为他们的结论由资料归纳而来，不是找资料印证假设。

"不应该存在理想教学模式"

YW：前面您提到，朱谦教授启发您认识到社会学对传播学研究的重要。这种启蒙式的影响是否也已渗透进您的教学中？

LC：当然。我这学期在政大教"两岸三地传媒"课，就是从历史和社会学着手，教学生要避开"媒介中心主义"，引导学生"以社会看媒介"、而非"在媒介看媒介"。因为今天的传媒必定从昔日的传媒演化而来，知道过去有助于认识现在，面向未来。传媒和社会是互动的，两者交互影响，不可能，也不应该分开来了解。我提出了一个宏观的比较框架，由传媒的意识形态、结构和运作等方面来比较海峡两岸暨香港传媒的常与变，用英文说就是了解海峡两岸暨香港传媒的 continuity and change 或 constants and variables。我认为掌握这些重点远比记忆细节重要，因为讯息的细节经常在变，网上和图书馆里的数据可说比比皆是，取得容易，同学们可以自行阅读，用不着我于课堂重复。

目前看，海峡两岸暨香港传媒有很大的不同，但在清末和民初，甚至在香港和台湾成为英国与日本殖民地之后很长一段时间，海峡两岸暨香港传媒和受众都只关心中国这个"想象共同体"，对英国与日本殖民地的关心反而变得次要、消极。不论多穷、多乱、多落后或多独裁，这个中国都是海峡两岸暨香港人民，尤其是精英们，和传媒的共同关注对象。当然，在英国殖民地的香港和日本殖民地的台湾，这种想象是受压制的，是暗多于明的。海峡两岸暨香港形成三种不同的政经体系和想象，则是在 1949 年中华人民共和国成立之后出现的。在"文化大革命"结束前，海峡两岸暨香港传媒谩骂多过交往，互疑多过互信。1980 年左右，大陆实施改革开放政策，海峡两岸暨香港各自为政，甚至相互为敌的情况才逐渐改变。我认为这段历史很重要，而且延伸至今尚未停止，传媒也深受其影响，不应该不谈。

我教"两岸三地暨香港传媒"，还强调要避免本位主义，批判海峡两岸暨香港也就是自我批判。批判会令我们不舒服，但不舒服却可令我们反思、改革，并且迈步向前。当然，每个人都有不一样的主观、背景，我也不例外，但我不保留，告诉同学我的过去和现在以及对未来的想象，我不可能完全正确，但是我必定坦诚。我想，这也很重要。

美国芝加哥学派的农村社会学家 Robert E. Park 研究 20 世纪 30 年代美国的一城一报，认为报纸是 talk of the town，为市民提供话题。美国和澳洲都是大国，但人民有共同的话题，所喜恶的人、事相近，因此，疆域虽广，人口多元，但还是一国。欧洲则不然，面积可能和美、澳相去无几，但话题则以国家、语言划分。海峡两岸暨香港的未来，也取决于能否建立共同的话题，这和通俗文化和传媒所扮演的角色是分不开的。但话题的形成应该是自然的，任何权力的操控只会揠苗助长，产生反效果。因此，我要求同学们从宏观的思维去比较海峡两岸暨香港的传媒，看新闻，看沟通，看核心思想，看结构，看运作，也看变与不变、变得快或是慢。这些辩证思维，对我来说是非常大的挑战，也非常有趣。我也鼓励同学参与、交流，介绍海峡两岸暨香港的新闻传媒内容和通俗文化。新闻可以帮助我们了解一个地方上层社会的活动和看法，但通俗文化或娱乐则反映的是民间的生活和想法；在我看来，通俗文化的影响比新闻还深、还大，我们实在不应忽略。

另外，可能你在政治大学修习我的"两岸三地传媒"课时，也已经注意到，我几乎每次上课都会一口气讲三小时故事，边讲边掉书袋、开书单，徐徐展开不同地区的政治、经济、历史背景，试图再现出不同时空的传媒如何契合进不同政经结构的社会脉络中。

YW：作为课上学生，我很认同您这种史观和社会学取径的课程理念，也很享受您有厚度、有气度、有温度的家国故事讲述。您为什么要采取叙事授课法？

LC：我采取叙事授课法，是因为课程的厚度和长度，会因知识的容量以及教师的学养和阅历而变。我讲故事，抖笑话，满足自己的倾诉欲，也可以有效防止你们打瞌睡。

在所有叙事中，我特别注重"社会学"和"史"的叙事，也经常给你们推荐各种有关海峡两岸暨香港的"non-fiction"（非虚构故事）书目。我重视"社会"，因为人在变，社会在变，传播方式在变，传播理论也必须要跟着变。"变"是"不变"的真理。人和社会永远需要传播，其中有更多奥妙等待我们去探索，传播这门学科的迷人之处在于此，采用社会学取径也和此有关。我重视"历史"，是因为我觉得学术的标准界定整体上更严谨了，但或多或少忽略了"史"观的培养和陶冶，这可从"历史"在传播院系课程和研究中所占的分量日趋势萎看出来。少了历史的角度，新闻传播的教学和研究质量都有不足，我们的思想、研究和认知便可能欠缺深度。

在上课时，我特别注重经过多番分析、论证后萃取得到的好的传播理论。有些老师喜欢一上课就讲理论，我却相反，我把理论放在最后讲，因为我相信了解内涵有助于了解理论，而且我怕一上来就讲理论，会吓跑学生，也会吓到我自己。我最后讲的理论也很简单，就是"地缘政治"影响下的传媒。香港过去被英国殖民统治如今回归中国。从地缘政治的角度出发，英国太远啦，香港人关心女皇吗？当然不关心，山高皇帝远。可是现在，内地这么近，制度又和香港不同，就容易有摩擦，有矛盾。英国过去也曾想给香港民主，但是中国不答应。所以，地缘政治的观点就是，越近，影响越大；制度越不同，影响越大。

宣伟伯说大学应该是"where ideas crack"（思想碰得吱吱叫的地方）。勒温（Kurt Lewin）说"Nothing is more practical than a good theory"（好理论最实用），如果你们上了我的"两岸三地传媒"课，会被地缘政治理论"碰得吱吱叫"，能让古今中外其他相关的经典和理论"碰得吱吱叫"，能活学活用地将理论联系到当下和本土，进而体会到"好理论最实用"，我会开心地笑出来。

YW：这门"两岸三地传媒"课是您之前所教"中国大陆传媒"的升级版吗？

LC：可以这么说，因为海外兴起教中国传媒，和中国的改革开放分不开，海峡两岸暨香港的交往也和对外开放分不开。中国不再像"文化大革命"时期闭关自守，而且在过去十年已成为世界政治、经济体系的一个重要部分，和海峡两岸暨香港及国际的交往也逐年增加、扩大，海外有需要多了解中国，海峡两岸暨香港也需要互相了解，而传媒只是了解快速变迁中的一个面相罢了。

我在香港和台湾都教与"中国大陆传媒"内容相近的课，选修学生则从四、五人到数十人不等。1978 年，香港中文大学新闻传播学系就开了"中国大陆传媒"的课程。当时第一届的四名硕士生非选不可，但后来修课人数则多达二三十人。早期"中国大陆传媒"开课的艰难之处在于没有材料，因为当时都是"文革"遗留下来的那些东西，而且大陆管控非常紧。这时期的课名叫"Communication Patterns in Chinese Societies"（中国社会的传播模式），这课名有点"挂羊头卖狗肉"，因为没有材料，中文材料更少得可怕，为了找备课材料，当时我经常光顾香港的"左派"书局，我的美籍助理 Sheri Tillman 就警告我说，"Leonard，你就不想回台湾，不想去美国了吗？中央情报局就在书店对面拍你哦！"其实，她说的现象是 20 世纪 60 年代香港发生"文革式暴动"时的情形，我 1975 年加入中文大学时，香港和大陆都开始在变。到了 80 年代，我发现"左派"书局里的大陆出版品，不管是数量还是种类都慢慢多起来了。

在台湾政治大学的国际传播英语硕士学程，我还教"International Images and Global Communication"（国际形象与国际沟通）等课，里面也经常讲到 China。我的看法也不是美国骂中国或中国骂美国那么简单，而是探讨现象背后的历史和社会因素。大陆有本书叫《妖魔化中国的背后》，我 1997 年在美国马里兰大学参加研讨会，我演讲的题目是《〈妖魔化中国的背后〉的背后》，讲述在美国的中国形象背后的道理。我认为，一方面，丑是互认的镜像，中国觉得美国丑，美国一定也觉得中国丑，反感是相互的。另一方面，审美观感往往伴随着利害关系或利益冲突，譬如西欧对中国印象就不是太正面，但是非洲和中、南美洲跟中国关系就不错，因为中国有经济为后盾，有可能逐渐取代令他们不喜欢的美国。

我在澳洲开"Comparative Media Systems"（比较媒介制度）课，中国是其中一个大单元。选修人数最多达两百多人，好多来自外系。我不点名，也不可能点名。绝对有人逃课，绝对有人打瞌睡，我用笑话来吸引他们。在政大，有个学期的第一堂课，三十多位研究生"挤挤"一室，连座位都不够，我问学生为何来，他们回答"We are your fans"（我们是您的粉丝）。第二堂课一看，"粉丝"几乎走了三分之二，从此我就再也不敢问"同学们你们为什么来"这个问题了。一般第一堂课，尤其是人多的第一堂课，我都会凶一点。人少的话，则会多笑一点。

YW：您在 2016 年度中华传播学会（Chinese Communication Society，CCS）年会召集和主持"在大学开'中国大陆传媒'课"专题座谈，与同行切磋教学心得，是否达成教学范式上的共识？

LC：通过这次有意义的专题座谈，我知道个别同行是从政治切入教中国传媒，讨论新闻自由之有无及演进。我是从社会学及历史取径、引导学生观察大陆、香港、台湾的新闻和传媒，我在政大教"两岸三地传媒"，会启发学生理解"Taiwan's KMT and China's CCP differ in degree, not in kind"（台湾国民党和共产党的区别仅在于程度不同，而非类别不同），而现在则是"Taiwan's KMT and China's CCP differ in kind."（国民党和共产党的差异在于类别不同），这表示台湾有了根本的变化。在昆士兰大学教"比较媒介制度"，我的课只能讲两个礼拜的中国传媒，因为我还得讲其他各国。

人文和社会的教学本就是多元的，不应该只有单一的教学范式，中国传媒的教学也一样。各地的需求不同，每家大学的定位不同，学生的背景不同，任课教师的专长和经历未必相似，教学内容相异，教法多元，可说再自然不过。海峡两岸暨香港的传媒不但庞杂，而且多变，无论师生多么卖力，永远都教不完、学不完，掌握重点和激发兴趣与思考非常重要，而这也是我设计课程时的首要考虑。

"我讲授地缘政治，也享受有缘人生"

YW：您教过香港学生，教过澳洲学生，教过台湾学生，也教过海峡两岸暨香港的国际学生。您如何克服学生之间的文化差异？如何因材施教？

LC：我觉得因材施教最重要莫过于尊重差异，但也发掘不同学生的共性。首先，你得尊重学生，他们来自五湖四海，肤色、种族、宗教、信仰、政治各不相同，你不知道自己无意间说的哪句话会触犯哪条禁忌，伤害哪种政治或文化背景之下的学生。因此，无论在哪儿，我尽量只说有把握的反话，绝不说带种族或文化意涵的玩笑话，最大限度地避免误会和过度解读。

我教过最认真的学生是位德国人，她永远准时，从不迟到，作业写得整整齐齐，期末报告厚厚一叠，非常扎实。人家就是"当回事"，人家做什么事都那么专业，让你没法不给她最高分！

我也教过不怎样的学生，刚开学时的这位学生的作业里错别字和语法错误一堆，期末报告却完美得惊人。这不正常！我打开计算机，输入关键词检索，发现检索结果的当头第一篇就跟他的完全雷同。我给他的评语是"You plagiarized even the punctuations"（你连标点符号都是抄袭的），毫不犹豫地给了他"鸭蛋"、"当"了他（注："当"是台湾的俚语，音同"当铺"的"当"，不及格之意），因为我认为写得不好是学习过程可能会出现的现象，可以理解，但抄袭则绝不可原谅。

我接触过的大陆学生大都很聪明，基础知识很扎实，但也较封闭。好在大陆学生知道自己来自较封闭的体系，他们反而对外界的看法充满探索的好奇心。大陆胜在人口众多，只要更开放、自由，只要有 5% 的年轻人是优秀的，发展前途就不可限量。因为，仅仅这 5% 的绝对数，就已经超过台湾和香港的人口总和了。

我整体上有个感觉，外籍生对中国传媒的兴趣远比香港或台湾的学生为大，而台湾同学的兴趣最小。这种观察在我的台湾教学经验中得到印证。在台湾政治大学给国传硕士生和亚太博士生上"Mainland China Communication Studies"、"International Images and Global Communication"等全英文课程，我发现国际学生比台湾本地学生更好奇去比较海峡两岸暨香港的异同。澳洲人是比较有国际观的，相比之下，台湾不太有国际观。台湾连"台湾观"都没有，大概只有"台北观"，也可能有"凤梨酥观"。

在一个全球化和中国崛起的时代，太过"内视"绝非好现象。如果说大陆是"封闭型的封闭"，台湾和香港则是"开放型的封闭"。海峡两岸暨香港互不理解，甚至互相歧视，这很不幸，很庸俗，很糟糕，因为了解是最起码的生存策略和沟通前提。皇家墨尔本理工大学的黄成炬教授在中华传播学会 2016 年会的与谈中所说，我们不可以不理解我们的邻居，不可以不理解这个世界。不理解他们，怎么与他们交往？

学生的文化和知识背景不同，学习能力有异，我都可理解、包容，但抄袭绝不容忍，我要同学尊重事实和独立思考则是一致的。

YW：您说这应该是您人生中最后一堂课了，我和同学们很不舍。我们完全记不清在课堂上因您的幽默一起笑过多少次？因您的深刻一起沉思过多少次？因您的博学一起延伸出多少待读书单？这些问题，恐怕只有我们教室所在的新闻馆三楼的墙能回答——如果墙能说话的话。

LC：相聚是缘分。我讲授地缘政治，也享受有缘人生。人生百岁，不过一个"缘"字。对我而言，三种"缘"份影响了我。一是"时缘"，是我生长的兵荒马乱年代。二是"地缘"，是我们全家在战乱的"时缘"倒逼之下，经历了"八万里路云和月"的颠沛流离，之后抵达的香港、台湾、美国、澳洲等地，这些"地缘"定位了我体验人生的特定纬度。三是"学缘"，是我遇到的学人和学养赋予我看世界的独特方式。

老师与学生在时空中的某一点相遇，在课堂上相遇，是"学缘"之一种。我还有个重要的"学缘"和"两岸三地传媒"这门课的直接关联并不强，我就未曾在课堂上提及，那就是启蒙我治学之道的"三加一"本书。它们教会我从社会理解传播以及以传播发展国家，对我影响至深。它们分别是 *The Passing of Traditional Society: Modernizing the Middle East*（《传统社会的消逝：中东的现代化》）（Lerner，1958）、*Mass Media and National Development*（《大众传播与国家发展》）（Schramm，1965）及 *Communication of Innovations: A Cross-Cultural Approach*（《创新传散：一种跨文化的方法》）（Rogers，1971）。"加一"指 *Achieving Society*（《成就社会》）（McClelland, 1967）这本书，我说"加一"，因为提到这本书的人较少。如果我当年没有读到这"三加一"，没有遇到宣伟伯教授和朱谦教授，没有耳濡目染过社会学和历史学思考取径，而只是遇到我的硕士论文和博士论文指导教授、擅长量化方法研究政治传播的艾尔文（L. Erwin Atwood）教授，那么，也许今天的我会把这门"两岸三地传媒"课上成完全不同的模样，更不可能宏观地审视、理解变动不止的现象。

感谢你们，耐心听我在课上"胡言乱语"。我说话虽幽默，但语重心长。中国的分裂，帝国主义者最开心，渔翁得利也，但我希望中国能统一在一个尊重人权的开明政府之下。目前不易做到，但一步步稳步向前则是必要的。当下，维持现状，各自埋头苦干，则必有这一天。

YW：有生之年在您的课里相遇，拥有共同理想，确实是流星一样珍贵的缘分。朱老师，再次谢谢您接受我的访问。祝您健康！

LC：我可能得食言，会继续再有"最后一课"。事实上，我早已不止一次食言，每次都以为自己"不会再上"，结果却总是"再上一次"。这是因为我挡不住教学的魅力，教学的乐趣令我欲罢不能。无论如何，谢谢你访问我，也祝你健康，进步。

对谈中提及的著作：

Anderson, B. (2006). *Imagined communities: Reflections on the origin and spread of nationalism*. London: Verso Books.

Chu, L. L. (1977). *Planned birth campaigns in China: 1949 - 1976*. Honolulu: East-West Center Communication Institute.

Chu, L. L. (1985). *Words into plowshares: Communication of agricultural innovations in communist China*. Unpublished doctoral dissertation, Carbondale, Il.: Southern Illinois University.

Lerner, D. (1958). *The passing of traditional society: Modernizing the Middle East*. Glencoe, New York: Free Press.

McClelland, D. C. (1967). *Achieving Society*. New York: Simon and Schuster.

Rogers, E. M., & Shoemaker, F. F. (1971). *Communication of innovations; A cross-cultural approach*. Glencoe, New York: Free Press.

Schramm, W. (1965). Mass Media and National Development: The Role of Information in the Developing Countries. Stanford, California: Stanford University.

对谈中提及的著作：
朱立著作选
朱立：《中国新闻媒体的常与变》，《台大新闻论坛》2008 年第 7 期。
陈家乐、朱立：《无主之城——香港电影中的九七回顾与港人认同》。香港：天地图书有限公司，2008 年。

Chu, L. L. (1997). The political economy of telecommunications in China. In Lee, S. N. Paul (Ed.), *Telecommunications and Development in China* (pp. 89-110). Cresskill, New Jersey: Hampton Press.

Chu, L. L., & Lee, S. N. Paul. (1995). Political Communication in Hong Kong: Transition, adaptation, survival. *Asian Journal of Communication, 5*(2), 1-17.

Lee, S. N. Paul, & Chu, L. L. (1995). Hong Kong Media System in Transition: A

Socio-Cultural Analysis. *Asian Journal of Communication, 5*(2), 90-107.

Chu, L. L. (1994). Continuity and Change in China's Media Reform. *Journal of Communication, 44*(3), 4-21.

朱立、陈韬文编：《传播与社会发展》，香港：香港中文大学新闻与传播学系出版，1992 年。

Chu, L. L. (1986). Revolution Becomes Evolution: China's Communication across 30 Years. *Media Development, 1*, 8-12. (UK)

Chu, L. L. (1985). An Organizational Perspective on International News Flow: Some Generalizations, Hypotheses and Questions for Research. *Gazette, 35*(3), 3-18.

Chu, G. C. & Chu, L. L. (1981). Parties in Conflict: Letters to the Editor of the People's Daily. *Journal of Communication, 31*(4), 74-91.

Chu, L. L. (1978). Sabres and Swords for the Chinese Children: Revolutionary Children's Songs. In Chu, G. C. (Ed.), *Popular Media in China* (pp. 16-51). Honolulu: University Press of Hawaii.

厦门大学传播研究所发展简史（1993—2019）

A Brief Introduction of Research Institute for Communication Studies Xiamen University (1993—2019)

谢清果 *

Xie Qingguo

摘 要：传播学中国化研究四十年来，厦门大学传播研究所扮演着举足轻重的角色，成为建构华夏传播学的学术重镇。26 年来，研究所举办会议，出版论文集，组织课题，推出丛书，创办期刊，成立研究会，不断把研究推向深入。

Abstract: In the past 40 years, the Institute for Communication Studies Xiamen University has been playing an important role in the construction of communication in China. Over the past 26 years, the institute has held conferences, published collections of papers, organized research projects, published series of books, established periodicals, and established research seminars to further the research.

关键词：厦门大学传播研究所；历史；华夏传播学

Key words: Communication Research Institute of Xiamen University; History; Huaxia Communication

传播学引入台湾是 19 世纪 50 年代末，而 60 年代中才开始应用研究；传入香港则是 60 年代中，真正研究始于 70 年代，而大陆则始于 70 年代末，80 年代中才真正开始开展传播学研究，[①] 而且大多经历了一段以欧美为师的时期，并于 90 年

---

* 谢清果（1975— ），厦门大学新闻传播学院教授，博士生导师，《中华文化与传播研究》主编。研究方向：华夏传播学；中国传播思想史。

① 朱立：《传播研究"中国化"的方向》，臧国仁主编：《中文传播研究论述》，台北：台湾政治大学传播学院研究中心，1995 年，第 22 页。

代初共同联合大力推动"传播学中国化"进程。进入 21 世纪后的中国，传播学创新研究已成为学界共识，反思与批判施拉姆开创的美国经验传播学派，从而走上了传播学多元探索道路，同时加强了传播学主体意识，力争围绕中国现实与问题，探讨传播学服务于社会，服务于国家繁荣富强的伟大实践。尤其是"十八大"以来，在注意提升"文化自信"和增强中华文化软实力的新时代背景下，不忘本来，吸收外来，开创未来已成为创新发展包括传播学在内的哲学社会科学的基本思路，构建以"中华文化立场"为底色的人文社会科学已成为学界共识，缔造有中国特色、中国气派、中国风格的学科体系、学术体系与话语体系成为今后相当长时期中国学者的使命与担当。在此新形势下，以推动中华文化的传播学研究，建构传播学"中华学派"为目标的华夏传播研究越发引起学界的关注，越来越多进入到这个具有明显跨学科研究性质的古老而常新的领域。

厦门大学传播研究所在传播学中国化的伟大进程中发挥着中流砥柱的作用，26 年来，从未间断过。研究所的前辈黄星民教授在《堂堂溪水出前村：关于两岸三地合作"华夏传播研究项目"的回顾》、[①]《春雨断桥人不度，小舟撑出柳阴来：写在〈华夏传播研究丛书〉面世之际》、[②]《山围故国周遭在，潮打空城寂寞回？》[③]等文章回顾了研究所发展中的一些重要事件，留下了重要的史料。此外，现任传播所所长谢清果在《华夏传播学引论》《华夏文明与传播学本土化研究》《光荣与梦想：传播学中国化研究四十年》三部著作以及邵培仁、姚锦云的《华夏传播本土化三十年》一文也对其进行研究。此外，一些新闻传播学的论著中也偶有介绍，主要有《中国传播学三十年》《20 世纪中国新闻学与传播学》《中国文化传播软实力研究》《传播学在中国》《20 世纪中国学术大典（新闻学传播学出版学）》《中国新闻传播学说史》《中国新闻传播学说史（1949-2005）》《台湾传播研究史》等书也偶有涉及，但迄今为止还未有作品来对厦门大学传播研究所的发展史做全面梳理的。受院史编委会的嘱托，笔者尝试将研究所置于华夏传播研究的发展脉络中，加以系统考察，这是因为研究所诞生的使命便是发展华夏传播研究。

一、华夏传播研究所创立的酝酿期（1978—1992）

之所以将研究所的创立酝酿回溯到 1978 年，不仅是因为这一年是中国改革开

---

① 黄星民：《堂堂溪水出前村：关于两岸三地合作"华夏传播研究项目"的回顾》，载许清茂主编：《海峡两岸文化与传播研究》，厦门：厦门大学出版社，2005 年。

② 黄星民：《春雨断桥人不度，小舟撑出柳阴来：写在〈华夏传播研究丛书〉面世之际》，（台湾）《中华传播学刊》2002 年第 2 期。

③ 黄星民：《山围故国周遭在，潮打空城寂寞回？》，《华夏传播研究》2018 年第 2 辑。

放的开端，而且正是这一年余也鲁在香港举办了有自觉意识的研究中国传统文化中的传播问题的座谈会，从此传播学与中国传统文化的融合发展就开始生根花芽了。而之所以选择 1992 年作为这一时期的结束，也不仅是因为这一年是邓小平的南方谈话，标示着新一轮思想解放的兴起，而且是因为下一年 1993 年华夏传播研究开启了由个人号召到有组织系统推动发展的新阶段。总体而言，这一时期的特征是以新闻学为主体的包括文史哲在内的一批学者面对传播学这一新鲜事物，本能地从中国传统中去寻找可以对应的方面；同时也开始有自觉地借助传播学这一方法来观照中华文化，从中看到了学术研究的新大陆。

有趣的是，华夏传播研究的兴起与传播学的鼻祖施拉姆有着很深的渊源，可以说施拉姆的两次访华与其弟子余也鲁的两次"中国传学研讨会"拉开了华夏传播研究的序幕，此后，厦门大学传播研究所也正是在余也鲁先生的帮助支持下，由时任厦门大学常务副校长郑学檬（注：他当时分管新闻传播系）直接关心推动下成立的。

20 世纪 70 年代末，以港台一批接受过西方系统传播学教育，尤其是受施拉姆亲自教育的余也鲁，徐佳士等人的大力推动，在港台，尤其是在台湾兴起了一股"传播学中国化研究"的热潮，与当时非西方世界方兴非艾的民族主义思潮相关。从而在思想出现了"研究者不应以西方社会的发展为主体，而应转向以在地（中国）历史中的文化现象为主体，并用现代的学理加以分析。"[①] 朱立就倡导以古人的传播活动为主体，用现代的学理加以分析，以"使传播研究中的行为科学研究也能有个'根'，并进而为我国的传播学建立完整的体系"。[②]

1977 年 8 月，施拉姆来应弟子余也鲁之邀来到香港，协助在香港中文大学建立当时第一个传播硕士课程，"又为中国传学研究提供咨询，希望能从中国悠久的历史与传统中找出传的原理与实际，来丰富已有传学理论。"[③] 可见余也鲁为推动中国传播学研究是下了一番谋划功夫。果然，经过一段时间筹备，1978 年 3 月 27 日开始，香港中文大学传播研究中心举办了首次为期一周的"中国传学研讨会"，历史学、人类学、社会学、文学、哲学以传播学开展了跨学科研讨，分享了中国人在传播艺术上的成就。余先生的豪情很感染人。他说："中国人数千年有记录的历史中，和我们在比有记录的历史更长远的悠久传统中，恐怕已经历了一切人的传播经验与尝试。不少中国人，并没有一本教他们传播之道的书，也未受任何传

---

① 林丽云：《台湾传播研究史——学院内的传播学知识生产》，台北：巨流图书公司，2004 年，第 158 页。

② 朱立：《开辟中国传播研究的第四战场》，（台湾）《报学》，1978 第 6 卷第 1 期，第 20—27 页。

③ 余也鲁：《门内门外：与现代青年谈现代传播》，香港：海天书楼，1980 年，第 241 页。

的专门训练，但运用媒介，进行说服，其匠心独运与娴熟的程度，教许多精研传播的西方人都惊异不置。传的艺术已深潜中国文化中，流漾在中国人的血液里，只差作系统性的与科学性的发掘与整合。现在该是开始的时候了。"这些学者的目的是"为现阶段的传学研究寻一个属于自己民族的'根'出来"。而在 1979 年 6 月在台湾政治大学举行的第二次研讨会，台湾方面有徐佳士、汪琪、杨孝荣、陈世敏、朱立。① 会上，徐佳士提交了《中国传统人际传播特征初探》一文，指出中国人的人际传播具有知足、求秩序，以礼教为工具，谨慎运用非语言传播符号等特征。香港与台北两次举办的多学科对话的"中国传学研讨会"，学者们更为深入细到致了分享了中国人在传的艺术方面的成就，例如政令是如何传达，深入民间；革命的思想如何散播；新发明与新思想何以受阻又何以传开，以及传播工具的运作，说服方式的推陈出新等。并且找到 12 个入口，即 12 个可以着重研究的主题。余也鲁回忆说，施拉姆"一直静静聆听，凭他对传播现象的敏锐观察和洞见，不时作出指点；事后且参与讨论，写了一篇文字，从张骞的探西域和郑和的下西洋为中国开疆辟土，提出中国传的研究应可为整个传播研究的疆域打开新局面"。② 施拉姆这篇文章题目为《论探险》，他认为传播学研究类似于张骞通西域。③ 现在我们无法确知施拉姆对汉代通西域等事件的知识是否从余也鲁那获悉，但应当是八九不离十。有一点是可以印证的，那就是余也鲁试图借助施拉姆来推动中国传播学研究，而施拉姆也乐意为之。四十年过去了，研究的成果已然丰富了，无论是中国传播的断代史研究还是各个领域的专题性研究都时有佳作出版，而且呈现出越发明显的跨学科态势，即从传播学的媒介、信息、关系、互动等视角来考察中国社会问题，系统性与科学性的研究确实初步呈现，反映出传播学作为一个研究视角或领域的本质。当然，系统建构理论体系和观念范畴体系的努力才刚刚开始。

在余也鲁先生的主持下香港中文大学传播研究中心提出过"有计划、有系统在从中国文化的传播中寻找传播原理与原则"的构想，并认为这个构想"规模最大、需时最长、需要财力也最巨，但影响也应该最深远"。他们制定了三项研究计划："一、翻译传播学理论著作；二、整理中国学者已有的研究成果；三、探索中国传统的传播理论。"④ 可惜，余也鲁在两次会议之后，其主要精力已不在传播学的研究与推动上了。

① 朱立：《开辟中国传播研究的第四战场》，（台湾）《报学》，1978 第卷第 1 期，第 20—27 页。
② 余也鲁：《传播学及"中国传"在中国破冰之旅（1982-2002）》，载王怡红、胡翼青主编：《中国传播学 30 年》，第 613 页。
③ 余也鲁：《万水千山都是情：余也鲁回忆录》，香港：海天书楼 2015 年版，第 246 页。
④ 吴文虎：《对中国大陆传播研究的思考》，载《中国大陆新闻传播研究》，台湾政治大学新闻学系主编 1994，第 82 页。

1982 年 4 月 21 日，应华南师范大学邀请为教育传播理论讲习班作学术报告，施拉姆正式赴广州访华，余也鲁全程陪同，并担任翻译，后应邀北上复旦与北京，开展了传播学的破冰之旅。[①]据余也鲁回忆说，他在复旦的演讲中"首次在中国（大陆）提出对'中国传'的研究"，并指出"'中国传'的研究可以从历史着手，但不能止于历史，应继历史的研究找出观念、通则、原则和形式，然后在当代社会与当代人中求证；从而进入国际传学研究领域，充实并丰富人类的大传播研究。"[②]据说，他的演讲激起复旦大学在读新闻学研究生的兴趣，一些研究生要求更换题目，作"中国传"研究。紧接着 5 月 31 日，施拉姆在中国社会科学院新闻研究所的座谈会上说："在孔夫子的学生记录的谈话里，谈到关于传的问题。亚里士多德在他的著作中，也提到不少关于人与人之间传的学问。"[③]余也鲁在座谈会结尾时做了为时称"中国的传学研究"方面的鼓劲发言，产生了巨大影响，当时许多中国社科院博硕士生的研究选题就往这方面靠拢。

特别值得一提的是，1985 年首届上海国际传播学学术讨论会上黄星民、熊华丽的《Rites-Music Communicatiox》是当时仅有的两篇研究华夏传播的代表性作品之一。后面，黄星民进一步从事富有开创性的礼乐传播研究，写出了《礼乐传播初探》的硕士学位论文。因此，可以说，厦门大学似乎命中注定要扛起创立华夏传播研究的大旗的历史重作。

二、华夏传播研究所的创立与早期开拓时期（1993—2002）

之所以确立 1993 年为这一时期的开端，其理由十分充足，因为这一年中国大陆以厦门大学为基地，成立专门推动华夏传播研究的校级机构。1993 年 3 月 18 日，厦门大学正式发文〔厦门人（1993）20 号〕，标题是《关于新闻传播系传播研究室更改为厦门大学传播研究所的通知》，文中明确指出此举是校办公会研究决定的。这标志着厦门大学传播研究所正式成立了。同年 12 月 31 日，学校发布 92 号文，任命陈培爱为传播研究所副所长。

研究所成立后随即实施了一系列空前的举措，实质性地召开了多场研究"中国传"的学术研讨会，并且开始了有组织有计划地系统推动这一研究的一系列措施，进而产生了从第一部论文集，第一部概论性著作，第一套丛书……而将 2002 年作为这一时期的结束，其理由也是充分的，因为这一年黄星民的《华夏传播研究刍议》

① 宣伟伯、余也鲁：《传媒·教育·现代化》，北京：高等教育出版社，1988 年，后记第 217 页。

② 余也鲁：《传播学及"中国传"在中国破冰之旅（1982-2002）》，载王怡红、胡翼青主编：《中国传播学 30 年》，第 617 页。

③ 宣伟伯：《传学的发展概况》，《新闻学会通讯》1982 年第 12 期。

一文发表，这是华夏传播研究具有里程碑意义的一篇文献，因为该文厘定了概念，阐述了意义，确立了作为一个研究领域的"华夏传播研究"的学术地位。总体而言，这一时期大陆与港台呼应，接力华夏传播研究，并逐渐成为华夏传播研究的中心。

（一）1993 年：华夏传播研究奠基元年

1993 年注定是中国传播史上，当然也是华夏传播研究史上不寻常的一年，这一年探讨传播学本土化研究成为学界的亮点。对此，学界已有一定的共识。台湾的陈世敏指出 1978 年台湾与香港召开的"中国文化与传统中'传'的实际"研讨会，台湾组织了研究团队，也取得了成绩。"可惜的是，传播学术界却迟至一九九三年在厦门大学点燃传播学本土研究的火苗，于一九九七年出版《华夏传播论》，开启了第二阶段的'中国化'工作——寻求中国式（本土的）传播理论。"①《中国传播学 30 年》评价到："1993 年，厦门大学成为大陆传播学本土化的一个学术中心。在 20 世纪 90 年代，厦大是三次与传播学本土化相关的研讨会召开之地。"② 这三次重要会议分别是：

1. 1993 年 5 月厦门大学在庆祝复办新闻传播系 10 周年之时，在海峡两岸暨香港学者的共同努力下，举办了"海峡两岸中国传统文化中传的探索座谈会"，会议围绕"传播学中国化"问题展开讨论，其成果就是 1994 年出版的《从零开始》，"这是中国大陆出版最早的具有本土文化视角的传播研究文集》"。③ 会议还决定收集大陆和港台有关中国传播学的著作，加上西方传播学著作，建立资料库，于是厦门大学新闻传播系就拥有了当时较好的资料室。戴元光评价这次会议"是中国人研究自己'传'的经验的高层次学术会议"。④ 其实，这次会议的最重要意义在于开启了以厦门大学传播研究所为推动机构的全国性的有组织的传播学中国化关键领域——华夏传播研究——的联合攻关行动。随后，1994 创刊的《新闻与传播研究》上发布了《为"传播研究中国化"开展协作——兼征稿启事》，文章呼吁："我们要从中国的历史背景、文化传统、社会习俗和民族心理的角度，系统地研究传播对于中国社会政治制度的演化、经济的发展、民族的融合等方面发挥的影响和作用。中国丰富的历史典籍和民间文化中，有无数与传播有关的现象、实例、事件，需要我们分析、研究；有大量与传播有关的观念、思想和智慧，需要我们总结、概括。对这些传播实践和观念进行研究和总结，必将把传播学提高到新的

① 陈世敏：《华夏传播学方法论初探》，《新闻学研究》2002 年总第 71 期，收录陈国明主编《中华传播理论与原则》，台北：五南图书出版有限公司，2004 年，第 135 页。
② 王怡红、胡翼青主编：《中国传播学 30 年》，北京：中国大百科全书出版社，2010 年，第 103 页。
③ 同上，第 105 页。
④ 戴元光：《论传播学的中国化》，《戴元光自选集》，第 6 页。

水准，升华到新的境界。"①文中还刊发了课题招标启示，一方面是断代史方面的课题：两汉传播史、唐代传播史、清代传播史和中国近代传播史（1840—1919）；另一方面是出一本《中国古近代传播概论》，并由孙旭培起草了《中国传统文化中的传播》的写作框架。台湾陈世敏盛赞此文是"中国传播研究革命宣言"，并认为"1994年标记着传播研究中国化正式提出"。②征文发布后反应热烈，中国社会科学院新闻研究所在会后就如何开展有组织成规模的华夏传播研究项目起草了提纲，向全国有关专家征求意见，中国人民大学、四川大学社会科学院、安徽大学、郑州大学等校学者积极响应。③当年11月29—30日，余也鲁、徐佳士、郑学檬和孙旭培四位发起者于厦门大学聚首，研究了《中国传统文化中的传播》一书的作者名单，并在提纲的基础上规划了一批选题（含四个断代史课题、十二方面的专题研究以及从两项中国传统文化中找寻出原则与原理，结合现代社会实际进行研究验证，建立科学理论），以公开招标，并公布了资助办法，孙旭培负责招标。会议还计划举行"第二届两岸三地华夏传播研究学术研讨会"，以期更深入探索中国历史和传统中的传的知识和理论，并对立项项目的中期研究报告进行检查。同时，确定由厦门大学传播研究所负责具体运作，郑学檬负责整个项目，厦门大学新闻传播系代主任郑松锟为联络员。1995年，孙旭培再次公布了招标启事，④台湾也同时发布了招标启事，同时指出："会议确定，为有系统地进行'传播研究中国化'，从中国传统文化中探索并整理已有的传播思想，建立中国传播理论。"⑤1995年3月黄星民被余也鲁动员从美国归来，担任项目协调人，协助郑松锟工作。12月，厦门大学传播研究所对几十份有效的申请表进行初审，初审结果报香港海天基金会资助下成立的华夏传播学术委员会（由余也鲁、徐佳士、郑学檬、孙旭培、陈培爱五人组成）最后分两次立项，审批通过"中国传播研究资助项目"，共五史六论11个项目，⑥可惜多数项目并没有正式出版。

① 钟元：《为"传播研究中国化"开展协作——兼征稿启事》，《新闻与传播研究》1994年第1期。
② 陈世敏：《拦得溪声日夜喧——贺〈新闻与传播研究〉创刊》，（台湾）《新闻学研究》，1994年第49卷。
③ 黄星民：《堂堂溪水出前村——关于两岸三地合"华夏传播研究项目"的回顾》，许清茂主编：《海峡两岸文化与传播研究》，厦门：厦门大学出版社，2005年，第2页。
④ 孙旭培：《向前推进中的中国传统文化传播研究——兼招标启事》，《新闻与传播研究》1995年第1期。
⑤ 本刊编辑部辑录：《关于〈中国传统文化中的传播〉补述》，《传播研究简讯》1995年第2期。
⑥ 11个项目中，目前仅以《华夏传播研究丛书》第一批2001年北京文化艺术出版社出版的郑学檬编著的《传在史中——中国传播社会传播史料选辑》、黄鸣奋著的《说服君王——中国古代的讽谏传播》、李国正著的《汉字解析与信息传播》，另外，秦志希的《中国先秦传播史》、徐培汀的《秦汉传播史》（当时已定稿）、尹韵公的《魏晋南北朝传播史》、高国藩的《隋唐传播史》（当时已完成初稿）、徐枫的《宋代传播史》、邵培仁的《中国受众特质研究》、黄星民的《风草论——儒家传播效果理论》、黄顺力的《二十世纪初中日跨文化传播》等均未见正式出版，不过有些零星论文发表。

2. 1997年11月，厦门大学新闻传播系与传播研究所召开了"中国传播学研讨会（97）"，余也鲁称之为"第二波"，并在会议总结中认为，华夏传播研究就像当年的英国清教徒五月花号的探险。该会议有来自海峡两岸暨香港、澳大利亚、新加坡和韩国的38位学者，会议主题是从传播学的角度研究中国历史上的传播活动与传播观念，探讨并归纳出富有中国特色的传播理论，为建立中国传播学做准备。难得的是，会议邀请戴元光、臧国仁、吴伟和萧君分别对海峡两岸、英美和澳大利亚的传播学研究现状做介绍，并请台湾的陈世敏、臧国仁、胡幼伟做了传播学研究方法的讲座，当然会议的主要内容是对前期立项课题的中期报告。孙旭培作了题为"《华夏传播论》成果总结及今后几个突破口研究设想"的发言。黄星民深信"中国的传播学要发展，要建立'中华传播学派'，使中国的传播学能与美国传统学派和西欧批判学派三足鼎立，华夏传播研究是必不可少的工作。"[①] 此时，华夏传播研究已然有了雏形，也有了方向与目标。

1997年，由孙旭培担任主编的《华夏传播论》由人民出版社正式出版，这是华夏传播研究学术史上的里程碑的事件，成为中国传播学中国化的重要成果而永载史册。"可以说是一本不寻常的著作，是在传播学领域中由海峡两岸的学者合作的首本系统性论著"。[②] 余也鲁称赞该书"是部研究中国传的上佳启蒙书"。暨南大学的胡文虎回忆说，他刚开始对20世纪70至90年代初的传播学本土化研究并不欣赏，认为"是在提供整理国故，要从故纸堆里、老祖宗那里去挖掘'传播'格言警句"。但《华夏传播论》出版后，他说："他们的努力至少说明了，西方的传播理论，同样可以在东方得到印证，从我国古代直到近代，都生生不息地繁衍着与传播学接近或类似的传播理念。同时，东方和中国的传播理念又可以反过来丰富和发展传播学的研究，使传播学研究的本土化前进一步，而且更容易为国人所接受和认同。"[③] 潘玉鹏也认为"这本专著的出版标志着传播学已在中国落地生根、开花结果，真正地把西方的传播学中国社会、政治、经济、文化结合起来，创造性地形成和发展了我国的传播学。"[④] 台湾陈世敏也称赞这一时期包括《华夏传播论》在内的成果"可谓小有成绩，但后继无人，后人不弹此调久矣"。[⑤] 这种现象在包

① 黄星民：《堂堂溪水出前村——关于两岸三地合"华夏传播研究项目"的回顾》，许清茂主编：《海峡两岸文化与传播研究》，厦门：厦门大学出版社，2005年，第5页。

② 孙旭培：《研究对象中国化》，载王怡红、胡翼青主编：《中国传播学30年》，北京：中国大百科全书出版社，2010年，第563页。

③ 胡文虎：《"本土化"的关键在于结合中国的传播实践》，载《传播学在中国》，第280页。

④ 潘玉鹏：《传播学的研究与重要成果》，赵凯、丁法章、黄芝晓主编：《二十世纪中国社会科学》（新闻卷），上海：上海人民出版社，2005年，第214页。

⑤ 陈世敏：《我的学术师承及学术交流》，载王怡红、胡翼青主编：《中国传播学30年》，北京：中国大百科全书出版社，2010年，第595—596页。

括港台在内的全国都存在，中国传播学者基本上除了黄星民以外，没有学者以华夏传播研究为自己的志业，此志不渝地推动。厦门大学正是在黄星民和郑学檬等前辈的不懈坚持下，将此领域作为厦门大学新闻传播学院的研究特色而不断推动。就连85岁高龄的郑学檬，依然对华夏传播情有独钟，笔耕不辍，时有佳作出版。如发表于《厦门大学学报》2017年第4期上的《8至14世纪海上丝绸之路的跨文化传播考察》。不过，陈世敏老师对传播学中国化研究的兴趣，得益于伊尼斯政治经济学研究的启发，那就是要"从研究自己的社会文化问题开始"而中文传播学当时却是"失根的兰花"，"无法搔到本土社会结构和文化的痒处"。于是他探讨了华夏传播的研究方法，认为"方志学不仅是一种在地的社会理论，也是一种观察、理解在地社会的方法论[①]。"并对"华夏传播论"迈出第二步充满期待。

3.1993年5月25—30日，中国社会科学院与厦门大学联合召开了"第三次全国传播学研讨会"，"这次研讨会是20世纪90年代以来的第一次全国性传播学研讨会"，本次会议上，建立"有中国特色的传播学"成为主要议题。李彬评价说，此次会议是中国传播学第三代崛起的契机。因为此时"第二代的大多数已风飘云散，硕果仅存者寥寥无几，而且大体也都处于'交班'状态；二是自这次会议之后，全国传播学研讨会就固定为两年一次，每召开一次新就多出一批……"[②]

此外，1993年还有一次重要的两岸学术会议，那就是1993年6月27日，台湾政治大学传播学院连续四天举办了"一九九三年中文传播研究暨教学研讨会"，方汉奇、甘惜分、宁树藩、孙旭培等18位大陆学者与会。会议论文于1995年由政治大学传播学院研究中心印行了《中文传播研究论述》（臧国仁主编），和《中国大陆新闻传播研究》（陈世敏主编）两部论文集。前书中收录了朱立的《传播研究"中国化"方向》、赵雅丽的《孔子与亚里斯多德修辞思想比较分析——以说服的论据为例》以及刘静伶《中国是个缺乏语艺的民族？——初探荀子的辩说观点》等文章。

（二）首套专业丛书——《华夏传播研究丛书》出版

2001年5月，由厦门大学郑学檬主编的《华夏传播研究丛书》在文化艺术出版社正式推出。郑主编在总序中说该丛书从1993年初议，1995年"中国传播研究资助项目"正式立项，目的是："为了帮助中国学者进一步从中国传统文化中探索并整理出已有的传播思想，建立中国传播理论，促进'传播研究中国化'，从而丰富人们对传的行为的认识，为社会科学的研究提供更准确的分析和解决问题的

---

① 陈世敏：《我的学术师承及学术交流》，载王怡红、胡翼青主编：《中国传播学30年》，北京：中国大百科全书出版社，2010年，第597页。

② 李彬主编：《大众传播学》（修订版），北京：清华大学出版社，2009年，前言第VII页。

思考方法。"项目是由余也鲁发起，厦门大学传播研究所组织实施，并得到了香港海天基金、厦门大学新闻传播系及联合基金会的资助，1999—2000 首批书稿完成。郑学檬提出："'传播研究中国化'离不开三个基础工作，这就是引进吸收国外的传播学研究成果，调查研究中国当代的传播现状和发掘光大中国传统文化中潜藏的传播理论。"[①]而该丛书的三部专著均指向第三种努力，即"发掘光大中国传统文化中潜藏的传播理论"，分别是郑学檬《传在史中：中国传统社会传播史料选辑》、李国正《汉字解析与信息传播》和黄鸣奋《说服君主——中国古代的讽谏传播》。这三部著作可以作为 20 世纪 90 年代以来华夏传播研究的一次集体亮相，在今天看来这批成果依然是很有开拓性和基础性的工作，当然也许直接的理论建构还只处于萌芽阶段。

1.《传在史中》一书由余也鲁作序，余也鲁在序中明确指出："中国人的一个优秀传统，是以文传世。"立言，立德，立功，无一不是传播；也认为："我们不仅有丰富史料，也有迫切需要，来建立起我们自己的传播研究。"郑学檬作为历史学家，凭借深厚的史料功底，从 210 部古籍中摘录与传播相关的史料，进而按传播的开始、传播的观念、传播的原则、传播的过程、传播的环境、传播技巧、传播的形式等七大类分为七章，并为每条史料做简释，点明所蕴含的传播学价值。比如，他引用了《白虎通》中"圣人者何？圣者通也，道也，声也。道无所不通，明无所不照，闻声知情。"并分析说："班固把圣人具备的三条件概括为通、道、声。其中通与声包含着信息灵通的意思，可见，圣人这个称呼（名词）是和传播联系在一起的，这实在是个惊人的见解！"[②]而郑老的这一发现，与十五年后潘祥辉提出的"圣人是传播之王"的观点不谋而合。由此可见这部史料选辑的作品的价值所在。

2.《汉字解析与信息传播》一书由陈培爱作序，陈老师是文学出身，对汉字学有自己的理解。他指出该书"以全新的信息传播视野，探索了汉字背后极具人性化的运用内涵"。并认为"直接运用汉字作为传播媒介进行'测字'，这里的'字'并不负载社会公认的语言信息，这又是中加传播史上一个十独特的现象，耐人寻味"。李国正作为中文系教授，汉字学是他的看家本领，而此书又引入信息传播视角，着实别开生面。他认为汉字凝聚着汉民族古老奇特的人文信息，那么"这些特殊信息是怎样层层凝聚在汉字头上的？是什么原因使汉字具备了这种特质，什

① 郑学檬：《〈华夏传播研究丛书〉总序》，郑学檬：《传在史中：中国传统社会传播史料选辑》，北京：文化艺术出版社，2001 年。

② 郑学檬：《传在史中：中国传统社会传播史料选辑》，北京：文化艺术出版社，2001 年，前言第 3 页。

么人能够破译这些承载特殊信息的代码？……汉字传播了哪些类型的特殊信息？它们的传播模式、传播特点是什么？汉字传播特殊信息的方法、模式、规律、功能，对建立中国特色的传播学有借鉴"？[①] 该书分上篇"汉字的哲学解析与信息传播"，下分"八卦"的起源与信息传播，《周易》的信息结构及其发展，《周易》传播信息的特征，《周易》传播信息的模式、《周易》传播信息的功能等五节；下篇"汉字的艺术解析与信息传播"，作者围绕"测字"这种独特的信息传播方式展开研究，分测字的源流与信息传播、汉字的分类与信息结构、测字传播信息的特征、测字传播信息的模式、测字传播信息的功能等五节。十分难得的是，作者提出了"以《周易》为媒介的传播模式"：[②]

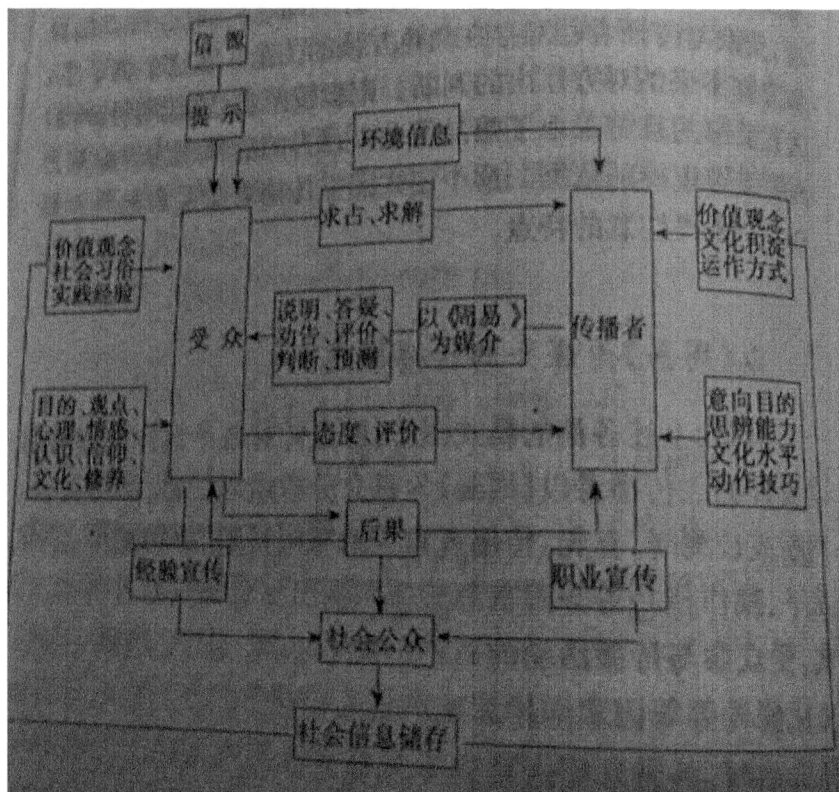

作者还运用《左传》等古籍的占卜事例来进行深入细致的分析，而这一研究无疑深刻地影响着姚锦云的博士论文《沟通的演化：春秋释〈易〉的德性交往观的形成》(浙江大学，2016)写作。由于汉字以象形为基础，具有强大的表意功能，因此具备可分析特性，测定便是对这一特性的充分发挥与运用，可以说是最具有

---

① 李国正：《汉字解析与信息传播》，北京：文化艺术出版社，2001年，引言第1—2页。
② 同上，第98页。

民族性的一种语言传播方式。总而言之，由于语言传播的研究对于传播学具有基础性作用，而对于华夏传播理论建构而言也是底基性作用，期待将来能在这方面再拓展研究，陈国明就以八卦来建构华夏的人际关系发展的模式。① 当然还可以研究基于汉字传播的延伸研究，比如对诗歌谣谚的研究。吕宗力的《汉代的谣言》（浙江大学出版社，2011）正是这方面的研究。

3.《说服君王》作为一本专门讲述中国古代讽谏传播的专著，该书序言部分，主要讲述了讽谏传播的流变；然后分六章分别阐述了讽谏传播的主体、手段、方式、对象、内容、环境，接着在余论中，作者认为讽谏传播是发生在特定传播主体（臣下）和特定传播对象（君主）之间，以特定传播手段（主要是文言）传达特定传播内容（与礼法和道义相适应），并采用特定传播方式（自下而上的规劝）以适应特定传播环境（中国古代社会）的要求。并总结了一些讽谏传播的原则。对于传播主体和传播对象，他认为要待人以诚、循之以道、以人为镜。排除成见、以心交心、容纳异议。对于传播手段和内容，他提出了身教为重、导引情志、积极阅读、体认寓意、共识为主、以意为主这六个原则，最后在传播方式和传播环境上，著者则提出了未雨绸缪、重视疏导、自我保护、因时制宜、当面批评、疏通言路的原则。附录部分从以上传播主体等六个角度分别对晏子个人的讽谏传播活动进行了分析。

（三）华夏传播研究所推出了系列论文

厦门大学的黄星民教授不仅参与见证了第一波的华夏研究盛况，而且成为这一时期最具代表性的学者。他的学术成就集中体现在他主要在《新闻与传播研究》《厦门大学学报》上发表的系列论文：《"大众传播"广狭义辨》（1999）、《礼乐传播初探》（2000）、《华夏传播研究刍议》（2002）、《从礼乐传播看非语言大众传播形式的演化》（2000）、《"染论"与"难论"——从哲学方法论的角度探讨墨翟与韩非的传播效果论》（2005）、《略论中西方传播观念的异同从"Communication"与"传"词义比较》（2000）等一系列具有标志性的论文。他论证了传统社会也存在大众传播，礼乐传播正是中国传统社会中核心的大众传播形式。他确立了"华夏传播研究"这一领域内涵与意义，比较了中西"传播"观念的差异，指出中国重时间偏向，西方重空间偏向。他的这些成果成为华夏传播学不可绕过的经典文献。

---

① 陈国明：《易经八卦的人际关系发展模式》，陈国明主编：《中华传播理论与原则》，台北：五南图书出版股份有限公司，2004年，第203—229页。

（四）《华夏传播研究刍议》：标志着华夏传播研究领域的确立

黄星民的《华夏传播研究刍议》一文是继《华夏传播论》一书之后具有标志性的一篇文献。这是因为"华夏传播"的提法，虽然最早出现在《华夏传播论》一书中。然而书中却未说明这一概念。《华夏传播论》最初拟名"中国古代文化传播概论"或"中国传统文化中的传播"，最后正式出版时改为现名。看来"华夏传播"仅作为书名的缩写形式出现，还没有鲜明的概念意识。随后就在《华夏传播研究丛书》上使用了"华夏传播研究"概念，但未做说明。真正将其作为概念提出的是黄星民，他正是在《华夏传播研究刍议》一文中清晰地勾勒出"华夏传播"一词使用的脉络，进而分析"华夏"一词的文化意涵——华夏特指古代中国，且内含地理中国和文化中国的褒义。他说："这个研究领域的名称，从1978年的'中国文化与传统中传的理论与实际研究'开始，经过了'本土化''中国化''中国特色''中国传统文化与传播'等衍变，终于有了一个明确简洁的名称。这长达二十几年的名称衍变过程，反映出人们对这个研究领域的认识从模糊到清晰，同时也透露出这个研究领域不断发展不断成熟的信息。"进而这样定义："华夏传播研究是对中国传统社会中的传播活动和传播观念的发掘、整理、研究和扬弃。"① 这个定义包括三个层面的含义：其一，指出中国传统社会是该研究的范围，即大抵指涉五四运动以前的中国社会。其二，指出"传播活动与传播观念"是该研究的对象。"传播活动"包括传播媒介、传播人物、传播事件、传播制度等以及它们的沿革流变、经验教训和基本规律；"传播观念"指的是关于传播的言论、观点、学说、思想，甚至传播哲学等等。重点在华夏传播思想与传播制度。其三，指出"发掘、整理、研究和扬弃"是该研究的基本指导思想。"发掘、整理"是研究者对华夏传播活动进行客观的描述，是基础。"研究、扬弃"是研究者在发掘整理的基础上，运用传播学等当代社会科学的研究方法加以验证或阐释，力争从其中找出带规律性的东西，从而把它们提高成科学的传播理论，用来指导今天的传播实践，丰富和发展世界传播学理论。"研究、扬弃"也可以从批判角度入手，告诫我们如何去避免过去的失误。这样的"华夏传播研究"的价值与意义就十分明显了：学术意义，即熔铸西方传播科学理论和华夏传播学说精华于一炉，共同解释、指导和总结今天中国的传播实践，形成我国特色的理论范式，形成传播学"中华学派"；发扬时代色彩，华夏传播研究在华夏文化与信息传播两方面保持着灵动的张力，如此既有助于发扬中华文化的魅力，又有助于培育、探索适合中国国情，能够阐释中国实践的信息传播学说；提供世界启示，华夏技术与传播道德的结合，是中华

---

① 黄星民：《华夏传播研究刍议》，《新闻与传播研究》2002年第4期。

文明延续的内在原理，这对于世界传播事业的健康发展具有一定启迪意义。①

黄星民心目中的"华夏传播"研究的对象是传统文化，强调的是"向后看"，研究传统社会积淀的传播智慧，而其实，还有一个可取的方向当是"向前看"，即探讨中华优秀文化在现当代社会如何传承发展问题，这既是事关中华民族核心价值观的发扬问题，也事关中国传播学的学术话语体系建构的问题。因为只有能够回应时代问题的研究，才是有生命力。因此，现任所长谢清果尝试将"华夏传播研究"的范围延续至今，并将建构"华夏传播学"作为"华夏传播研究"的目标。所谓"华夏传播学"是对中国文化传统中的传播活动和传播观念进行发掘、整理、研究和扬弃的基础上，建构起来的能够阐释和推进中华文明可持续发展的传播机制、规律和思想方法的学说，亦是立足中国历史与现实，能够诠释中华文明传播现象，解决中国社会传播问题，运用中华术语建构起来的具有中国风格、中国气派的理论体系。②这一概念是力求让华夏传播研究贯通古今，且树立研究目标是既诠释中华文化绵延五千年的传播原理，又展望中华文明走向未来、走向世界的路径。一句话，在返本中开新，在开新中返本。以不忘本来，吸收外来，开创未来的思路来建构和发展华夏传播研究。其核心范式是传递中国知识（传递中国历史与现实信息），洋溢中国智慧（建构中国和谐共生关系），体现中国精神（共享中华文明意义），如何建构起中国"传播之网"。因此，这样的"华夏传播学"是贯通古今，以传统为主，以现实为辅；以现实为导向，以传统为着力点；试图通过对中国传播史论与西方传播史论的双重观照中，寻找传统与现实的逻辑起点，围绕社会运作与信息传播的互动为主线，夯实中华民族圆"中国梦"的传播学基础。③

三、华夏传播研究所的调整发展期（2003—2012）

之所以将 2003 年视为这一时期的开端，主要是因为上一时期到了 2002 年《华夏传播研究刍议》一文的发表，有组织地开展华夏传播研究暂告一段落，传播研究所这一时期处于积累沉淀期。不过，华夏传播研究的种子则已撒播开来，学术的火炬也随之传承开来，研究所前期工作的影响在继续扩展中。比如，2003 年青岛大学新闻与传播学院的孙顺华主要参考了《华夏传播论》后出版了《中华文化与传播》一书，标志着在教学领域开始回应了传播学与中华文化融合的关切，因为此书是同名课程的教学成果。而之所以将 2012 年视为本时期的结束，不仅是因

① 黄星民：《华夏传播研究刍议》，《新闻与传播研究》2002 年第 4 期。
② 谢清果：《华夏传播研究的前史、外史及其开端》，《中国传媒报告》2016 年第 4 期。
③ 谢清果：《华夏传播学引论》，福建厦门：厦门大学出版社，2017 年，绪论第 11 页。

为刚好十八大胜利召开，中国进入新时代，因此 2012 就自然而然成为一个历史节点，而且是这一年为推动华夏传播研究而辛劳的余也鲁走完了他 91 年的人生历程。

而之所以称为调整发展期，主要是因为此后虽然"华夏传播研究"作为一个领域已然形成，但是却没有形成像上一波那样的有组织地推动学术研究活动开展。不过，黄星民、尹韵公、李彬等前一期旗手性人物或者亲自撰文，或者培养博硕士，依然夯实该领域基础。而这一时期，港台则相对沉寂，大众传播研究似乎一统天下。许多在此领域耕耘的学者产生了施拉姆所说的"十字路口"效应："传的研究成了学术研究的十字路口，许多人这里经过，但没有留下来。"① 在市场经济大潮冲击下和国内意识形态统帅的背景下，许多学者或往广告学，或往新闻学，或往思想政治领域等方向拓展。于是出现了余也鲁在接受访问时略带感伤地说：

传播学现在成了一个多头或者无头的状态，没有一个人带头了，现在都是各说各的。有的拿到地理也讲一番，有的拿到历史也讲一番，你看不出他到底想讲什么，想研究什么。现在这些大学里面，好像厦门大学是搞广告，它把注意完全放到广告上。广告只是传播的一小部分嘛，是技术。我都厦大建立了一个研究所，那个研究所应该做"中国传"的，他们把"中国传"列为三大目标之一。结果另外两个目标都搞得很好，就这个目标没有人搞，很可惜啊，很可惜。记得有一位教授写过一本《华夏传播论》，如果沿着那个路子走下去，现在肯定很有成就。传播学研究应该有一个中心，有一个主导的人，能够把现在有的东西整理一下。现在没有看见有个中心的领导在哪里，有一个机构或者哪个大学来牵头。②

当时这个访谈是 2012 年春节前夕，由香港中国通讯社总编辑施清彬、中国新闻社上海分社副社长崔煌芳受复旦大学新闻学院童兵教授的委托，对余也鲁做的一次专访。而余也鲁先生后于当年 9 月 8 日离开人世，因此可以说余也鲁先生是带着遗憾走的。之所以引述余也鲁先生这段感言，是为了立此存照。因为笔者现在作为厦门大学传播研究所所长有责任尽心竭力去完成这位老人家的遗愿。而且可以告慰他的是，十分巧合的是，我于 2013 年（新闻传播学系创办 30 周年之际）自筹经费创办了《中华文化与传播研究》期刊，且创刊号的封面主题正是"缅怀余也鲁先生"，刊载了多位余也鲁生前友好人士撰写的怀念文章。后来时任新闻系

① 余也鲁：《中国文化与传统中传的理论与实际的探索》，宣伟伯著：《传学概论》，余也鲁译述，北京：中国展望出版社 1985 年版，代序第 XIII 页。
② 余也鲁、施清彬、崔煌芳、章琪琦：《中国传播学研究破冰之旅的回顾——余也鲁教授访问记》，《新闻与传播研究》2012 年第 4 期。

主任的庄鸿明教授在参加纪念余先生逝世一年的时候，就专门带上几本创刊号赴港祭奠，也算是表达我们厦门大学传播研究所一定会继承他的遗愿，把华夏传播研究推上一个新的台阶的决心。

2006 年 6 月，新闻传播系处于升格为新闻传播学院的前一年，谢清果、李德霞两位老师刚从人文学院哲学系、历史系毕业。时为系主任的黄星民，从培养华夏传播研究后备人才考虑，试想从史与论两方面增强研究实力，于是谢、李两人就胜利地进入了新闻传播系，并共同见证了厦门大学传播学院和传播研究所的发展。

谢清果加盟传播研究所后，结合自己的哲学背景，开展了道家传播思想研究和教学工作。他先是为研究生开设《老子传播思想研究》课程，力求从传播学的视角，将《老子》一书中蕴藏着的丰富传播智慧以中国式的话语表达出来，从一个角度展现了中华传播智慧，其先后主持福建省社会科学规划一般项目"道家符号传播思想研究"（2009 年）和中央高校基础科研业务费项目"道家传播学的理论建构"（2010 年）两个课题，作为课题的成果之一，他主持撰写了《和老子学传播——老子的沟通智慧》（2010）一书。该书总论部分从传播主体定位——以正治国；传播策略探索——以奇用兵；传播效果追求——以无事取天下三方面探讨了老子传播思想的总纲领；进而从传播过程观念认知、语言传播、人内传播、人际传播、具象传播、"无为"传播原则、信息传播道德、公共关系、传媒历史、"小国寡民"的传媒考量、老子与彼得斯"交流无奈"的比较研究等方面分论《老子》一书的传播智慧。同时，谢清果与郭汉文合作先后出版了《和老子学养生——老子的健康传播智慧》（2010）、《和老子管理——老子的组织传播智慧》（2011）。谢清果在《国际新闻界》上发表了《内向传播的视阈下老子的自我观探析》（2011）、在《现代传播》上发表了《老子思想中的媒介拟态环境批判意识及其治理之道》（2011），从而开创了"老子传播学"这一崭新的跨学科研究领域。此后，这一领域不断有新的成果面世。

四、华夏传播研究所的高速发展期（2013 至今）

这一时期点定为 2013 年，乃是因为这一年是有意识建设华夏传播研究学术共同体的开端。正所谓"文章合为时而著"，在"文化自信"意识崛起的新时代，中华文化的复兴已成为社会共识，而以致力于中华文化的传播学研究为使命的华夏传播研究自然就顺势而兴了。如果说此前主要是为"华夏传播研究"的学术合理性而奋斗的话，那么这一时期就开始进入了学科体系、学术体系与话语体系综合建构时期。这是因为这一时期已然呈现了华夏传播研究"三大体系"建设的实质性作为，例如，专业领域学术期刊的创办，教学体系的形成，学术共同体的缔造，学术研讨会和工作坊的连续举办，尤其是一批青年学者的涌现，一批优秀论著的出版，更有一些学术刊物上开始以专栏的形式刊载本领域论文，这些都是该研究领域影响力不断提升的标志，也是趋向成熟的标志。而这些成果正是从 2013 年开始积累起来的。而之所以称为"高速发展期"，乃是因为这一时期以"华夏传播"命名的论著集中出现，标志着学科、学术与话语建设的内在自觉，许多学者为华夏传播理论建构和方法探讨都做出了富有开拓性的工作。这一时期，厦门大学传播研究所再次成为引领全国华夏传播研究的重镇。

（一）华夏传播研究的刊物阵地建设新进展：《中华文化与传播研究》和《华夏传播研究》创刊

2013 年，是全国乃至世界唯一一个以推动华夏传播研究为自己使命的传播研究所——厦门大学传播研究所的 20 周年庆的年份。为了纪念前辈的丰功伟绩，更为了进一步推动华夏传播研究再上并新台阶，于是研究所决定创办一本学术期刊——《中华文化与传播研究》。谢清果主编在以《责无旁贷地推进华夏传播研究》为题的发刊词中深情地写道："我们将在许多海内外学者的关心指导下，继承华夏传播研究的传统，高扬华夏传播研究的主体意识，争取中国文化国际话语权。我们将以刊物为平台来集聚研究队伍，一切切磋琢磨，共同促进中华文化传播与创新，以无愧于这个多彩的时代。"七年来该刊可分为两个阶段，前四年为试刊探索阶段，共出版 5 期，前三年为年刊，第四年为半年刊，且是以国际连续出版物的形式出刊。创刊号以"缅怀余也鲁先生"为主题，并刊登了苏钥机、郑学檬、孙旭培、许清茂、陈培爱、黄鸣奋、刘训成、黄慕雄等人的 9 篇纪念余也鲁的文章，同时也刊载了台湾汪琪的《本土学术发展的前景：由复制型研究谈起》、黄鸣奋的《从电子媒体到数码儒家》、李展的《明清之际中西文化交流对当代中西跨文化传播的启示》、林升梁、李文瑾的《跨文化广告传播的民族情感与价值体系》等论文。尤为可贵的是提供了首份"华夏传播研究文献编目（一）"，初步描绘了这一研究领域的学术图谱。2014 年第二期以"传播学中国化的历史、现实与未来展望"为主题，特邀台湾的刘忠博组织专题座谈会，形成了《2014 继往开来：传播研究本土化座谈记录》，同时也刊载了香港马成龙的《传播学的中国化》、黄旦的《传播学本土化研究的批判性反思》、谢清果的《华夏传播学勃兴的东方视维、问题意识与方法自觉》。此外，开辟"华夏传播研究"专栏，刊登了复旦大学博士生郑博斐的《在交往中实现自我与他者——论孔子传播思想的核心内涵》、中国传媒大学博士生常启云的《文化传播学视野下的红包文化媒介属性分析》以及厦门大学硕士生上官仪的《创新扩散角下的元曲传播研究》、杜恺健的《鸠摩罗什版与玄奘版

〈心经〉翻译修辞与说服效果比较研究》，这些论文在当时都是很有新意的。2015年第三期创新形式，特邀人民日报海外版高级编辑齐欣先生担任执行主编，本期以"中国文化遗产传播：理论、方法与实践"为题，以近乎专辑的形式，有开创性地提出"中国文化遗产传播"这一概念，并试图从理论、方法与实践三层面来建构"中国文化遗产传播学"的学术框架，是个亟待继承研究的领域，齐欣老师本身就是这一理论的开创者与实践者，他以"遗产小道"为方法，对大运河等遗产进行学理与实践的探讨。2016年的第四期邀请吴胜涛老师主持"民族／文化心理研究"这一主题专栏，同期也刊登了当年传播研究所主办的"中华文化与大众传播研讨会"9篇文章，主要有黄鸣奋的《石刻对联与中华文化的传播》、王维生、戴美玲的《旧学与新知、传承与创新——以厦门篊筜书院为例探索当代书院建设与发展的若干关键问题》等。2016年的第五期以"华夏文明传播研究"为主题和专栏，刊载了刘忠博的《从华人文化观点再思考生集体主义脉络下的人际关系》、王仙子的《先儒家知、诚、信传播观念及其当代启示》、赵梅等的《人际传播学之"据"与心性之学之"礼"》等文章。

2017年，研究所与中盐金坛公司合作，正式将《中华文化与传播研究》改版，由九州出版社出版。改版后的三年来，已出满六辑。由于篇幅所限，这里仅介绍六辑的主题：第一辑为"乡村传播与文化空间"；第二辑为"中国古代政治传播研究"；第三辑为"中国礼文化传播研究"；第四辑为"老子传播思想研究"；第五辑为"华夏文明传播研究"；第六辑为"认识传播学探索"。每辑的文章均为中国知网全文收录，更加方便读者查阅。

2018年，厦门大学传播研究所庆祝建所25周年的时候，在新闻传播学院领导的支持下决定创办《华夏传播研究》系列，由中国传媒大学出版社出版，以与《中华文化与传播研究》系列相互呼应。《中华文化与传播研究》宗旨是"华夏传播·文明传承·文化自觉·民族复兴"，定位是以华夏文明传播研究与贤文化传播为主要特色的综合性新闻传播类书籍，论文字数多在1万字以内；而《华夏传播研究》则是以"中华文化立场·全球传播视野"为宗旨，努力开展中西传播思想对话，着力打造传播学"中华学派"，力争成为华夏传播研究领域高端专业性学术书籍，每篇论文字数可多达3—4万字。新书以建构"华夏传播学"为己任，第一辑上有"中华文化传播史""文化传播的全球化与本土化""文化传播理论视域""中华文化海外传播研究"等栏目，主要刊发有毛峰的《诞生与绵延的奥秘——中华文明的传播内核与传播特质》、芮必峰、郭云涛的《徽州祭祖中的宗族社会文化传播研究》、黄鸣奋的《社会治理：中国古代格言传播的启迪》、沙垚、曾昕的《16-19世纪世界体系中的景德镇：文化传播、劳工抗争与遗产反思》、陈国明的《"中"、自我能力、社交 / 传播（沟通）能力：一个中国的视角》等 12 篇文章。第二辑主要有林克勤、祁家璐的《新世界主义视阈下的汉语国际推广：以 2.0 时代的孔子学院发展为例》、周伟业的《言行之间：华夏传播理论"行胜于言"的传播价值取向》、郝雨的《人文精神：中国媒介批评的理论之魂》等佳作。第三辑主要有邓建国的《意义、他者与身体：高度媒介化时代传播哲学的三个重要议题》、张波的《"关系"研究的历史沿革、经验检视及对华夏人际传播研究的启示》、孟华的《汉字的意象性：面对汉语的无声性和面对图像的有声性》等佳作。第四辑开始，改在九州出版社出版。

　　黄星民教授看到我们创办了两本集刊，高兴地说，余也鲁那个时代还没有设想创办期刊，现在办出两本集刊，这是新的进展。此外，浙江大学传播研究所邵培仁主编的《中国传媒报告》已出版 71 期，该刊以国际刊号出版，季刊，时有刊发华夏传播研究的文章，例如 2016 年第 4 期（总第 60 期）上就刊载有谢清果作为"华夏传播研究"专栏主持的一组文章；《西北师大学报》2019 年第 2 期上首次刊出"华夏传播研究"专栏，上面有谢清果的《共生交往观的阐扬——作为传播观念的"中国"》一文；《郑州大学学报》2019 年第 3 期也刊载了两篇礼文化传播的文章，也有谢清果的；《广西职业技术学院学报》也拟开设"华夏文明传播研究"专栏，谢清果任主持人等等。可见，华夏传播研究所的工作越来越受到学界的认可与关注。

（二）华夏传播研究教学体系已然成型

　　2013 年 9 月厦门大学正式为传播学专业本科生开设了"华夏传播入门"的必修课，2015 年 9 月定名为"华夏传播概论"，从此华夏传播研究正式进入了教学实践领域。当然，此前黄星民开设有本科生的"媒介发展史"、研究生的"华夏传播研究"，许清茂开设有"传播思想史"等课程。在前辈学者的基础上，传播研究所又开风气之先，这一时期致力于华夏传播学的教学体系的建构，初步形成了本硕博三个层次的通贯的教材体系，并且此专业方向的博士后也在进行中。本科生方面开设"华夏传播概论"，硕士生方面开设"史论精解 - 华夏传播史论"必修课；博士生方面开设"研究前沿 - 华夏文明传播论"；博硕士通修的《中国传播理论研究》选修课。同时还出版了配套的读物，本科生是《华夏传播学引论》（厦门大学出版社，2017）；硕士生是《华夏文明与传播学本土化研究》（九州出版社，2016）；博士生是《光荣与梦想：传播学中国化研究四十年（1978—2018）》（2018）；校核心通识课程"华夏文明传播"的读物为《共生交往观：文明传播的中国方案》（九州出版社，2019）。同时还了系列辅助读物：《华夏传播学读本》（世界道联出版社，2014），汇集了有代表性的 38 篇论文；《华夏传播学的想象力——中华文化传播研究著作评介集成》（九州出版社，2018），汇集了 104 部著作的提要与评介；《华夏文明与舆论学本土化研究》（九州出版社，2018）。同时，还开展了华夏文明传播研究的读书会，读中国传统元典，如《中庸》《论语》《庄子》《周易》，并辅以西方传播学经典，如《对空言说》《传播的历史：技术、文化和社会》《作为文化的传播》等，努力促进古今中外的传播思想对话，进而建构出华夏传播学，当然，同时也陆续推出《中庸的传播思想》《庄子的传播思想》《〈论语〉的传播思想》等系列成果，以期夯实传播学中国化的基础。值得注意的，《华夏文明研究的传播学视角》（厦门大学出版社，2019）《媒介学视野下的华夏文化传播》（社会科学文献出版社，2019）两本著作即将出版，可以作为博硕士生的专门教辅，同时组织团队建设"华夏传播学引论"线上课程（2019）。同时，研究所正在积极组织申报"华夏文明传播研究"学校和省级的创新团队建设。

此外，需要特别指出的是，在黄星民担任新闻传播学院常务副院长期间，时常聘请一些久负盛名的华夏传播学者来厦门大学讲学，其中有现为美国纽约州立大学教授的张惠晶，张教授是美国伊利诺伊大学香槟分校传播学博士，曾任伊利诺伊大学芝加哥分校教授，厦门大学客座教授。主要研究方向为华人沟通行为与东西文化比较，曾任中华传播学会长，其英文版著作《伶俐、创意与谦虚：华人的语言行为》（2010）作为外教社跨文化交际丛书在国内出版。美国迪堡大学的吕行教授是研究修辞说服的行家，多年来，她致力于将美国口语传播的系统理论传播到国内，在黄星民的推动下，亲自撰写出版了《口语沟通学概论》。她合著和独著的著作有 *Rhetoric of the Chinese Cultural Revolution：Impacts on Chinese Thought, Culture, and Communication.* (The University of South Carolina Press. 2004)、*Rhetoric in Ancient China, Fifth to Third Century B. C. E.：A Comparison with Greek Rhetoric.* (The University of South Carolina Press. 1998)。

还有现为美国罗德岛大学的陈国明教授是海外华夏传播研究的杰出代表，他主要研究跨文化传播，其成果特色主要体现在研究中西比较视角下的中国社会传播问题。陈国明现有代表性的中文作品是他主编的《中华传播理论与原则》(2004)一书。他在美国创办了"中华传播研究学会"，成为创会会长。此外，他的一些成果现由笔者组织力量翻译，将以《海外华夏传播研究》（陈国明卷）出版。

总之，正因为有许多前辈学者的关注与帮助，我们传播研究所才能行稳致远。

（三）华夏传播研究会成立，标志着学术共同体形成

为了进一步推动华夏传播研究再现 20 世纪 90 年代的盛况，厦门大学传播研

究所发愿搭建学术交流平台，形成学术共同体。为此，我们于 2016 年 3 月 25 日晚，在南京大学召开的中国新闻史学会新闻传播思想史研究委员会筹备成立的会议上，申请成立成为该会的华夏传播研究工作组，并得到了批准。随后 2017 年 11 月 18 日该会在厦门大学新闻传播学院召开的年会上，借助作为会议东道主的优势，传播研究所发起承办了年会上的华夏传播研究分论坛，并于 19 日上午于南光二 201 教室召开了华夏传播研究会成立的筹备会，包括华东师大、西南政法大学、深圳大学、广州大学、郑州大学、厦门大学、西北师范大学、暨南大学的 10 余位代表畅谈了推动华夏传播研究的思路，共商筹建研究事宜。同年 12 月 19 日，筹备组组长谢清果应邀参加了全球修辞学会在越秀外国语学院召开的学术年会，会长陈汝东代表该会批准"华夏传播研究会"加盟的申请，期望与该会共同推动中国文化传播研究。2018 年 9 月 16 日，于江苏金坛召开的首届"华夏文明传播与企业家精神培育研讨会"的闭幕式上，华夏文化促进会的驻会主席廖彬宇先生亲自莅会授牌，标志着"华夏文化促进会传播专业委员会"（简称"华夏传播研究会"）正式成立。会上礼聘吴予敏为荣誉会长，郑学檬为首席顾问，孙旭培、邵培仁、李彬、戴元光、陈国明、孟华等学者为学术顾问，谢清果任会长，潘祥辉、张兵娟、李红、姚锦云、钟海连为副会长，叶虎为秘书长，从此，华夏传播研究有了自己的学术共同体，有了稳定的组织推动相关学术活动。

（四）专业学术会议与工作坊持续举办，彰显华夏传播研究影响力不断提升

在华夏传播研究会正式成立的前后，以传播研究所为推动机构，就开始举办专业性学术研讨会。2016 年 5 月 14 日，由厦门大学传播研究所、厦门筼筜书院、两岸关系和平发展协同创新中心，以及厦门伟纳机电技术有限公司共同举办的"中华文化与大众传播研讨会"在厦门筼筜书院学术交流中心举行。2018 年 5 月 18—19 日，由西南政法大学法治新闻研究中心和厦门大学传播研究所联合主办，西南政法大学法治新闻研究中心承办的"传统文化与传播学术研讨会"在重庆市维也纳国际酒店 3 楼多功能会议室举行。本届研讨会的主题是"传统文化与传播的问题、话语与理论建设"，来自复旦大学、厦门大学、暨南大学、西南政法大学、华东师范大学、扬州大学、宏德文化基金会等近 20 所科研院校和文化团体的 30 余名学者参加了本次研讨会。学者们围绕主题，各抒己见，就中华文明传播的世界意义、华夏传播的微观视域、"一带一路"与华夏文明传播、儒释道文化传播等问题展开深入的专题研讨。2018 年 9 月 15—16 日，由华夏传播研究会与中盐金坛盐化有限责任公司、江苏宏德文化出版基金会共同主办的首届"华夏文明传播与企业家精神培育"研讨会在江苏省常州市金坛区举行。近百位专家学者与会，以

主题报告会和"企业家精神培育工作坊""华夏文明传播研究工作坊"等不同形式，围绕中华优秀传统文化传承创新、企业家精神培育与文明企业建设发展等话题展开研讨。还有 2018 年福建省传播学年会也专设了"华夏传播研究"分论坛。2018 年底，福建省高等学校人文社会科学研究基地"中华文化传播研究中心"落户厦门大学新闻传播学院。2019 年 4 月 12 日至 13 日，由郑州大学新闻与传播学院、华夏传播研究会联合举办的首届"礼文化与华夏文明传播研究"工作坊在郑州大学新闻与传播学院穆青研究中心举行。本届工作坊以"新时代、新路径、新发展"为理念，共分为会议主题发言、华夏传播研究分享、青年学者礼文化研讨和博士生礼文化论坛四个部分。专家学者们从传播学本土化出发，探讨中国文化、华夏传播、先哲智慧、礼乐文明及其与中国、世界发展的时代关联，在学术争鸣过程中探索内在脉络，在扎根文化历史中推陈出新。2019 年 5 月 11—12 日，第一届"媒介中国研究百人会"在南京大学仙林校区新闻传播学院顺利召开，其中，潘祥辉主持了圆桌会议"传统文化中的传播考古"研讨组与"传统文化与华夏传播"论文发表组。来自不同学科领域如传播学、历史学、政治性等多个领域的专家学者在此共聚一堂，共同探讨传统文化的传播学议题，并就如何用传播学的方法来做中国文化中的研究议题展开讨论。2019 年 7 月 5—6 日，在全国人民喜迎新中国 70 华诞之际，首届"贤文化与华夏传播研究"工作坊在厦门大学新闻传播学院成功举办。本届工作坊旨在探索和彰显中华文化中崇贤、尚贤、聚贤、访贤、求贤等博大精深的"贤"文化智慧，深研建构华夏文明传播理论体系的进路问题，深化学科对话与融合。本届工作坊由厦门大学传播研究所与中盐金坛盐化有限责任公司共建的华夏文明传播研究中心发起，华夏传播研究会、厦门大学人文学院哲学系、江苏宏德文化出版基金会共同承办。

（五）致力于华夏传播研究学术体系的建设

传播研究所不忘初心，不辱使命，积极推动华夏传播研究再上新台阶。2018 年《华夏文明与传播学本土化研究》荣获福建省社会科学优秀成果三等奖。 2019 年，"华夏文明传播的观念体系、理论体系与当代实践研究"获批国家社科基金一般项目，同时"作为媒介的圣贤：中华文化理想人格的传播学研究"获批四川大学中华文化研究院 2019 年课题；"华夏文明传播学的理论体系、教学模式与实践探索的综合改革研究"获批 2019 年福建省本科高校教育教学改革研究项目；"华夏文明传播研究"研究生导师团队获省教育厅批准建设，等等。

1.《华夏文明传播研究文库》十卷出版

由厦门大学传播研究所与中盐金坛公司开展校企合作，联合主编《华夏文明传播研究文库》，首次提出"华夏文明传播"理念，努力将"文明传播学"的视角引入华夏传播研究，试图用中国的中庸、天下、和谐、礼乐等中国式话语体系来阐述华夏文明的沟通智慧，向世界说明华夏文明的特质是以追求"天下太平"为己任，秉持"和而不同"的共生交往观。[①]该文库是继 2001 年《华夏传播研究丛书》之后再一套由厦门大学传播研究所主持的丛书，丛书从 2016 至 2019 年三年间已出齐 10 卷：《生活中的老子——〈道德经〉与大众传播学》《大道上的老子——〈道德经〉与人际沟通》《华夏文明与传播学本土化研究》《张湛、卢重玄〈列子〉诠释研究》《甲骨文四重证据研究法》《华夏传播学的想象力》《中庸的传播思想》《华夏文明与舆论学中国化研究》《光荣与梦想：传播学中国化研究四十年（1978—2018）》《中华传统文化传播研究举隅》。从 2019 年起，开始题为《华夏传播学文丛》的新一套丛书，主要有《共生交往观：文明传播的中国方案》《经典新探：王充〈论衡〉的传播学释读》《〈论语〉的传播思想》《庄子的传播思想》《周易的传播思想》等。

2. 一批有特色的论文发表

谢清果注重华夏传播理论的研究，主要发表了《风草论：建构中国本土化传播理论的一种尝试》《华夏说服传播的概念、特征及其实践智慧》《华夏公共传播的概念、历史及其模式考索》《华夏媒介批评的概念、思想流变及其价值取向》《华夏舆论传播的概念、历史、形态及特征探析》《华夏传播研究的前史、外史及其开端》等系列文章，尤其是在华夏内向传播研究领域成绩斐然。

这一时期，华夏传播理论研究方面成果较前一时期有显著跃升，表现出极大的热情。谢清果率先提出以"华夏传播学"命名"华夏传播研究"的理论成果，发表了《华夏传播学勃兴的东方视维、问题意识与方法自觉》（2014）一文，又发表了这一时期前期的研究综述，即《2011-2016：华夏传播研究的使命、进展及其展望》（2017）一文，这也是期刊上首次发表本领域的综述文章。谢清果近八年来就主要在华夏内向传播研究上着力耕耘，发表了《道家内向传播的观念、路径及其目标》《新子学的当代转向——以儒家道心、人心的博弈与当代自我传播智慧为例》《儒家"修身为本"的内向传播意蕴考析》《内向传播视域下的先秦儒家"慎独"观》《新子学之"新"：重建传统心性之学——以道家"见独"观念为例》《中庸：儒家内向传播的独特运思方法》《作为儒家内向传播观念的"慎独"》《内向传播的视阈下老子的自我观探析》《内向传播视域中的佛教心性论》等 10 余篇文章，从而初步呈现了儒释道的内向传播智慧，彰显了中国内向传播的精神超越性特征。

---

① 参见谢清果：《华夏文明与传播学本土化研究》，北京：九州出版社，2016 年，总序第 7 页。

此外，谢清果提出了"共生交往观"，2019 年发表了《文明共生论：世界文明交往范式的"中国方案"——习近平关于人类文明交流互鉴重要论述的思想体系》《天下一家：新时代人类文明交往观的中国气派》《共生交往观的阐扬——作为传播观念的"中国"》《构建人类沟通共同体的理论依据、可能路径及其价值取向》《中华新文明主义的共生交往特质》等系列文章。

当前，研究所正在组织编写《华夏传播研究年鉴》，这将是华夏传播研究发展史上具有里程碑意义的盛事。此外，《华夏传播学文丛》这套丛书也在启动中，美好的未来是可以期待的！

华夏传播研究动态

"'一带一路'倡议与华夏文明传播学术研讨会"综述

田素美*

Tian Shumei

为了进一步探讨"一带一路"背景下，中华优秀传统文化传承、创新与发展，推进华夏文明传播研究进程，2019年11月23日，由华夏传播研究会、厦门大学传播研究所以及南宁师范大学新闻与传播学院联合主办的"一带一路"倡议与华夏文明传播学术研讨会于南宁师范大学成功举办。广西广播电视台和《中华文化与传播研究》、《华夏传播研究》、《南宁师范大学学报》（哲学社会科学版）三个学术期刊作为媒体支持单位参与本次研讨会。来自厦门大学、上海交通大学、中国传媒大学、华南理工大学等全国35所高校、研究机构的47位专家学者参与了本次研讨会，入选参会论文共59篇。此次研讨会研究议题涉及影视传播、身体传播、家庭传播、涉外传播、华夏经典传播、礼乐传播、法制传播、城市传播、文化产业、新传媒、5G技术等多个方面的广泛议题，共分为六个分论坛，围绕"一带一路"背景下的华夏文明传播、华夏文明与地方性知识生产、华夏文明传播与媒介学研究、新媒体环境下的华夏文明传播、华夏文明传播的基本理论探讨、跨文化交流背景下的华夏文明传播六个主题展开了深入探讨。

一、"一带一路"背景下的华夏文明传播

"一带一路"不仅是我国对外交往的基本策略，更是中华优秀传统文化传播的重要途径和桥梁。本次会议，"一带一路"背景下华夏文明传播研究备受关注，主要内容涉及传播媒介、传播途径、传播方法和模式等方面。

"一带一路"倡议自提出后取得了很大的成效，但实施的过程并非一帆风顺，受到了冷战思维等多方面的挑战。四川外国语大学林克勤在主题报告《一带一路

* 田素美，（1981—），女，山东曹县人，厦门大学新闻传播学院传播学专业博士研究生，贵州师范大学国际旅游文化学院副教授，研究方向：华夏文明传播，民族文化传播。

遭遇的冷战思维挑战及其对策》中指出，中国"一带一路"倡议实施后，全球支持与响应"一带一路"倡议的国际组织和国家已有 100 多个，其中与中国签署合作协议的国家和国际组织就有 80 多个。但不是所有的国家与国际组织都正面看待和支持"一带一路"倡议，还有一些国家对其敌视、阻挠与破坏。最具代表性的就是来自美国、德国、日本、澳大利亚等国家的冷战思维。他们认为中国不可能和平崛起，而一定会把强大的经济实力转化为政治霸权和军事霸权。并提出应对冷战思维的策略和路径：坚持新世界主义、弘扬政治儒学的天下体系、向马克思主义寻找答案。广西外国语学院韩洪影的论文《"一带一路"背景下中国形象在东盟国家的塑造与传播》，从国家形象传播意义、国家形象传播障碍和对外传播策略几个方面来论述。"面向东盟各国，讲好中国故事"，借助"一带一路"的建设，通过经济、旅游、教育、媒体传播等方式进行交流和传播，从而提升中国在沿线国家的影响力和传播力。

对于丝绸之路开通后，古往今来华夏文明如何传播出去，丝路沿线国家如何交融的问题，学者们积极探讨。南宁师范大学新闻传播学院卢有泉和百色干部学院卢世楠合作的主题报告《丝绸之路开通后华夏文明在东盟诸国的传播与变异》中指出，经过西南陆上丝绸之路、海上丝绸丝绸之路的开通和郑和的七下西洋，华夏的物质文明、制度文明和精神文明全面输入当今的东盟十国，从而最终将这一地区纳入了华夏文明圈。同时华夏文明也经历了一个与当地文化融合和变异的过程。扬州大学文学院贾学鸿的论文《前丝路时期义渠驳马传说的东传》，根据《逸周书》所载义渠向周成王献纳兹白贡品之事和《山海经》中的驳马神话，指出义渠作为古代西戎的一个分支，早在陆上丝绸之路正式开辟之前，就已经与王朝及秦国存在长达千余年的交往。义渠文化得以东传并融入主流传统文化的契机，除了建周以来的民族征战与融合，还可追溯到先周时期不窋、公刘祖孙三代的生活经历，进而也揭示出前丝路时代丝路沿线土著文化的发生及发展状况。福建农林大学金山学院李海文的论文《作为"海丝"文化的媒介：中国外销瓷的历史特点与现实启示》，梳理中国外销瓷的历史，发现其中外合璧、兴衰时段、传播地域几乎与海上丝绸之路一致，成为展示"海丝"文化的极佳窗口。器以载道，物以传情，外销瓷器具有媒介功能。在新时代下，传播"海丝"文化，外销瓷大有可为，但要正确处理历史与现实、国内与国际、内容与传播的三大关系。

对于"一带一路"背景下华夏文明传播模式和方法的探讨，厦门大学新闻传播学院叶虎的论文《"一带一路"背景下东盟孔子学院中华文化传播探析》中指出：在"一带一路"建设过程中，孔子学院的设立和发展是增进中国与东盟民心相通的重要桥梁。文章对东盟孔子学院发展概况作了简要介绍，探讨了"一带一路"

背景下东盟孔子学院中华文化传播的优势以及存在的主要问题，论述了推进东盟中华文化传播的对策。西南政法大学裴永刚的论文《中国出版"走出去"模式的探索——以国际编辑部为例》，分析了中国出版在走出去过程中也存在政策风险意识缺乏、内容产品单一、文化折扣影响、渠道瓶颈、项目制运营模式需要优化等问题，因此政策上树立风险意识、产品上优质特色、推广上本土化、渠道上立体化平台、模式上市场化双向互动是国际编辑部走出去讲好中国故事、传播好中国声音的必要途径。广西外国语学院韩洪影的论文《"一带一路"背景下中国形象在东盟国家塑造与传播》，从国家形象传播的意义、传播障碍、传播策略几个方面论述了借力"一带一路"，"面向东盟国家，讲好中国故事"，提升中国沿线国家的影响力和传播力。厦门大学新闻传播学院史东东的论文《历史、现状与逻辑："一带一路"作为另一种全球化》，从"一带一路"的历史、现状和逻辑梳理，将"一带一路"作为一种"全球化"方法进行阐释。

　　文化产品的传播也是"一带一路"中国经济文化交流的重要方式。西安体育学院田华、李川的论文《平衡与共鸣——一带一路语境下亚洲现实主义电影的叙事基因与艺术译码》，该文以多部亚洲现实主义电影为研究范本，从电影的叙事基因与艺术译码入手进行探析，发现除了呈现链条单一，叙事基因更需要寻求商业化与艺术价值的平衡点，而在艺术译码方面，则需要考量"在地化"因素，引发共情的跨文化传播。强调对外传播的过程中，文化不能单一地屈就于市场，除了追逐外在技术以外，有共通意义空间的故事输出，本土化的文化特质也同样重要。长江师范学院外国语学院杨玉英的论文《"一带一路"倡议与中华学术外译》，从中华文化的经典外译和翻译人才的缺乏等方面，探讨了在"一带一路"建设中中华优秀传统文化如何更好地"走出去"以及当务之急。包头师范学院文学院新闻系单新宇的论文《框架视域下的"一带一路"新闻报道研究——以〈人民日报〉为例》，立足于框架理论分析《人民日报》"一带一路"新闻报道在报道领域、体裁框架、信息来源框架和报道篇幅的框架特点，指出要在题材领域做到多元化，与时俱进与地结合，并做到平衡报道。吉首大学文学与新闻传播学院的徐晓红、李端生，湖南女子学院外国语学院的白蓝，吉首大学体育科学学院研究生向伟的合作论文《"一带一路"与中国西部少数民族文化传播关系及意义——以中国西部少数民族文化在加拿大的传播为分析点》，以中国西部少数民族文化在加拿大的传播为例，分析"一带一路"与中西部少数民族文化传播的关系与意义。上海政法学院语言文化学院常立霓的论文《中华文化在中亚的传播——以吉尔吉斯斯坦作家阿尔布都小说为例》，以吉尔吉斯斯坦作家阿尔布都小说为例，分析中华文化在中亚东干文学中是如何传承与变异的。

二、华夏文明与地方性知识生产

华夏文明的多样性和延续性今天充分地表现在地方性的文化传承和创新中，融入文化产品的开发和创意中，体现了中华优秀传统创造性转化和创新性发展。

河南新乡学院新闻传播学院的任宝旗的论文《互联网背景下河南宗亲文化传播模式的变化及影响》，以宗亲文化姓氏为例，分析互联网环境下河南宗亲文化的传播现状、传播方式的变迁、传播中存在的问题、相对应的传播策略，并阐述互联网背景下宗亲文化传播的现实意义。中国传媒大学博士生马阳的论文《清真标识的互联网传播初探》，分析了清真标识传播引发的网络舆情之原因、表现、特征及结果，为我国清真产品健康、有序、合规的发展提供有益思考。百色学院文学与传媒学院雷玉玺的论文《华夏文明传播——公司公关人员与记者的互动关系》，从危机传播的视角阐述公司公关人员与媒体记者的关系构建。浙江省衢州市柯城区非遗保护中心余仁洪的论文《二十四节气（九华立春祭）传承和传播新路径的实践探究》，以浙江衢州地区二十四节气（九华立春祭）文化传承和传播为研究对象，通过近三年的实践，就节气文化的传承和传播实践模式做了探究，为国家非物质文化遗产多媒体传播提供借鉴。广东科学技术职业学院艺术设计学院朱星雨的论文《浅谈自媒体营销传播——以粤港澳大湾区主题公园为例》，通过对粤港澳大湾区主题公园利用自媒体整合方式的案例分析，证明自媒体营销方式的创新对市场发展具有重要影响作用。南宁师范大学新闻与传播学院蒯光武的论文《台湾教师的南宁宜居城市意象》，调研台湾人士对旅居城市南宁的观感，为南宁市在跨文化传播语境下的城市定位和有效传播提供借鉴。

三、华夏文明传播与媒介学研究

媒介不仅是信息传递的重要介质、载体和渠道，更体现技术的发展进步和华夏文明传播的不同表现形态。媒介在中华文明数千年的发展历程中以不同的形态嵌入人们的生活，对社会文化和人类的生活等各方面都产生了不同程度的影响。现今多媒体语境下，媒介研究又成为学界研究热点，此次研讨会，华夏文明传播与媒介学研究也备受关注。

广西职业技术学院学报编辑部李毅坚的论文《意指概念与接合实践：陆羽〈茶经〉的话语修辞与意义建构》，分析了《茶经》中意指概念和接合实践两种修辞策略，指出其搭造了儒学话语阐释框架，赋予意指概念丰富的儒学内涵，通过话语修辞建构中国茶文化的"核心价值观"。广西电子科技大学王莉的论文《符号修辞视角下刘三姐形象传播研究》，从符号学的视角分析少数民族文化符号"刘三姐"形象传播的传播模式和传播途径，反思媒介传播对民族文化的影响。厦门大学附属实验中学孙倩的论文《基于"讲好中国故事"背景下的〈流浪地球〉叙事策略分析 ——兼与〈星际穿越〉比较》,以电影《流浪地球》的叙事策略为例,分析"中国文化符号"的表达和"中国叙事结构"的运用,探讨"讲好中国故事"的方式方法。广西艺术学院影视与传媒学院研究生戚静的论文《推特中对于巴黎圣母院大火事件的集体记忆与视角修辞》,通过分析推特中的新闻媒体对于巴黎圣母院大火事件的推文和图片,发现新闻媒体运用大量新闻图片构建新闻聚像重温记忆,利用文化记忆唤起对于巴黎圣母院的认同感,通过举行纪念和颁奖仪式来保存对于巴黎圣母院的记忆,运用视觉修辞可以更好加强与重塑人们脑海中的记忆。

四、新媒体环境下的华夏文明传播

新媒体给人们生活带来巨大的影响,媒介融合又丰富了文化的表现形态。本次研讨会的很多学者就新媒体环境下的华夏文明传播呈现展开了热烈的探讨。西南交通大学人文学院石磊的主题报告《媒体融合视阈下的消费文化传播》,以图文并茂的方式分析了媒介融合背景下,新媒体的发展带来了消费文化的欲望趋使、符号表征、超真实等特点。他指出文化与传媒是一枚银币的两面。传媒充当了消费文化的宣传者和鼓动者,我们除了看到对消费文化的批评意见之外,也要看到消费文化对经济发展的积极意义。新媒体不仅带来了消费经济的新的表现形态,也带来新的消费体验和新的消费人群,引起消费逻辑的变化。广西大学阎俊霖和李阳阳的合作论文《新媒体环境下的华夏文明传播——以公众号"讲给外国人"的推广为例》,以"讲给外国人"公众号为例,探讨了三种推广模式,即教学与公众号创作相结合的模式;"新的热点,旧的链接"模式;在翻译中增加认同感的"用户共创"模式。中国矿业大学张彦华的论文《5G 时代网络视频著作权领域各主体利益调节失衡问题研究 ——基于传播政治经济学的分析视角》,从 5G 的技术发展,对网络著作权领域各主体利益失衡问题为例,分析媒介技术对大众虚拟生活和现实生活的建构进程形成重要影响。强调理应从对该行业之内利益平衡机制出发,来强化 5G 时代网络视频著作权领域相关问题的治理力度。华中师范大学新闻传播学院硕士研究生李孟名的论文《从文化类短视频"出海"看民间叙事在华夏文明传播中的价值——以"李子柒"为例》,指出"短视频 + 传统文化"的结合是新媒体时代对传统文化的传承和创新号召的响应,探讨民间叙事在新媒体中的呈现,探究华夏文明传播的个体转换路径,以及其可以结合和推广的传播策略。中国传媒大学传播研究院李汇群和硕士研究生江南望的合作论文《空间再生产:短视频平台对地方性文化景观的形塑与传播——以南宁抖音短视频研究为例》,从列斐伏尔的空间生产理论出发,以抖音上与南宁相关的短视频为研究对象,探索短视频平台对地方性文化景观的形塑与传播作用，同时整理出短视频平台进行空间再生产的机制。江汉大学文理学院陈红的论文《新媒体环境下的华夏文明传播——以"学习强国"APP平台为例》，以"学习强国"APP平台为例，探讨新媒体在华夏文明传播中的表现形式、传播内容、传播体系方面呈现出明显优势。广西艺术学院影视与传媒学院硕士研究生刘俊玲的论文《新媒体视域下汉服迷群生态现状研究》，探讨新媒体环境下汉服迷群的生态现状，认为汉服迷群的生长促进了中华文化的传承，更是我国文化自信提升的重要体现。

五、华夏文明传播的基本理论探讨

理论不仅是学科发展的基本构成内容，也是学科发展的基本动力和传播实践的基本指南。华夏文明传播基本理论的探讨是华夏传播四十年来的一贯追求，构建华夏文明传播的基本理论，建立和强大"中华学派"是华夏传播学者为之奋斗的宗旨。本次学术会，大批学者围绕中华文化的千年实践、经验从各个方面探讨华夏文明传播的基本理论。

深圳大学传媒与发展研究中心吴予敏的主题报告《日常生活史视野里的中国传播观念研究》，指出不同文化传统有各自的传播观念，传播观念制约了人们的传播实践和传播理论的形成，影响到各种与传播关联的制度设计和社会运动。中国日常生活史对中国传播观念研究具有多方面的重要启示，中国传播观念的研究应引入日常生活史视角，并简述其研究方法策略。华夏传播研究会陆元祥的论文《中国哲学对西方近代思想的影响探究》，认为"中学西渐"中，作为中国主流思想的儒家思想，对欧洲尤其是法国启蒙思想家影响至深，他们赞扬中国的道德与政治学说，吸取了儒家的仁爱、仁政、心性理论，吸取了民本思想，选贤任能等思想，融入其理性主义，建构他们自由平等博爱思想体系，冲击和否定宗教神学权威，反对封建专制暴政，推动历史进步，由此也展现了中国哲学西渐的重要价值与意义。西北民族大学新闻传播学院张兢的论文《〈周易〉符码体系探赜》，从符号学视角，分析《易经》符码体系：符号系统、释义系统、行为系统等系统间建立等值关联。《易传》在阐释《易经》卦象和卦爻辞之中，形成了以价值观念构建为核心的符码体系。从而诠释《周易》形成了中华文化的整体语义场的过程。厦门大学新闻传播学院博士研究生林凯的论文《身体与情感：孔子人际交往新探》，认为身体和情感是孔子教化和人际交往思想中关键的两个要素。并分析两者之间的关系以及在表现孔子"仁道"传播思想的生成、调控和外显过程。重庆邮电大学移通学院艺术传媒学院叶进的论文《天、君、民：解码谶纬传播中的天人关系》，以谶纬传播为研究对象，揭示背后的天人关系，即协调天、君、民三者之现实关系，继而在政治领域达到动态平衡的过程。三明学院文化传播学院金雷磊的论文《宋代图书传播的三种方式》，以丰富的史料，详细分析了宋代图书传播上行传播、下行传播和跨文化传播三种方式。新乡学院新闻传播学李娟的论文《殷商传播体制与甲骨文社会管理功能考论》，考察人类早期发明和长期应用的甲骨文，对于国家和社会管理方面的重要功能，以期对远古时代我国的传播体制发展以及信息管理系统和实践，做出科学认知和判断，并对甲骨文产生后的社会管理以及人类文明进步进行更为全面观照。

对于传统文化对于当代的价值和启示，以下学者展开了探讨。贵州师范大学大学的田素美的论文《中国家庭传播的独特气质及时代价值》，从家庭传播的视角入手，分析中国家庭传播重"情感"、重"和合"、重"恩报和礼尚往来"、重"面子"等华夏文明特征，并分析其时代意义。中南财经政法大学研究生贺子婵的论文《"家"文化视角下的"中国春运"》，从"家"视角，分析"中国春运"的媒介景观背后的中国文化内涵，并对媒体对"中国春运"报道分析，提供报道策略。深圳大学传播学院王琛、严文玮的合作论文《我国家庭伦理剧中青少年亲子冲突性话语研究》，以影视剧为例，通过话语分析，对家庭传播的代际冲突展开探讨。河北大学新闻传播学院刘燕飞、杨金花、王宏的合作论文《"心灵鸡汤""治愈系"的中国文化溯源》，对当今文化"心灵鸡汤"进行中国传统文化溯源，为多媒体时代其有效传播提供借鉴。西南政法大学的王仙子的论文《先秦儒家知诚信传播观念及其当代启》，从传播角度，考察了先秦儒家知诚信传播观念人格修养的形成过程。认为先秦儒家知诚信传播观念对现代媒介的传播责任、传播道德和传播自律，有深刻的启示意义。广西艺术学院影视与传媒学院焦仕刚和北京电影学院学报方兆力的合作论文《中国传统文化的现代价值与国家传播散论》，从现代中国人的"意义危机"入手，探讨现代社会良知代表知识分子如何拒绝权力和商业资本的控制成为独立性价值主体，传统"敬天畏地""天人感应"朴素信仰与当下政治民主监督的独特内在契合关系，全面阐发中国传统文化现代价值。华北电力大学人文与社会科学学院的王伟和本院硕士研究生陈曦的论文《孟子王霸之辨对当代华夏文明传播的借鉴意义》，认为孟子王霸之辨对华夏文明传播的借鉴意义主要体现在三个方面，一是确立以王道为核心价值的文明传播理念；二是践行以德服人的传播方式；三是构建多元文明共存、交流和互鉴的文明传播格局。贵州师范大学国际教育学院王婷的论文《华夏法治文明传播特点及其当代价值》，探究先秦时期法治思想的传播特征，提出建设社会主义法治国家和构建人类命运共同体背景下的社会治理和国际交往中我国自古以来的法治思想仍然具有不朽的魅力。这些研究都彰显了传统文化跨越时空的智慧。

　　除此之外，还有一些论文对新闻传播理论进行相关探讨，如商丘师范学院传媒学院的李雪梅的论文《穆青新闻人格魅力解读》，对穆青的新闻情怀和新闻人格进行解读。吕梁学院中文系常志刚的论文《五四时期中国传统文化对毛泽东思想观念的启蒙与形塑》，探讨中华优秀传统文化对毛泽东的影响与形塑，即传统文化对青年毛泽东马克思主义思想以及新闻观的形成和影响。

六、跨文化交流背景下的华夏文明传播

　　跨文化传播不仅是我国"一带一路"发展战略的重要主题，更是我国华夏文明传播的有效途径。本次研讨会学者们就华夏文明跨文化传播的媒介、渠道、进路、理论逻辑、对策和文化价值认同等方面展开探讨。

　　上海外国语大学新闻传播学院郑闯的论文《亚洲文明传播的现代性迷思 —— 兼论中华文明对外传播的挑战与进路》，认为亚洲文明传播在传统与现代、现代化与西化、现代性的标准、现代性霸权、亚洲自身的现代性贡献、传播流向的逆差、传播内容的价值取向等诸多与现代性的关系亟待厘清。唯有在亚洲文明传播的现代性认识上建立自觉意识，包括中华文明在内的亚洲文明的对外传播实践才能摆脱文明发展与传播的弱势地位，建立现代性间性视野，走向新的文明传播新秩序。郑州大学新闻与传播学院的张兵娟和硕士研究生李阳的合作论文《文明的冲突与较量：中英礼仪之争再审视》，以公元 1793 年马戛尔尼使华的重要历史事件为研究对象，就中英礼仪之争，从后殖民理论视角、运用传播学分析方法，将研究重心放在中英双方交接过程中的文化背景、价值观念以及双方话语体系背后的权力分析。进而为增进当前世界范围内所现代多元文明平等交流的文化氛围，增强当代国人本民族的文化认同和文化自信寻求历史根基。天津师范大学新闻传播学院刘卫东的论文《中西文明交汇下的城市文明传播——"京津沪"历史文化变迁的视角》，以北京、上海和天津为研究对象，梳理三座城市的百年历史发展，探讨城市传播中全球化带来的城市文化、文明发展的普遍性问题。广西大学新闻与传播学院徐增展、石张的论文《共通的语意空间：基于文化模因整合对中国——东盟跨文化传播的内容选择和传播渠道探索》，针对跨文化传播中，中国——东盟文化体系之间的碰撞、冲突展开分析，提出在整合双方文化模因的基础上，对跨文化传播的内容进行适当的选择，探索科学有效的传播渠道，构建共通的语意空间，以实现中国——东盟命运共同体的和谐共存。广西艺术学院研究生卫雅娟的论文《东学西渐 佛音北美 ——宣化上人英文翻译中价值传承与传播研究》，研究宣化上人在讲经和译经的过程中，中英文翻译转换下价值的转化和变更。黑龙江大学新闻与传播学院的姜德锋的论文《我国和俄罗斯的"崇虎文化"及其当下价

值——中国对俄国际传播的视角》，以中俄人民共同的"崇虎文化"为研究对象，提出国际传播以及周边传播，要创设本土语境。对俄传播中要充分利用远东地区居民崇虎护虎的地方知识，以虎为媒、以虎为题，创设共通的传播语境，讲述两国人民多元合作的故事，同时引导青年人围绕中俄共通的崇虎文化开展新媒体产品创造，引领数字时代崇虎文化新时尚。广西师范大学文学院／新闻与传播学院赵晟的论文《人脸在身体交往中的作用机制研究——以香港风波与〈禁止蒙面规例〉的出台为例》，从身体传播的日常生活实践，探讨面部的神态与表情所能传达的非语言符号在中国人表达情感、确认关系、和谐生活的重要保障与前提条件。探究中国传统思想中对于"面子"与"面具"的传播思考，并从中寻找香港特区政府出台《禁止蒙面规例》的文化与学理依据。浙江大学城市学院钟学敏的论文《两岸文化交流障碍及其对策研究》，分析近年来两岸交流在制度文化和心理文化方面的障碍，提出了构建两岸社会制度之间的联系平台，增进两岸互信和交流的对策。李时珍科技文化研究院的胡济生的论文《论中国传统文化对外传播的现状与策略应对》，对中国传统文化经典对外传播的现状进行分析，并提出应对策略。华侨大学华文学院王晓平的论文《全球化时代"中国意识"的叙事策略及其不足：作为"后现代电影"的〈山河故人〉》，以家庭情感剧《山河故人》为研究对象，分析全球化时代的"中国意识"，以助于我们理解中华文化在对外传播中的经验与误区。南昌大学新闻与传播学院席志武与北京外国语大学国际新闻与传播学院刘银银的合作论文《中美贸易战背景下〈金融时报〉对中国企业形象的报道框架分析》，分析了《金融时报》对中国企业形象报道的框架，指出在媒介化社会，中国企业不仅需要以"工匠精神"，还需要着力打造一支舆论宣传队伍，掌握对外传播的主动权，讲好中国企业故事，维护好中国企业的长远利益。

回顾、总结与展望

华夏传播研究走过风雨40年的历程。从20世纪50年代传播学初登宝岛台湾，到70年代末到达大陆，80年代真正开始传播学研究。传播学从开始以欧美为师到后来的"传播学中国化"，再到今天传播学研究多元化发展的兴盛局面，包含了几代传播学者筚路蓝缕的开拓和求索。回望历史，我们才能更好地看清华夏传播研究的未来路，激励华夏传播学者"不忘初心、牢记使命"，牢牢把握华夏传播研究未来的方向，服务于我国繁荣昌盛的伟大实践，传承中华5000年优秀的传统文化，无愧于这个伟大时代的重托。

诚如华夏传播研究会会长谢清果的主题报告《华夏传播研究的初心、求索及其方向》所说，在华夏传播研究四十年发展历程中，华夏传播研究始终坚守"中华文化立场、全球传播视野"的初心，在求索发展中坚守对中国社会的传播活动和传播观念的发掘、整理、研究和扬弃，探讨中华优秀传统文化在现当代社会的传承和发展，在华夏传播理论的基础上构建华夏传播学，实现华夏传播研究的终极目标。华夏传播研究基本理论的建构既要参照西方传播学的发展，更要立足于中国的现实和日常，构建中国的认同和社会关系。即华夏传播学的构建要基于本土经验，基于中西对话，以解决中国问题为导向，在理论化进程中逐步完成。

会议闭幕式上，华夏传播研究会荣誉会长吴予敏对本次研讨会作会议总结。吴予敏高度评价了近几年华夏传播研究在厦门大学传播研究所，在谢清果及其团队、华夏传播研究会会员单位及各位从事华夏传播研究的学者的努力下，在中国新闻传播学界形成了一股"旋风"，给整个中国新闻传播学科带来了强烈的文化氛围和文化冲击。他指出本次学术会议呈现以下几个特点：一是跨学科交融的特点。本次研讨会，学术研究不仅仅体现在传播学学科，还包含历史学，文学、民俗学、语言学、宗教学等多个学科。这不仅是研究队伍的特色，也是学术研究的必然。二是论文选题具有极大时空跨度，思路开阔，体现了研究的开放性，包容性，前瞻性，时代性。三是研讨会会风良好，会议点评模式设计精心，真正达到切磋学术的目的。吴予敏高度肯定了谢清果对华夏传播研究"中华文化立场，全球传播视野"的准确定位，同时从学术话语的构建和学术认同角度为华夏传播研究寻找突破口。他指出华夏传播研究要跳出西方传播学理论的唯一桎梏，以人类各种文明的发展为参照系，开阔学术研究视野；华夏传播研究要从研究方法、研究视野、研究传统、研究概念等方面加强学术规范性，不贴标签，不做"强制阐释"，立足于中国文化的内在肌理；选择研究方法时候，一定基于特定的研究对象，保持传统与当代的平衡性。吴予敏还指出，华夏传播研究的理论及学术话语的构建并非朝夕之事，任重道远，需要长时间的学术研究积累，保持学者的学术敬畏之心，华夏传播本土化的研究定会迎来胜利和光明未来。

谢清果也勉励华夏传播研究学者，既要看到华夏传播光明的未来，更要牢记传播学者肩上的重担和时代赋予的使命，新时代传播学者更应该戒骄戒躁，坚守"中华文化立场，全球传播视野"初心和宗旨，立足于中国的传播现实，积极展开与西方传播学的对话，构建传播学"中华学派"和华夏传播学理论体系，华夏传播学才能真正行稳致远。

传播史研究范式的可能性

——兼评《中国古代传播政策史》

The feasibility for the research paradigm of communication history
——on The History of Ancient Chinese Communication Policy

杨映瑜 *

Yang Yingyu

摘　要： 由"两种范式"和"三种近代史研究范式"为代表的传统新闻传播史研究方法在近年来逐渐表现出滞后性，为避免出现"学术内卷化"，当代新闻传播专门史越来越明显地呈现出跨学科研究的特征。许多学者借鉴多学科理论及方法，从而为新闻传播史的研究范式和领域打开了新天地，新闻传播专门史的纵深层面也得以拓宽。《中国古代传播政策史》正是在这样的背景下诞生，它将历史学与传播学有机结合，以丰富的史料及严谨的叙事，探寻了古代传播政策研究的主体框架和历史脉络，为传播史研究提供了另一种可能。

Abstract: The traditional research methods of journalism history, represented by "two paradigms" and "three modern history research paradigms", have gradually shown lags in recent years. In order to avoid "academic involution", the special history of contemporary journalism and communication has become more and more evident in the characteristics of interdisciplinary research. Many scholars draw on multi-disciplinary theories and methods, thus opening up new horizons for the

---

　* 杨映瑜（1996—），女，中国传媒大学文化产业管理学院硕士研究生，研究方向：传媒政策与法规。

research paradigm and field of the history of journalism and communication, and expanding the depth of the specialized history of journalism and communication. The History of Ancient Chinese Communication Policy was born under such a background. It combines history with communication studies, and explores the main frame and historical context of ancient communication policy research with rich historical materials and rigorous narratives, providing another feasibility for the study of communication history.

关键词：新闻传播史；传播政策；研究范式；《中国古代传播政策史》

Key words: history of communication; communication policy; research paradigm;The History of Ancient Chinese Communication Policy.

一、传播史研究范式的演变

我国尚未出现经典意义上的"传播史"著作。当然，如果将传播作为一个可以统摄所有传播行为、思维和影响的广义范畴，那么本土传播史曾有过将"新闻"（功能史）、"媒介"（载体或组织史）和"理论"（思想史）作为主要内容的研究角度，而"新闻（传播）史"则在很长一段时间居于本土传播史的主导地位。

作为新闻传播学科的基础领域，我国新闻传播史有着近百年的发展历程，其研究范式随时代发展不断丰富和更新。一些学者提出，我国既往中国新闻史研究范式可总结为"两种范式"，即以戈公振先生《中国报学史》为代表的体制与媒介经营范式，以及20世纪50年代受苏联影响颇深的政治与媒介功能范式。前者是以报史为中心的新闻史观，着重关注"媒介经营"；后者则是以新闻事业发展为中心的新闻史观，并着重关注媒介的"政治功能"。还有学者认为，中国目前新闻史研究应总结为"三种近代史研究范式"，即革命范式、现代化范式和民族国家范式。[①] 不论是"两种范式"还是"三种近代史研究范式"，都不可避免地打上了时代的烙印，与当下新闻传播学的发展阶段有不匹配之处。

因此，许多学者对新闻传播史的研究提出了更多的看法和意见。学者张昆认为，新闻传播史不可囿于纵向研究，应同时注意往横向探索、发展，如此，新闻史的天地才能更加广阔；[②] 学者吴廷俊认为，新闻传播史的研究需要警惕"学术内

---

① 李彬、杨芳：《试论中国新闻史研究的范式演变：以〈大公报〉研究为例》，《中国传媒报告》2005年第4期。

② 张昆：《横向发展：新闻史研究的新维度》，《新闻与传播研究》2004年第4期。

卷化"现象，应结合其他学科的视角，从而产生新的"边际效应"。①学术界在新闻传播史研究方法上不断反思并推陈出新，从而将该领域的研究视野拓宽开来。

近些年，国际传播学界也对经典传播史范式也进行了反思。长期以来，囿于"传递观"，传播的历史被限定在从口头文化到印刷文化再到电子文化的框架中。这被舒德森称之为"未明言的内在结构"，②即一个新的传播媒介被引入社会时将发生什么。这个结构的成果，就是从技术决定的角度演绎媒介与人类进化的关系（即技术论＋进化论）。施拉姆的最后一部著作《人类传播史》就是此类。当然他在其中引用李普曼的一句话"社会乃在媒介内容与媒介受众之互动过程中塑造"，似乎已经注意到传播与社会结构之间更为内在的互动关系。换言之，传播史需要立足传播认识论的更新，调整范式和取向。近年来传播认识论的最大变化，就是"仪式观"（文化观）的加入。"仪式观"并不是对"传递观"的完全颠覆，而是一种认识论的拓展和深入，同时有助于研究范式的更新和视角的转移。

舒德森将当前传播史研究分为三类：宏观传播史研究、本体传播史研究和组织传播史研究。他总结说，西方传播史侧重于将媒介作为历史事件的背景和某种因果关系的载体而存在。相比之下，他更倾向于安德森《想象的共同体：民族主义的起源和散布》一书所体现出的对传播的历史性的关注，即将传播和文化熔为一炉，放置于认同与建构的框架之中，从社会历史变迁的角度对其进行考察。当然这有赖于传播学与史学、社会学、心理学和政治学等社科领域的深度融合。

近年来，许多研究者采用新的研究视角重新解读（新闻）传播史，为世人呈现出瑰丽壮阔的史学画卷。在琳琅满目的新闻传播专题史研究成果中，何勇所著的《中国古代传播政策史》，运用传播学、历史学、政治学、文学等多学科理论知识来探析中国古代的传播政策，不仅是传播专门史领域的开创之作，也是传播学本土化的有益尝试。

当代传播史研究的一个重要挑战是本土化的问题。上文中提到的"两种范式"和"三种近代史研究范式"无论如何归纳，其实两者的解释框架都来自西方，都是西方人对西方问题的发问和解答方式，而中国史学家则借取了他们研究而来的方法、概念以及理论体系。经过漫长的时间后，西方理论却长成了普罗克汝斯忒斯之床，中国经验被迫进行截取或分割，从而强行与它保持一致。实践证明，照搬西方理论，只会使中国新闻史研究不够尊重中国的"主体性"。长久以来，中

① 吴廷俊、阳海洪：《新闻史研究者要加强史学修养：论中国新闻史研究如何走出"学术内卷化"状态》，《新闻大学》2007年第3期。
② 舒德森：《传播研究的历史取向——谈谈传播史的研究方法》，沈荟、邓建国译，《新闻记者》2018年第4期。

国历史研究所使用的一系列概念工具，如"封建""封建社会""封建制度""阶级""奴隶阶级"等术语，实际上都勾连着诸多的社会历史理念，若干词汇甚至带有全局性的重大假设，如照搬照抄，只会对历史解释本身造成重大影响。"语言""话语"并不仅仅是"表达形式"，它们更是研究内容对象本身，甚至历史本身。

因此，当人们使用了某种"话语"的时候，就已经进入了"话语"特定的情境之中，此时若想对历史再做解释，简直绝无可能。可见，当历史研究者使用话语的时候，应当慎之又慎，在这一点上，该书就做了一个良好的示范。如"封建社会"之说，这个概念其实与我国历史上的原本概念有冲突，因为自秦朝实施郡县制度之后，严格意义上的封建之制已经基本结束，所以即使在历史概括中，本书也尽量不使用类似的词语。再比如晚明"商品经济"以及所谓的"资本主义萌芽"，这些概念都是专有词语，作者也选择尽量不用，而是概括时使用描述性的"商品流通"等词语。当然，由于政策史的分析术语来自当代，作者在描述过程中仍然会运用到"公共空间""信息不对称"和"政策价格"等专有表述，不过为区分当代背景下的话语，该书都对这些概念的应用做了详细的说明。作者在选择、使用话语上如此煞费苦心，都折射出作者本人深厚的历史学素养以及严谨的治学态度，对于读者而言，不可不谓是一件幸事。

中国新闻传播史主体话语需要"在地化"，也就是从中国问题的情境出发，以探寻中国新闻传播史的发展道路。该书作者在话语运用上，保持着深刻、自觉的敏感性，在中国古代传播政策的基本结构——信息屏蔽（渠道垄断）和思想专制之下，发掘不同历史阶段我国文化内在的，基于民本、人本的理性、宽容和开放，以及随着社会经济、文化发展进程而产生的足以影响政策制定的各种物质和精神力量。作者将中国古代传播政策置于不同阶段的社会、文化之间互动、关联而构建的背景下来阐述，体现了本土传播史的一种独特性，也将为更多研究者拓宽视野。

二、作为史学的传播史

自改革开放以来，中国新闻传播史研究成绩斐然，各类《中国新闻事业史》《中国新闻传播史》层出不穷，但繁荣的背后，却也掩盖不了研究领域及对象的单一，中国新闻传播史研究陷入"学术内卷化"的危机，难以为学界提供新的认知观照。与其他学科及领域相结合，或许才是打破新闻传播史僵局之法。

作为一本新闻传播史类书籍，如何体现"史"的特征仍然值得考量。在过去，"本末倒置"的历史研究方法也曾出现过。1956 年，中宣部主持制订了《中国报刊史教学大纲（草稿）》，从此《大纲》便成为新闻史教学及研究的底本。但这种研究范式逐渐固化，造成"写出来的新闻史，议论多于史实，缺少史的特点……"①进而使得我国新闻史研究陷入低谷。为避免上述"议论多于史实"的缺陷，《中国古代传播政策史》作为专门史，按照体例化的通史记述方法，以时间顺序描述相关史实。作者花费了大量的功夫进行考证，从而最大限度地展现了史料的原本外貌。从整体上看，本书重史料及其考证，轻主观演绎，这就保证了史实的还原度及可靠性，使得读者能够理性思考。

该书扎根于具体历史事件，考证了大量的文献资料，依据历史及传播政策发展的基本特点，依照时间顺序对中国古代传播政策史分期，从传播政策的起源、明命鬼神为黔首则的巫祝时代、观风化俗的先秦早期、禁言与纳谏并存的春秋、稷下论证与归心于壹的战国……说至训士化民的清朝前期，洋洋洒洒、横跨千年，读者在阅读后能清晰地感受到我国古代传播政策史的发展脉络。

纵观全书，既有对恢宏历史的整体描述，又有对具体事件的阐释，该书重点研究了史前时代至清前期的传播政策，跨越千年，洋洋大观。本书第一章，作者引用了大量域外考古以及民族学的材料探讨了世界范围类的史前人类传播行为，包括西班牙阿尔塔米拉洞穴壁画、南非布隆伯斯洞穴的穿孔贝壳和划痕赭石等。这些探讨看似"旁逸斜出"，其实不然，作者意图通过援引世界各地的传播现象从而指出人类传播的起源来自象征符号与仪式传播，这是全人类的共性。仪式传播经过漫长的发展，成为社会秩序的基础，而"仪礼独占"则进一步成为"传播政策"的起源。

虞舜时代，我国出现了较为明显的政教崛起现象，而树立政教在我国古代传播政策中又处于核心地位。由祭祀发展而来的政教模式为政权的合法性奠定了根源。先秦早期的朝野对话，已经初步有"政策"概念的色彩，而"采诗""编诗""陈诗"等带有民本思想的制度创新，也是统治者对国家秩序、礼教建构的一次实践。

春秋时期，以子产铸刑鼎为代表的官方政治传播，与"悬书"为代表的民间议政手段相互抗衡，而前者作为我国首次向民众公布的成文法典，更预示着新型社会控制模式的可能性。孔子诛杀少正卯则体现了统治者对异端言论的态度，思想言论入罪成了后世思想和舆论管理的主导思路。"谏议"作为君主专制的补充也已出现，臣子谏诤和君主纳谏二位一体，共同形成体制内的意见传播和反馈，但

---

① 丁淦林：《中国新闻史研究需要创新：从 1956 年的教学大纲草稿说起》，《新闻大学》2007 年第 1 期。

其"言者无罪"的理论来源却未在实践中得以真正的贯彻。

战国时期，百家争鸣。齐国稷下议政重理论而轻实用，秦国则强调归心于壹。后者开辟了传播政策的"中央集权"模式，并与重农抑商、愚民管制、户籍束缚等等政策相配合，贯彻了"农战"的霸道之策，为秦吞并六国，成就大一统奠定了基础。秦代进一步将言禁政策（诽谤罪、焚书令）法律化，为二世而亡埋下伏笔。汉代在废除"挟书律"、"诽谤妖言"的同时，罢黜百家、独尊儒术，完成了思想和规则上的大一统后，政治秩序随之安定。儒家伦理道德自此成为汉武以下我国两千多年政治和文化传播的主要内容。

东汉清议是秦汉以后士人议政的首个高峰，它源自东汉后期士大夫阶层中品评人物的风气，后演变为对统治阶层（尤其是外戚和宦官）的批判，反映出统治者与民间言论的冲突。它开启了朝堂与民间舆论互动的新模式，甚至带有一定"公共空间"的色彩。

唐、宋期间，邸报（中央官报）体系逐渐完善。印刷技术为"文治"提供了条件，而商品流通又反向激活了信息本身的流动性、实用性和商业价值，媒介呈现出发展方向上的诸多可能。中央、地方、民间组成传播权力博弈的三极，最终在宋朝形成明确的传播政策。

由于版图的扩大，元代展现出不以中原文明为轴心的另一种可能，民族等级森严但仍保持融合，文艺、出版、宗教和跨文化传播等政策虽然零散无序却也呈现出超越前朝的宽容。汉族文士被排斥出主流体制之外，也为世俗文艺创作提供了大量人才。但元朝所出台的政策法律，缺乏长远眼光，纵弛之下亦难长治久安。

明代传播政策承接了宋代的严密和系统性，以嘉隆为界，明初官方通过完备的教化体系和高压手段，垄断着文本的选择和诠释，思想专制到达顶峰。至中晚明，清议纵横，东林及其余脉借助讲学和结社活动，获得了更大的话语空间，也折射出话语权的下移与官方政策所处的弱势地位。明初太祖奠定"兴学教化"和"明刑弼教"两大方略构成了声势浩大的"普法"活动，使大明统治合法性的观念深入人心。以王守仁、湛若水为代表的体制外学术传播活动，一扫官学古板说教之风。民间讲学和议政活动屡屡经受官方打击，却仍然野蛮生长，为明末东林党以清议参与党争、舆论甚至左右朝局奠定基础，成为与专制统治相对抗的另一种力量。

清朝将明朝灭亡原因归结为"盖讲学必有标榜，有标榜必有门户，尾大不掉，必致国破家亡，汉宋明其殷鉴也"，讲学、结社、党争被统治者忌讳，聚众与结社之禁兴起，思想专制也进一步强化。大兴文字狱的同时，以编纂《四库全书》为契机，清朝也展开了最彻底的文字清洗运动。统治者在夷夏之防、朋党之禁、教化万民的主导思想下，传播政策彻底极端化。在统治者的"文治武功"光环下，文化实则趋于封闭，依靠内部政策制约皇权专制也不再可能。

三、作为仪式的传播政策

作者将"传播政策"定义为"政府针对传播活动的管理策略，及其与政治、社会和文化系统的相互建构"，这与詹姆斯·凯瑞所言的传播"仪式观"不谋而合。凯瑞认为，在早期的美国文化存在着两种关于"传播"的观念，一种是"传递观"，这种观念强调信息的空间性，通过发布与传递，从而达到控制的目的；另一中则是"仪式观"，它通过辨析英文词源，认为传播（communication）与分享、参与、联合有关，因此将传播定义为人类共享意义的文化仪式。通过"传递观"与"仪式观"的对比，本书作者将"传播政策"的落脚点定为"相互建构"也就不难理解了。从表面看，政策是官方意志的体现，传播政策反映的是政府及其所代表的主流意识形态对传播活动的基本态度和处置策略，但进一步看，政策又是相关方权力、利益博弈的结果，它是对时代及当时社会状况的一种反映。

在第六章"唐代邸报：中央与地方的信息博弈"中，作者以中国古代官报的前身——邸报的产生和发展为路径，以小见大地展现了唐代的政治权力博弈图景。邸报产生的制度载体是"邸"（进奏院），"邸"最早出现于秦代，在汉朝该机构已经相当普遍了。至隋朝一统天下后，为加强对地方的控制，推行朝集制度，邸成为为朝集使的住所。唐朝时期，朝集使依附于中央政府，主要任务是向中央通报地方情况，但随着中央权力旁落，朝集制度也难以为继，中央朝廷的绝对主动地位也不复存在。安史之乱后，朝集制度一度废止，唐德宗为加强中央集权意图重新恢复朝集制度，但随着削藩受挫，朝集制度再度被废。至唐代宗大历十二年（公元777年），进奏院这一机构出现，藩镇主动设置上都邸务留后使，而后中央将其更名为进奏官，被迫认可了它的存在。只是名为"进奏官"，但实际上它受控于各地藩镇，它的出现是中央与地方权力此消彼长的具体体现，进奏官虽是由中央任命，但只对地方官负责，不受朝廷管辖，从而具有情报探查的性质，能为藩镇提供中央乃至全国的军政信息。可见，在政治秩序和权力格局的变化影响下，信息主导权乃至社会控制权也会易手。作为社会控制和实现社会权力的基本手段，信息垄断一直被权力方所占据，信息的不对称造成了信息博弈，而强势一方则更容易控制信息的流向。

纵观这一章后，读者不难发现，政策拟定不一定就是中央政府的特权，社会环境变化亦能产生"倒逼"效应。既得利益方（信息主导方）往往缺乏变革的动力，而新进利益方则更倾向于构建、发展新制度，双方博弈的结果一方面依赖于国家基本制度的框架，另一方面则依赖于政治秩序的强弱格局，这样的双方互动也进一步证明了传播政策是"相互建构"而来。从写作方法来看，虽然本书体例是通史，但当涉及专题性传播政策内容，如本章所讨论的"邸报"，虽然章回标题冠以唐代，但本章中却追本溯源地梳理了"邸报"的产生，以及在历朝历代的发展状况。通过对探讨问题相对突出的朝代集中进行历史整理，而不是在所有朝代分散描述，本书为读者提供了集约化和方便化的阅读方式，这也是作者独具匠心之所在。

结 语

一部好的专门史如同一株大树，既有本学科知识的主干，又有跨学科、多领域的枝与叶。《中国古代传播政策史》显然就是一株枝繁叶茂、脉络清晰，经得起时间和风雨考验的树木。作者注重历史的连贯性，将历史线索串联成"草蛇灰线，伏脉千里"的绵延，让读者能在阅读后发现历史的必然与规律。

随着新闻传播专题史的跨学科研究不断增多，新的研究范式也在逐渐成形，学者们扎根史实，守住一方，精耕细作，为自己的研究领域不断打开新的边界。知古鉴今，以史资政，在一个未有前人涉猎的领域，完成从零到一的独自探索，《中国古代传播政策史》填补了国内该领域的空白。在成书背后，是作者批阅五载增删三次、史料庞杂勘校不易的艰辛，但正是在这样的努力之下，它也为新闻传播史的研究范式也提供了新的展望与可能。